CAUSES
DES SUCCÈS ET DES REVERS
DANS
LA GUERRE DE 1870

Essai de critique de la guerre franco-allemande jusqu'à la bataille de Sedan

Par DE WOYDE
LIEUTENANT GÉNÉRAL DE L'ÉTAT-MAJOR GÉNÉRAL RUSSE

OUVRAGE TRADUIT AVEC L'AUTORISATION DE L'AUTEUR

Par le Capitaine THIRY
DU 79e RÉGIMENT D'INFANTERIE

D'après la version allemande (2e édition), revue et corrigée par le général **de Woyde**

TOME PREMIER

PARIS
LIBRAIRIE MILITAIRE R. CHAPELOT ET Ce
IMPRIMEURS-ÉDITEURS
SUCCESSEURS DE L. BAUDOIN
30, Rue et Passage Dauphine, 30

1900

CAUSES

DES SUCCÈS ET DES REVERS

DANS

LA GUERRE DE 1870

PARIS. — IMPRIMERIE R. CHAPELOT ET C⁰, 2, RUE CHRISTINE.

CAUSES
DES SUCCÈS ET DES REVERS

DANS

LA GUERRE DE 1870

Essai de critique de la guerre franco-allemande jusqu'à la bataille de Sedan

Par DE WOYDE

LIEUTENANT GÉNÉRAL DE L'ÉTAT-MAJOR GÉNÉRAL RUSSE

OUVRAGE TRADUIT AVEC L'AUTORISATION DE L'AUTEUR

Par le Capitaine THIRY

DU 79e RÉGIMENT D'INFANTERIE

D'après la version allemande (2e édition), revue et corrigée par le général **de Woyde**

TOME PREMIER

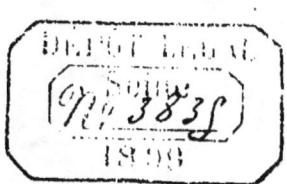

PARIS

LIBRAIRIE MILITAIRE R. CHAPELOT et Cie

IMPRIMEURS-ÉDITEURS

SUCCESSEURS DE L. BAUDOIN

30, Rue et Passage Dauphine, 30

—

1899

Le lieutenant général russe Charles de Woyde au capitaine Thiry.

Mon cher Capitaine,

« *Je vous renvoie rectifié votre exemplaire de la traduc-* « *tion allemande de mon Essai sur les* Causes des succès et « des revers dans la guerre de 1870. »

Cette rectification a eu pour but :

1° *Quelques inexactitudes, très rares du reste, de la tra-duction allemande;*

2° *Des faits mieux éclaircis par des publications posté-rieures;*

3° *Le désir d'atténuer au possible la critique.*

Ce dernier problème paraît, du reste, impossible à résoudre dans une proportion désirable, parce qu'il est impossible de nier des faits ou de les ignorer.

Ce serait même, à mon avis, rendre un très mauvais service à la science et à nos camarades français.

Une vaillante armée a le droit de connaître au moins les opinions impartiales, quoique amicales, sur les véritables causes de ses revers immérités. Libre à elle d'y puiser des enseignements qu'elle croit utiles, ou de les rejeter, au cas contraire.

Vous savez qu'à mon avis, il faut chercher la source de tant de fautes dans le système néfaste d'une centralisation à outrance, et non pas dans les personnes.

Malheureusement, il est impossible de citer des faits, sans citer des noms. . . . .

Amicus Plato, sed magis amica veritas.

Aussi, cher Capitaine, je crois que dans une préface, que vous me demandez, je ne pourrais rien ajouter ni retrancher à ce que j'ai déjà dit dans une lettre imprimée en tête de la traduction du commandant Richert (1).

Je trouve que votre Résumé (2) *est conforme à mon étude sur* l'Initiative ; *je vous renvoie votre manuscrit, ainsi que celui de la traduction de :* Causes des succès et des revers, etc. . . . . ., *que, malheureusement, je ne peux pas lire en entier.*

Agréez, cher Capitaine, l'assurance de ma plus haute considération et sentiments de bon camarade.

Varsovie, 1er août 1898.

Charles DE WOYDE.

(1) *L'initiative des chefs en sous-ordre à la guerre,* par le lieutenant général russe Charles de Woyde. — Traduction du capitaine Richert. (Baudoin, 1895. — 1 vol.)

(2) Le résumé fait l'objet du dernier chapitre du tome II du présent ouvrage.

AVANT-PROPOS

DU TRADUCTEUR FRANÇAIS

L'ouvrage magistral dont nous avons entrepris la traduction est une étude critique de la guerre de 1870, dans la période qui va de la déclaration de guerre à la bataille de Sedan (1).

L'auteur, qui commande actuellement la 10ᵉ division d'infanterie russe à Varsovie, a pris pour base de ses considérations critiques le rôle joué, dans la guerre de 1870, par l'initiative des chefs en sous-ordre.

Le général de Woyde estime, d'une manière générale, que l'une des causes primordiales des succès des Allemands et des revers des Français, dans cette guerre, doit être attribuée à la manière complètement opposée dont les chefs en sous-ordre des deux partis belligérants ont exercé leur activité.

Pour bien faire comprendre la pensée de l'auteur, il suffit de reproduire ci-dessous le jugement des plus judicieux qu'il émet sur l'importance comparative du rôle

---

(1) L'ouvrage a paru en Russie, en 1889 et 1890. La version allemande, dont nous donnons, ici, la traduction, date de 1894 (1ᵉʳ volume) et 1895 (2ᵉ volume). C'est d'après la 2ᵉ édition (1897-1898), revue par l'auteur, qu'a été faite notre traduction.

joué, de part et d'autre, dans cette guerre, par le haut commandement, d'un côté, et l'activité des chefs en sous-ordre, de l'autre.

« Dans l'armée allemande, dit-il (chapitre ix, tome II),
« les projets et les résolutions du commandement suprême
« ne furent pas seulement mis simplement à exécution
« par les chefs en sous-ordre, mais ils furent encore déve-
« loppés et complétés. Dans cette armée, il se manifesta
« une activité, qui parfois produisit des résultats favo-
« rables, auxquels les Allemands étaient tout à fait loin
« de s'attendre. Les chefs en sous-ordre surent également
« réparer les fautes, qui furent assez souvent commises
« par le commandement supérieur, et qui étaient, d'ail-
« leurs, plus ou moins inévitables.

« Dans l'armée française, il régnait une centralisation,
« élevée à la hauteur d'un système, centralisation qui
« écrasait tout et cherchait à réserver au commandement
« supérieur le droit de prendre, toujours et partout,
« toutes les dispositions nécessaires. Il en résulta que sou-
« vent le commandement suprême ne prit pas ces mesures
« en temps opportun, et laissa alors, d'une part, sans
« instructions les chefs en sous-ordre, tandis que, d'autre
« part, il refusa de leur attribuer le droit de prendre l'ini-
« tiative. Mais, en déniant absolument aux chefs en sous-
« ordre le droit de faire intelligemment acte d'initiative,
« dans l'intérêt général, il était impossible, en se plaçant
« au point de vue du droit général humain, de les rendre
« responsables des fautes qu'ils pouvaient commettre. Il
« faut avouer, d'ailleurs, que les chefs français en sous-
« ordre ont presque toujours fait un usage utile de ce
« droit, quand, par suite du cours naturel des choses, ils
« se sont vus placés dans une situation telle qu'ils se
« trouvaient sans ordres fermes, en vue d'un cas donné.

« Il résulte, en fin de compte, des considérations ci-
« dessus, que, *du côté des Allemands, l'activité des chefs*
« *en sous-ordre joua le rôle d'un « multiplicateur »*, *qui*,
« *si je puis m'exprimer ainsi, augmenta la force de trac-*
« *tion du commandement supérieur, et qu'au contraire,*
« *l'activité, ou, plutôt, l'inaction des chefs français joua le*
« *rôle d'un « diviseur »*, qui affaiblit les efforts, d'ailleurs
« insignifiants, que fit leur commandement supérieur ».

Les considérations que nous venons de reproduire pourraient nous dispenser d'en dire davantage, pour donner
une idée d'ensemble de l'ouvrage du général de Woyde.

Mais cet officier général a eu l'extrême obligeance, dont
je suis heureux de le remercier publiquement ici, de bien
vouloir nous communiquer sa pensée au sujet de celles
de ses critiques, qui pourraient nous paraître, à nous
Français, un peu trop acerbes; dès lors, nous croyons ne
pouvoir mieux faire que de compléter sa lettre du
1er août 1898, qui figure en tête de l'avant-propos, par un
extrait de celle, en date du 1er mai 1895, qui est imprimée
en tête de la traduction, par le capitaine Richert (aujour-
d'hui commandant et professeur d'allemand à l'École
supérieure de guerre), de l'étude du général de Woyde sur
l'*Initiative des chefs en sous-ordre à la guerre.*

Cet extrait prouvera à tous que, seul, le souci de la vérité
a guidé l'auteur dans ses considérations critiques, et que
s'il a parfois cité des noms, dont la gloire s'était affirmée
sur les champs de bataille antérieurs, c'est qu'il lui a été
impossible de faire autrement, sous peine de nuire, comme
il le dit lui-même, à la science, et de rendre un mauvais
service à ses camarades de l'armée française.

Voici ce qu'écrivait au capitaine Richert, le 1er mai 1895,
le général de Woyde :

« Au fond, la question de l'initiative des chefs en sous-

« ordre n'a pris place dans la science de la guerre moderne
« qu'à dater d'une guerre singulièrement malheureuse
« pour l'armée française.

« La critique est portée à rechercher de grandes fautes
« partout où elle voit de grands désastres, qui lui sem-
« blent immérités, et les relève une à une. Chacune d'elles
« se rattache malheureusement à un nom parfois illustre,
« en tout cas porté avec honneur sur les champs de
« bataille. Les fautes commises sont, sans contredit, les
« causes véritables et immédiates des désastres; mais il
« serait profondément injuste de juger sur de simples
« apparences des braves qui ont bien mérité de leur patrie.
« D'une part, il est bien rare qu'on arrive à savoir au
« juste quelles sont les véritables causes ou motifs de tel
« ou tel ordre donné, de telle ou telle action commandée;
« d'autre part, il y a des systèmes vicieux, qui pèsent sur
« une armée entière, comme sur les individus en particu-
« lier, et leur enlèvent la liberté de déployer toute leur
« intelligence et leur force de volonté.

« Tel est le système néfaste de centralisation à outrance,
« qui enchaînait le génie français. Il a frappé de stérilité
« les efforts les plus héroïques, tentés par l'armée fran-
« çaise dans cette malheureuse guerre de 1870-1871.

« Dans mon étude sur cette guerre (*Causes des succès*
« *et des revers dans la campagne de* 1870), je suis arrivé à
« cette conclusion que la *véritable cause des malheurs*
« *immérités qui ont frappé la valeureuse armée française*
« *et ses chefs est à chercher dans le système de commande-*
« *ment, et non dans les personnes qui en ont été les vic-*
« *times.* »

Voici ce que je dis à ce propos :

« Cette étude n'a pas pour but de rabaisser l'armée
« française; elle n'a qu'un caractère purement scienti-

« fique. Elle ne s'attaque point aux personnes, mais aux
« principes mêmes qui les ont guidées. Avant de parler
« de la conduite tenue par les généraux français, ou
« d'étaler leurs fautes et leurs erreurs, ce qui est malheu-
« reusement la même chose, nous montrerons brièvement
« dans quel sens a été faite leur éducation, ainsi que le
« système qu'ils ont appliqué.

« Le simple sentiment de la justice nous oblige à
« débuter par là, abstraction faite de toute autre considé-
« ration. Quand on veut entreprendre de juger la conduite
« de quelqu'un, il faut d'abord se mettre à sa place, et
« examiner les lois auxquelles il s'est cru obligé d'obéir.
« Si ces lois sont fausses, leur application, bien qu'elle ne
« puisse pas se justifier en elle-même, n'établit cependant
« pas de culpabilités individuelles. *La véritable cause des*
« *fautes et négligences des chefs français en sous-ordre*
« *doit être attribuée à la fausse conception qu'avait le*
« *commandement français de ses droits et devoirs, à l'habi-*
« *tude invétérée de la subordination aveugle et inerte,*
« *érigée systématiquement en principe absolu et ayant*
« *force de loi à tous les degrés de la hiérarchie.* »
« Les principales conséquences de ce système néfaste
« ont été les suivantes :

« I. — Méconnaissance de la haute importance de l'offensive,
« qui est le moyen essentiel, pour ne pas dire unique, d'atteindre
« le but poursuivi à la guerre ;

« II. — Centralisation purement théorique, ne répondant nul-
« lement aux besoins de la pratique et déniant à tout inférieur le
« droit de penser et d'agir sans ordre. A côté de cela, méconnais-
« sance complète de la nécessité d'organiser solidement, et d'une
« manière permanente, tous les rouages du commandement d'une
« grande armée et d'en vérifier constamment le bon fonctionne-
« ment ;

« III. — Abstraction complète faite de la personnalité des sous-
« ordres, — par suite d'une centralisation à outrance ;

« IV. — Absence de toute initiative chez les subordonnés, qui
« avaient contracté l'habitude d'attendre, pour agir, qu'on les
« mit en branle, — toujours par suite de l'annihilation de leur
« personnalité ;

« V. — Inaptitude à se servir de la cavalerie et méconnais-
« sance complète de son rôle, dans le service de découverte, —
« par suite de la passivité des chefs en sous-ordre ;

« VI. — Incertitude au sujet de l'ennemi, due à l'absence de
« renseignements ; elle eut pour conséquence des tâtonnements
« à l'aveuglette, qui se produisaient sur de simples bruits alar-
« mants ;

« VII. — Renonciation complète à l'initiative, parce que toute
« volonté avait été tuée chez les subordonnés par une centralisa-
« tion poussée à l'extrême. »

En résumé, le général de Woyde, dans son étude si
intéressante, s'est proposé pour but d'insister, d'une manière sérieuse et éloquente, sur les qualités primordiales
qu'il juge indispensable de développer dans une armée qui
veut accomplir de grandes actions : *le courage de la responsabilité, et, par suite, l'esprit de décision et d'initiative.*

Il estime qu'en raison de l'augmentation des armées
actuelles, une double tâche s'impose au haut commandement :

1° Il y a lieu de répartir le travail intellectuel, à tous
les degrés de la hiérarchie, sur de plus larges bases ;

2° Il est nécessaire de développer, par tous les moyens
possibles, dans toutes les circonstances, dès le temps de
paix, l'initiative des chefs en sous-ordre, qui a pris, dans
la guerre moderne, surtout depuis 1870, une place prépondérante.

« Il est facile, dit-il, en citant les termes mêmes de

« Blume, de bannir l'initiative d'une armée, mais extrê-
« mement difficile de l'y faire renaître dans la suite.

« Partout où l'initiative fera défaut chez les subor-
« donnés, ce sera, en général, la faute du commandement.

« Le plus grand génie lui-même ne suffit pas, à la
« guerre, à compenser le manque d'initiative chez les
« subordonnés. »

Nancy, le 20 décembre 1898.

THIRY.

PRÉFACE

En juillet 1870 éclata la guerre entre la France et la Prusse, appuyée par tous les autres États allemands. Le 20ᵉ jour de la mobilisation, les Allemands ouvraient leurs opérations par la victoire de Wissembourg, et, quatre semaines plus tard, ils avaient déjà terrassé l'armée française. Une partie de cette dernière s'était constituée prisonnière, avec l'empereur Napoléon III, à la suite de la catastrophe de Sedan; quant à l'autre fraction, investie dans Metz, elle devait subir le même triste sort. De toutes les forces rassemblées par la France, seules, des fractions insignifiantes étaient demeurées intactes.

Constamment trahies par la fortune, essuyant défaite sur défaite, les troupes françaises, malgré leur incontestable bravoure, étaient réduites à abandonner la lice. Cette vaillante armée était une victime de la guerre, elle qui, jusque-là, par des faits d'armes toujours nouveaux, accomplis dans toutes les parties du monde, avait su maintenir intact l'héritage de gloire de Napoléon.

Si l'on s'enquiert des causes de ce phénomène saisissant,

on vous répond habituellement qu'il est dû à la supériorité numérique des Allemands (par suite de la meilleure
organisation de leurs forces militaires), et aussi à la direction magistrale de leur armée. Mais cette réponse n'est
exacte qu'en partie. En admettant que les Allemands aient
dû, positivement, leurs victoires uniquement à leur supériorité numérique, il faut admettre aussi qu'ils auraient
dû conserver, dans chaque engagement isolé où ils furent
victorieux, cette supériorité, qu'ils possédèrent, en général, sur le théâtre de la guerre. Si c'est, au contraire, la
direction supérieure magistrale de leurs armées qui leur
a donné la supériorité sur l'adversaire, elle aurait dû
aussi se manifester dans toutes les phases décisives de la
lutte avec les Français. Cependant les faits ne confirment
pas, à beaucoup près, cette manière de voir, ainsi qu'on
pourra s'en convaincre aux observations suivantes :

C'est un fait connu, qu'une division d'infanterie prussienne, la division Kameke, attaqua, le 6 août, à Spicheren,
tout le corps français Frossard (fort de trois divisions).
Pendant ce combat, différents détachements prussiens,
forts, en tout, de deux divisions d'infanterie environ,
accoururent au secours du général de Kameke. Mais, de
son côté, le maréchal Bazaine, commandant en chef de
l'armée française, fit avancer plus de trois divisions d'infanterie, pour soutenir Frossard. Néanmoins, les Français
battirent en retraite et la victoire resta aux Prussiens.

A Mars-la-Tour, le 16 août, le IIIᵉ corps prussien,
Alvensleben (deux divisions d'infanterie avec deux divisions de cavalerie) se heurta, dans sa marche en avant,
contre toute l'armée du maréchal Bazaine. Au cours du
combat, le corps Alvensleben reçut, comme renforts, le
Xᵉ corps Voigts-Rhetz (également deux divisions d'infanterie) et des fractions du VIIIᵉ et du IXᵉ corps prussiens,

dont l'effectif total équivalait à une division d'infanterie.
Ces détachements de troupes allemandes soutinrent avec
succès la lutte contre le maréchal Bazaine (qui avait alors
à sa disposition 14 divisions 3/4 d'infanterie et deux divisions de cavalerie indépendante) et obligèrent les Français
à abandonner leur marche sur Verdun, qui était en voie
d'exécution.

Le maréchal Bazaine, lors de sa sortie de Metz, qu'il
entreprit le 31 août, pour rompre la ligne d'investissement
allemande, sur la rive droite de la Moselle (le premier jour
de la bataille de Noisseville), engagea des forces presque
trois fois supérieures à celles des Allemands, qui, en
outre, étaient séparées les unes des autres, sur la ligne
d'investissement, dont l'étendue était de plus de 20 kilomètres. Cependant les Français ne réussirent pas à percer
la ligne allemande; bien plus, le maréchal Bazaine fut
défait le deuxième jour, et se replia sur Metz devant un
adversaire deux fois plus faible.

Ces faits prouvent, évidemment, que les Allemands,
dans leurs engagements avec les Français, n'ont pas toujours vaincu ces derniers uniquement par suite de leur
supériorité numérique. D'autre part, en considérant ces
événements au point de vue de la direction, on est, tout au
moins, porté à douter qu'elle n'ait jamais commis de
fautes; car, malgré la supériorité considérable résultant
d'un grand rassemblement de troupes sur le théâtre de la
guerre, le haut commandement exposa, plus d'une fois,
des forces inférieures en nombre aux attaques d'un adversaire plus fort, numériquement parlant.

Ce qui vient d'être dit n'atténue, en aucune façon, les
services importants et, en réalité, éminents, rendus par le
haut commandement, au point de vue de la direction de
l'armée allemande. Ils consistèrent principalement dans

I.   b.

une intelligence exacte de la conduite de la guerre, et dans la préparation systématique, dans l'ensemble comme dans le détail, des forces, en vue de l'attaque imminente.

Pendant la guerre même, la direction supérieure de l'armée allemande se manifesta par le choix de buts éventuels, clairement désignés, dont elle poursuivit la réalisation avec une vigueur et un esprit de suite extraordinaires (par exemple l'investissement de l'armée de Bazaine). Le haut commandement sut tirer profit de circonstances heureuses, même quand elles survenaient à l'improviste, et saisir, pour ainsi dire, le succès au vol. (*Campagne de Sedan.*)

Malgré tout, en énonçant déjà les faits précédents (l'infériorité numérique des forces des Allemands à Spicheren, Mars-la-Tour et Noisseville), nous sommes loin d'avoir épuisé la série des cas particuliers, qui, tout en mettant en relief la direction supérieure, du côté des Allemands, paraissent être de nature à diminuer, dans une certaine mesure, l'opinion trop favorable qu'on pourrait concevoir du haut commandement allemand.

J'arrive à l'étude de ces cas particuliers.

Le chef de la troisième armée allemande avait résolu de n'attaquer la position du maréchal Mac-Mahon, à Wœrth, que le 7 août, et d'utiliser la journée du 6 pour la préparation de l'attaque. Sur ces entrefaites, la bataille s'engagea prématurément, contre la volonté du commandement supérieur de l'armée allemande, et se déroula dès le 6 août. Il faut avouer qu'elle fut dirigée avec un désordre assez complet par les Allemands. Ils achetèrent la victoire au prix de sacrifices exorbitants. Le succès fut loin d'être aussi complet que les Allemands devaient le désirer, et ne fut pas tel qu'il était parfaitement possible de l'obtenir, vu leur supériorité numérique considérable.

De plus, une étude exacte des opérations de l'armée allemande d'investissement devant Metz fait ressortir que c'est précisément leur haut commandement qui, agissant contrairement aux nécessités de la situation stratégique, retarda de près de deux mois entiers la perte de l'armée de Bazaine.

Enfin on ne peut contester que des corps d'armée, des divisions, des brigades, et même des détachements plus faibles de l'armée allemande ont réussi, grâce à leur esprit de solidarité réciproque, à remporter la victoire dans des circonstances où, non seulement les instructions du commandement supérieur avant l'action, mais encore, au cours même de l'action, l'unité de direction, faisaient complètement défaut. Une telle direction n'était pas possible, par exemple, à Spicheren, où la division Kameke s'était engagée précipitamment au combat, et avait été soutenue par de petites fractions de trois corps d'armée distincts (appartenant à deux armées différentes) qui intervinrent dans le combat à des moments divers et avec une certaine précipitation.

En particulier, un examen attentif des détails des batailles de Wœrth et Mars-la-Tour fait voir, également, que la part qui revient aux chefs d'armée allemands dans ces rencontres imprévues, et, par suite, non préparées, est, — pour ainsi dire, — à peu près tout à fait nulle; car, ou bien les ordres qu'ils donnèrent tardivement avaient été devancés déjà par les dispositions prises par les chefs en sous-ordre, ou ces ordres étaient tout simplement inexécutables.

Dans le combat du 14 août devant Metz, combat qui forme le premier anneau de la chaîne des opérations qui amenèrent la paralysie complète de l'armée du maréchal Bazaine, le commandant de la première armée allemande, général de Steinmetz, apparut sur le champ de bataille juste assez à temps pour blâmer, à la face des Français qui battaient déjà en retraite, ses subordonnés d'avoir remporté la victoire, non seulement sans son consentement et sa direction, mais encore malgré sa défense formelle.

Il ressort, en fin de compte, des faits que nous venons de citer (et que la présente étude discute et éclaircit aussi complètement que possible), que les Allemands ont battu l'ennemi, alors même qu'ils avaient l'infériorité numérique, ou que leurs relations avec le haut commandement étaient de nature telle qu'on peut à peine, au premier coup d'œil, les déclarer normales, et encore bien moins les prendre comme modèles. D'un autre côté, cette étude fait voir que, là où les Français avaient devant eux les chances les plus favorables de succès, ils éprouvèrent des défaites.

Aussi sommes-nous en droit de nous poser cette question : A quelles circonstances les Allemands doivent-ils leurs succès ininterrompus? Quelle est la cause des revers constants des Français? Quel nouveau procédé les Allemands ont-ils mis en pratique et quels sont les éléments qui ont fait surtout défaut aux Français? Ce procédé, en apparence nouveau (mais, en réalité, aussi vieux que la guerre elle-même), était, pour ainsi dire, reconnu officiel et obligatoire chez les Allemands : « *C'est l'initiative des chefs en sous-ordre à la guerre* ». Cette qualité, qui est un surcroît de force, les Allemands avaient réussi à se l'approprier avec une perfection relative. C'est grâce à elle, qu'au milieu des éventualités les plus diverses, la direction de l'armée allemande se maintint victorieuse, et réussit à faire fonctionner, presque sans hésitation, le mécanisme compliqué de l'armée la plus puissante que notre siècle ait produite. En exécutant les ordres reçus du haut commandement, les chefs allemands en sous-ordre, non seulement dépassaient parfois ce qu'on attendait d'eux, mais encore allaient au delà des espérances les plus audacieuses de leurs chefs; ce fut le cas à Sedan. Il arriva fréquemment que ces chefs en sous-ordre atténuèrent les fautes, plus ou moins inévitables, des chefs supérieurs, et leur procurèrent, par ce moyen, la victoire, qu'ils n'avaient pas toujours méritée. En un mot, les Allemands doivent savoir gré à leurs chefs en sous-ordre (pour employer une expression du général russe Leer) (1) « de ne pas avoir laissé échapper, pendant toute la cam- « pagne, une seule minute favorable, sans l'utiliser ». Les Français, en revanche?... Ils n'avaient, en quelque sorte, aucun pressentiment de l'existence d'une pareille force, et c'est pour ce motif qu'ils éprouvèrent des revers, même dans les cas où la victoire aurait dû, pour ainsi dire, régulièrement leur appartenir. En effet, quand on parcourt toute la première période de la campagne, qui aboutit à la catastrophe de Sedan, on est amené à reconnaître, sans difficulté, que les fautes commises par les Allemands, ou, si l'on veut, le sort de la guerre, ont procuré, plus d'une fois, aux Français, une supériorité numérique très appréciable sur le champ de bataille. A la mâle énergie des Allemands les Français avaient à opposer leur bravoure, qui s'est toujours montrée impétueuse. L'efficacité plus grande du tir de l'artillerie allemande fut compensée, du côté des Français, par le feu destructeur de leur infanterie, qui était incontestablement beaucoup mieux armée que l'infanterie allemande. Mais, quant à l'initiative intelligente, hardie, et même parfois un peu téméraire, des chefs en sous-ordre allemands, les Français ne purent, dans les

_____

(1) Général russe et écrivain militaire renommé.

grandes comme dans les petites opérations, lui opposer qu'une passivité calculée, qui attendait toujours l'impulsion du dehors.

C'est en cela que réside la cause réelle des « revers « constants » et de la perte rapide de la brave armée française; c'est là aussi le secret de la force des Allemands. Les adversaires des Allemands dans les guerres futures devront sérieusement compter avec cette force, presque élémentaire dans ses manifestations, et trouver à temps les procédés à lui opposer. Aucune armée bien organisée ne peut méconnaître cette force, qui consiste dans l'initiative des chefs en sous-ordre, car c'est un facteur inévitable, en tout cas, de l'art de la guerre contemporain (facteur qui, jusqu'ici, a été le monopole des Allemands). Il est donc du plus grand intérêt de trancher la question suivante : *Quel rôle le haut commandement a-t-il joué dans les victoires et dans les revers de la guerre franco-allemande, et quelle est, à ce point de vue, la part à faire aux chefs en sous-ordre?* (1). La solution de cette question

---

(1) Sous la dénomination de « chefs en sous-ordre », il faut comprendre chaque subordonné par rapport au chef qui lui est immédiatement supérieur. Ainsi il faut ranger dans cette catégorie les chefs d'armée, qui sont, en leur qualité de commandants de troupes, immédiatement subordonnés au haut commandement de l'armée. Les commandants de corps d'armée sont des chefs en sous-ordre par rapport au commandant en chef de l'armée; les commandants de division ont la même qualité par rapport au commandant de corps d'armée; de même les commandants de brigade relativement aux commandants de la division.

En général, il a été fait mention, dans le cours de cette étude, à toutes les périodes de la guerre, de l'initiative de ceux des chefs en sous-ordre, qui, suivant les circonstances, se sont trouvés dans une situation dans laquelle ils déployèrent, ou auraient dû déployer, une activité indépendante, ayant pour effet d'influer, d'une manière appréciable, sur le cours général des événements.

Quant à la discussion approfondie de l'initiative, envisagée au point de vue tactique, dans les cas isolés et de minime importance où elle s'est manifestée, elle n'entre pas dans le cadre des considérations développées dans cet ouvrage.

fera ressortir que l'étude de la guerre franco-allemande, envisagée spécialement à ce point de vue, n'offre pas seulement un intérêt historique, mais présente encore une grande importance pratique. Dans la conduite de la guerre, on est obligé de s'instruire par l'expérience des autres ; notre propre expérience coûte trop cher ou bien arrive trop tard.

CAUSES

DES SUCCÈS ET DES REVERS

DANS

LA GUERRE DE 1870

CHAPITRE PREMIER

Les causes de la guerre et les plans de campagne des deux belligérants.

SOMMAIRE

Le développement de la puissance de la Prusse après la guerre de 1866. — Le mécontentement de la France. — La lutte considérée à l'étranger comme une occasion propice pour resserrer les liens de l'Allemagne à l'intérieur. — La guerre inévitable. — La conception que l'on se faisait en Prusse de la situation militaire : plan mémorable du chef du grand état-major, général de Moltke. — Le plan d'opérations attribué à l'empereur Napoléon III. — Méconnaissance des conditions réelles de la situation. — Le sort des avertissements de Stoffel. — L'occasion manquée de déclarer la guerre : une nouvelle crise dynastique en France.

En 1866, la Prusse avait, en quelques semaines, terrassé l'Autriche et les alliés allemands de cette puissance. L'Europe avait été surprise de la rapidité avec laquelle cette guerre avait pris fin, et la Prusse avait pu tirer profit, dans la plus large mesure, de sa victoire. Elle chassa l'Autriche de l'alliance allemande et agrandit son domaine par l'incorporation de territoires allemands considérables; enfin elle soumit à sa domination, au moyen de traités de commerce et de conventions militaires, à un degré plus ou moins élevé, tous les autres États de l'Allemagne, qui étaient encore nominalement indépendants.

L'unité politique de l'Allemagne devait, selon toute apparence, se réaliser complètement dans un avenir rapproché. La France avait, de tout temps, fait de la faiblesse et du morcellement de l'Allemagne le pivot de sa politique étrangère. Les Français s'étaient habitués à regarder avec mépris l'alliance allemande faible et débile. Ils n'entendaient pas se déclarer satisfaits du nouvel ordre de choses, qui ne leur paraissait nullement naturel et régulier. Le mécontentement du peuple se communiqua au gouvernement français, dont le souverain, surtout l'empereur Napoléon III, considérait comme une offense personnelle les événements survenus en Allemagne, parce que le renom de son coup d'œil politique devait souffrir de cette nouvelle situation. La pensée que la guerre avec la Prusse était inévitable pour rétablir l'équilibre politique était pour ainsi dire dans l'air; elle s'empara aussi bien de l'âme du peuple que du gouvernement de la France. L'Allemagne, d'autre part, avait besoin d'un lien moral pour réaliser son union; la nécessité s'en faisait généralement sentir; mais on n'avait rien qui pût servir de base à cet effet. L'amour et la confiance, qui constituaient l'essence même d'un tel lien, ne pouvaient se développer rapidement dans l'âme d'un peuple qui, auparavant, avait été témoin de la guerre fratricide de 1866.

Comme, à cette époque, il n'existait aucun terrain propice au développement de ces sentiments positifs, les Allemands durent chercher à réaliser l'idée de leur unité, en faisant appel à des sentiments négatifs. Ils n'eurent, à cet effet, qu'à évoquer le passé; ils y retrouvaient la haine générale, pour ainsi dire invétérée, contre « l'ennemi héréditaire », c'est-à-dire contre la France. Cette haine, — héritage de la lutte qui s'était terminée plus d'un demi-siècle auparavant, — on avait, pour ainsi dire, eu l'art de la cultiver avec soin dans toutes les races populaires allemandes : elle était à la fois célébrée dans les chants des poètes et enseignée du haut des chaires des universités. Cette haine apparut presque comme le seul sentiment capable de saisir universellement les masses; c'est en faisant appel à ce sentiment que les Allemands se rappelèrent pleinement leur unité historique, fondée sur des affinités de races. Il est vrai que les explosions du chauvinisme belliqueux gaulois, qui éclataient de temps en temps, bien que, parfois, elles fussent simplement platoniques, mirent, jusqu'à un certain point, le droit du côté des Allemands.

La France chercha donc la guerre, pour empêcher l'Allemagne

de réaliser son unité. L'Allemagne, en revanche, se prépara à une lutte décisive contre l'étranger, pour accomplir son unité nationale. Et, tandis que l'imagination des Français rêvait de faire du Rhin, sur tout son parcours, la frontière du territoire, les hommes d'État prussiens se disposaient à rejeter la France au delà du Rhin, en considérant ce fleuve comme l'héritage exclusif de l'Allemagne. En présence d'une telle situation, la guerre n'était plus qu'une question de temps, et, en tout cas, devait éclater à bref délai.

Quant au prétexte à trouver, on n'était pas embarrassé. La provocation formelle émana de la France, dont le gouvernement émit, en s'adressant au roi de Prusse, des prétentions singulières et impossibles à satisfaire, et, après avoir éprouvé un refus définitif (1), déclara la guerre à la Prusse. Sans hésiter, la Prusse accepta le défi : elle s'était préparée à cette lutte décisive, non seulement par ses armements, mais encore, et surtout, par une politique très habile.

Au début de la guerre, la Prusse réussit à refroidir les sympathies que l'Angleterre témoignait à la France impériale. En outre, la Prusse s'était assurée, précédemment, la neutralité bienveillante, ou, plus exactement, l'amitié puissante de la Russie. Sûre

---

(1) Le 3 juillet 1870, un télégramme envoyé par un journal annonçait que le ministère espagnol avait offert la couronne d'Espagne au prince héritier Léopold de Hohenzollern. La perspective qu'un « prince prussien » pouvait monter sur le trône de Charles-Quint émut l'opinion publique en France, ou plutôt la surexcitation qui en résulta, — fut exploitée avec art par le gouvernement français. Bien que le prince Léopold fût catholique, et non seulement parent du roi de Prusse, mais encore parent de l'empereur Napoléon lui-même, le gouvernement français tint ferme à ce prétexte, et mit le roi de Prusse en demeure d'interdire au prince d'accepter la couronne royale d'Espagne. Bien que ce dernier eût décliné alors, lui-même, l'offre du peuple espagnol, le gouvernement français émit la prétention d'exiger que le roi Guillaume s'engageât par écrit à interdire, à l'avenir, le renouvellement de pareilles propositions, et à exprimer ses regrets au sujet de cet incident, — ce qui équivalait à faire des excuses. Le roi repoussa cette exigence et refusa à l'ambassadeur français Benedetti, au moment de son départ, l'audience qu'il avait sollicitée, en vue de renouveler, personnellement, cette proposition au roi. Cet incident fut considéré par l'empereur Napoléon comme une injure commise envers le peuple français, et lui servit de prétexte pour déclarer la guerre à la Prusse.

(Ouvrage du grand état-major prussien, 1re partie, tome I, page 5 et suivantes.)

Il ne sera question, bien entendu, dans toute cette étude, que de la traduction française, par Cotsa de Serda, de l'ouvrage du grand état-major prussien, 1re partie (tomes I et II).

de l'appui de cette dernière puissance, la Prusse était libre de
déployer toutes les forces et toutes les ressources de l'Allemagne,
pour terrasser la France; elle n'avait, notamment, pas à craindre
l'Autriche, qui, à cette époque, brûlait de prendre sa revanche de
Sadowa; elle n'avait rien à redouter, non plus, de ses autres
ennemis et envieux.

Il en résultait que la Prusse n'avait, dans la lutte qui commençait, qu'à résoudre un problème purement militaire. Bien que la
nouvelle organisation de l'armée prussienne ne fût pas complètement terminée, et que le nouvel armement projeté pour l'infanterie n'eût pas pu être distribué à cette arme, toutes les chances
de succès n'en étaient pas moins du côté de la Prusse. Ces chances
avaient été calculées depuis très longtemps par les Prussiens. Ils
étaient résolus, dès l'ouverture des grandes opérations, à se porter
au-devant de l'adversaire avec une supériorité numérique considérable, en tant que forces combattantes disponibles. Sous ce
rapport, tout avait été prévu, jusqu'au plus petit détail. La relation
officielle de la guerre de 1870-1871, publiée par le grand état-
major prussien, s'exprime à ce sujet de la manière suivante :

« Au nombre des attributions de l'état-major, en temps de paix,
« se trouve la mission d'étudier, dans ses plus minutieux détails,
« le groupement des grandes masses de troupes, ainsi que leur
« transport, dans l'éventualité d'une guerre quelconque, et de
« tenir prêts à l'avance les projets d'exécution nécessaires.

« Lors des mouvements de début d'une armée, les considé-
« rations militaires viennent se doubler des considérations poli-
« tiques et géographiques les plus multiples. C'est à peine si, dans
« tout le cours de la campagne, il est possible de réparer les fautes
« commises au moment de la concentration primitive des armées.
« Mais toutes les dispositions à prendre peuvent être discutées de
« longue main, et, étant donné d'ailleurs, que les troupes sont
« prêtes à entrer en campagne, et que le service des transports
« est organisé, elles doivent conduire au résultat cherché.

« Il en est tout autrement pour la tâche ultérieure de la stra-
« tégie, pour l'emploi à la guerre des moyens d'action ainsi pré-
« parés, c'est-à-dire pour les opérations.

« Là, nos propres dispositions se heurtent bientôt aux disposi-
« tions librement arrêtées, d'autre part, par l'ennemi. On peut, il

« est vrai, modifier ces dernières, si, en temps utile, on est prêt
« et résolu à l'initiative ; mais le combat n'en reste pas moins le
« seul moyen de les détruire.

« Or, les conséquences matérielles et morales de toute affaire
« sérieuse ont une action si considérable qu'elles amènent d'ordi-
« naire un renversement complet de la situation, et, par suite,
« une base nouvelle pour de nouvelles combinaisons. Il n'est pas
« possible d'arrêter, avec quelque certitude, un plan d'opérations
« au delà de la première rencontre avec le gros des forces de
« l'adversaire. Un homme étranger à toute notion d'art militaire
« croit seul voir, dans le développement d'une campagne, l'exé-
« cution d'un plan arrêté, dès le principe, dans tous ses détails,
« et fidèlement suivi jusqu'à la fin. Assurément, un chef d'armée
« a toujours devant les yeux le but essentiel qu'il poursuit ; les
« diverses alternatives ne le lui font pas perdre de vue ; mais il
« ne peut jamais préciser à l'avance, d'une manière certaine, les
« voies par lesquelles il compte l'atteindre. »

Le grand état-major prussien avait, pendant l'hiver de 1868 et
1869, rédigé un mémoire (1), qui contenait des propositions
détaillées au sujet de l'organisation des armées et du rassemblement des troupes, dans le cas d'une guerre avec la France. Ce
mémoire assignait, comme premier objectif, aux opérations, la
principale armée de l'adversaire ; c'est elle qu'on devait, avant
tout, « rechercher et battre ». Malgré toute la simplicité de ce
plan, on insistait sur les difficultés énormes qu'entraîne la direction de masses très considérables. L'ouvrage du grand état-major
prussien ajoute au paragraphe ci-dessus, dans la discussion de ce
mémoire, que l'idée principale, qui s'en dégage nettement, se
traduit déjà, dès les premières opérations, par une tendance évidente « à refouler le gros des forces ennemies au nord de leur
« communication avec Paris ».

Le mémoire assignait, comme zone de rassemblement, aux
armées allemandes, la partie de la frontière limitrophe du territoire français, entre la Belgique et le Luxembourg, d'un côté, et
le Rhin de l'autre. Cette contrée formait l'unique zone de contact

---

(1) Ce mémoire était, autant qu'on peut l'affirmer, l'œuvre personnelle du
chef du grand état-major de l'armée prussienne, général de Moltke.

avec l'adversaire, dans l'hypothèse de la neutralité des États du sud de l'Allemagne, et, particulièrement, du grand-duché de Bade. Quant à la neutralité du palatinat bavarois, situé sur la rive gauche du Rhin, la Prusse aurait pu, en revanche, ne pas en tenir compte. Dans le cas de la neutralité des autres États allemands, on avait l'intention d'ouvrir la campagne, sans perdre de temps, avec 10 corps d'armée, représentant une force de 330,000 hommes, auxquels les Français (d'après les calculs du général de Moltke) ne pouvaient, pendant la première période, opposer que 250,000 hommes. La supériorité numérique sur les Français acquérait une importance considérable, dans le cas où les États du sud de l'Allemagne prendraient part à la guerre comme alliés de la Prusse. Dans ce dernier cas, le théâtre probable de la guerre s'étendait le long du Rhin jusqu'à la Suisse; mais le général de Moltke avait l'intention, néanmoins, de rassembler, comme dans le premier cas envisagé ci-dessus, les armées allemandes entre le Luxembourg et le Rhin, et de couvrir la frontière du Rhin par cette position de flanc. Ce n'est pas sans raison que l'on comptait que toutes les tentatives exécutées par les Français, en vue de franchir le Rhin, tourneraient, en fin de compte, à l'avantage des Allemands. Grâce à leur concentration dans la contrée ci-dessus mentionnée, toutes les forces allemandes restèrent bien dans la main de leur commandant en chef. Les plans de transport par voie ferrée, établis d'une manière très détaillée, permirent d'assurer le rassemblement des troupes en temps opportun.

Les troupes françaises devaient (d'après l'opinion du général de Moltke), en se basant sur la répartition des garnisons en temps de paix et la direction des voies ferrées, tout d'abord, se rassembler nécessairement en deux groupes séparés : le premier, dans les environs de Metz; le second, à Strasbourg. Dans ces conditions, le groupement très serré des Allemands leur promettait des avantages importants, en présence de la formation morcelée adoptée par les forces françaises.

Le mémoire fixait les points de débarquement des troupes allemandes de telle sorte qu'ils se trouvaient aux bornes-frontières de l'Allemagne et de la France. Le dix-huitième jour de la mobilisation, 300,000 hommes de troupes allemandes devaient être rassemblés dans cette région; le vingtième jour, ces troupes pouvaient avoir sur place presque tous leurs trains. Le mémoire prévoyait l'éventualité d'une tentative d'invasion du territoire par les Français, exécutée plus tôt qu'on ne pouvait le supposer dans les conditions normales, et cela dans le but d'entraver l'exécution du plan de concentration prévu pour les troupes allemandes. Le mémoire admettait, en particulier, la possibilité que les Français, sans attendre la mise sur le pied de guerre de leurs régiments grâce au rappel des hommes en congé, pourraient franchir rapidement la frontière avec une armée d'un effectif approximatif de 150,000 hommes, pourvue largement de cavalerie et d'artillerie. Dans ce cas, le mémoire projetait de reporter en arrière, sur le Rhin, les points de débarquement des troupes allemandes; c'est là que les Français auraient, dès le quatorzième jour de la mobilisation, rencontré des forces allemandes supérieures en nombre, qui pouvaient déjà, quelques jours plus tard, passer à l'offensive contre eux, avec un effectif double du leur.

Une particularité remarquable, c'est que le mémoire admettait l'éventualité d'une invasion hâtive, ou, pour mieux dire, prématurée, par les troupes françaises, avant d'avoir reçu leurs hommes de complément, — c'est-à-dire une opération qu'il considérait comme devant avoir, en fin de compte, des conséquences très désavantageuses pour les Français eux-mêmes; — au contraire, il ne tenait aucun compte, suivant toute apparence, de la possibilité d'entreprises exécutées par la cavalerie française contre les lignes de chemins de fer allemandes, même sur la rive gauche du Rhin. Les Français possédaient, même au début de la mobilisation, les moyens de faire une tentative de cette nature, ainsi que le constate, d'ailleurs, le mémoire. En lançant en avant, avec succès, des pointes de cavalerie, les Français auraient pu reculer la date à laquelle les forces de l'adversaire devaient se rassembler sur leur frontière du nord, sans enlever, pour cela, en aucune façon, au reste de leurs troupes les avantages résultant d'une mobilisation exécutée avec calme et avec méthode. Admettons, ainsi que les faits l'ont prouvé dans la suite, que les Français, d'une manière générale, et leur cavalerie, en particulier, n'aient pas eu un instant l'idée de semblables opérations; le mémoire n'en devait pas moins prévoir la possibilité de cette éventualité, et indiquer les moyens d'y parer. Cependant on n'y découvre aucune indication relative à cette hypothèse. Quelles sont les raisons d'une lacune si importante? On peut, avec vraisemblance,

sans commettre d'erreur, convenir qu'à cette époque, les Prussiens eux-mêmes étaient loin de penser à la possibilité de vastes
entreprises, exécutées par la cavalerie indépendante. Il suffit
d'ailleurs, pour s'en convaincre, de considérer, entre autres, les
opérations exécutées par la cavalerie allemande, notamment pendant la guerre contre la France.

L'empereur Napoléon III connaissait certainement la supériorité numérique importante des forces des États allemands confédérés par rapport à celles dont il disposait, mais il comptait sur
la rapidité de ses opérations et sur les résultats politiques avantageux, qui devaient suivre les premiers succès. Le plan attribué
à l'empereur Napoléon lui-même consistait à rassembler, tout
d'abord, les forces françaises de la manière suivante : 150,000
hommes à Metz, 100,000 à Strasbourg et 50,000 hommes à Châlons. L'armée de Metz devait ensuite s'avancer vers l'est, et, une
fois réunie à celle de Strasbourg, franchir le Rhin à Maxau.
L'armée de Châlons avait pour mission de couvrir les derrières de
ces deux armées.

L'invasion de l'Allemagne du Sud avait pour but de la séparer
de la Prusse; on devait ensuite s'avancer contre les armées de
cette dernière puissance, dont l'effectif total était estimé par les
Français à 350,000 hommes. En cas de succès, on comptait sur
l'alliance de l'Autriche et de l'Italie (1).

Mais ce plan, — pour ne pas dire cette conception stratégique
enfantée par l'imagination, — n'était pas basé sur une appréciation exacte de la situation, et ne répondait pas à la réalité des
circonstances. Il faut, tout d'abord, signaler que la mobilisation
de l'armée prussienne exigeait un temps plus court que celle de
l'armée française. De plus, les moyens de transport des troupes à
la frontière, qui existaient alors, étaient loin, en raison de la disposition et de la direction des lignes de chemins de fer, de favoriser une rapide concentration des Français sur le point décisif,

---

(1) Ce plan d'opérations est mentionné dans l'ouvrage du grand état-major
prussien.

— le passage du Rhin à Maxau. Le plan de l'empereur Napoléon se ressentit déjà manifestement des entraves que le rendement défectueux des lignes de chemins de fer devait apporter à l'ouverture rapide d'une offensive au delà du Rhin, par Maxau, le jour où les 150,000 hommes, qui étaient destinés à franchir ce fleuve, à Maxau, durent se rassembler, non pas en ce point ou dans ses environs immédiats, mais sous les murs de la place de Metz, qui en était fort éloignée. On voit par là que les Français ne s'étaient nullement préoccupés, en temps de paix, d'établir les plans de transport des troupes par voie ferrée, dans le cas d'une guerre, en prenant pour base le temps strictement nécessaire à la mobilisation des troupes dans leurs garnisons du temps de paix et les moyens disponibles que présentaient les chemins de fer.

Enfin, en estimant au nombre de 350,000 hommes les forces que la Prusse seule pouvait mettre en ligne, pour mener à bien la campagne, les Français restaient au-dessous de la vérité. Déjà, pendant la guerre de 1866, la Prusse avait mis sur pied 350,000 hommes. Depuis cette époque, elle avait renforcé ses forces militaires par la création importante de trois corps de l'armée active : les IXe, Xe, et XIe, ainsi que par la formation de 50 bataillons de landwehr. Cette estimation ne comprend pas même le XIIe corps d'armée (royal saxon) et la division du grand-duché de Hesse, qui, faisant partie intégrante de l'armée prussienne, n'auraient pu, en aucun cas, s'en séparer, même dans l'hypothèse de la neutralité de l'Allemagne du Sud.

Il résulte de ce qui précède que les cercles gouvernementaux français ne se rendaient nullement compte de la véritable situation. On peut se poser, ici, la question suivante : les Français sont-ils restés, réellement, sans renseignements dignes de foi à ce sujet? Cette question doit être résolue par la négative. Malgré le système protecteur qui dominait alors, et, en dépit des inconvénients qui en résultaient forcément, la France avait, pour ainsi dire tout à fait par hasard, à Berlin, un attaché militaire éminent dans la personne du colonel Stoffel. Stoffel s'était complètement rendu compte de la réalité de la situation; il communiquait au gouvernement des renseignements complets et détaillés sur la puissance militaire de l'Allemagne. Il avait, avec raison, une haute idée de la force et des moyens d'action de l'Allemagne, au point de vue militaire, et, en particulier, de la supériorité de l'administration

et du haut commandement allemands. Les rapports de Stoffel contenaient un très important et très sérieux avertissement à l'adresse
du gouvernement français, d'autant plus qu'ils avaient pour base
des observations prises sur le fait et recueillies par le colonel
Stoffel lui-même. Cependant, quel fut le résultat de tous ces rapports? Après la proclamation de la République, qui suivit la catastrophe de Sedan, le bruit courut à Paris qu'on avait trouvé les
rapports du colonel Stoffel, ou du moins une partie de ces rapports, non décachetés. Ce bruit, répandu dans le peuple, prouve,
précisément, que la foule, dans son simple bon sens, n'arrivait
pas à comprendre comment le gouvernement français, en présence
des rapports si sincères du colonel Stoffel, pouvait se lancer dans
une guerre avec tant de précipitation et d'inconséquence. La
foule, avec son simple bon sens, ne comprendra jamais, pour-
rais-je ajouter, qu'une seule chose : c'est qu'on doit, avant tout,
avoir la volonté de se laisser convaincre par la vérité, et que si
cette volonté fait défaut, les renseignements, même les plus exacts
et les plus probants, sont fournis en pure perte.

Le second Empire français n'aimait, pas plus que le premier,
la vérité. La vérité est habituellement importune et gênante; elle
passe même, parfois, pour un sentiment antipatriotique, et c'est
pour ce motif qu'il n'est pas toujours sans danger de s'en faire le
champion ardent. Ce n'est pas en vain que les Français disent :
« toute vérité n'est pas bonne à dire ». On peut donc être convaincu que les rapports de Stoffel avaient été décachetés en temps
voulu et classés méthodiquement avec des fiches, qu'en outre ils
avaient été présentés à leur tour de classement, mais qu'ils avaient
reçu une solution en rapport avec le proverbe suivant : « Quand
« on ne sait pas reconnaître la vérité et en faire son profit, c'est
« qu'on ne veut pas être renseigné ».

On peut admettre que l'empereur Napoléon III, lui-même, se
rendait compte, mieux que personne, de toute la gravité de cet
état de choses; mais il fut entraîné par la situation sans issue
que lui avaient créée les événements politiques intérieurs. Il s'agissait, pour la famille Bonaparte, de la conservation ou de la perte
du trône français, et Louis-Napoléon sentait se réveiller en lui
l'aventurier de Strasbourg et de Boulogne, ainsi que l'homme
romanesque et mystique, qui s'était évadé de la forteresse de
Ham. Napoléon ne tenait, enfin, aucun compte de la réalité des

circonstances, lorsqu'il entreprit la lutte contre l'Allemagne; il croyait, au contraire, au destin et à l'étoile de sa maison; mais l'étoile des Bonaparte, cette comète éblouissante, avait déjà abandonné Louis-Napoléon.

La question de la politique intérieure, ou, pour parler plus exactement, de la politique de la dynastie de Bonaparte, a, plus d'une fois, influé, et certes d'une manière désastreuse, sur les combinaisons stratégiques des Français pendant la guerre de 1870. La responsabilité de cette situation ne remonte pas seulement à Napoléon III et à son système politique. Cet ordre de choses renversé, qui existait à l'intérieur de la France, provenait de ce que, dans l'année désastreuse de 1793, on avait rompu, d'une manière sanglante, avec toutes les anciennes traditions et avec le principe historique d'autorité. Depuis cette époque, la France ne possédait ni direction ferme, ni gouvernement réellement populaire; tantôt l'un des partis, tantôt l'autre, prenait le dessus, ou bien il surgissait une dictature, qui était odieuse à la majorité des Français. Le danger et le malheur, qui, dans d'autres pays, attachent encore plus fortement le peuple à l'autorité supérieure, donnaient en France le signal de la désunion et du renversement du gouvernement.

En laissant de côté ces considérations, et en passant sous silence la question dynastique de la branche des Napoléon, il est impossible de comprendre les motifs déterminants de plusieurs opérations et d'actes purement militaires, accomplis par les Français dans cette guerre. Ce sont ces circonstances qui donnent la clef des entreprises aventureuses qui se sont terminées par la catastrophe de Sedan; elles éclairent aussi la conduite ambiguë du maréchal Bazaine à Metz.

Telle était la situation des choses jusqu'au commencement de la guerre. Telles étaient les vues et les intentions des deux partis belligérants.

CHAPITRE II

Mobilisation et rassemblement des forces des deux partis belligérants.

SOMMAIRE

Le commencement de la mobilisation des deux côtés. — Mobilisation, organisation et concentration des troupes allemandes. — Mobilisation, organisation et concentration précipitée des troupes françaises. — Les Allemands reportent en arrière les points de débarquement de leur armée du centre (deuxième armée).

L'ordre de l'empereur Napoléon, qui rappelait les réserves, c'est-à-dire mobilisait l'armée française, fut rédigé le 14 juillet 1870, à trois heures de l'après-midi, et, par suite d'un retard momentané, causé par des considérations politiques, fut notifié le 15 au matin. Le même jour, on soumettait également au Corps législatif et au Sénat les demandes de crédit que nécessitait la guerre.

Le roi de Prusse lança l'ordre de mobilisation pour les troupes de la confédération de l'Allemagne du Nord, dans la nuit du 15 au 16 juillet; ce dernier jour devait être considéré comme le premier jour de la mobilisation.

Les États de l'Allemagne du Sud, qui avaient contracté avec la Prusse des traités d'alliance particuliers, commencèrent leur mobilisation : la Bavière, le 17 juillet; le Wurtemberg, le 18 juillet; le grand-duché de Bade, qui était le plus menacé, devança même la Prusse, en commençant ses armements le 15 juillet. Dès le 16, les Badois firent sauter le pont de Kehl, en face de Strasbourg, et interrompirent, sur toute la ligne frontière, les communications télégraphiques avec la France.

La lutte décisive que deux puissants États voisins allaient engager, pour savoir à qui appartiendrait l'hégémonie, était décidée depuis longtemps; l'état de choses existant des deux côtés de la frontière allait la rendre désormais inévitable. Dans ces conditions, la déclaration de guerre officielle, que la France, par l'entremise de son ambassadeur, remit à la Prusse le 19 juillet, à Berlin, n'était plus qu'une formalité diplomatique surannée. Cette formalité procura une certaine satisfaction à l'orgueil des Français, qui étaient violemment surexcités par l'offense que leur ambassadeur Benedetti et, par suite, la France elle-même, avait reçue du roi Guillaume (1).

D'autre part, il y a lieu d'ajouter que la déclaration de guerre officielle, faite à la Prusse par la France, eut pour résultat de rendre cette dernière puissance responsable, devant le tribunal de l'opinion publique européenne, du fait d'avoir troublé la paix générale.

———

La mobilisation des premiers échelons des troupes de l'Allemagne du Nord fut terminée, dans leurs garnisons du temps de paix, le huitième jour de la mobilisation ; en Bavière et en Wurtemberg, cette opération fut terminée le dixième et le onzième jour ; il en résulta que le transport des troupes put commencer : dans l'Allemagne du Nord, le 23 ; dans l'Allemagne du Sud, le 27 juillet.

Le système des chemins de fer allemands, qui avaient été construits, en partie, à différentes époques et sous l'influence des intérêts particuliers de plusieurs petits États indépendants, intérêts des plus variés et souvent contradictoires, ce système, dis-je, formait un réseau des plus embrouillés. Néanmoins, le nombre de ces lignes était si considérable qu'il fut possible d'utiliser, pour le transport des troupes, dix voies ferrées allant de leurs centres de mobilisation (sur la rive droite du Rhin) à la frontière française : sept pour l'Allemagne du Nord et trois pour l'Allemagne du Sud. Le matériel mobile, existant en surcroît des besoins, permit de transporter les dix premiers corps d'armée, sans être obligé de faire revenir les voitures en arrière ; malgré cela, on n'avait pas eu besoin d'utiliser deux cinquièmes des voitures existant en Allemagne et trois cinquièmes des locomotives. Grâce aux efforts héroïques de toutes les directions de chemins de fer allemands, le matériel d'exploitation arriva partout en temps

———

(1) Cette assertion est réfutée complètement par l'histoire (*Annotation du traducteur allemand*).

opportun ; le nombre des essieux dans les trains et la quantité de trains expédiés journalièrement furent augmentés : sur les lignes à une seule voie, ce nombre fut porté à douze, et sur les lignes à deux voies, il atteignit dix-huit trains par jour. Pour le transport d'un corps d'armée il fallait, sur les lignes à deux voies, trois jours et demi, et sur les lignes à une voie, cinq jours et demi. Chaque ligne allant à la frontière fut, autant que possible, utilisée ; l'exploitation complète, renforcée, de toutes les lignes, dura quatorze jours. On se conforma exactement à toutes les prescriptions du plan de transport, qui avait été établi d'avance en temps de paix. Le train royal, qu'on dut insérer dans le plan des transports militaires, sans entraver les mouvements prévus, fut obligé, par suite, de voyager très lentement ; il en résulta que le roi de Prusse, qui avait quitté Berlin le 31 juillet, à six heures du soir, n'arriva à Mayence que le 2 août au matin.

L'organisation des troupes allemandes en armées fut confirmée par le roi de Prusse le 18 juillet, d'après les bases prévues par le mémoire du général de Moltke, dont nous avons parlé plus haut. On forma trois armées : la première armée, sous le commandement du général d'infanterie Steinmetz, était formée du VIIe et du VIIIe corps d'armée et de la 3e division de cavalerie.

Cette armée, qui comprenait principalement des troupes de la rive gauche du Rhin, formait l'aile droite du dispositif stratégique initial des troupes allemandes ; elle se concentra, en partie par voie de terre, en partie par voie ferrée, et se dirigea vers le sud, en longeant la frontière du Luxembourg. Son quartier général était à Trèves.

La deuxième armée, sous le commandement du général de cavalerie, prince Frédéric-Charles de Prusse, comprenait : le corps de la garde, les IIIe, IVe et Xe corps d'armée, ainsi que les 5e et 6e divisions de cavalerie ; elle devait constituer le centre du dispositif général, en se reliant étroitement à la première armée. Elle était formée de troupes de l'Allemagne du Nord, qui furent transportées par voie ferrée, et devaient être débarquées le plus près possible de la frontière. Le quartier général de cette armée se trouvait, au début, à Mayence.

La troisième armée, sous le commandement du général d'infanterie, prince royal de Prusse, comprenait le Ve et le XIe corps d'armée (prussiens) de l'Allemagne du Nord, le Ier et le IIe corps bavarois, la division de campagne wurtembergeoise et la division badoise, ainsi que la 4e division de cavalerie. Cette armée se concentra sur le Rhin, dans les environs de Landau; elle était à une certaine distance de la deuxième armée. Les Badois et les Wurtembergeois furent, tout d'abord, rassemblés dans les environs de Maxau, sur la rive droite du Rhin; le reste des troupes, vis-à-vis de ce point, sur la rive gauche. Le quartier général se trouvait à Spire.

La réserve générale de toutes les forces transportées sur le théâtre de la guerre était formée par le IXe corps d'armée et le XIIe corps (royal saxon); ces deux corps furent, provisoirement, rattachés directement au grand quartier général; mais on les réunit, dès le 1er août, à la deuxième armée.

Les Ier, IIe et VIe corps prussiens, avec la 1re et la 2e division de cavalerie, qui étaient demeurés en arrière, sans destination spéciale, dans leurs centres de mobilisation, situés dans la partie orientale de la Prusse, formèrent, en attendant, une sorte d'armée d'observation contre l'Autriche. Du reste, en utilisant, et au delà, toutes les voies ferrées pour la concentration, on aurait été obligé, malgré tout, de laisser en arrière ces troupes, pendant un certain temps, dans leurs garnisons du temps de paix. Néanmoins, elles firent encore leur apparition sur le théâtre de la guerre dans la première quinzaine d'août.

Pour observer les côtes et empêcher des débarquements ennemis, on avait désigné la 17e division d'infanterie et les 1re, 2e et 3e divisions de landwehr de la garde (1).

---

(1) Les corps d'armée allemands comprenaient deux divisions d'infanterie, formant, en tout, 25 bataillons. A chaque division étaient affectés 4 escadrons de cavalerie et 4 batteries avec 24 pièces. En outre, les corps d'armée disposaient encore d'une artillerie de corps spéciale, en tout, y compris l'artillerie divisionnaire : plus de 84 à 96 pièces. Le corps d'armée de la garde prussienne et le corps royal saxon comptaient chacun 29 bataillons.

Après le prélèvement de la cavalerie divisionnaire (8 escadrons par corps d'armée), la cavalerie qui restait disponible était organisée de la manière suivante :

Corps d'armée de la garde prussienne : une division de cavalerie de 24 escadrons;

XIIe corps d'armée (saxon) : une division de cavalerie de 16 escadrons et 6 pièces;

Ier et IIe corps d'armée bavarois : une brigade de 12 escadrons et 6 pièces.

A ces troupes de cavalerie, il faut ajouter 6 divisions de cavalerie indépen-

Ce ne fut pas un petit travail que la formation des états-majors des armées et des autres commandements, qui durent être créés pour la guerre, ou considérablement renforcés. On dut, plus d'une fois, choisir des personnalités qui occupaient déjà dans l'armée des positions importantes ; la question de leur remplacement dans leurs postes précédents ne fut pas sans causer, alors, de nouveaux soucis. Mais, grâce aux dispositions prévues, dès le temps de paix, pour parer à cette éventualité, grâce aussi aux soins tout particuliers que la direction suprême de l'armée apporte, en Prusse, à l'examen et à la mise à l'épreuve des capacités, des connaissances et de l'aptitude spéciale de tous les candidats aux différents emplois militaires, tout ce travail fut expédié avec rapidité et sans aucune méprise. Il fut d'autant plus facile de régler cette question qu'on avait l'expérience des guerres qui venaient de se terminer depuis peu et avaient permis à chacun de faire preuve de ses capacités.

Le remplacement, dans leurs emplois précédents, des chefs appelés aux différents postes militaires ne créa donc aucune difficulté importante. Mentionnons, en passant, qu'en Allemagne, l'éducation des chefs futurs est dirigée de telle sorte que l'on peut faire appel à leurs capacités au moment voulu ; ils ne constituent pas du tout, dans l'armée, un élément étranger, qui n'aurait avec

---

dante, avec 24 escadrons, en moyenne, et 6 à 12 pièces ; la 3ᵉ division de cavalerie, qui était la plus faible, avait 12 escadrons ; la 5ᵉ, qui était la plus forte, en avait 36.

La division de campagne badoise et la division wurtembergeoise comptaient 15 bataillons et 54 pièces, et, comme cavalerie, la première : 10 escadrons, la dernière : 12 escadrons.

Les divisions de landwehr étaient fortes de 12 à 16 bataillons, 4 escadrons et 18 pièces.

L'ensemble des troupes allemandes de campagne comprenait, à la date du 1ᵉʳ août, comme effectifs :

1ʳᵉ armée..............	50 bataillons,	32 escadrons,	180 pièces.
2ᵉ armée..............	156 —	148 —	546 —
3ᵉ armée..............	128 —	102 —	480 —
Troupes non affectées aux trois armées..............	140 —	100 —	378 —
Total......	474 bataillons,	382 escadrons,	1584 pièces.

Les troupes affectées aux trois armées se trouvaient déjà sur le théâtre de la guerre ; les autres étaient encore à l'intérieur ; parmi ces dernières, jusqu'au milieu du mois d'août, on avait transporté sur le théâtre de la guerre trois corps d'armée et une division de landwehr.

elle que des relations de circonstance; ils doivent, au contraire, se tenir toujours prêts et à leur poste, pour pouvoir remplacer immédiatement les chefs qui viendraient à manquer. Aussi, aucune fraction de troupe allemande ne reste-t-elle jamais sans chef, même dans les circonstances les plus difficiles; chaque membre de l'armée allemande est toujours prêt à toute éventualité; d'autre part, grâce au sentiment du devoir enraciné dans cette armée, grâce aussi à l'esprit de subordination qui existe chez les plus jeunes chefs, ainsi qu'aux exigences rigoureuses, mais logiques, des officiers plus anciens de grade, les chefs nouveaux, bien qu'ils n'occupent, parfois, leur emploi que pour peu de temps, ont immédiatement toute l'autorité voulue sur leurs subordonnés.

Les états-majors des trois armées, qui venaient d'être nouvellement créés, commencèrent à fonctionner le 23 juillet, mais ils n'avaient pas encore la faculté de disposer des troupes, tant que durait le transport de ces dernières par voie ferrée. Les commandants d'armée et leurs états-majors arrivèrent à destination, dans la zone de concentration qui leur était affectée, du 28 au 30 juillet. Le roi de Prusse arriva à Mayence, ainsi qu'il a été dit plus haut, le 2 août, avec le grand quartier général et son chef, le général de Moltke; il prit aussitôt le commandement en chef de toutes les forces allemandes.

La mobilisation de toutes les troupes allemandes s'exécuta, ainsi qu'il a été déjà mentionné, dans les garnisons du temps de paix. Ce n'est que sur la frontière française qu'on avait dû, en prévision d'une attaque ennemie, reporter en arrière, à une certaine distance de leurs garnisons, quelques fractions de troupes et un certain nombre d'états-majors.

Pendant ce temps, quelques détachements de troupes non encore mobilisés couvraient, ou, plus exactement, masquaient la zone frontière allemande proprement dite. Ces détachements se complétèrent et se renforcèrent au cours de cette période. C'est ainsi que le 40e régiment d'infanterie, avec 7 escadrons, eut pour mission de couvrir la partie de la frontière comprise entre le Luxembourg et Sarrebruck. Le 5e régiment de dragons, qui était arrivé le cinquième jour de la mobilisation, fut destiné à relier les troupes précédentes avec les Bavarois, qui tenaient garnison dans le Palatinat bavarois, à l'est de Sarrebruck.

Les Bavarois avaient occupé, au début, la frontière du Palatinat bavarois avec 2 bataillons et 5 escadrons.

Les faibles troupes de couverture qui se trouvaient à la frontière se renforcèrent d'une manière continue : le VIII° corps d'armée prussien avait terminé sa mobilisation le 26 juillet, et commença, le 28, à se concentrer dans la direction de la frontière. Les Bavarois avaient déjà, le 24, 10 bataillons, 8 escadrons et 2 batteries en position (1).

Sur la rive droite du Rhin, la division badoise fit connaître, dès le quatrième jour de la mobilisation, qu'elle était prête au combat. Elle observait la partie sud de sa ligne frontière, formée par le Rhin, jusqu'à Kehl. Tous les passages sur le Rhin étaient détruits. Pour couvrir le passage fortifié du Rhin à Maxau, on avait déjà porté en avant, sur la rive gauche du Rhin, le 18 juillet, un bataillon et un escadron; sur ce point arrivèrent également, par voie ferrée, le 22 juillet, dix escadrons wurtembergeois. Ce faible détachement fut renforcé, le 25, par les premiers échelons de la troisième armée, qui arrivaient sur la rive gauche du Rhin; le même jour, dans la soirée, cette armée avait déjà en position 33 bataillons, 38 escadrons et 14 batteries; les jours suivants, elle se renforça d'environ une division d'infanterie par jour.

Après s'être résolus à la guerre, les Français se hâtèrent, sans perdre une minute, d'exécuter le plan d'opérations qu'ils avaient combiné. Dès le 16 juillet, c'est-à-dire le jour qui suivit la mobilisation, un nombre considérable de troupes non mobilisées s'avancèrent sur la frontière, en même temps qu'elles recevaient leurs compléments et qu'on les pourvoyait de tout ce qui leur était nécessaire.

Sur la frontière du nord, dans les environs de Metz, on devait rassembler quatre corps d'armée, savoir :

Le 2° corps (général Frossard), ayant son centre à Saint-Avold, sur la route de Metz à Sarrebruck; ce corps était, en quelque

------

(1) Les Allemands distinguent dans la mobilisation deux périodes ou deux degrés de préparation : 1° La préparation au combat, lorsque les troupes ont reçu leurs compléments, sont pourvues de munitions, etc.; 2° L'aptitude à entrer en opérations, quand elles sont pourvues de leurs trains.

sorte, plus prêt au combat que les autres troupes, parce qu'il
avait été rassemblé, jusque-là, au camp de Châlons, pour y
exécuter des exercices d'ensemble ;

Le 4e corps (général de Ladmirault), à l'aile gauche, à Thionville, sur la Moselle, au nord de Metz ;

Le 5e corps (général de Failly), à l'aile droite, à Bitche, où il
servait en même temps à assurer la liaison avec les troupes rassemblées en Alsace ;

Le 3e corps (maréchal Bazaine), en réserve à Metz.

En même temps, un détachement spécial de l'armée se rassembla en Alsace, savoir :

Le 1er corps (maréchal Mac-Mahon), à Strasbourg, et le 7e corps
(général Félix Douay), à Belfort.

En outre, se rassemblaient :

Le corps de la garde impériale (général Bourbaki), à Nancy, et
le 6e corps (maréchal Canrobert), à Châlons.

Il est vrai que la concentration de toutes ces troupes sur les
points qui leur avaient été assignés ne se fit pas simultanément ;
le 1er corps, en effet, avait des détachements qui tenaient garnison en Algérie. Quant aux 6e et 7e corps, ils occupaient, avec une
partie de leurs troupes, des points importants : Paris, Lyon et
d'autres garnisons, qu'on n'osait pas dégarnir de troupes, jusqu'à
ce qu'il fût possible de les remplacer par des troupes de réserve.

Le corps de la garde avait deux divisions d'infanterie ; le 1er,
le 3e et le 6e corps en avaient chacun 4 ; les autres corps, 3 ;
chaque corps possédait une division de cavalerie ; le 2e, le 4e et
le 5e corps avaient 16 escadrons, les autres corps en avaient de 20
à 28. La réserve de cavalerie de l'armée consistait en 3 divisions,
avec un effectif total de 48 escadrons.

Toutes ces forces furent comprises sous la dénomination indé-
terminée d'armée du Rhin ; l'empereur Napoléon III en prit, en
personne, le commandement en chef. Son chef d'état-major
général fut le général Le Bœuf.

Sur la frontière espagnole, en Afrique et en Italie (Civita-
Vecchia), il restait en arrière, en tout, 36 bataillons et 32 escadrons ; enfin, on procéda à la formation de 115 (quatrièmes)
bataillons et de la garde nationale mobile, qui possédait des
cadres pour un effectif de 150,000 à 180,000 hommes.

Nous avons déjà fait remarquer que la concentration des

troupes françaises, qui se mirent en mouvement avec leurs effectifs de paix, se fit très rapidement, pour ne pas dire précipitamment; c'est ainsi que tout le 2e corps, transporté du camp de Châlons, atteignit, dès le 18 juillet, les environs de Saint-Avold, qui lui avaient été assignés, et que, le même jour, 17 bataillons du 5e corps étaient déjà concentrés à Bitche (1).

Cependant les troupes françaises, qui étaient encore à l'effectif de paix, après avoir atteint leurs points de concentration, furent obligées d'attendre leurs compléments en personnel et matériel, ce qui causa un certain désarroi et des pertes de temps considérables. Les Français n'étaient pas en mesure d'entreprendre quelque opération un peu importante contre l'ennemi; ils perdirent simplement, sans en retirer pour cela aucun avantage, la facilité de se mobiliser tranquillement dans leurs garnisons du temps de paix. C'est ce que fait remarquer, du moins, l'ouvrage du grand état-major prussien.

Toutefois, en réalité, la concentration hâtive des Français en avant de Metz, qui n'avait qu'un caractère démonstratif, eut pour résultat essentiel d'obliger les Prussiens à reporter les points de

---

(1) D'après l'ordre de bataille, l'armée du Rhin comprenait :

	Bataillons.	Escadrons.	Pièces.	Mitrailleuses.
Corps de la garde............	24	24	60	12
1er corps.................	52	28	96	24
2e corps.................	39	16	72	18
3e corps.	52	28	96	24
4e corps.................	39	16	72	18
5e corps.................	39	16	72	18
6e corps.................	40	24	114	6
7e corps.................	38	20	72	18
Réserve de cavalerie........	»	48	30	6
Réserve d'artillerie..........	»	»	96	»
TOTAL.........	332	220	780	144

Chaque division d'infanterie comprenait : 13 bataillons, 12 pièces et 6 mitrailleuses.

Les divisions d'infanterie ne disposaient pas, en principe, de cavalerie; on leur en adjoignait suivant les circonstances. Chaque division de cavalerie comprenait 6 à 12 pièces d'artillerie à cheval.

Les bataillons et les escadrons français avaient un effectif plus faible que les unités similaires allemandes; les bataillons au complet comptaient : du côté des Allemands, 1000 hommes; du côté des Français, 800 hommes; les escadrons, du côté des Allemands, 150 chevaux; du côté des Français, 125.

débarquement de leurs corps d'armée en arrière, sur le Rhin, et, par suite, de retarder leur offensive sur le territoire français; c'était un réel succès pour les Français. Il est difficile de préciser au prix de quels sacrifices et de quelles difficultés les Français ont acheté cet avantage, car les renseignements nécessaires à ce sujet font défaut (1).

Le 24 juillet, le groupe de l'armée française constitué au nord s'était un peu resserré sur son centre, c'est-à-dire sur le 2º corps, et il occupait quelques points situés près de la frontière; Bazaine se tenait, avec le 3º corps, entre le 2º et le 4º corps; le 5º corps occupait Sarreguemines avec deux divisions. La garde s'était portée à Metz, à la place de Bazaine. L'empereur Napoléon arriva à Metz le 28 juillet, et se rendit compte que les troupes n'étaient aucunement prêtes à entreprendre des opérations sérieuses. L'espérance d'infliger une surprise stratégique à l'adversaire fut ainsi définitivement perdue.

La réunion de forces françaises importantes sur la frontière, au nord de Metz, n'échappa pas à l'attention des Allemands; cette éventualité était prévue dans le mémoire du général de Moltke. Les troupes françaises menaçaient, avant tout, la deuxième armée allemande d'une invasion dans sa zone de concentration. La haute direction de l'armée allemande prévoyait aussi qu'après leur concentration, les Français feraient immédiatement irruption sur le territoire allemand situé sur la rive gauche du Rhin, et c'est pour ce motif que les points de débarquement assignés à la deuxième armée avaient été reportés en arrière, — sur le Rhin. A partir de

---

(1) Le principe que la mobilisation doit se faire dans les garnisons du temps de paix, est, en général, parfaitement exact, mais il ne peut pas être érigé en règle absolue. La guerre, qui, d'après son essence même, exige une activité essentiellement pratique, doit, en tout et partout, poursuivre les buts pratiques les plus immédiats, sans s'astreindre, d'une façon quelconque, à des principes soi-disant généraux. En partant de ce point de vue, il paraît évident que des fractions de troupes, dont la mobilisation a été préparée, d'une manière suffisante, en temps de paix, comme, par exemple, nos troupes (russes), qui ont déjà avec elles tous leurs trains, peuvent être envoyées ou surtout transportées, sans hésitation, pour atteindre des buts importants, par exemple l'occupation des passages de voies ferrées, pendant que les dépôts, centres d'armement, restent en arrière, à une distance rapprochée, pour recevoir les réservistes dans les garnisons du temps de paix.

Les réservistes armés dans les dépôts peuvent alors, d'après des ordres spéciaux du commandement, être dirigés vers les fractions de troupes auxquelles ils appartiennent.

là, les Allemands, s'attendant d'heure en heure à une invasion des Français, se portèrent en avant par voie de terre; en même temps, en tâtonnant, en quelque sorte, ils reportaient un peu plus en avant leurs points de débarquement.

Cette partie de la campagne, qui, au point de vue de l'histoire, n'offre aucun événement particulier, fut, cependant, une période de tension extrême pour les Allemands, parce que, pendant ce court délai, l'initiative des opérations parut se trouver tout à fait entre les mains des Français. Jusqu'à ce que les troupes allemandes se fussent concentrées et eussent atteint la frontière, il fut apporté des modifications essentielles au plan primitif du haut commandement. Le grand quartier général prit, en prévision de la possibilité d'une offensive soudaine de l'ennemi, ses dispositions en vue de diverses éventualités possibles; les circonstances exigèrent aussi une initiative spontanée de la part des chefs, car une forte divergence de vues se fit jour entre le grand quartier général du roi et le commandant de la première armée, général de Steinmetz, dans la manière d'envisager et d'apprécier la situation.

Dans cette période, il faut comprendre le mouvement offensif projeté par les Français, qui aboutit au combat de Sarrebruck.

Pour toutes ces raisons, il y a lieu, en se plaçant, bien entendu, au point de vue des questions posées dans cette étude, de mentionner cette courte période de tension, qui va jusqu'au combat de Wissembourg, bien qu'elle ne soit marquée par aucun fait de guerre.

CHAPITRE III

Le combat de Sarrebruck le 2 août et la marche en avant de la première et de la deuxième armée allemande vers la Sarre, le 5 août.

SOMMAIRE

L'armée française n'est pas encore prête pour des entreprises sérieuses. Sa reconnaissance offensive contre Sarrebruck devait être couronnée par le succès. — Le combat de Sarrebruck, le 2 août, est la lutte de trois divisions contre trois compagnies. — Caractères distinctifs du commandement dans les deux partis pendant le combat de Sarrebruck. — La marche en avant méthodique des armées allemandes. — L'impatience du commandant de la première armée, général de Steinmetz : sa divergence d'opinion avec le chef du grand état-major de l'armée, général de Moltke. — La marche offensive, indépendante et téméraire, du général de Steinmetz vers la Sarre, conséquence de la connaissance insuffisante qu'il avait des projets du grand quartier général.

Le combat insignifiant de Sarrebruck n'eut aucune influence sur le cours général des événements dans la guerre franco-allemande. Néanmoins, les circonstances dans lesquelles a eu lieu cet engagement ne manquent pas tout à fait d'intérêt. Cette première rencontre permet d'apprécier, d'une manière très caractéristique, les propriétés particulières des deux systèmes, qui allaient avoir bientôt l'occasion de se mesurer dans des batailles décisives; l'épisode de Sarrebruck fit déjà prévoir le résultat définitif de toute la campagne.

Lorsque les Français parurent à la frontière et que l'on dut reporter en arrière, sur le Rhin, les points de débarquement de la deuxième armée allemande, le faible détachement de Sarrebruck, commandé par le lieutenant-colonel de Pestel, et comprenant un bataillon du 40ᵉ régiment d'infanterie (fusiliers) et trois escadrons, se trouvait, en quelque sorte, en l'air, — seul face à face avec l'armée ennemie.

La destruction d'un détachement prussien d'aussi faible effectif, lors de la première rencontre avec l'ennemi, pouvait produire une impression morale fâcheuse ; le sort du petit détachement de Sarrebruck était donc d'un intérêt général pour toute l'armée allemande. Le grand quartier général du roi, se rendant bien compte de cette situation, avait envoyé de Berlin l'ordre de faire replier le bataillon placé à Sarrebruck jusqu'à une distance d'environ 6 kilomètres en arrière, tout en laissant à la cavalerie qui lui était affectée la mission d'observer, comme précédemment, l'adversaire. Mais, sur ces entrefaites, le 31 juillet, le général commandant le VIIIᵉ corps, général de Goeben, avait prescrit à 3 bataillons, 3 escadrons et 2 batteries, de se rapprocher davantage de Sarrebruck (jusqu'à 6 ou 7 kilomètres). Dans ces conditions, comptant sur les renforts qu'il avait derrière lui, le lieutenant-colonel de Pestel estima qu'il était parfaitement en mesure de tenir à Sarrebruck, comme il l'avait fait jusque-là, et il sollicita l'autorisation nécessaire à cet effet.

Cependant la réalité brutale avait déjà donné considérablement à réfléchir à la haute direction de l'armée française. Il était devenu plus qu'évident que le plan fantaisiste d'invasion au delà du Rhin, par Maxau, était devenu complètement inexécutable. Mais, néanmoins, les Français qui s'étaient concentrés si précipitamment, obéissant au mot d'ordre de la foule parisienne : « A Berlin! A Berlin! », se trouvaient, par suite, dans l'obligation de se décider à entreprendre une opération quelconque.

Pendant longtemps, ils s'en tinrent au plan d'une offensive générale au delà de la rivière limitrophe de la Sarre ; mais cette offensive, qui, du reste, n'avait en vue aucun objectif réel d'opérations, fut entravée par la nécessité urgente de donner aux troupes le temps et le loisir de se compléter à l'effectif de guerre proprement dit. On perdit son temps en délibérations et en conférences, et l'on se prononça, en fin de compte, pour une reconnaissance offensive vers la Sarre ; c'est, d'ailleurs, toujours ainsi que l'on agit, habituellement, quand on ne sait pas au juste ce que l'on doit faire. Que pouvait-on, en effet, attendre de la reconnaissance projetée? Des renseignements sur la force et le dispositif des Allemands le long du cours de la Sarre, particulièrement à Sarrebruck! Mais le détachement prussien qui occupait cette localité se trouvait déjà, depuis quatorze jours, à la frontière, et il avait même eu, le 27, le 28 et le 30 juillet, des escarmouches avec les Français ; dans ces conditions, il semble qu'il était on ne peut plus facile de déterminer sa force, d'une manière ou de l'autre, si la nécessité s'en faisait sentir; pour atteindre ce but, comme pour remplir d'autres missions plus importantes, on avait sous la main quelques divisions de cavalerie, qui n'avaient en face d'elles, du côté des Allemands, que quelques escadrons.

On résolut donc d'exécuter la reconnaissance vers Sarrebruck, avec tout le 2° corps, qui se trouvait le plus rapproché de cette localité et était plus prêt à marcher que les autres corps. A droite et à gauche du 2e corps, de forts détachements devaient être envoyés en reconnaissance par les deux corps qui se trouvaient les plus rapprochés.

Ce n'est pas dans des considérations militaires qu'il faut chercher le motif d'une pareille résolution. Il fallait bien calmer l'impatience générale du peuple français par la nouvelle d'un succès quelconque; il fallait également fournir aux journalistes la matière de quelques articles, si minimes qu'ils fussent; — ces derniers s'entendaient, alors, à merveille, à exploiter habilement par la plume tout ce qui avait trait à la guerre. La nécessité de fournir des sujets d'articles aux journalistes fut donc la raison pour laquelle on porta en avant le général Frossard avec son corps d'armée.

Sa mission n'était pas difficile à remplir. Les troupes françaises se déployèrent le 2 août au matin et se portèrent en avant, comme sur la place d'exercices. En avant de la ville, trois compagnies prussiennes leur étaient opposées; elles se retirèrent derrière la Sarre, après un combat de tirailleurs, qui dura à peu près une heure, sous la protection du feu de quatre pièces d'artillerie placées sur l'autre rive (1), et de cinq compagnies qui étaient accourues à leur secours. Peu de temps après, tout le détachement se retira vers le nord, sous le feu des pièces et des mitrailleuses françaises. Les Français ne poursuivirent pas l'adversaire au delà de la Sarre. Les pertes se montaient, de chaque côté, à environ 80 hommes.

Dans son rapport sur ce combat, rapport qui est très détaillé,

---

(1) Au début, deux pièces seulement entrèrent en action; elles furent suivies plus tard de quatre autres pièces, faisant partie de la batterie (*Annotation du traducteur allemand*). Voir l'ouvrage du grand état-major prussien (1re partie, 1er volume, pages 140-142).

le général Frossard mentionne que ses troupes eurent le bonheur de saluer, sur le champ de bataille, l'Empereur et le prince impérial Louis-Napoléon, qui reçut, en cette occasion, le baptême du feu ; — c'était, probablement, aussi l'un des motifs cachés de toute l'opération (1). Cette affaire constituait un bien mauvais début pour la carrière militaire du jeune prince Louis, tout à fait innocent, qui devait, quelques années plus tard à peine, perdre la vie dans un combat, de la main d'un sauvage, au fond des ravins éloignés de l'Afrique, — tout à la fois sur la terre étrangère et pour une cause autre que la sienne.

Le général (comte Gneisenau), commandant la brigade d'infanterie à laquelle appartenait le 40e régiment, assista au combat de Sarrebruck ; il ordonna la retraite du détachement, et il avait rassemblé, dans la soirée de ce même jour, à Hilschbach et Guichenbach (6 à 7 kilomètres de Sarrebruck), 4 bataillons, 6 escadrons et 2 batteries.

Cette lutte de tout un corps d'armée français contre quelques compagnies fut appelée, ironiquement, par les Allemands « un exercice contre ennemi figuré ». Si l'on considère les grands moyens, tout à fait hors de proportion avec cet incident, qui furent employés par les Français pour atteindre un résultat tout à fait minime, il est incontestable que cette affaire présente un côté comique, bien qu'elle n'ait nullement prêté à rire aux Prussiens qui y furent engagés. Leurs pertes, s'élevant à 80 hommes, qui se répartissaient, en réalité, sur trois compagnies seulement, étaient loin d'être insignifiantes. La supériorité effrayante des forces de l'adversaire fit entrevoir d'autant plus au détachement prussien combien sa situation était désespérée. Sous la pression de ces circonstances, le détachement négligea de s'acquitter de sa principale obligation : en battant complètement en retraite, il perdit le contact de l'adversaire. Mais cette faute fut encore réparée, le même jour, par le commandant de la division, général de Barnekow, qui arrivait à Hilschbach, et donnait l'ordre de rétablir le contact avec l'ennemi.

Il n'y a rien à ajouter, en ce qui concerne les Français, au

---

(1) Frossard, *Rapport sur les opérations du 2e corps*, et Bazaine, *Épisodes de la guerre de 1870 et le blocus de Metz*, déclarent qu'ils ignoraient complètement, auparavant, l'intention de l'Empereur d'assister à cette opération.

jugement à porter sur l'engagement de Sarrebruck ; les faits parlent suffisamment par eux-mêmes. Du côté des Prussiens, au contraire, nous sommes en présence d'une manière d'opérer admirable. Le commandement supérieur prête une attention anxieuse au sort d'un petit détachement, en tenant compte de l'influence morale que devait exercer la première rencontre avec l'adversaire. L'ordre donné à l'infanterie d'abandonner Sarrebruck, la mission confiée à la cavalerie d'observer seule l'adversaire, doivent être considérés comme parfaitement logiques. Il est vrai que le haut commandement cède à la prière du chef de détachement et à la demande expresse de son général commandant, mais c'est pour maintenir le principe de l'initiative, et, en même temps, pour affirmer la responsabilité des chefs en sousordre ; il tient à ne comprimer, en aucune façon, dans leurs manifestations, la hardiesse et l'esprit d'initiative chez ses subordonnés. Seul, le détachement lui-même commit une négligence, en perdant le contact de l'ennemi ; mais, immédiatement, et au moment voulu, nous voyons le commandant de la division reprendre en main la haute direction.

D'après les considérations développées dans le mémoire du général de Moltke, les trois armées allemandes devaient avoir achevé leur concentration sur la frontière, le 3 août, savoir : la première armée sur la ligne Sarrelouis—Merzig ; la deuxième armée sur la ligne Voelklingen—Sarrebruck—Sarreguemines ; la troisième sur les deux rives du Rhin, aux environs de Landau et de Karlsruhe. Comme réserves : le XII⁰ corps devait se tenir prêt à Kaiserslautern, le IX⁰ corps à Deux-Ponts.

La concentration prématurée de forces françaises importantes à Metz conduisait aux considérations suivantes : la première armée, qui s'était portée en avant par voie de terre, sous la protection du territoire neutre qui formait la frontière à droite, ne courait aucun danger particulier ; la troisième armée, sous le commandement du prince royal, était plus forte que les troupes que l'adversaire pouvait, dans la première période, lui opposer. En ce qui concerne la deuxième armée, au contraire, ses éléments avaient été amenés de beaucoup plus loin, et ses points de débarquement se trouvaient à proximité immédiate de l'armée française déjà concentrée. On fut obligé, ainsi qu'il était déjà prévu dans le mémoire du général de Moltke, de reporter ses points de débarquement beaucoup plus en arrière, sur le Rhin. Les modifications que cette situation imposait aux dispositions prises pour le transport des troupes reçurent leur commencement d'exécution le 23 juillet, par conséquent avant que les grands transports de troupes fussent commencés. Les troupes de la deuxième armée allemande durent, en conséquence, dès qu'elles furent débarquées, se porter en avant par voie de terre, ce qui les amena à se former notablement en arrière de la première armée, car cette dernière, après s'être concentrée à Trèves, s'était portée en avant sans arrêt.

Comme il n'y avait aucune raison d'exposer la première armée à une rencontre prématurée avec des forces ennemies supérieures, on dut suspendre sa marche en avant et assurer la concordance de ses mouvements avec ceux de la deuxième armée. Ce n'est donc que le 30 juillet que la deuxième armée reçut l'ordre de porter, immédiatement, sur la ligne Sarrebruck—Bitche, ses deux divisions de cavalerie, la 5e et la 6e, en vue de mieux observer les Français.

Quant à la troisième armée, on estimait alors qu'il y avait lieu de la concentrer tout entière sur la rive gauche du Rhin et de lui faire prendre l'offensive dans la direction du sud, — c'est-à-dire en Alsace. Le chef d'état-major de la troisième armée fut instruit préalablement de ce projet; c'est alors que, le 30 juillet au soir, le grand quartier général expédia le télégramme suivant :

« Sa Majesté considère comme opportun qu'aussitôt que la « troisième armée aura été ralliée par la division badoise et la « division wurtembergeoise, elle s'avance vers le sud, par la rive « gauche du Rhin, pour chercher l'ennemi et l'attaquer. De cette « façon, on empêchera l'établissement de ponts au sud de Lauter- « bourg, et on protégera, de la manière la plus efficace, toute « l'Allemagne du Sud. »

A ce télégramme, le prince royal répondit, le jour suivant, que, pour éviter les embarras considérables qui pouvaient en résulter, il n'était pas encore en mesure de prendre l'offensive, car l'armée, dans son ensemble, n'était point encore réunie, et une grande partie des trains se trouvaient en arrière; c'est pour cette raison, disait-il, qu'il laissait, provisoirement, la division badoise et la division wurtembergeoise sur la rive droite du Rhin.

Sur ces entrefaites, les troupes de la deuxième armée continuaient leur marche ininterrompue en avant. La région qu'elles occupaient sur la rive gauche du Rhin était si étendue que, dès le 31 juillet, on pouvait donner l'ordre de reporter en avant, jusqu'à Birkenfeld et Kaiserslautern, les points de débarquement des troupes.

Les Français n'étaient pas en mesure d'entraver (comme les Allemands le croyaient) cette marche en avant des troupes, exécutée presque comme en temps de paix. Aussi les Allemands purent-ils faire marcher de concert la première et la deuxième armée, ainsi qu'il a été déjà mentionné, et, pour assurer leur protection réciproque, ils durent subordonner les opérations de la première armée à la progression de la marche en avant de la deuxième.

Mais une telle situation, dépendante, et, jusqu'à un certain point passive, convenait peu au caractère et à la manière de voir du général de Steinmetz. Ce soldat éprouvé, qui avait déjà combattu contre Napoléon Ier, avait dans les veines le sang chaud du vieux Blücher. La guerre de 1866 avait été favorable à Steinmetz ; à la tête du Ve corps d'armée, il avait, dans cette campagne, ouvert aux corps prussiens, par des combats victorieux et sanglants, le chemin de la Bohème. En 1870, il avait été nommé commandant en chef de la première armée, qui se trouvait, au point où en était arrivée la situation, presque face à face avec l'adversaire, et concentrée plus tôt que la deuxième armée ; dans ces conditions, le général de Steinmetz crut que le premier rôle lui était réservé, et il agit en conséquence ; il oubliait ainsi que le prince royal et le prince Frédéric-Charles de Prusse se trouvaient à ses côtés, à la tête des deux autres armées, et que c'était à ces derniers que les rôles principaux devaient échoir. C'est là la raison pour laquelle Steinmetz reçut les ordres du grand quartier général avec une impatience visible et extrême ; ces ordres, en substance, tenaient pleinement compte des circonstances, mais ils restreignaient trop l'initiative du général.

Le général de Steinmetz comprenait la mission de la première armée à sa manière ; à son avis, elle formait un flanc offensif en avant de la deuxième armée, qui se rapprochait d'elle. Partant de ce point de vue, il forma le projet d'attirer sur lui les forces de l'adversaire, pour faciliter la marche en avant de l'armée du centre du front stratégique allemand, et, dans le cas où, pendant cette marche en avant, l'offensive de l'adversaire aurait pour résultat de provoquer un combat, il se proposait d'y prendre part énergiquement (1).

C'est en obéissant à ces vues, que le général de Steinmetz voulut s'avancer, le 4 août, vers la ligne Sarrelouis—Hellen-hausen, et envoyer en avant de cette ligne, le 5 août, en recon-naissance, de forts détachements pris dans le VII⁰ corps et la 3⁰ division de cavalerie. Il voulut donc, dès le 4 août, prendre position sur la Sarre avec son aile droite, et ses reconnaissances, projetées pour le 5, se dirigèrent exactement vers le centre du dispositif ennemi.

Il est clair que, dans une telle situation, la première armée pou-vait, en cas d'attaque de l'ennemi, en venir très rapidement aux mains avec des forces françaises supérieures, sans espoir d'être secourue par la deuxième armée. Le général de Steinmetz comp-tait aussi, d'une manière absolue, que l'ennemi entreprendrait, de ce côté, une marche en avant de cette nature, et il ajoutait, dans une lettre où il exposait ses vues au général de Moltke, que toutes les nouvelles qui lui étaient parvenues, jusque-là, s'accor-daient à laisser prévoir l'intention, de la part de l'ennemi, de prendre prochainement l'offensive vers la ligne Sarrelouis—Sar-rebruck.

Sur ces entrefaites, le général de Steinmetz recevait, le 3 août, du grand quartier général, le télégramme suivant :

« L'ajournement de l'invasion française permet de compter
« que, le 6 de ce mois, la deuxième armée pourra être réunie en
« avant de la zone boisée de Kaiserslautern. S'il n'est pas pos-
« sible d'empêcher une rapide invasion de l'ennemi, concentra-
« tion éventuelle de la deuxième armée derrière la Lauter (2).
« Intention de faire concourir les deux armées à la bataille, la
« première armée agissant par Saint-Wendel ou Baumholder,

---

(1) Von Schell, *Les opérations de la première armée sous le général de Stein-metz*, Berlin, 1872.
(2) Il est question ici de la Lauter, qui va se jeter, par Kaiserslautern, dans la Glan.

« suivant le cas. Sa Majesté ordonne que la première armée se
« concentre, le 4, vers Tholey. La troisième armée passera la
« frontière à Wissembourg demain. Offensive générale projetée. »

A la suite de cette communication, le commandant en chef de
la première armée donnait l'ordre suivant pour le 4 : concentration du VIIe corps à Lebach, du VIIIe, avec ses deux divisions, à
Tholey et Ottweiler. Comme Lebach et Ottweiler sont situés à
environ 15 kilomètres au sud de Tholey, on voit encore, ici, se
faire jour, chez Steinmetz, le désir persistant de se trouver complètement en avant ; cependant, nous devons ajouter que la répartition des troupes de son armée ne répondait pas du tout à ses
intentions, puisqu'il laissait la 3e division de cavalerie au nord
de la route Tholey—Saint-Wendel, c'est-à-dire derrière les corps
de la première armée.

Le général de Moltke fut obligé d'approuver ces dispositions,
avec la réserve, toutefois, que la première armée devait rester,
jusqu'à nouvel ordre, sur ses positions, et que le 5 août serait
pour elle jour de repos. C'est un fait caractéristique que les ordres
du grand quartier général étaient expédiés de Mayence, c'est-à-
dire d'un point situé à plus de 100 kilomètres en arrière de la
première armée.

Les fractions de l'aile gauche de la première armée, qui avaient
atteint Ottweiler le 4 août, se rencontrèrent, sur ce point, avec
l'aile droite de la deuxième armée ; on fut donc obligé de séparer
les troupes, qui étaient ainsi mélangées, et de prendre les mesures
nécessaires pour empêcher, à l'avenir, un pareil désordre. Comme
ce résultat ne pouvait être atteint par les communications télégraphiques qui reliaient les états-majors des deux armées, le
grand quartier général du roi dut intervenir ; il donna l'ordre à la
première armée d'avoir à laisser libre pour la deuxième armée la
route Saint-Wendel—Ottweiler—Neunkirchen.

Cet ordre servit de prétexte au général de Steinmetz pour se
rapprocher encore davantage de la frontière. En mettant son
projet à exécution, il fut amené à engager des fractions isolées de
son armée dans une bataille sanglante (à Spicheren), ce qui
devait conduire directement à un résultat, que le haut commandement voulait éviter, à tout prix, depuis le commencement de la
campagne.

Dès le 5 août, le général de Steinmetz avait écrit au général de
Moltke pour connaître les motifs de celles des dernières dispositions du roi qui se rapportaient à la première armée; en même
temps, il sollicitait, pour la période des opérations qui allait
s'ouvrir, des directives qui lui permissent de se mouvoir plus
librement. Le général de Steinmetz considérait cela comme d'autant plus nécessaire, qu'à son avis, certaines fractions de la
deuxième armée, par suite de leur marche en avant pendant le
jour de repos donné à la première armée le 5 août, avaient dépassé
cette dernière, et qu'en outre, la cavalerie de la deuxième armée
se trouvait déjà en avant de la première, si bien qu'il craignait de
passer, avec son armée, en seconde ligne (1).

La signification de l'expression « directives », que les Allemands
ont introduite, tout récemment, dans le langage militaire, a été
donnée par le général de Moltke, dans les termes suivants : « Les
« directives sont des communications, adressées par l'échelon
« supérieur à l'échelon inférieur, qui contiennent moins des
« ordres formels pour la conduite à tenir, à un moment donné,
« que des points de vue, qui doivent servir de guides aux subor-
« donnés. Ces points de vue servent alors de règles pour les réso-
« lutions à prendre, d'ailleurs, en toute indépendance ».

Le grand quartier général avait l'intention, de son côté, d'accorder du repos aux troupes de la deuxième armée; le 9 août, les
deux armées devaient alors franchir la frontière avec toutes leurs
forces; en même temps, la première armée devait encore être
renforcée par le Ier corps, qui, sur ces entrefaites, avait débarqué
à Neunkirchen.

En ce qui concerne la demande adressée par le général de
Steinmetz, en vue de recevoir des directives, l'ouvrage du grand
état-major prussien dit que, « dans les circonstances où l'on se
« trouvait, alors que, tous les jours, on pouvait s'attendre à une
« affaire décisive, le grand quartier général de Sa Majesté ne

---

(1) Le général de Steinmetz pensait que la 2e brigade de cavalerie du général
de Rheinbaben, qui avait pris le commandement supérieur de la 5e et de la
6e division de cavalerie, s'était portée plus en avant, le 30 juillet, sur l'ordre
du grand quartier général. Cependant la 2e brigade, qui occupait la ligne
Lebach—Sarrebruck, ne se trouvait pas, à proprement parler, en avant de la
première armée, puisque celle-ci ne devait pas du tout prendre sa direction sur
Sarrebruck, mais se porter plus à l'ouest.

« croyait pas devoir donner des directives embrassant les dispo-
« sitions à prendre au delà de la situation immédiate. On préfé-
« rait, de beaucoup, dans ces crises et dans d'autres semblables,
« diriger les mouvements des grandes fractions d'armée au moyen
« d'ordres fermes expédiés par le haut commandement, bien que,
« soit dit en passant, cette manière de procéder eût pour résultat
« de restreindre, momentanément, l'indépendance des chefs
« d'armée ». L'ouvrage du grand état-major prussien ajoute, en
outre, que le général de Steinmetz n'avait pas connaissance des
vues et des projets du grand quartier général, au moment où, le
5 août au soir, il donnait à son armée les ordres pour le 6 août.

La réponse du général de Moltke à la demande de directives
que lui avait adressée le général de Steinmetz ne parvint à ce
dernier que le 6 au matin, à Tholey, à un moment où il n'était
déjà plus en son pouvoir d'arrêter le cours des événements qui
s'étaient produits, par suite des dispositions qu'il avait prises
pour la journée du 6.

En exécution des ordres du général de Steinmetz pour le
6 août, les têtes des deux corps de la première armée devaient
s'approcher jusqu'à 8 kilomètres de la Sarre ; savoir : le VIIᵉ
corps, qui se trouvait à l'aile droite, vers Guichenbach ; le VIIIᵉ
corps, vers Fischbach (à l'ouest de Sulzbach). En outre, le
VIIᵉ corps devait (le 6) pousser deux avant-gardes jusqu'à la
Sarre elle-même, l'une vers Vœlklingen, l'autre vers Sarrebruck.
Le flanc droit de la première armée était couvert par la 3ᵉ division de cavalerie, qui devait s'avancer jusqu'à 8 kilomètres au
sud de Lebach, et formait ainsi un échelon placé en arrière du
corps de l'aile droite (VIIᵉ corps).

Le général de Steinmetz fit part de ces dispositions, le 5 août
au soir, au grand quartier général, en ajoutant qu'elles étaient
motivées par la crainte qu'il avait de rester en arrière de la
deuxième armée, ou, pour mieux dire, « par le désir de se
« trouver toujours en avant de la deuxième armée ».

Comme il ne s'agissait pas d'exécuter une marche en avant sur
une ligne parallèle, mais d'atteindre et de franchir simultanément
la Sarre, dont le cours est orienté vers le nord-ouest, et qui constituait le premier objectif d'opérations, il fallait, évidemment,
amener, tout d'abord, par une marche en avant, la deuxième
armée, qui se trouvait en arrière de la première, à la même hau-

teur que cette dernière. « L'*Histoire des opérations de la deuxième armée* » (1) fait ressortir, en outre, que le général de Steinmetz avait pris connaissance, à l'état-major du III° corps, des dispositions concernant la deuxième armée, dispositions aux termes desquelles les trois corps de cette armée qui occupaient la ligne la plus avancée devaient atteindre, le 6 août seulement, la ligne Neunkirchen—Deux-Ponts (éloignée encore d'environ 15 à 19 kilomètres de la Sarre) ; il était donc inadmissible que la deuxième armée pût dépasser la première. Mais, en outre des dispositions générales concernant la deuxième armée, le général de Steinmetz eut aussi connaissance des dispositions spéciales au III° corps ; elles lui apprirent que ce corps avait l'intention de s'avancer au delà de Neunkirchen, et de pousser son avant-garde près de Sarrebruck (à une distance de 6 kilomètres au plus) ; le général de Steinmetz résolut, en conséquence, de pousser également ses corps en avant.

Les dispositions du général de Steinmetz pour le 6 août aboutirent à une affaire que les Allemands ne devaient désirer en aucune façon, c'est-à-dire à un combat partiel très téméraire, engagé par quelques fractions de tête des corps d'armée allemands avec l'adversaire, qui pouvait leur opposer, dans ce cas, très facilement, des forces considérablement supérieures.

Les faits parlent ici d'eux-mêmes ; néanmoins, il est juste de rappeler que le général de Steinmetz n'avait aucune connaissance des projets du grand quartier général, d'après lesquels on voulait franchir, le 9 août, avec toutes les forces réunies, la ligne de la Sarre, même par la force, en cas de nécessité, en même temps qu'on comptait sur la possibilité de rapprocher aussi la troisième armée dans la direction du flanc de l'adversaire (2). Si le général de Steinmetz avait été informé de tout ceci, il aurait alors compris parfaitement pour quelles raisons on maintenait, momentanément, en arrière la première armée, et il ne se serait certainement pas résolu à agir contrairement aux vues de son général en chef. Mais le général de Steinmetz n'avait pas été mis au courant

---

(1) Baron von der Goltz : *Opérations de la deuxième armée dans la campagne de 1870-1871*, Berlin, 1873.

(2) Il résulte des *Opérations de la deuxième armée*, page 21, que ce projet existait, en effet, à la date du 4 août, et qu'il avait été communiqué au prince Frédéric-Charles.

des intentions du grand quartier général. En outre, on ne lui avait fait parvenir aucune communication au sujet des dispositions qui concernaient la deuxième armée, si bien qu'il avait été obligé de se les procurer lui-même auprès du III° corps, qui était le plus rapproché de lui. Enfin, le grand état-major (grand quartier général) faisait tous ses efforts pour ne pas empiéter, sans nécessité, sur le domaine de l'initiative des chefs, et poussait cette précaution, dans certains cas, si loin qu'il oublia même de délimiter les zones de marche à affecter aux deux armées, qui s'avançaient parallèlement; cet oubli fut cause, ainsi que nous l'avons déjà dit, que des fractions des deux armées se mélangèrent, le 4 août, à Ottweiler. Cette dernière particularité fournit déjà une raison (ou, plutôt, servit de prétexte) au général de Steinmetz pour attaquer prématurément la ligne de la Sarre. Dans un autre cas semblable, qui se produisit au même moment, le grand quartier général agit, d'ailleurs, tout autrement; il s'agissait, notamment, de faire avancer la troisième armée plus tôt que le prince royal ne le jugeait possible; à cet effet, le grand quartier général envoya, le 2 août, au prince royal, le colonel de Verdy, pour lui faire connaître personnellement la situation et les intentions du roi; le général de Steinmetz, au contraire, ne fut pas même informé, par un simple télégramme, de la situation, pas plus que du projet de franchir, le 9 août, simultanément, la frontière avec toutes les forces des deux armées.

Cependant, il faut avouer qu'en dépit de tout, la cause principale de l'offensive prématurée de la première armée réside dans le caractère propre du général de Steinmetz, et qu'un autre, à sa place, aurait agi, peut-être, autrement, en se conformant davantage aux intentions du grand quartier général et aux nécessités de la situation stratégique du moment. Il y a lieu de faire ressortir cette particularité, qui montre combien il est important de s'occuper, dès le temps de paix, de l'étude du caractère des personnalités militaires qui, dans une guerre, pourraient devenir les chefs d'armée de l'adversaire. C'est un fait connu qu'en Prusse on s'est toujours conformé à cette règle. On aurait, certes, fait œuvre utile, en cherchant à acquérir, en temps opportun, dès le temps de paix, une connaissance exacte du caractère et des penchants des chefs de l'armée nationale, tels que le général de Steinmetz, ainsi qu'on avait l'habitude de le faire pour les chefs étrangers.

Étant données les particularités de caractère du général de Steinmetz, il fallait en tenir compte, aussi bien en l'élevant au poste important de chef d'armée, que dans les relations futures qu'on devait, forcément, avoir avec lui, en raison de la haute situation qu'il occupait.

CHAPITRE IV

La bataille de Spicheren-Forbach, le 6 août.

SOMMAIRE.

La situation incertaine des Français, du 2 au 6 août. — Ils abandonnent l'initiative aux Allemands. — Marche en avant des troupes allemandes vers la Sarre, le 5 et le 6 août. — Reconnaissances exécutées par les chefs allemands, de leur propre initiative, à Sarrebruck, dans la matinée du 6 août. — Le commandant de la 14ᵉ division d'infanterie prussienne, général de Kameke, se décide à occuper les hauteurs de Spicheren. — Description du terrain. — La force de la position occupée par le 2ᵉ corps français (Frossard) a été exagérée par les écrivains allemands. — Commencement de la bataille; situation périlleuse de Kameke. — Ce dernier est soutenu par l'entrée en ligne, pleine d'initiative, des chefs prussiens en sous-ordre. — La ligne de retraite de Frossard en danger. — Frossard bat en retraite latéralement, sans attendre le secours du 3ᵉ corps (Bazaine). — Considérations critiques sur l'entreprise extraordinairement téméraire de Kameke. — Le jugement remarquable émis par l'ouvrage du grand état-major prussien sur la manière d'opérer des généraux de Steinmetz et de Kameke. — Seule, la conduite habile des chefs en sous-ordre a sauvé les Prussiens d'une défaite. — La direction proprement dite de la bataille a fait défaut du côté des Prussiens.

La reconnaissance offensive des Français vers la ligne de la Sarre, bien qu'entreprise avec des forces tout à fait disproportionnées, n'avait pourtant donné aucun résultat précis; elle n'avait fourni aucun renseignement sur la force de l'adversaire. On se trouvait donc dans la même incertitude qu'auparavant au sujet de la situation de l'armée allemande.

Dans le cours des trois journées qui suivirent le 2 août, l'armée française avait pris conscience de sa propre infériorité, et, par là même, elle se trouvait déjà, implicitement, en situation de recevoir la loi de l'adversaire. En réalité, les Français, dans la période qui va du 2 août au jour de la bataille de Spicheren (6 août), firent dépendre toutes leurs considérations militaires des nouvelles qui leur parvenaient sur les intentions de l'adversaire; et, comme ces nouvelles étaient naturellement fausses, elles les amenèrent à adopter des mesures qui ne répondaient, en aucune façon, à la réalité de la situation. Le maréchal Bazaine, notamment, sur le simple bruit que l'armée du général de Steinmetz allait prendre l'offensive contre le flanc gauche français, fit battre en retraite sur Saint-Avold sa division Montaudon, qui se trouvait à Forbach, où elle avait constitué, jusque-là, une réserve immédiatement disponible pour le corps Frossard; cette mesure eut les conséquences les plus désastreuses pour les Français, le 6 août (1).

La nouvelle de la défaite de l'avant-garde du maréchal de Mac-Mahon à Wissembourg, le 4 août, fit évanouir, définitivement, le rêve formé par les Français d'envahir l'Allemagne par surprise; elle amena une plus grande extension de l'aile droite de l'armée de Metz et un resserrement de son aile gauche, qui eut lieu par suite de la concentration du corps de l'aile gauche (4e) à Téterchen-Boulay. Dans cette position, — à moitié chemin, environ, entre Sarrelouis et Metz, — ce corps couvrait la route qui réunit ces deux localités.

Le 2e corps se trouvait toujours en avant, à Sarrebruck, mais déjà avec l'intention de se replier, en cas de nécessité.

Le 3e corps fit relever par une division les troupes du 5e corps qui se trouvaient à Sarreguemines; les quatre divisions du 3e corps se trouvaient séparées les unes des autres, sur une seule ligne, derrière le 2e corps, de Sarreguemines à Saint-Avold (sur la route Sarrebruck—Metz), formant, en quelque sorte, la réserve du 2e corps, mais sans lui être subordonnées. La garde prit position derrière le 3e corps, — à mi-chemin entre Metz et Saint-Avold.

Le 5e corps, de Failly, s'était complètement séparé des autres corps formés en avant de Metz, et s'était rassemblé à Bitche; il fut mis, le 5 août, à la disposition du maréchal de Mac-Mahon. Le même jour, le 2e et le 4e corps furent placés sous les ordres du commandant du 3e corps, maréchal Bazaine; mais, comme il n'avait été créé aucun état-major spécial pour l'armée ainsi formée, et que Bazaine conservait, comme auparavant, le commandement de son 3e corps, cette mesure ne procura, provisoirement, aucun avantage aux Français. Le maréchal Bazaine arriva sur sa nouvelle position le 5 août au soir; en même temps, il

(1) Frossard, page 26 : (*Rapport sur les opérations du 2e corps*, etc., par le général Frossard, 3e édition, Paris, 1872).

demandait au général Frossard de lui adresser un rapport sur la situation de son corps.

D'une manière générale, le dispositif de l'armée française à Metz se présentait donc, le 5 août au soir, de la manière suivante : au centre, le 2ᵉ corps Frossard en pointe ; derrière lui, comme réserve, — ayant ses divisions séparées les unes des autres, — le 3ᵉ corps Bazaine ; à gauche, à côté de ce dernier, le 4ᵉ corps Ladmirault ; à droite du corps Bazaine, disposé en échelons, le 5ᵉ corps de Failly, qui s'apprêtait, précisément, à se rapprocher vers l'est de l'armée de Mac-Mahon. La garde se trouvait un peu plus en arrière, derrière le centre de l'aile gauche.

Le 5 août au matin, le général Frossard fit savoir, en réponse à une demande du général Le Bœuf, au grand quartier général impérial, que la nuit s'était passée, il est vrai, très tranquillement, mais que, pourtant, il estimait que sa position à Sarrebruck était quelque peu aventurée, et qu'il désirait se replier sur les hauteurs entre Sarreguemines et Forbach. Au grand quartier général, on se rangea à l'avis du général Frossard, en lui faisant remarquer qu'il pouvait exécuter le déplacement de ses troupes le jour suivant, le 6 août. Cependant le général Frossard exécuta ce déplacement dès le 5 août ; en même temps, la division Laveaucoupet prit position à Spicheren, sur une chaîne de collines dénudées, et occupa, avec un détachement poussé en avant-ligne (un bataillon de chasseurs et une batterie), un contrefort de cette chaîne de collines, dénommé le Rotherberg, qui fut couronnée par une tranchée-abri, tracée en forme de fer à cheval. Un bataillon d'infanterie fut détaché, pour couvrir le flanc droit de la division, dans le bois situé de ce côté (1). A gauche de la division Laveaucoupet, prit position la division Vergé, savoir : la brigade Jolivet, à Stiring-Wendel, la brigade Valazé plus en arrière, à Forbach, pour couvrir le flanc gauche et les derrières. La brigade Jolivet occupa, provisoirement, en avant de Stiring-Wendel, une position qu'elle organisa défensivement au moyen de retranchements rapides ; la brigade Valazé, en prenant position à Forbach, établit son front face à Sarrelouis (vers l'ouest). La division Bataille se forma plus en arrière, sur une hauteur près d'Œtingen (au sud-est de Forbach) ; de cette position, on dominait complètement toute la contrée, et, au pre-

---

(1) Le Gifert-Wald (*Annotation du traducteur allemand*).

mier coup de canon, on pouvait porter secours dans toutes les directions.

Dans la nuit du 6 août, le général Frossard reçut un télégramme qui lui prescrivait de se trouver à Saint-Avold, le 6, à 1 h. 1/2 de l'après-midi, réuni aux autres commandants de corps d'armée, auprès de l'empereur Napoléon. Mais, bientôt après, vers 4 heures du matin, cet ordre fut annulé par un nouveau télégramme du général Le Bœuf, qui contenait l'ordre suivant : « Préparez-vous « à une attaque sérieuse, qui peut encore avoir lieu aujourd'hui. « Restez à votre poste (auprès de votre corps d'armée) et ne venez « pas au rendez-vous chez l'Empereur ».

Jusqu'au 5 août au soir, quatre corps d'armée allemands s'étaient rapprochés de la Sarre, au point de n'être plus éloignés que de 15 à 30 kilomètres de cette rivière et de 23 à 30 kilomètres de Sarrebruck. C'étaient, dans la première armée : le VII° corps à Lebach et Bettingen ; le VIII° à Steinweiler ; dans la deuxième armée : III° corps : la 5° division, portée en avant à Friedrichsthal (un peu au sud de Neunkirchen), et la 6° division à Saint-Wendel (ces deux localités sont situées sur la grande route de Sarrebruck) ; IV° corps : la division de queue à Hombourg, la division de tête à Einöd, à la croisée des routes de Sarreguemines et de Bitche.

En avant de ces corps se trouvait la cavalerie du général de Rheinbaben, savoir : la 5° et la 6° division de cavalerie ; son aile droite se trouvait à 4 kilomètres à peine de la Sarre, en face de Vœlklingen et de Sarrebruck, l'aile gauche à Pirmasens.

Le général de Steinmetz avait appris, ainsi qu'il a été déjà mentionné dans le chapitre précédent, par suite de la connaissance qu'il avait pu acquérir des dispositions concernant le III° corps, que la 5° division devait, le 6 août, pousser son avant-garde jusqu'à Dudweiler (à moins de 8 kilomètres de Sarrebruck). Cédant, évidemment, au désir de rester toujours en avant de la deuxième armée, le général de Steinmetz avait déjà prescrit, pour le 6 août, de pousser deux avant-gardes du VII° corps vers Vœlklingen et Sarrebruck (ces deux localités sont situées sur la Sarre), pendant que le gros de ce corps marcherait sur Püttlingen. Le VIII° corps devait s'avancer entre Guichenbach et Lebach.

Le 6 août au matin, la 13ᵉ division du VIIᵉ corps était en marche sur Püttlingen (4 kilomètres environ de la Sarre), et, devait, à partir de ce point, par ordre du général de Zastrow, pousser en avant, sur Vœlklingen, une avant-garde, commandée par le général von der Goltz (4 bataillons, 2 escadrons et 1 batterie). La 14ᵉ division marchait sur Guichenbach, point à partir duquel elle devait pousser en avant, vers Sarrebruck, son avant-garde, sous les ordres du général de François (3 bataillons, 1 escadron et 1 batterie). La ligne des avant-postes se trouvait à une distance de 2 kilomètres de cette ville.

Le commandant de la 14ᵉ division, général de Kameke, reçut, chemin faisant, à 6 heures du matin, la nouvelle que l'ennemi avait évacué la position qu'il occupait derrière la Sarre, au sud de Sarrebruck. Le général de Kameke fit part de ce renseignement au général commandant le VIIᵉ corps, général de Zastrow, et demanda l'autorisation d'occuper, de son côté, Sarrebruck. Il reçut pour réponse d'avoir à agir « d'après sa propre manière de voir ». En conséquence, le général de Kameke prescrivit également au gros de sa division de suivre l'avant-garde sur Sarrebruck.

Le général commandant le VIIIᵉ corps, général de Gœben, s'était porté en avant, en reconnaissance, à la première heure, et à la nouvelle que Sarrebruck n'était pas occupé, voulait mettre en marche sur ce point l'avant-garde de son corps; à son retour, il rencontra la 14ᵉ division, apprit quelle était sa destination, et promit son appui au général de Kameke, en cas de nécessité. L'avant-garde de la 14ᵉ division atteignit Sarrebruck à 9 heures du matin.

Dans l'intervalle, le général de Zastrow, après avoir autorisé le général de Kameke à agir, avec la 14ᵉ division, d'après sa propre inspiration, c'est-à-dire à franchir la Sarre à Sarrebruck, le général de Zastrow, dis-je, s'était résolu à faire avancer jusqu'à cette rivière toute la 13ᵉ division, et à pousser en avant, sur la rive gauche, des avant-gardes, par Sarrebruck et Vœlklingen ; il avait sollicité, en conséquence, du général de Steinmetz, l'autorisation nécessaire à cet effet. Ce dernier lui répondit ce qui suit : « L'ennemi doit être puni de sa négligence. Pour l'empêcher de « réoccuper les positions qu'il a évacuées sur la rive gauche de « la Sarre, il faut arriver à les occuper dans l'intérêt de la « deuxième armée ; il importe aussi d'essayer d'empêcher l'embar-

« quement à Forbach des troupes françaises, qui ne sont, à pro-
« prement parler, que faiblement couvertes ». Le général de
Steinmetz ne se contenta pas d'approuver l'occupation des hauteurs situées de l'autre côté de Sarrebruck, il insista encore sur
la nécessité d'attaquer les forces notoirement faibles qui, à son
avis, protégeaient l'embarquement des Français à Forbach.

Le 6 août, également, le commandant en chef de la deuxième
armée, prince Frédéric-Charles, expédia, par un télégramme
adressé au général commandant le IIIᵉ corps, général d'Alvensleben, l'ordre suivant : « La 5ᵉ division d'infanterie marchera
« aujourd'hui sur Sarrebruck, pendant que les divisions de cava-
« lerie talonneront l'adversaire ». S'inspirant de l'esprit de l'ordre
ci-dessus, le commandant de la brigade de tête de la 5ᵉ division,
général de Dœring, pour d'autres motifs, il est vrai, avait déjà
commencé à agir.

Le général de Dœring, dont la brigade devait, d'après les disposition initiales, camper, le 6, à Dudweiler, s'était déjà porté, dès la
première heure, précédant de beaucoup ses troupes, dans la
direction de Sarrebruck, et il cherchait à reconnaître, personnellement, les positions de l'adversaire. Ses observations l'amenèrent
à conclure que l'entreprise tentée par la 14ᵉ division était très
téméraire, et il prit immédiatement les dispositions nécessaires
pour rapprocher sa brigade en soutien de cette division; puis il
rendit compte des mesures qu'il venait de prendre.

L'ouvrage du grand état-major prussien insiste, dans sa description de la localité qui fut le théâtre de la lutte du 6 août, sur
la force considérable de la position française, qui « s'étendait
« depuis la Sarre, au sud de Saint-Arnual, jusque, etc., et présen-
« tait un front qui est garni, presque sur toute son étendue, par
« les hauteurs boisées de Spicheren ». Cependant, si l'on veut
être juste, il est impossible d'approuver cette manière de voir : en
premier lieu, parce que la position, en raison du manque d'espace
pour le déploiement de l'artillerie (comme nous le verrons plus
tard), n'était pas tout à fait aussi avantageuse que le prétend la
relation officielle, et, en second lieu, parce que les Français ne
l'occupaient pas du tout.

Le champ de bataille de Spicheren (1) embrassait une partie
d'un terrain très élevé, vallonné et boisé, dont les points culmi-
nants dominaient, au centre, d'environ 120 mètres, les vallées
environnantes (2). Le caractère de cette région, esquissé à grands
traits, est le suivant.

La Sarre coule, en amont de la ville de Sarrebruck, située sur
la rive gauche, française, dans la direction du nord, et, à hauteur
de cette ville, elle prend la direction de l'ouest; l'arc de cercle
qu'elle forme ainsi est limité, au sud, sur une étendue de 3 kilomètres, par une hauteur dénudée, qui constitue, pour Sarrebruck, du côté sud, comme un rempart naturel. A environ 3 kilomètres plus au sud, et parallèlement à cette hauteur, se déroule
une chaîne de collines, qui domine la contrée, et dont la lisière
orientale est adossée à la Sarre, en amont de Saint-Arnual, tandis
que, vers l'ouest, elle se termine par le contrefort abrupt du
Rother-Berg. Les derrières de cette chaîne de collines sont cou-
verts par la forêt qui, sur le flanc de Sarrebruck, descend jusque
dans la vallée. La partie orientale de cette forêt porte le nom de
Stifs-Wald ou Pfaffenwald; la partie occidentale, adossée au
Rother-Berg, s'appelle le Gifert-Wald. Ces hauteurs, en raison du
couvert de la forêt, n'offraient des positions d'artillerie que dans
leur partie la plus occidentale, qui est déboisée, sur le Rother-
Berg; mais, même en cet endroit, les Français ne disposaient, en
tout, que de huit pièces; les Prussiens, de leur côté, ne purent pas,
après l'occupation de ce contrefort, y amener une plus grande
quantité d'artillerie, tandis qu'on trouvait de fortes positions d'artillerie sur l'élévation de terrain mentionnée plus haut (3 kilomètres de long), et située au sud de Sarrebruck, ainsi que sur le
Galgen-Berg, situé en avant et sur la droite de ce mouvement de
terrain.

A l'ouest du Rother-Berg, dans une dépression de terrain découverte, passent la route et le chemin de fer de Sarrebruck à Forbach; cette dépression limite, dans la direction du sud-ouest, les
chaînes de collines situées sur la rive gauche de la Sarre. Le terrain situé à l'ouest de cette dépression est très vallonné, et complè-

---

(1) Voir le plan III (bataille de Spicheren) de l'ouvrage du grand état-major
prussien (tome I).
(2) Frossard, page 52.

tement couvert de forêts, qui vont jusqu'à la Sarre, en aval de Sarrebruck. L'ouvrage du grand état-major prussien déclare que ces
forêts sont très épaisses et difficiles à traverser. Mais le plan III
annexé à cet ouvrage indique des chemins bien tracés et une foule
de laies forestières. La dépression de terrain découverte déjà
mentionnée s'arrête plus loin, vers Forbach, à la localité de Stiring-Wendel et à l'endroit dit Eisenhütte; ces deux derniers points
se trouvent (par rapport au front de la position française) à
gauche et en arrière du Rother-Berg, et à environ 3 kilomètres
de ce contrefort. Ce groupe de bâtiments massifs était occupé par
des fractions de la brigade de tête de la division Vergé. La position occupée par ces troupes était limitée, à gauche (à l'ouest), par
le terrain boisé dont nous avons parlé; d'autre part, dans la direction du nord, un bois isolé, étroit et long, s'étendait devant le
front, et la lisière sud de ce bois arrivait jusqu'à cinq cents pas de
Stiring-Wendel (1). La largeur du terrain découvert situé en
avant de Stiring-Wendel, entre le bois de Stiring (Stiringer-
Waldstück), dont nous venons de parler, et le Rother-Berg, ne
dépassait pas huit cents pas.

Nous voyons donc que les Français n'avaient occupé, à proprement parler, que le Rother-Berg et le terrain découvert formé par
la dépression de Stiring-Wendel, mais non toute la position qui
se trouve mentionnée dans l'ouvrage du grand état-major prussien; nous voyons, de plus, que les flancs de la position française
étaient adossés immédiatement à des forêts, qui étaient praticables pour les Prussiens.

Selon toute apparence, il ne s'agissait pas, ici, d'une position
sur laquelle le corps de Frossard voulait livrer un combat, mais
simplement d'une position d'arrière-garde, occupée momentanément, pour couvrir la retraite ultérieure, que l'on se préparait à
exécuter; derrière l'aile droite de cette position, sur les hauteurs
de Spicheren, se trouvait encore la division Laveaucoupet; derrière
le centre, la division Bataille. Les Français furent donc, évidemment, entraînés peu à peu dans la lutte, pour soutenir les fractions de troupes qui étaient immédiatement opposées à l'ennemi;
à leur aile droite, ils ne commencèrent à prendre une part active

---

(1) Stiringer Waldstück (plan III de l'ouvrage du grand état-major prussien.
Bataille de Spicheren). — (*Annotation du traducteur français.*)

au combat, que lorsque les Prussiens eurent déjà pénétré dans le Gifert-Wald, et se présentèrent sur le flanc, et même sur les derrières du Rother-Berg.

En évacuant Sarrebruck, les Français avaient négligé de faire sauter les deux ponts de la ville et le pont du chemin de fer situé en aval de cette localité.

Le commandant de l'avant-garde de la 14e division prussienne, général de François, se porta, par Sarrebruck, au delà de la Sarre, et, renforcé par le reste de sa brigade, il ouvrit le combat par un feu d'artillerie, que la batterie adjointe à l'avant-garde dirigea avec succès contre l'ennemi posté sur le Rother-Berg.

Vers midi, le général de Kameke donna au général de François l'ordre de déloger l'ennemi du Rother-Berg. L'attaque devait comprendre un mouvement enveloppant, exécuté par les deux ailes; c'est pourquoi deux bataillons furent mis en mouvement à droite, vers Drahtzug, tandis que deux autres bataillons, sous le colonel d'Eskens, devaient se porter à gauche, au delà du Gifert-Wald, qui, ainsi qu'il a été déjà mentionné, est situé à proximité du Rother-Berg, immédiatement sur le flanc droit de la position. A ce moment, les quatre batteries de la 14e division canonnaient déjà, également, cette position, en partie de front, en partie de flanc. La batterie française du Rother-Berg, qu'on évaluait à huit pièces, fut réduite au silence.

Les bataillons du colonel d'Eskens pénétrèrent sans difficulté dans le Gifert-Wald; ce n'est que sur la crête de la hauteur qu'ils rencontrèrent de la résistance de la part d'un bataillon français, qui avait été dirigé sur ce point, pour couvrir le flanc droit. Le détachement Eskens réussit à vaincre cette résistance et à déboucher sur la lisière sud du Gifert-Wald. Toutefois, par suite du combat sous bois, ses compagnies étaient arrivées à se trouver disséminées et mélangées.

Pour n'être pas obligés de revenir trop souvent sur le combat qui s'engagea autour de cette partie de la position française, remarquons de suite que les fractions engagées sur ce point, des deux côtés, reçurent peu à peu des renforts. A 6 heures du soir, les Prussiens avaient déjà engagé dix bataillons, qui, quoique en désordre et mélangés, n'en combattaient pas moins avec la plus extrême ténacité. Les Français, — c'étaient des fractions de la division Laveaucoupet, — ne le cédaient en rien, sous ce rapport, aux Prussiens : par des contre-attaques souvent réitérées, ils repoussaient même, parfois, l'ennemi jusqu'à la lisière opposée de la forêt ; toutefois, ils ne parvinrent pas à reprendre complètement le bois aux Prussiens ; ces derniers ne réussirent pas davantage, jusqu'à 6 heures du soir, à s'emparer de la pointe sud de la forêt, pas même après l'occupation du Rother-Berg. Dans ces combats, menés, des deux côtés, avec acharnement, quelques fractions de troupes avaient complètement épuisé leurs munitions.

Occupons-nous maintenant du secteur ouest du champ de bataille. Les deux bataillons de la brigade François, qui s'avançaient à droite (à l'ouest) du Rother-Berg, pour l'envelopper, eurent bientôt à subir le feu des Français, qui avaient pris position à Stiring-Wendel, et ils durent leur faire face ; ils prirent leur direction à travers le bois de Stiring et se trouvèrent également, ici, entraînés dans un combat violent sous bois.

Profitant des succès obtenus par le détachement Eskens, dans sa marche sur le Gifert-Wald, et aussi de l'efficacité du tir de l'artillerie prussienne, dirigé contre le Rother-Berg, le général de François conduisit lui-même, vers 2 h. 1/2, deux bataillons de troupes fraîches, formés sur deux lignes, à l'attaque de front de ce contrefort. Le bataillon de tête atteignit, au prix de fortes pertes, le pied de l'éperon en question, et il chercha un abri au bas de ses pentes abruptes, mais il ne put pas aller plus loin. L'artillerie prussienne continua, pendant ce temps-là, son feu contre le Rother-Berg. Le combat subit ainsi un temps d'arrêt.

L'autre brigade de la 14ᵉ division, sous le général de Woyna, avait franchi la Sarre, en aval de Sarrebruck, sur le pont du chemin de fer, et s'était portée en avant, pour appuyer les bataillons engagés, de ce côté, dans la lutte qui se livrait en avant de Stiring-Wendel. Le général de Woyna prit, sur ce point, le commandement, en tant du moins qu'il pouvait être question d'une direction quelconque dans un combat sous bois ; ses efforts constants eurent pour but d'envelopper les Français sur leur flanc gauche. En ce qui concerne le développement ultérieur du combat à cette aile, les mêmes péripéties qu'au Gifert-Wald se renouvelèrent sur ce point ; les Prussiens furent, plusieurs fois, repoussés par les Français, mais ils opposèrent une résistance opiniâtre, jusqu'à ce qu'il leur fût possible de passer eux-mêmes à l'attaque, et, vers 6 heures du soir, ils avaient réussi à se maintenir dans le bois de Stiring, à proximité immédiate de Stiring-Wendel.

Revenons maintenant au combat engagé au centre, contre le Rother-Berg. A 3 heures de l'après-midi, le commandant de la 14e division, général de Kameke, renouvela l'ordre d'attaquer ce contrefort. Deux bataillons de la brigade Woyna devaient, en partant du bois de Stiring, se porter en soutien de cette attaque. En même temps, le détachement Eskens avait remporté un succès passager dans le Gifert-Wald. Cet avantage momentané eut pour conséquence de distraire l'attention des Français ; aussi le général de François voulut-il profiter de cette circonstance. Il renforça par une compagnie le bataillon qui se maintenait toujours au pied du Rother-Berg et le conduisit à l'assaut des pentes de cet éperon. Les Français furent complètement surpris. Les Prussiens réussirent à s'emparer des tranchées-abris qui couronnaient la crête du contrefort, mais ils ne purent pas pousser plus loin. Le général de François mourut, en ce point, de la mort des héros, atteint de cinq balles. Cependant les troupes prussiennes se maintenaient définitivement dans les retranchements qui garnissaient la crête du Rother-Berg, dont elles venaient de s'emparer, tandis que le sommet de ce contrefort restait encore aux mains des Français.

La situation des Prussiens fut, à ce moment du combat, c'est-à-dire un peu après 3 heures, très critique, malgré leurs succès partiels. Toutes les troupes qu'on avait sous la main, en tout 11 bataillons et 4 batteries, étaient déjà engagées au combat et se trouvaient disséminées sur un front de plus de 4 kilomètres. Les Français avaient, peu à peu, engagé au feu leurs deux divisions les plus rapprochées, Laveaucoupet et Vergé. La brigade Valazé, de cette dernière division, qui occupait Forbach, avait été amenée, régiment par régiment, comme troupe de soutien, à Stiring-Wendel ; de ce côté, les Prussiens eurent le talent d'utiliser, dans la mesure des forces dont ils disposaient, la forme en demi-cercle de la forêt contre laquelle s'appuyait l'aile gauche française. La dernière division du corps Frossard, la division Bataille, partant d'Oetingen, s'était également rapprochée du champ de bataille. D'une part, les Français qui se trouvaient engagés dans le combat sous bois, avaient pu maintenir, en quelque sorte, la liaison et l'ordre intacts, favorisés en cela par un terrain plus découvert ; les Prussiens, d'autre part, étaient arrivés, au contraire, dès le commencement de l'action, à se trouver complètement mélangés.

La situation de ces derniers, ainsi qu'il a été dit, était des plus périlleuses, au moment où leurs renforts se rapprochaient : c'étaient des fractions du VIII⁰ et du III⁰ corps.

Le général commandant le VIII⁰ corps, général de Goeben, lors de sa rencontre personnelle avec le général de Kameke, avait, ainsi que nous l'avons déjà dit, offert à ce dernier son appui, au cas où il lui deviendrait nécessaire. Lorsqu'en retournant vers son corps d'armée, il eut remarqué que le feu de tirailleurs engagé à Sarrebruck gagnait en intensité, le général de Goeben se rendit auprès de la 16⁰ division, pour la diriger sur le champ de bataille ; à cette division, on avait déjà entendu la canonnade, et le commandant de la division, général de Barnekow, avait déjà mis en marche son avant-garde, sous le colonel de Rex (3 bataillons, 6 escadrons, 12 pièces), et fait donner l'alarme au gros de la division. Le colonel de Rex atteignit Sarrebruck vers 2 heures ; le général de Goeben, de son côté, y revenait en toute hâte et débouchait ainsi, à 3 heures de l'après-midi, sur le champ de bataille.

Le commandant de la 9⁰ brigade d'infanterie (du III⁰ corps), général de Dœring, après avoir effectué sa reconnaissance à Sarrebruck, avait, comme on l'a dit plus haut, envoyé à sa brigade, qui venait d'atteindre à ce moment Dudweiler, l'ordre de marcher, en toute hâte, sur Sarrebruck, et il avait immédiatement rendu compte de ces dispositions. Le commandant de la 5⁰ division, général de Stülpnagel, en recevant ce rapport, prit les devants, et se porta immédiatement, en toute hâte, sur le lieu du combat, avec un escadron et une batterie, qu'il avait, à ce moment, sous la main. L'autre brigade de sa division, la 10⁰, bifurqua pour former une colonne de marche spéciale.

La nouvelle de la bataille qui venait de commencer ne parvint qu'après 2 heures au général commandant le III⁰ corps, général d'Alvensleben ; ce dernier prit immédiatement ses dispositions pour diriger vers Sarrebruck, partie à pied, partie en chemin de fer, toutes les troupes qui se trouvaient à proximité, entre autres, également, la 10e brigade d'infanterie. Le général d'Alvensleben se porta, également, lui-même dans la direction de Sarrebruck.

Jusqu'à 3 heures, les Prussiens avaient, ainsi que nous l'avons dit plus haut, engagé en tout, au combat, 11 bataillons de la 14e division d'infanterie et 4 batteries ; mais, déjà une heure après, débouchaient, presque simultanément, sur le champ de bataille, la brigade Dœring et l'avant-garde de la 16e division, en tout 8 bataillons et 4 batteries. Le général de Goeben, se trouvant le plus ancien des chefs présents sur le lieu du combat, dirigea tous les bataillons nouvellement arrivés vers le Gifert-Wald, dont les Prussiens venaient, à ce moment, d'être déjà presque chassés. L'apparition de ces troupes fraîches rétablit le combat dans le Gifert-Wald. De leur côté, les Prussiens se précipitèrent de nouveau, avec énergie, sur l'adversaire, mais ils ne purent pas s'emparer de la corne sud-ouest du bois, ni dépasser ce point, car les Francais (division Laveaucoupet) se maintenaient sur les hauteurs de Spicheren, dont la crête court parallèlement à la lisière de la forêt, et ils empêchaient, par un feu violent, les Prussiens d'en déboucher.

Comme le commandant du 2e corps français, général Frossard, se préoccupait d'assurer sa ligne de retraite sur Forbach, il renforça, à ce moment, son aile gauche, à Stiring-Wendel, où elle opposait, alors, une vigoureuse résistance aux Prussiens ; mais le feu meurtrier de l'artillerie prussienne, qui avait pris position entre le Rother-Berg et le bois de Stiring, l'empêcha de rejeter complètement l'adversaire hors de ce bois.

La division Laveaucoupet exécutait également de vigoureuses contre-attaques, sans pour cela réussir à déloger l'adversaire du Gifert-Wald et du Rother-Berg.

Un nouveau renfort de 7 bataillons et de 2 batteries de la 10e brigade d'infanterie, qui arriva après 6 heures du soir, permit aux Prussiens, non seulement de résister à l'assaut des Français, mais encore de reprendre l'offensive. Le général d'Alvensleben, qui venait d'arriver sur le champ de bataille, fit avancer deux batteries sur le Rother-Berg (sur lequel il n'y avait, cependant, place que pour huit pièces), et dirigea une partie de l'infanterie contre le Forbacherberg, pour pouvoir pénétrer entre les divisions Leveaucoupet et Vergé.

Au même moment, on entendit un feu d'artillerie sur les derrières de Frossard, à Forbach ; c'était l'artillerie du détachement von der Goltz, appartenant à l'avant-garde de la 13ᵉ division d'infanterie prussienne, qui venait d'ouvrir le feu dans cette direction. Nous allons examiner, maintenant, l'activité déployée par ce détachement.

Le général von der Goltz avait, conformément à l'ordre qu'il avait reçu, atteint, dans la matinée, Vœlklingen sur la Sarre, avec l'avant-garde de la 13ᵉ division, forte de 4 bataillons, 2 escadrons et 6 pièces. Arrivé dans cette localité, il entendit la canonnade engagée à Sarrebruck, et, en même temps, il reçut la nouvelle que Klein-Rossel (situé sur un chemin latéral allant à Forbach) était occupé par quelques bataillons ennemis ; il continua, dès lors, sa marche en avant. Le commandant de la 13ᵉ division, général de Glümer, se porta, de sa personne, à l'avant-garde, et fit avancer, pour la renforcer, un escadron et une batterie ; quant au gros de la division, il devait, d'après ses ordres, suivre l'avant-garde. Ces dispositions étaient déjà prises, lorsqu'arriva l'ordre du général commandant le corps d'armée, qui prescrivait de diriger la 13ᵉ division contre le flanc de l'ennemi.

A 4 heures de l'après-midi, le général von der Goltz atteignit Klein-Rossel, sans rencontrer l'ennemi sur ce point. La canonnade, « dont le son était étouffé par de grandes forêts » (comme l'ouvrage du grand état-major prussien le déclare), n'arrivait pas jusque-là. En outre, les troupes étaient épuisées par la chaleur. Aussi le commandant de la division, général de Glümer, fit-il faire halte, savoir : au gros de la division, à Vœlklingen ; à l'avant-garde, à Klein-Rossel.

On ne comprend pas comment l'avant-garde, sous le général von der Goltz, put persister si longtemps dans son erreur (à savoir qu'on n'entendait plus la canonnade) ; la première patrouille venue, opérant convenablement dans la direction de Forbach, situé à une distance d'au plus 3 kilomètres de Klein-Rossel, aurait dû atteindre la lisière opposée de la forêt, qui faisait face à cette dernière localité, et entendre, indubitablement, le feu d'artillerie sur le terrain découvert qui s'étendait de ce côté. On ne peut pas admettre qu'il n'y avait pas lieu d'envoyer la moindre patrouille dans la direction de Forbach ; car, d'une part, le détachement von der Goltz disposait de trois escadrons, et, d'autre part, les règles fondamentales de la tactique enseignent, notamment, que lorsqu'on fait halte en arrière de la lisière intérieure d'une forêt, on doit occuper, ou, tout au moins, reconnaître la lisière extérieure. Ajoutons qu'il était, évidemment, possible de se conformer, dans le cas présent, à ce principe.

Enfin l'ordre du général commandant le corps d'armée, qui prescrivait de marcher sur Forbach, parvint à Klein-Rossel. A 7 heures du soir, le détachement von der Goltz se mit en marche dans cette direction. A ce moment, il n'y avait à Forbach, outre un régiment de dragons français, que 100 hommes de troupes du génie, et un détachement de réservistes de 200 hommes, qui venait d'arriver, par hasard, dans cette localité. Les Français n'avaient pas d'artillerie sur ce point. Les Prussiens repoussèrent ces faibles détachements de la position, fortifiée en toute hâte, qu'ils avaient occupée à l'ouest de Forbach, et dont le front était dirigé vers Klein-Rossel; ils s'emparèrent, en outre, de la hauteur qui commande Forbach; de ce point, ils purent tenir sous leur feu le chemin de fer de Saint-Avold, et obligèrent à rétrograder un régiment d'infanterie français, qui arrivait par cette voie ferrée.

En raison de l'obscurité qui était survenue, le général de Glümer renonça à attaquer la localité même de Forbach. Le détachement von der Goltz fit halte en vue de cette dernière ville; le gros de la 13ᵉ division arriva assez tard, dans la soirée, à Klein-Rossel. Chemin faisant, un régiment avait été détaché dans la direction du flanc de la position française de Stiring-Wendel; mais il avait perdu sa direction, et était revenu à Klein-Rossel.

Le crépuscule avait envahi le champ de bataille. Le général Frossard avait déjà amené au combat toutes ses troupes, sans avoir pu réussir à repousser les Prussiens. La ligne de retraite principale des Français par Forbach était déjà presque interceptée. Au centre, les Prussiens avaient réussi (avec de faibles forces, il est vrai) à pénétrer dans l'intervalle compris entre Spicheren et Stiring-Wendel, et à enlever aux Français le lieu dit Forbacherberg. Les renforts attendus, — 3 divisions du corps de Bazaine, — n'avaient pas paru. Le général Frossard donna donc l'ordre d'évacuer les positions et de commencer la retraite.

La retraite des Français se fit d'abord sur Oetingen. La division Laveaucoupet demeura, sans être inquiétée le moins du monde, jusqu'à 10 h. 1/2 du soir, sur la position qu'elle occupait à Spicheren (1), et elle protégea la retraite des autres troupes du corps de Frossard, qui prirent leur direction, sur Sarreguemines, c'est-à-dire complètement sur la droite de la position. Le général Frossard avait choisi cette direction parce qu'il se croyait coupé de Forbach, et, cependant, non seulement cette localité n'était pas encore au pouvoir des Prussiens, mais elle avait été, au contraire, occupée, vers 9 heures du soir, par un régiment du corps de Bazaine (2).

Les Prussiens, qui étaient arrivés à se trouver complètement mélangés et harassés de fatigue, ne poursuivirent pas l'ennemi plus loin; cependant ils firent de 1200 à 1500 prisonniers qui n'étaient pas blessés. Leurs pertes en morts et en blessés dépassèrent de beaucoup celles des Français; ils perdirent presque 5,000 hommes, tandis que les Français n'en perdirent qu'environ 2,000 (3). Il faut attribuer cette différence, abstraction faite de la bravoure et de la ténacité des troupes prussiennes, au manque de cohésion et d'ordre qui caractérisa leurs opérations au cours de cette bataille, où ils s'étaient engagés avec des forces qui, au début, étaient trop faibles. Tous les renforts durent, dès leur arrivée, être immédiatement conduits au combat, pour parer à un danger pressant. Quant à la direction supérieure proprement dite, elle ne se fit pas sentir dans la bataille, du côté des Prussiens, et elle n'aurait même pas pu s'exercer avec profit, en raison du manque de réserves disponibles.

Les pertes en officiers morts et blessés s'élevèrent, des deux côtés, à environ 200.

L'histoire de la première armée (4) affirme que la bataille de Spicheren fut livrée par 27 bataillons et 10 batteries qui, du côté des Prussiens, coopérèrent réellement à l'action, contre 39 bataillons français; dans ce nombre ne sont pas com-

---

(1) Le général Frossard rapporte que la division avait reçu à 10 h. 1/2 du soir l'ordre de suivre les deux autres divisions.

(2) C'était le régiment de tête de la division Castagny (*Annotation du traducteur allemand*).

(3) Les pertes des Français sont évaluées ici à un taux trop faible. On peut, d'après les ouvrages français, les estimer à environ 4,000 hommes, tant tués que blessés. Voir cahier 9 des *Monographies publiées par le grand état-major*, Berlin 1888, page 425 (*Annotation du traducteur allemand*).

(4) Page 44.

pris les bataillons frais qui entrèrent en ligne vers la fin de la lutte, sur le Rother-Berg, et le détachement von der Goltz; cependant, c'est précisément l'apparition de ce détachement à Forbach qui provoqua principalement la retraite des Français.

En réalité, les Prussiens avaient en position, vers la fin de la bataille, 35 bataillons, opposés aux 38 bataillons de Frossard (l'un de ces derniers avait été détaché); mais, d'autre part, l'effectif des bataillons prussiens dépassait de beaucoup celui des bataillons français, de sorte qu'en dernière analyse la supériorité numérique se trouvait, vers la fin de la bataille, du côté des Prussiens (1). Le total des pertes mentionnées dans l'ouvrage du grand état-major prussien se répartit sur 32 bataillons, qui prirent une part active au combat proprement dit.

Dans le calcul ci-dessus ne sont pas comprises non plus quatre batteries prussiennes, bien qu'elles soient entrées en ligne encore avant la fin de la bataille; elles comprenaient, entre autres, deux batteries du Ier corps qui venaient d'arriver, par voie ferrée, de leurs garnisons du temps de paix et avaient été, sur leur propre demande, dirigées sur Sarrebruck; l'une d'elles put même prendre encore part, dans une certaine mesure, au combat (2).

Ce n'est qu'à 9 heures du soir qu'un régiment (3) de la

---

(1) Le général Frossard évalue dans son ouvrage, dont il a été déjà parlé, *Rapports, etc.*, l'effectif de son corps, au combat de Forbach, à 28,500 hommes; en réalité, le 2e corps pouvait, à cette époque, être difficilement pourvu de ses hommes de complément, si l'on songe qu'un détachement de réservistes parut encore sur le champ de bataille (et prit part au combat) sans avoir été encadré dans la fraction de troupes à laquelle il appartenait.

(2) D'après les recherches consignées dans le cahier 9 des *Monographies publiées par le grand état-major*, recherches qui se rapportent aux effectifs engagés dans la guerre franco-allemande, l'ensemble des troupes qui prirent part à la bataille comprenait :

Du côté des Allemands : 32 bataillons 1/2, 33 escadrons, 18 batteries ;

Du côté des Français : 39 bataillons, 24 escadrons, 15 batteries et 1 compagnie du génie.

Parmi ces troupes, prirent part au combat décisif :

Du côté des Allemands : 28 bataillons, 6 escadrons, 13 batteries (y compris le détachement Goltz et une batterie du Ier corps) soit, en chiffres ronds : 26,000 fusils, 840 sabres, 78 pièces ;

Du côté des Français : 38 bataillons, 2 escadrons, 15 batteries, 2 compagnies du génie, soit, en chiffres ronds : 23,700 fusils, 260 sabres et 90 pièces (y compris 18 mitrailleuses) (*Annotation du traducteur allemand*).

(3) Le régiment d'infanterie n° 20. Le bataillon de fusiliers de ce régiment avait déjà atteint le champ de bataille un peu auparavant, et il est compris

6e division prussienne et le gros de la 16e division arrivèrent à Sarrebruck. On ne voit pas bien pourquoi cette dernière division parut si tard. L'ouvrage du grand état-major prussien donne comme raison qu'elle était très éloignée; mais on y lit, d'autre part (1), que le général de Goeben, de retour sur le champ de bataille, et prenant ses dispositions sur place, considérait « la « coopération de la 16e division à la lutte engagée de l'autre côté de la Sarre comme assurée »; il devait donc avoir ses raisons pour cela, et certainement l'éloignement de cette division lui était connu. Il y a sans doute, ici, un malentendu ou une faute.

Le rôle joué par la cavalerie, des deux côtés, pendant la bataille, fut insignifiant. Du côté des Prussiens, on essaya d'employer un escadron dans le combat, mais on échoua, en raison des difficultés du terrain; du côté des Français, un régiment de dragons livra un combat à pied à Forbach et, immédiatement après, exécuta une charge sur l'infanterie du général von der Goltz. En outre, une fraction de la cavalerie du général Frossard (d'après son rapport) prit part au combat, en se portant en avant, avec l'artillerie à cheval, — au centre et à l'aile droite.

Je passe maintenant à l'étude critique de la bataille de Spicheren. Je chercherai, tout d'abord, à *examiner la conduite des chefs prussiens*.

Les troupes prussiennes parurent brusquement, le 6 août, sur la Sarre, à Sarrebruck, contrairement aux vues du grand quartier général; c'était là une conséquence de la poussée générale en avant; c'est ainsi que le général de Steinmetz avait ordonné, dès le 5 août, une marche en avant vers la Sarre; le prince Frédéric-Charles avait donné le même ordre, dans la matinée du 6, et, enfin, le général de Goeben, général commandant le VIIIe corps, qui s'était aperçu que Sarrebruck avait été évacué par les Français, avait résolu d'occuper la ville avec son avant-garde.

La prise de possession d'un point de passage d'une rivière

dans l'effectif total mentionné dans la note (2) ci-dessus (*Annotation du traducteur allemand*).

(1) 1re partie, tome I, page 299.

abandonné par l'ennemi ne pouvait, en aucun cas, être assimilée à l'attaque de la position que l'ennemi occupait en arrière de cette rivière, en supposant, bien entendu, qu'il ne l'avait pas encore évacuée. Les trois points de passage de cette rivière à Sarrebruck étaient tombés aux mains des Prussiens sans combat, et furent, tout d'abord, complètement protégés par l'occupation de la ville et des hauteurs qui l'environnaient. Le commandant de la 14ᵉ division, général de Kameke, ne se contenta pas, toutefois, d'occuper les ponts, mais il passa encore à l'attaque des hauteurs de Spicheren, situées sur l'autre rive. Steinmetz, de son côté, ainsi que nous l'avons déjà dit, s'était résolument arrêté à l'idée de prendre l'offensive contre les troupes ennemies. Il n'y voyait qu'une arrière-garde de faible effectif, chargée de couvrir l'embarquement des Français à Forbach, et qu'il était opportun d'entraver dans sa tâche. Mais la nouvelle que la position au sud de Sarrebruck n'était occupée que par un faible détachement français ne pouvait cependant lui être parvenue que par l'intermédiaire du général de Kameke. C'est pourquoi la responsabilité de l'engagement du combat incombe à ce dernier, que son général commandant (de Zastrow) avait laissé libre « d'agir d'après « ses propres inspirations ».

Il faut rappeler, à ce propos, que le haut commandement allemand, après s'être procuré, en général, la supériorité numérique sur tout le théâtre de la guerre, cherchait à éviter, dans toutes les circonstances, la rencontre de détachements isolés avec l'adversaire, car il estimait que de telles opérations pouvaient avoir pour résultat de faire passer facilement l'ascendant moral du côté des Français.

Les Allemands n'avaient aucun motif sérieux qui pût les autoriser à livrer bataille à Spicheren. Une des raisons qu'ils invoquent est la crainte qu'ils avaient de voir les Français réoccuper la position de Sarrebruck qu'ils venaient d'évacuer ; elle ne résiste pas à la critique. En admettant que les Français eussent évacué leur position, ils devaient avoir leurs raisons pour cela ; or, une attaque des Prussiens ne pouvait qu'y rappeler l'adversaire ; c'est ce qui eut lieu, d'ailleurs, en réalité.

Si le général Frossard avait voulu arrêter l'ennemi sur la Sarre, à Sarrebruck, il avait à sa disposition une position excellente sur les hauteurs de la rive gauche, depuis Saint-Arnual jusqu'à Ottenhausen, position sur laquelle se trouve la ville même de Sarrebruck.

Enfin, en ce qui concerne la sécurité des points de passage de Sarrebruck, occupés par la 14ᵉ division d'infanterie prussienne, elle aurait pu être pleinement assurée par l'occupation des hauteurs situées immédiatement au sud de la ville, et il n'était pas nécessaire de prendre encore possession de la chaîne de collines suivante, dont l'éperon le plus avancé, le Rother-Berg, paraissait (aux Allemands) être occupé par les Français.

Ajoutons que le général de Kameke, abstraction faite de l'opinion préconçue qu'il avait adoptée, ne possédait, vraisemblablement, aucun renseignement lui donnant à supposer que les Français avaient évacué la position au sud de Sarrebruck, c'est-à-dire les hauteurs de Spicheren, ou que ces dernières n'étaient réellement occupées que par de faibles forces, comparativement à celles dont il disposait. Il engagea la lutte sans avoir immédiatement sous la main plus de six bataillons, tandis que divers indices lui donnaient à penser, précisément, que les Français occupaient encore la position en question, et se trouvaient, à proximité, avec des forces considérables. Il faut signaler, notamment, que le commandant de la 9ᵉ brigade d'infanterie prussienne, général de Dœring, avait déjà observé, entre 8 et 10 heures du matin, sur les hauteurs de Spicheren, derrière les lignes de tirailleurs françaises, des colonnes en marche, qui paraissaient venir de Forbach, et qui, par conséquent, non seulement ne battaient pas en retraite, mais, au contraire, avaient repris la direction de Sarrebruck.

Des détachements de la 5ᵉ division de cavalerie avaient essuyé le feu d'une troupe d'infanterie, vers 9 heures du matin, dans la région de Stiring-Wendel, et avaient aperçu, en face d'eux, deux bataillons et de la cavalerie; en même temps, ils distinguaient un camp français plus en arrière, de l'autre côté de Stiring-Wendel. D'autres patrouilles de cavalerie prussiennes avaient découvert un camp français à Forbach (1).

Le chef de la cavalerie qui éclairait le terrain en avant de la deuxième armée (5ᵉ et 6ᵉ division de cavalerie), général de Rhein-

(1) Ouvrage du grand état-major, 1ʳᵉ partie, tome I. page 292.

baben, adressait, de son côté, de Sarrebruck, à 11 heures, au commandant en chef de l'armée le rapport suivant : « Les Fran- « çais occupent les hauteurs de Spicheren, avec de l'infanterie et « de l'artillerie ; ils commencent la retraite » ; puis, immédiate- ment après, il adressait le second rapport suivant : « Les lignes « ennemies se déploient sur les hauteurs en avant de Forbach. « L'avant-garde de la 14e division est entrée à Sarrebruck, pour « occuper la ville (1) ».

Le général de Kameke aurait dû veiller à ce que même les ren- seignements qui ne lui étaient pas adressés personnellement par- vinssent, en temps opportun, à sa connaissance. En outre, il avait, de son côté, à sa disposition trois escadrons de cavalerie, avec lesquels il aurait pu faire exécuter une reconnaissance plus com- plète, au moins jusqu'à midi, heure à laquelle il commença son attaque. Si l'état-major de la 14e division avait rassemblé les rapports qui lui étaient nécessaires au sujet de l'ennemi, cette division aurait certainement hésité à s'engager au combat, sans aucune réserve, et sans savoir si elle pourrait recevoir des ren- forts en temps opportun. En raison du faible effectif de la division Kameke, la lutte prit immédiatement un caractère périlleux pour les Allemands. C'est pourquoi les renforts durent, ainsi que nous l'avons déjà dit, être jetés immédiatement sur la ligne de combat, au fur et à mesure de leur arrivée, là où le danger était le plus menaçant. Quant à former une véritable réserve, il ne pouvait en être question ; et c'est pour ce motif, également, qu'il fut impos- sible de régler la marche du combat. Le général de Steinmetz, qui parut sur les lieux vers 7 heures du soir, se rendit compte de cette situation et renonça à diriger la bataille.

Les troupes prussiennes avaient perdu toute cohésion et se trou- vaient complètement mélangées ; leurs pertes, pendant la lutte, furent doubles de celles des Français, si l'on considère que les Prussiens ne firent, en général, des prisonniers, que vers la fin du combat et le jour suivant. Les Français ne commencèrent à se mettre définitivement en retraite que sur l'ordre du général Fros- sard. L'ordre de la retraite fut une conséquence du manque com- plet d'initiative dont firent preuve les divisions du corps de

_____

(1) Ouvrage du grand état-major, 1re partie, tome I, page 293.

Bazaine ; deux de ces divisions n'avaient nullement prévenu le
général Frossard de leur approche, tandis que la troisième ne lui
promettait son secours que pour le jour suivant, alors que Frossard avait déjà commencé à battre en retraite. Cette inaction des
chefs français sauva les Prussiens d'une défaite, d'ailleurs inévitable, défaite qui, par l'impression morale qu'elle aurait produite,
plutôt que par son importance propre, aurait pu contre-balancer
la victoire remportée le même jour par les Allemands sur le maréchal de Mac-Mahon à Wœrth.

On ne peut pas nier que les dispositions prises par le général
de Steinmetz, et, notamment, celles du général de Kameke,
devaient avoir pour conséquence d'amener la rencontre d'une
partie de l'armée prussienne avec l'adversaire, et cela dans des
conditions telles, qu'aucune occasion plus favorable ne pouvait se
présenter pour les Français. Si, malgré tout, les Prussiens échap-
pèrent à une défaite, ils ne le durent pas à leur mérite, mais
uniquement aux fautes commises par les Français.

Les remarques que nous venons de faire peuvent paraître trop
détaillées, ou, peut-être, éveiller l'idée d'une critique acerbe, mais
elles sont nécessaires pour rectifier comme il convient le jugement
émis par l'ouvrage du grand état-major prussien, jugement qui
tend non seulement à justifier les mesures prises dans cette
bataille, mais encore à leur donner presque son approbation.
L'ouvrage du grand état-major dit notamment (1) : « Le mouve-
« ment du général de Kameke ne venait donc pas à l'encontre
« des dispositions de ses chefs, puisqu'il était opéré contre un
« ennemi qui se repliait. C'est dans une hypothèse analogue,
« que, dans la soirée du 5, déjà, le commandement suprême avait
« autorisé, de Mayence, la première armée à franchir la frontière
« en aval de Sarrebruck (2). En attaquant de sa propre initiative,
« la 14e division demeurait donc complètement dans l'esprit du
« plan de conduite de l'état-major allemand ».

_____

(1) Ouvrage du grand état-major, 1re partie, tome I, pages 366 et 367.
(2) Il est à remarquer que le passage de la Sarre, _en aval_ de Sarrebruck, fut
autorisé, parce qu'on savait que l'ennemi avait complètement évacué cette partie
de la rivière. En outre, le général de Steinmetz ne reçut, ainsi que nous l'avons
dit dans le chapitre précédent, le télégramme relatif à cette opération que le
7 août au matin, alors qu'il avait déjà pris, en toute indépendance et sous sa
propre responsabilité, ses dispositions pour la journée du 6.

L'ouvrage du grand état-major prussien admet la possibilité d'un échec de la 14e division, dans le cas où elle n'aurait pas été soutenue ; mais cet échec partiel serait, d'après son appréciation, demeuré sans résultat sérieux sur le cours des opérations. Cependant, à cette interprétation optimiste on peut opposer la grave objection suivante : c'est que, non seulement la division Kameke, mais encore toutes les troupes prussiennes qui prirent part au combat de Sarrebruck, auraient essuyé une défaite, si les divisions du maréchal Bazaine avaient fait leur devoir, en se portant, en temps opportun, au secours du corps Frossard. Cette vérité évidente, l'ouvrage du grand état-major n'en tient nul compte, bien qu'il décrive et même blâme la manière d'opérer des divisions françaises en question. Ce silence complet, observé par l'ouvrage du grand état-major prussien sur la possibilité aussi évidente d'une telle éventualité, est précisément l'aveu que la 14e division prussienne a entraîné une partie des forces allemandes dans une opération extrèmement téméraire, et qu'il n'est pas possible d'invoquer des raisons ayant quelque valeur, en vue de justifier une telle manière d'opérer. Du moment que le haut commandement allemand, après un mûr examen et en prévision de toutes les circonstances et avantages possibles, se procurait une supériorité numérique incontestable par la concentration de ses forces combattantes sur le théâtre de la guerre, dans le but d'arriver à des batailles sûres et décisives, il faut bien avouer que toute rencontre isolée, qui n'était pas réellement motivée, constituait une faute. Cela est vrai, notamment, pour la bataille de Spicheren, d'autant plus, ainsi que nous l'avons déjà démontré, que non seulement elle n'avait aucun but, mais qu'elle était, au contraire, selon toute évidence, extrèmement téméraire.

Mais la question présente encore une autre face. Cet essai d'une justification des mesures prises par les chefs prussiens, essai tenté par la relation officielle, ou, en d'autres termes, — par la direction suprême de l'armée prussienne, cet essai, dis-je, présente une très grande importance, et repose sur une base logique. Cette interprétation prouve, simplement, en réalité, quelle haute valeur le commandement allemand attache à l'esprit de résolution spontanée et d'initiative hardie chez ses chefs en sous-ordre, et combien il cherche à stimuler ces qualités. Grâce à ce principe, la direction de l'armée prussienne est toujours prête à couvrir de sa propre responsabilité les fautes commises par ses généraux, en évitant de les blâmer, lorsque, par hasard, ils le méritent dans un cas isolé, ce qui aurait pour effet de leur enlever le désir d'agir.

Ce procédé repose, évidemment, sur la ferme conviction que, dans la grande majorité des cas, l'initiative hardie, prise par les chefs en sous-ordre, aura des conséquences heureuses. D'autre part, cette conviction est motivée par ce fait que les chefs de l'armée allemande, qu'ils soient de grade élevé ou inférieur, sont, en général, supérieurs à la position qu'ils occupent, et qu'ils s'entendent à en remplir pleinement les devoirs dans la pratique ; en un mot, dans cette armée, suivant l'expression consacrée, « l'homme qui convient à une situation est mis à sa vraie place ». Les preuves à l'appui de cette assertion abondent dans le cas présent. Si le combat de Spicheren fut engagé par suite de l'initiative peu heureuse de quelques chefs en sous-ordre, qui appréciaient mal la situation, les fautes des uns furent réparées, et au delà, par l'entrée en ligne, décisive et spontanée, de tous les autres.

Nous avons vu que le général de Dœring se porta rapidement au secours de la 14ᵉ division, de sa propre initiative, sans consulter personne, avec sa brigade, bien qu'elle appartînt à une autre armée. Son commandant de division, général de Stülpnagel, porta personnellement en avant un escadron et une batterie. Le général commandant le IIIᵉ corps prescrivit que toutes les troupes qui pourraient encore arriver dans cette journée, soit à pied, soit par voie ferrée, se porteraient rapidement au secours des troupes engagées.

Lorsque le général commandant le VIIIᵉ corps, après avoir offert son assistance au général de Kamecke, se rendit, en entendant la canonnade, auprès de la 16ᵉ division, pour la diriger sur le champ de bataille, son avant-garde s'était déjà mise en marche sur Sarrebruck, sur l'ordre du commandant de la division, général de Barnekow.

Le chef de l'avant-garde de la 13ᵉ division, général von der Goltz, au moment où il entendit la canonnade de Sarrebruck, dirigea sa marche sur Klein-Rossel (sur le chemin de Forbach), d'où l'on pouvait agir sur le flanc et les derrières de l'adversaire. Le général commandant le VIIᵉ corps, général de Zastrow, envoya également au gros de la 13ᵉ division l'ordre de marcher à l'ennemi.

Enfin, deux batteries du Ier corps, qui venaient d'être amenées de leurs centres de mobilisation par voie ferrée, et devaient être débarquées à Neunkirchen, furent elles-mêmes, sur leur propre demande, portées plus en avant et débarquées à Sarrebruck.

Bref, chacun fit tout ce qu'il put. En allant au fond des choses, on est obligé d'avouer que la bataille de Spicheren, abstraction faite de la bravoure des troupes, fut, à proprement parler, gagnée grâce à *l'initiative hardie et à l'esprit de décision des chefs alle- mands en sous-ordre, depuis le commandant de brigade jusqu'au chef de train.* C'est uniquement grâce à l'extrême énergie des officiers, à leur dévouement, à leur intelligence, à leur habileté, unis au zèle et à la cohésion extraordinaire des hommes, que les Allemands réussirent à obtenir des succès dans le combat acharné qui eut lieu sous bois, sans aucune unité de direction et sans réserves régulières, contre un adversaire qui se présentait en ordre et souvent avec la supériorité du nombre.

Pour se faire une idée de ces combats, rappelons qu'il se trou- vait dans le Gifert-Wald, vers 6 heures du soir, 39 compagnies deux tiers prussiennes, appartenant à cinq régiments diffé- rents, qui étaient entrés en ligne à différents moments et, par suite du combat sous bois, étaient arrivées à se trouver complète- ment mélangées. Il suffit d'insister sur ce point que le plan de la bataille, annexé à l'ouvrage du grand état-major prussien, qui comporte maints détails, et, en certains endroits, figure même des pelotons isolés, ne donne pas la répartition des forces prus- siennes dans le Gifert-Wald (à 6 heures du soir), mais se con- tente de la mention générale suivante : « 39 compagnies deux « tiers des régiments d'infanterie numéros 12, 39, 40, 48 et « 74 ».

Qu'on nous permette encore une remarque. La répartition des troupes dans la première et la deuxième armée allemande avait eu lieu, non seulement en tenant compte de l'emplacement des garnisons occupées, en temps de paix, par les fractions de troupes intéressées, mais encore des diverses missions initiales qui leur avaient été assignées : la première armée, qui compre- nait les troupes stationnées à proximité de la frontière, assurait le débarquement et la concentration des troupes de la deuxième armée. Cependant ce mode de répartition des forces ne paraissait pas favoriser complètement l'exécution de la première opération,

qui consistait à occuper la ligne de la Sarre. Les Prussiens
savaient bien que, derrière cette rivière, sur la route Sarrebruck—
Metz, se trouvait, pour ainsi dire, le centre de gravité de l'armée
française. Aussi la nécessité se faisait-elle sentir de porter
en avant, dans cette direction, une importante masse de troupes,
ayant toute la cohésion nécessaire ; il fallait, à cet effet, subordonner autant que possible, immédiatement, cette masse à
une seule tête et à une seule volonté. Or, en réalité, il arriva
que la route, dans le prolongement de laquelle les Prussiens
devaient s'attendre à la plus grande résistance, de la part de
l'ennemi, constitua précisément la ligne de démarcation entre
leurs deux armées. Si l'on ajoute que la direction du grand quartier général de sa Majesté le Roi devait assurer la concordance
entre les opérations de ces deux armées ainsi séparées, on est
obligé d'avouer que l'emplacement du grand quartier général,
qui se trouvait à cette époque encore loin en arrière, — à
Mayence (1), complètement en dehors de la zone de concentration des deux armées, il faut avouer, dis-je, que cet emplacement
ne répondait pas du tout aux nécessités de la situation.

---

(1) A plus de 100 kilomètres.

CHAPITRE V

Le commandement français le jour de la bataille de Spicheren.

SOMMAIRE

Les chefs français ont laissé échapper une victoire sûre. — Fautes générales commises par les Français ; ces fautes proviennent de leur système de commandement. — Commandement caractéristique de l'empereur Napoléon III. — Il ne se rend pas compte de l'importance capitale du combat. — Les Allemands se comportent d'une manière tout à fait opposée. — La centralisation erronée et, pour ce motif, dangereuse, du commandement des troupes pendant la guerre, entraînant son immixtion méticuleuse dans les obligations des subordonnés, et l'oubli des devoirs les plus importants qui lui incombaient. Le désordre en résultant fatalement. — Relations du maréchal Bazaine avec le général Frossard, le jour de la bataille de Spicheren. — Manque d'entente réciproque, opération conduite sans accord, interprétation légère de l'importance du combat. — Contre-marches sans résultats exécutées par les généraux envoyés par Bazaine au secours de Frossard. — Défauts caractéristiques de ces chefs : complète passivité, manque de solidarité, exécution des ordres interprétés à la lettre et non d'après leur esprit, manque absolu d'initiative et de volonté. — Parallèle entre les chefs français et les chefs allemands ; les fautes des premiers sont la conséquence de tout un système de commandement défectueux.

La bataille de Spicheren-Forbach fut livrée, le 6 août, dans des conditions de temps et de lieu telles, que, malgré l'énorme supériorité numérique de l'ensemble des armées allemandes sur le théâtre de la guerre, les Français auraient pu, ce jour-là, combattre avec l'avantage incontestable du nombre et vaincre, par suite, une fraction des forces adverses. Cependant les Français ne surent pas tirer profit d'une situation si favorable, de telle sorte que la bataille de Spicheren, au lieu d'être une victoire incontestée, devint une défaite sensible, que l'insuccès éprouvé à Wœrth, le même jour, transforma presque en une catastrophe générale.

Involontairement, on se demande : comment tout cela fut-il possible? Le maréchal Bazaine accuse le général Frossard;

celui-ci, de son côté, retourne l'accusation contre Bazaine et les
généraux placés sous les ordres de ce maréchal. Si l'on entend la
justification et les motifs donnés par tous ces chefs français, chacun d'eux paraît avoir agi parfaitement bien pour son propre
compte. Mais cela est-il admissible, quand il est établi, en réalité,
d'une manière irréfragable, que les Français ont perdu une
bataille qu'ils devaient purement et simplement gagner. On ne
peut pas, tout au moins, contester la vérité suivante : si les chefs
allemands s'étaient trouvés, à Spicheren, dans la situation des
chefs français, — c'est-à-dire en mesure de prendre des décisions où ils auraient apporté les qualités de caractère et d'activité
dont ils firent preuve dans cette bataille, — les chefs allemands,
dis-je, auraient, sans nul doute, infligé une sanglante défaite à
leurs adversaires.

On peut dire qu'envisagée au point de vue de ses conséquences
théoriques, la conduite des chefs allemands et des chefs français
à Spicheren comme, en général, dans toute la campagne, forme,
en quelque sorte, un enseignement complet; car la façon de procéder des premiers, dans la plupart des cas, montre comment on
doit agir, tandis que celle des derniers apprend ce qu'il faut éviter.
Aussi l'examen approfondi de la conduite des chefs français dans
le cours de la campagne offre-t-il énormément d'enseignements;
mais, par suite du manque de sources de renseignements, ce travail, pour être exécuté avec l'exactitude nécessaire, présente, la
plupart du temps, des difficultés considérables. La bataille de
Spicheren fait, à ce point de vue, fort heureusement exception.
Les deux principaux chefs qui ont joué un rôle dans cette
bataille, du côté des Français, le maréchal Bazaine et le général
Frossard, ont, dans des rapports séparés, livré à la publicité les
motifs de leur conduite. Leurs écrits, malgré plusieurs obscurités
voulues, constituent néanmoins un matériel très précieux (particulièrement en raison des documents qui y sont annexés); non
seulement ils donnent une idée du degré d'activité des chefs français, le jour de la bataille de Spicheren, mais ils permettent de
tirer des conclusions générales sur la manière de voir et le *système de commandement des Français.*

Cette étude n'a pas pour but de rabaisser l'armée française;
elle n'a qu'un caractère purement scientifique. Elle ne s'attaque
point aux personnes, mais aux principes mêmes qui les ont

guidées. Avant de parler de la conduite tenue par les généraux français, ou d'étaler leurs fautes et erreurs, ce qui est malheureusement la même chose, nous montrerons brièvement dans quel sens a été faite leur éducation, ainsi que le système qu'ils ont appliqué. Le simple sentiment de la justice nous oblige à débuter par là, abstraction faite de toute autre considération. Quand on veut entreprendre de juger la conduite de quelqu'un, il faut d'abord se mettre à sa place et examiner les lois auxquelles il s'est cru obligé d'obéir. Si ces lois sont fausses, leur application, bien qu'elle ne puisse pas se justifier en elle-même, n'établit pas cependant de culpabilités individuelles. La véritable cause des fautes et négligences des chefs français en sous-ordre doit être attribuée à la fausse conception qu'avait le commandement français de ses droits et de ses devoirs, à l'habitude invétérée de la subordination aveugle et inerte, érigée systématiquement en principe absolu et ayant force de loi à tous les degrés de la hiérarchie. Les principales conséquences de ce système néfaste ont été les suivantes :

1º Méconnaissance de la haute importance de l'offensive, qui est le moyen essentiel, pour ne pas dire unique, d'atteindre le but poursuivi à la guerre.

2º Centralisation purement théorique, ne répondant nullement aux besoins de la pratique et déniant à tout inférieur le droit de penser et d'agir sans ordre. A côté de cela, méconnaissance complète de la nécessité d'organiser solidement, et d'une manière permanente, tous les rouages du commandement d'une grande armée, et d'en vérifier constamment le bon fonctionnement.

3º Abstraction complète faite de la personnalité des chefs en sous-ordre, — par suite d'une centralisation à outrance.

4º Absence de toute initiative chez les subordonnés, qui avaient contracté l'habitude d'attendre, pour agir, qu'on les mît en branle, — toujours par suite de l'annihilation de leur personnalité.

5º Inaptitude à se servir de la cavalerie et méconnaissance complète de son rôle dans le service de découverte, par suite de la passivité des chefs en sous-ordre.

6º Incertitude au sujet de l'ennemi, due à l'absence de renseignements ; elle eut pour conséquence des tâtonnements à l'aveuglette, qui se produisaient sur de simples bruits alarmants.

7° Renonciation complète à l'initiative, parce que toute volonté avait été tuée chez les subordonnés par une centralisation poussée à l'extrême.

Toutes ces conséquences n'apparaissent pas seulement clairement, quand on se représente l'ensemble de la campagne de 1870, mais on les touche également du doigt, précisément dans la bataille de Spicheren.

———————

La formation dans laquelle l'armée française de Metz fut surprise par les événements du 6 août était la conséquence de l'ordre suivant de l'empereur Napoléon, pour le 4 août (1) :

Ordre :

« Il faut toujours supposer à l'ennemi les projets les plus rai-
« sonnables. Les journaux anglais annoncent que le général de
« Steinmetz occupe une position centrale entre Sarrebruck et
« Sarrelouis ; il est appuyé, par derrière, par le corps du prince
« Frédéric-Charles, tandis que sa gauche se relie à l'armée du
« prince royal, qui se trouve dans la Bavière rhénane. L'ennemi
« a l'intention de marcher sur Nancy.

« En conséquence, j'ordonne que les troupes prennent la for-
« mation suivante :

« 4° corps : quartier général du général Ladmirault, à Boulay ;
« une division à Boucheporn, la troisième à Téterchen.

« 3° corps : quartier général du maréchal Bazaine à Saint-
« Avold, une division à Marienthal, la troisième à Puttelange, la
« quatrième, suivant la convenance du maréchal, soit en avant,
« soit en arrière de ces divisions. Le 2° corps (Frossard) conser-
« vera ses positions actuelles.

« 5° corps : le général de Failly marchera sur Bitche, pour s'y
« réunir à la division qui occupe déjà cette localité ; ces deux
« divisions seront sous les ordres du maréchal Mac-Mahon, tandis
« que celle qui occupe Sarreguemines se mettra en relation avec

———————

(1) Bazaine, *L'Armée du Rhin*, pages 20 et 21.

« la division qui est à Puttelange, et sera sous le commandement
« du maréchal Bazaine.

« La division de cavalerie (Forton), qui est à Pont-à-Mousson,
« se portera à Faulquemont.

« Le maréchal Canrobert se portera à Nancy avec trois divi-
« sions du 6e corps.

« Il est bien entendu que la division que le général Ladmirault
« doit envoyer à Boucheporn ne se rendra sur ce point que dans
« la journée du 6 de ce mois. »

« Signé : Napoléon. »

En outre de cet ordre, le maréchal Bazaine reçut encore, le
4 août au soir, le télégramme complémentaire suivant de l'Empereur :

« Demain 5, portez la division Decaen à Saint-Avold, où vous
« aurez votre quartier général et vos réserves, la division Metman
« à Marienthal, la division Montaudon à Sarreguemines, la divi-
« sion Castagny à Puttelange. »

« Signé : Napoléon. »

Ce simple ordre, ainsi que le télégramme complémentaire de
Napoléon, révèle tout le système adopté par les Français pour la
rédaction des ordres, l'idée qu'ils se faisaient de la guerre et la
manière de procéder du grand quartier général français, quant à
la préparation des opérations stratégiques. Les renseignements
sur l'adversaire, qui, un jour plus tard, franchissait déjà la frontière, provenaient de source étrangère, notamment de journaux
anglais. Comme plan « le plus raisonnable » de l'adversaire, on
indiquait simplement la marche sur Nancy, sans tenir aucun
compte de l'armée française, qui, cependant, barrait la route que
les Allemands étaient supposés devoir prendre.

L'absurdité complète de cette conception, que le haut commandement français s'était faite des plans et des projets des Allemands, et, d'une manière générale, de l'essence même de la
guerre, apparaissait au grand jour; il suffit, pour s'en convaincre,
de se reporter au mémoire du général de Moltke (datant de l'hiver
de 1868) ; ce document, ainsi qu'on le sait, assignait, comme
objectif d'opérations, aux armées allemandes, après leur concentration, le gros des forces françaises, en faisant ressortir que la

première mission de ces armées devait être « de rechercher la « masse principale des forces de l'adversaire et de l'attaquer là « où on la rencontrerait ». Le commandant en chef des armées allemandes dirigeait donc tous ses efforts vers le combat, assigné comme but à atteindre pour anéantir le gros des forces de l'adversaire, tandis que le généralissime français déclarait, au contraire, que le plan le plus raisonnable pour les Allemands consistait à exécuter une marche quelconque vers un point très éloigné, comme, par exemple, Nancy, sans s'occuper des relations qui existaient entre cette marche, envisagée au point de vue de son but et de son importance, d'une part, et l'armée française, d'autre part, — comme si l'essence même de la guerre consistait à marcher et non à se battre.

Nous voyons, de plus, en analysant l'ordre ci-dessus, que le commandant en chef français, l'empereur Napoléon, ne fait nullement connaître ses propres intentions. Il dispose lui-même des divisions isolées, en les désignant même, en partie, nominativement, et rend, de cette manière, inutiles les prescriptions des commandants de corps d'armée. Il en résulte que personne ne sait pourquoi on dispose de lui de telle ou telle manière, et ce qu'on exige ou ce qu'on attend, à proprement parler, de lui. On comprend que, dans une telle situation, chacun n'a d'autre chose à faire que de demeurer les bras croisés et d'attendre, dans l'inaction, les événements ultérieurs, jusqu'à ce que, soit le commandement supérieur, soit même l'ennemi, lui donne une nouvelle impulsion.

Les vues et les actes des Allemands, dans des cas pareils, étaient diamétralement opposés à la manière de procéder des Français. Les chefs en sous-ordre allemands avaient connaissance du but à atteindre, et recevaient de instructions générales (directives) qui leur laissaient toute liberté d'action au point de vue des détails d'exécution (1). Du côté des Français, au contraire, le haut commandement réglait tout, jusque dans les plus petits

---

(1) Nous avons vu, d'ailleurs, que surtout dans la période qui précéda la bataille de Spicheren, la haute direction des armées allemandes ne s'était pas, à beaucoup près, entendue, d'une manière suffisante, avec le commandant de la première armée, et que si la bataille fut livrée dans les conditions les plus défavorables pour les Allemands, il faut l'attribuer à ce malentendu.

détails, tandis qu'il cachait à ses subordonnés ses projets immédiats et les buts qu'il se proposait d'atteindre.

La direction suprême des armées allemandes comptait sur les connaissances et l'initiative personnelle de ses chefs en sous-ordre. Tous les efforts du haut commandement français, au contraire, tendaient toujours, du moins en théorie (car dans la pratique, la chose n'était pas possible), à prendre, partout et toujours, les dispositions nécessaires dans tous les cas. Le résultat final de la bataille de Spicheren permet, en réalité, de porter un jugement précis et juste sur la valeur de chacun de ces deux systèmes.

Quand la campagne de 1870 n'aurait pas fourni d'autres enseignements, les circonstances au milieu desquelles s'est déroulée la bataille de Spicheren, voire même les dispositions adoptées par l'empereur Napoléon III, dispositions que nous avons exposées plus haut, ces éléments, dis-je, suffiraient à eux-seuls à prouver que le principe d'une centralisation absolue, — qui caractérisait l'organisation civile et politique et même toutes les institutions militaires de la France en temps de paix, — avait été transporté aussi sur le théâtre de la guerre, avec toutes ses conséquences funestes.

Pour montrer jusqu'à quel point l'idée d'une centralisation absolue avait pénétré jusque dans le sang des Français, il suffit de mentionner que le maréchal Bazaine, dans l'ouvrage dont nous avons déjà parlé, publié seulement en 1883, se plaint du commandant du 4e corps, général Ladmirault, parce que ce dernier n'a pas exécuté à la lettre l'ordre de l'Empereur en date du 4 août. Cette non-exécution d'un ordre donné consistait simplement dans ce fait que le général Ladmirault, se basant sur les renseignements qui lui étaient parvenus au sujet de l'ennemi, avait, sous sa propre responsabilité, modifié l'emplacement d'une division, sans avoir, au préalable, sollicité l'autorisation nécessaire à cet effet. Il faut remarquer, en outre, que la modification prescrite par le général Ladmirault n'avait qu'une importance tout à fait insignifiante, car il s'agissait de transporter l'emplacement de bivouac d'une division à quelques kilomètres plus loin; cette mesure ne présentait aucun inconvénient; elle n'aurait pu, en réalité, entraîner, en aucun cas, la moindre conséquence désavantageuse. Néanmoins le maréchal Bazaine s'exprime ainsi au sujet de cet incident : « Cette défectueuse manière d'agir se

« représente souvent dans le cours de cette campagne et doit
« être considérée comme une des causes de la gravité des revers
« éprouvés par les Français (1). »

Il est curieux de noter que le même Bazaine se prononce très
catégoriquement contre la centralisation excessive qui régnait
dans l'administration française pendant la période de paix qui
venait de s'écouler. Cette centralisation était poussée si loin que
les troupes ne devaient recevoir le matériel qui leur était nécessaire pour être complètement prêtes à la guerre, qu'au moment de
la mobilisation. Le maréchal Bazaine avait reconnu lui-même
tous les inconvénients, le désarroi et les retards qui devaient fatalement résulter de ce système de centralisation ; aussi blâme-t-il
cette manière de faire, et cela avec juste raison. En revanche,
treize ans après les dures leçons de l'année 1870, il n'était pas
encore arrivé à comprendre quelles conséquences désastreuses
avait eues pour sa patrie cette opinion erronée, qui prétendait confondre les pensées et les volontés des chefs en sous-ordre de
toute une armée dans la pensée et la volonté du commandant en
chef, sans tenir compte de l'éloignement, du temps, des accidents
possibles, et même de l'initiative indépendante de l'adversaire, —
toutes choses qui exigent, d'une manière ou de l'autre, des résolutions spontanées de la part des chefs en sous-ordre. D'après
l'avis de Bazaine, qui se retrouve dans plus d'un passage de son
ouvrage, il faut, dans tous les cas, un ordre ou, tout au moins, une
autorisation pour agir.

Cependant le chef d'armée de génie, le grand praticien de la
guerre, l'empereur Napoléon Ier, avait légué aux Français une
manière de voir diamétralement opposée à cette dernière. Voici
ce qu'il dit à ce sujet : « En règle générale, le haut commande-
« ment doit indiquer seulement la direction générale, déterminer
« simplement les buts à atteindre ; quant aux moyens à employer
« pour y parvenir, ils doivent être abandonnés au libre choix
« des organes d'exécution, sans quoi le succès est impossible. »

C'est une erreur complète de croire que le commandement
suprême, quelque avisé qu'il soit, puisse se substituer aux chefs
en sous-ordre, en ce qui a trait aux dispositions qu'ils doivent

(1) Bazaine, *Épisodes du blocus de Metz.*

prendre en toute initiative. Ce procédé, qui consiste à tenir les chefs en sous-ordre en lisière, à faire mouvoir les troupes comme les pièces d'un jeu d'échecs, ne peut être mis en pratique, et seulement jusqu'à un certain point, que dans les périodes calmes, n'exigeant aucune décision et, pour ainsi dire inertes, qui se présentent au cours d'une campagne.

Mais quand vient l'heure des décisions, alors que les événements se précipitent coup sur coup, on est bien obligé, bon gré mal gré, de relâcher les rênes et d'autoriser chacun à prendre les dispositions qu'il juge lui-même les mieux appropriées à la situation immédiate, sous la réserve, bien entendu, de rester dans les limites des instructions (directives) qu'il a reçues de l'autorité supérieure, et dont le sens général consiste à laisser à chacun la latitude nécessaire pour agir. Il ne faut pas chercher longtemps pour se procurer des exemples à l'appui de cette assertion; il suffit à cet effet, d'examiner, ainsi que nous allons le faire, les dispositions prises par les chefs français, le jour de la bataille de Spicheren. L'histoire de cette journée montre que le maréchal Bazaine, qui reproche au général Ladmirault le déplacement, tout à fait insignifiant, d'une division pour une nuit, non seulement fut forcé de s'en remettre au général Frossard du soin de décider du sort de la journée, mais ne put pas même le mettre au courant de sa manière d'envisager la situation, ni s'entendre avec lui au sujet des dispositions à prendre. D'une part, Bazaine fut, en réalité, obligé de laisser le général Frossard agir comme il l'entendait; d'autre part, il n'exigea même pas un rapport précis sur les projets du général qui était placé sous ses ordres, ce qui lui eût permis de mettre ses propres dispositions ultérieures en concordance avec celles de Frossard.

Peut-on concevoir que l'on suive un tel système, auquel on est obligé de renoncer, précisément dans tous les moments difficiles et décisifs qui constituent l'essence même de la guerre, et dont dépend irrévocablement le sort de celle-ci? Peut-on, d'autre part, s'imaginer qu'un homme qui, pendant des années et même des dizaines d'années, est tenu en lisière, qu'un être moralement comprimé, incapable de manifester sa propre pensée ou sa volonté, peut-on croire, dis-je, qu'un homme élevé à cette école se transformera, tout à coup et complètement, aux moments décisifs, et se trouvera, à la dernière minute, à hauteur de la situation? Mais cette minute fugitive ne permet pas d'attendre : semblable au sphinx divinateur, elle exige, d'une manière menaçante et pressante, une réponse exacte à la question posée. Quelle réponse peut donc donner au sphinx de la guerre le malheureux chef de troupe? Trouvera-t-il donc la solution juste? Certainement non! Ou bien il hésitera à prendre une décision, en perdant son temps à réfléchir et à délibérer, ou bien encore il restera inactif et attendra des ordres d'en haut; pendant ce temps, l'initiative et, avec elle, la probabilité du succès, passe du côté de l'adversaire. Déjà Clausevitz s'est exprimé ainsi à ce sujet : « Le plus mauvais parti qu'un chef puisse prendre à la guerre, « c'est de n'en prendre aucun. »

Le chef suprême des forces françaises, l'empereur Napoléon III, et son chef d'état-major, le maréchal Le Bœuf, n'agirent pas mieux que le maréchal Bazaine. Le 6 août au matin, à la première heure (4 h. 40), ce dernier télégraphiait au général Frossard : « Tenez « vous prêt contre une attaque sérieuse, qui pourrait avoir lieu « aujourd'hui même. Restez à votre poste et ne venez pas trouver « l'Empereur. » Mais, à part ce télégramme, le général Frossard ne reçut pas même la moindre instruction (directive), lui indiquant la conduite qu'il avait à tenir en présence de la question suivante : était-il préférable, dans l'intérêt de toute l'armée, d'accepter l'attaque, ou bien fallait-il refuser le combat? Dans l'un des cas, on aurait dû lui donner une réponse claire et, dans l'autre cas, on devait songer à secourir Frossard, car on ne pouvait pas prévoir l'effectif des forces qui lui seraient opposées par l'adversaire. Mais on n'adopta aucune de ces deux solutions. D'après ce que l'on sait, le renseignement adressé par le maréchal Le Bœuf au général Frossard ne fut pas même communiqué au supérieur direct de ce dernier, c'est-à-dire au maréchal Bazaine. En agissant ainsi, on méconnaissait et on détruisait même la coordination organique des ordres ; en même temps on négligeait complètement de tenir compte de l'importance prépondérante que présente tout combat imminent.

Ces négligences capitales, commises par l'empereur Napoléon, ainsi que par le maréchal Bazaine, sont la conséquence directe de leurs habitudes et de leurs conceptions mesquinement despotiques. Ces deux chefs s'appliquent, à l'instant où la chose leur est encore possible, à empiéter sur le domaine des ordres qui sont du ressort d'un subordonné, et à prescrire des dispositions de détail superflues, ou, pour parler plus exactement, mesquines. Le commandant en chef de l'armée qui se trouvait immédiatement opposé à l'ennemi, le maréchal Bazaine qui, pourtant, cherchait à sauvegarder son autorité avec un soin si jaloux, et veillait au maintien du prétendu droit qu'il s'attribuait de régler lui-même les plus petits détails, dans toutes les circonstances si variables qu'offre la guerre, — ce chef néglige complètement, à l'heure du danger, de diriger l'armée qui lui est confiée, c'est-à-dire qu'il renonce, en réalité, à son rôle comme chef d'armée.

D'autre part, il faut avouer que ce rôle était rendu très difficile au maréchal, par suite de l'intervention continuelle de l'Empereur. L'Empereur ne se contentait pas de lui donner des instructions (directives) qui limitaient sa liberté d'action, mais encore il envoyait des ordres directs aux généraux placés sous les ordres du maréchal. C'est ainsi, notamment, que l'Empereur adressait, le 6 août au soir (8 h. 20), le télégramme suivant au maréchal : « Le mouvement de l'ennemi tend à vous séparer du général « Frossard ; appelez à vous tout le corps du général Ladmirault. « Assurez, s'il est nécessaire, la retraite du général Frossard et « des troupes de Sarreguemines sur un point en arrière, que je « crois être Puttelange. La garde doit être à moitié chemin de « Courcelles-Chaussy à Saint-Avold (1). »

Le maréchal Bazaine rendit compte, dans le rapport qu'il adressa notamment à l'Empereur, le même jour à 10 heures du soir, que, se conformant aux instructions de Sa Majesté, il avait appelé à lui le corps Ladmirault.

Mais, le 7 août, à la première heure, le général Ladmirault adressait au maréchal le rapport suivant : « Votre Excellence « m'a, par un télégramme daté du 6 août, qui m'est parvenu dans « la nuit, donné l'ordre de me porter, avec trois divisions de mon « corps d'armée, à Saint-Avold. J'ai reçu ce télégramme à 3 heures « du matin ; il est très probable qu'il n'a pas été expédié avant « minuit. Aujourd'hui 7, à 4 h. 15 du matin, j'ai reçu de Metz « un télégramme ainsi conçu : « Repliez-vous sur Metz avec « toutes vos divisions. Signé : Napoléon. » Cet ordre est le der-

---

(1) Bazaine, *Épisodes*, etc., page 29.

« nier que j'ai reçu, je dois donc m'y conformer. J'ai déjà pris les
« dispositions nécessaires à cet effet, et, aujourd'hui 7, mes trois
« divisions prendront position à Boulay. »

Le maréchal Bazaine déclare qu'il n'a pas eu la moindre connaissance du changement de destination du corps de Ladmirault,
placé sous ses ordres (1). Cette façon de procéder du haut commandement français s'explique, si du moins elle ne se justifie pas
complètement, par l'effrayante nouvelle de la défaite de Wœrth,
qui transformait presque l'insuccès éprouvé à Spicheren en une
catastrophe.

Cette immixtion systématique et en même temps inopportune,
et, pour ainsi dire capricieuse, de la direction suprême de l'armée
française dans le domaine propre de ses chefs en sous-ordre, —
qui passait souvent à côté de la véritable solution, — avait pour
conséquence naturelle que personne ne savait plus exactement,
en fin de compte, dans quel cas donné il devait lui-même donner
des ordres ou en attendre, et que personne également ne savait
au juste quand il fallait obéir et quand il fallait commander.

Ainsi Bazaine raconte que, le 6 août, les communications télégraphiques entre les localités occupées par les divisions de son
corps d'armée, notamment Marienthal et Puttelange, se trouvaient
interrompues, de telle sorte que les ordres qui leur étaient adressés arrivaient beaucoup trop tard. Il fut impossible de savoir qui
avait donné l'ordre de prendre cette mesure.

C'est exactement l'inverse qui se produisit pour les ponts de
Sarrebruck, parmi lesquels se trouvait, entre autres, le pont du
chemin de fer qui donnait passage à la voie ferrée conduisant
directement à Metz. Dans ce cas-ci, personne, évidemment, ne crut
de son devoir ou de son droit d'ordonner leur destruction, de sorte
que ces ponts, non seulement rendirent de grands services aux
Prussiens, le jour de Spicheren, mais encore leur permirent
d'établir promptement des communications par voie ferrée et
d'activer ainsi l'arrivée à destination de tous les convois, etc.,
destinés à l'armée qui avait commencé sa marche en avant. Cette
voie ferrée fut, notamment, utilisée immédiatement pour le transport des troupes du II° corps prussien, qui précisément, grâce à

---

(2) Bazaine, *Campagne de l'armée du Rhin*, page 39.

cette circonstance, arriva encore assez à temps pour prendre part
à la bataille de Gravelotte, le 18 août.

Enfin un équipage de ponts, qui (en prévision de la reconnaissance offensive du 2 août), avait été dirigé sans attelages sur
Forbach, tomba, après la prise de cette localité, entre les mains
des Prussiens, le 7 août. Aucun des chefs français n'avait cru de
son devoir de pourvoir cet équipage de ponts des attelages nécessaires, ou, du moins, d'assurer, en temps opportun, sa sécurité,
bien que, du côté des Français, on eût abandonné tout projet d'offensive et que l'on eût prescrit une soi-disant concentration en
arrière.

Telles furent les conséquences du système français, envisagées
au point de vue des détails. Voyons maintenant comment ces conséquences se firent sentir dans une circonstance importante, c'est-
à-dire pendant la bataille de Spicheren.

Le 6 août, à 6 heures du matin, le maréchal Bazaine adressa
au général Frossard le télégramme suivant : « Le chef d'état-
« major de la 1re division du 3e corps, qui ne doit pas être encore
« en entier à Sarreguemines, m'annonce qu'il s'attend à une
« attaque. D'un autre côté, le sous-préfet de Sarreguemines me
« dit : « Le fil télégraphique et la ligne de fer viennent d'être
« rompus à Bliesbrücken, sur la route de Bitche. »

« Je demande des renseignements plus précis.

« Si l'ennemi faisait effectivement un mouvement offensif
« sérieux sur Sarreguemines, il faudrait porter la division qui est
« à Spicheren sur Grossbliederstroff (1). »

Il est impossible de préciser l'heure à laquelle le général Frossard a reçu ce télégramme ; mais, à 9 h. 10 du matin, il télégraphia au maréchal, sans doute en réponse au télégramme précédent :

« J'entends le canon à mes avant-postes et je vais m'y porter.
« Ne serait-il pas bien que la division Montaudon envoyât une

------

(1) Bazaine, *Armée du Rhin*, etc., pages 23 et 24.

« brigade vers Grossbliederstroff et que la division Decaen se
« portât en avant vers Merlebach et Rosbruck (1). »

Ce télégramme nous fait connaître que non seulement le général Frossard ne voulait pas s'affaiblir, mais qu'au contraire il proposait d'envoyer une brigade de la division Montaudon du
3e corps à Grossbliederstroff, c'est-à-dire à une distance plus rap-
prochée· de Spicheren, et d'amener à proximité de Forbach, jusqu'à une distance de 4 à 5 kilomètres de ce point, la division
Decaen du 3e corps. Une heure après, le général Frossard adressait le rapport complémentaire suivant :

« L'ennemi a fait descendre, des hauteurs de Sarrebruck, vers
« nous, de fortes reconnaissances, infanterie et cavalerie ; mais
« il ne prononce pas encore son mouvement d'attaque. Nous
« avons pris nos mesures sur le plateau et sur la route ; je n'irai
« pas à Saint-Avold (2). »

Une demi-heure plus tard, c'est-à-dire à 10 h. 40, le général Frossard télégraphiait de nouveau au maréchal (3) :

« On me prévient que l'ennemi se présente à Rosbruck et à
« Merlebach, c'est-à-dire derrière moi (à mi-chemin entre For-
« bach et Saint-Avold) ; vous devez avoir des forces de ce côté ».

A ces télégrammes, le maréchal répondit au général Frossard,
à 11 h. 15 du matin (4) :

« Quoique j'aie peu de monde sous la main pour garder la
« position de Saint-Avold, je fais marcher la division Metman
« (de Marienthal) sur Macheren et Béning (cette dernière localité
« est, au plus, à 9 kilomètres de Forbach), et la division Casta-
« gny (de Puttelange) sur Farschwiller et Théding (cette dernière
« localité est à 9 kilomètres, au plus, de Forbach, et environ à
« 3 kilomètres à l'est de Béning). Je ne puis faire plus ; mais
« comme vous avez vos trois divisions réunies, il me semble que
« celle qui est à Œting peut très bien envoyer une brigade et
« même plus sur Morsbach, afin de surveiller de ce côté Ros-
« bruck, c'est-à-dire la route passant par Emersweiller et Grande-
« Rossel (Gross-Rosseln) vers Sarrelouis. Notre ligne est malheu-

---

(1) Frossard, page 37.
(2) Bazaine, *Armée du Rhin*, etc., page 27.
(3) Bazaine, *Armée du Rhin*, etc., page 27.
(4) Frossard, pages 39 et 40.

« reusement très mince, par suite des dernières dispositions
« prises, et, si ce mouvement est vraiment aussi sérieux, nous
« ferons bien de nous concentrer sur la position de Cadenbronn.
« Tenez-moi au courant (1). »

La localité de Rosbruck, dont il est question ici, est située à
3 ou 4 kilomètres de Forbach (Morsbach est encore un peu plus
rapproché de Forbach), sur la voie ferrée et la route qui va de
Forbach à Saint-Avold, c'est-à-dire précisément sur la ligne de
retraite de Frossard vers Metz. La (fausse) nouvelle de l'apparition de troupes allemandes du côté de cette localité inquiétait,
momentanément, les deux chefs français. Le général Frossard
dit au maréchal Bazaine : « Vous devez avoir des troupes sur ce
point », dans l'hypothèse qu'il s'agissait de couvrir les derrières
du 2ᵉ corps. Bazaine, de son côté, estime, au contraire, que Frossard pourrait envoyer vers cette localité des troupes prises à
OEting (3 à 4 kilomètres au nord-est de Morbach), et fait allusion
à la retraite sur la position de Cadenbronn.

Cette surexcitation, parfaitement inutile, provenait de ce que
le général Frossard, bien qu'il occupât la position de Sarrebruck
déjà depuis le 2 août, ne s'était nullement préoccupé de faire
éclairer le terrain, sur son flanc gauche, par des reconnaissances
et des patrouilles de cavalerie; il n'avait pas même fait reconnaître les localités de Ludweiler et de Werden, distantes seulement de 5 à 6 kilomètres de Forbach. Et, en même temps, ce
même Frossard se plaint presque, dans sa description de la
bataille de Spicheren, d'avoir eu à sa disposition plus de cavalerie qu'il ne lui en fallait: c'est même pour cette raison que,
dans le cours de la bataille, il renvoya en arrière la brigade de
dragons de Juinac, que Bazaine avait envoyée à son secours, et
qui arriva à 4 heures de l'après-midi à Forbach.

La cavalerie française s'acquitta, en général, si peu du service
de reconnaissance, qu'on éprouve un sentiment pénible et
presque de la honte, en dévoilant toutes ces négligences, pour
ainsi dire chroniques. Il faut cependant remarquer que ce service
aurait été assuré, probablement, dans de bien meilleures conditions, si l'on avait attribué aux divisions françaises, ainsi que

(1) Frossard, pages 39 et 40.

cela se faisait pour les divisions allemandes, des détachements de
cavalerie spéciaux et suffisamment forts.

On ne peut admettre, par exemple, que le général Vergé, lorsqu'il occupa, avec sa division, Forbach et Stiring-Wendel, ne se
serait pas préoccupé de faire reconnaître la forêt qui se trouvait
sur son flanc gauche, s'il avait eu à sa disposition de la cavalerie,
à laquelle il aurait pu donner des ordres en sa qualité de chef
direct et indépendant (1). Si le général Vergé avait fait éclairer
sa division sur son flanc extérieur, il aurait ainsi protégé le corps
entier de Frossard contre toutes les surprises possibles de ce côté,
qui était le plus dangereux pour les Français ; car c'est par là,
précisément, qu'arrivèrent effectivement les détachements de
troupes prussiennes, qui étaient sous les ordres des généraux von
der Goltz et de Glümer, et non pas, comme Bazaine et Frossard
le craignaient, dans la direction de Morsbach et de Rosbruck,
mais directement sur Forbach.

Reportons nous aux télégrammes échangés entre le maréchal
Bazaine et le général Frossard, et nous verrons que leurs prévisions et leurs dispositions initiales, jusqu'à 11 heures, ne présentaient que le caractère de mesures préparatoires ; nous recon-
naîtrons, en outre, que le maréchal, à la réception des premiers
renseignements du général Frossard, répondit en lui indiquant les
mesures qu'il avait prises en prévision de ce cas. Ces mesures
consistaient à rapprocher davantage de Forbach deux divisions de
son corps d'armée, de telle sorte qu'une fois le point de Béning
atteint par l'une des divisions (Metman), et celui de Théding par
l'autre (Castagny), ces deux divisions eussent leurs têtes à une
distance d'environ 3 à 4 kilomètres l'une de l'autre et à 8 à 9 kilomètres au plus de Forbach. Dans le cas où la bataille s'engagerait réellement, les divisions Castagny et Metman pouvaient se
rapprocher encore davantage et constituer une forte réserve pour
le corps du général Frossard. C'est ainsi, également, que ce dernier l'avait évidemment compris, et ce n'est, peut-être, que parce
qu'il comptait sur ces secours qu'il avait engagé le combat. En
revanche, si l'on considère l'insistance que mettait le maréchal

---

(1) Le rapport du général Frossard affirme que, pour le jour de la bataille,
un régiment de cavalerie avait été réparti dans les trois divisions d'infanterie.

Bazaine à assurer la concentration sur la position de Cadenbronn,
— c'est-à-dire à prévoir ainsi la retraite sur ce point, dans le cas
d'une offensive sérieuse de l'adversaire, — on en arrive à conclure que le maréchal entendait, de son côté, considérer ses divisions simplement comme des troupes chargées de recueillir le
corps Frossard, ou, plus exactement, comme un fort soutien, destiné à couvrir le flanc gauche de la position de Cadenbronn.

Cette divergence fondamentale dans la manière de voir du
maréchal Bazaine et du général Frossard, qui exerça l'influence la
plus décisive et la plus désastreuse sur le résultat de la bataille
de Spicheren, n'a pas été élucidée en temps opportun. Du moins
les rapports de Bazaine et de Frossard ne font pas nettement ressortir qu'en cette occasion il se soit produit un échange quelconque de vues qui aurait pu faire disparaître définitivement ce
fatal malentendu.

D'ailleurs le général Frossard a, entre autres choses, rendu
compte, accidentellement, dans son rapport au maréchal sur le
cours des événements, un peu avant 2 heures de l'après-midi,
« qu'il était fortement engagé sur la route, ainsi que dans les
« bois et sur les hauteurs de Spicheren, et qu'il livrait une
« bataille très sérieuse (1) ».

Le maréchal Bazaine lui répondit à 2 heures de l'après-midi :
« Je fais marcher Montaudon sur Grossbliederstroff. La brigade
« de dragons se porte à Forbach. »

Au même moment, le maréchal adressait le rapport suivant à
l'Empereur (2) :

« Pour faire suite à ma dépêche d'aujourd'hui midi, j'ai pris
« les dispositions suivantes : une brigade de dragons s'est portée
« à Haut-Hombourg ; le général Metman, avec une brigade, se
« porte à Betting-les-Saint-Avold (à environ un peu plus d'un
« kilomètre à l'ouest de Béning), son autre brigade sur Macheren
« et Mittenberg. Le général Castagny va faire marcher une bri-
« gade sur la position de Théding, à gauche de Cadenbronn, et
« il l'appuiera, en se portant, de sa personne, avec son autre bri-
« gade, à Farschwiller. Le général Montaudon se portera sur

---

(1) Frossard, page 43.
(2) Bazaine, *Armée du Rhin*, pages 28 et 29.

« Rouhling et Grossbliederstroff, et laissera à la brigade Lapasset
« du 5ᵉ corps le soin de couvrir Sarreguemines, puisqu'elle
« occupe cette localité.

« Les reconnaissances de ce matin n'avaient rien signalé ;
« cependant, dans la matinée, vers huit heures et demie, quand
« je suis allé sur la route de Carling visiter les avant-postes du
« 85ᵉ, nous avons reçu quelques coups de fusil de vedettes de
« cavalerie.

« Je tiendrai Votre Majesté au courant (1). »

Ce télégramme montre clairement que les mesures prises par
Bazaine avaient principalement pour but, non pas de soutenir le
2ᵉ corps engagé dans la lutte en avant de Forbach, mais de le
recueillir, dans le cas où il battrait en retraite sur la position de
Cadenbronn. Mais, malgré l'échange de dépêches qui eut lieu
entre Bazaine et Frossard jusqu'à 2 heures de l'après-midi, on ne
parvint nullement à élucider cette question, qui était la plus
importante et la plus décisive. Tandis que chacun de ces généraux
ne suivait que ses propres idées, il ne semble pas du tout qu'aucun
d'eux se soit posé la question suivante : Que pense et que fait
donc en réalité l'autre ? Aussi n'y a-t-il pas lieu de s'étonner que
leur manière de voir réciproque n'ait pas pu être tirée au clair, et
que, par suite de ce malentendu, l'un d'eux, le général Frossard,
se soit trouvé engagé dans une lutte opiniâtre, qu'il poursuivit
jusqu'à la nuit, et dans laquelle, peu à peu, il engagea toutes ses
réserves, tandis que, d'autre part, le maréchal Bazaine ne prit, en
réalité, que des mesures préparatoires, en vue de recueillir Frossard dans le cas de sa retraite, si elle avait encore eu lieu dans la
journée.

Dans ces conditions, il était impossible au général Frossard,
soit de remporter la victoire, seul, avec ses propres forces, soit
même d'éviter une défaite. Toutefois, il prit, de son côté, des
mesures qui paraissaient indiquer qu'il ne s'était pas exactement rendu compte de ce qu'il voulait faire et de la conduite qu'il
entendait tenir. Il opposa, il est vrai, en obéissant pour ainsi dire
à la loi d'inertie, une résistance sur ces positions, mais il subit,
d'ailleurs, l'initiative de l'ennemi.

---

(1) Bazaine, *Armée du Rhin.*

La vérité est que ni le général Frossard ni le maréchal Bazaine ne se rendaient un compte exact de l'importance stratégique que présentait la lutte engagée, et qu'en outre tous deux traitèrent, d'une manière générale, ce combat à la légère, — pour ne pas en dire davantage.

Du côté des Français, on en était déjà arrivé, à cette époque, c'est-à-dire le 6 août, à songer à la concentration en arrière, en d'autres termes : à la retraite, depuis longtemps projetée, mais seulement sur la position de Cadenbronn, située à proximité immédiate du théâtre de l'action. Envisagée à ce point de vue, l'acceptation d'une bataille sur les hauteurs de Spicheren, le 6 août, ne pouvait, en réalité, procurer aux Français aucun avantage, d'autant plus que la position qu'ils occupaient sur ces hauteurs, comparée à celle qu'ils avaient occupée précédemment et qu'ils venaient d'abandonner (à Sarrebruck même), laissait apercevoir des points faibles très marqués. En tout cas, une bataille sur la Sarre n'avait aucune raison d'être, eu égard au plan de concentration des Français; elle ne pouvait, au contraire, que produire un temps d'arrêt pour les fractions de l'armée française engagées dans la lutte et donner, en outre, aux corps allemands qui se trouvaient encore loin en arrière le temps d'entrer en ligne. Puisque le maréchal Bazaine adoptait, évidemment, cette dernière manière de voir, il aurait dû donner au général Frossard l'ordre formel « de battre en retraite, sans s'engager « dans un combat », et, d'autre part, ce dernier, « au cas « où il eût jugé possible et avantageux de châtier l'adversaire, en « raison de son offensive inconsidérée », devait immédiatement faire part de ses intentions au maréchal et lui demander, à cet effet, le secours de toutes les troupes qui pouvaient encore arriver sur le champ de bataille; car il lui était impossible de savoir quelles forces les Allemands lui opposeraient. Il n'y avait pas d'autre solution.

Du moment que les Français s'étaient résolus à la guerre, en vue, comme on le disait, « de prendre la revanche de Sadowa », ils auraient pu tirer un grand profit de l'étude de la conduite des Prussiens dans la campagne de 1866. Ils seraient arrivés ainsi à comprendre que jamais l'on ne triomphe des Prussiens en adoptant des demi-mesures et en ne mettant en ligne que la moitié de ses forces. Dans le cas présent, en particulier, le général Frossard devait supposer que les Allemands avaient préparé de longue main leur offensive au delà de la Sarre, comme l'événement le prouva, en réalité, par suite de la précipitation des généraux de Steinmetz et de Kameke. Il devait donc s'attendre à recevoir également l'attaque la plus résolue de la part des Prussiens et avoir la ferme intention de leur infliger infailliblement une défaite. Une fois la bataille engagée, Frossard ne pouvait en sortir que vainqueur ou vaincu; il n'y avait pas de moyen terme. Il devait faire ces réflexions, lorsqu'il accepta la bataille. Eût-il même réussi à se retirer du combat déjà engagé, en battant en retraite, sans pertes importantes, que le fait de se replier ainsi, à la première grosse affaire, aurait néanmoins, en tout cas, équivalu à une défaite, en raison de l'impressionnabilité des Français. Dans le cas en question, le général Frossard et le maréchal Bazaine, non seulement n'ont pas su estimer à sa juste valeur leur adversaire, mais encore n'ont tenu aucun compte des qualités caractéristiques de leur propre armée.

Revenons aux relations de Frossard et de Bazaine. Ces relations furent probablement interrompues, pour quelque temps, vers 2 heures, de sorte que le maréchal en conçut de l'inquiétude, et que, peu de temps avant 5 heures, il télégraphia au général Frossard :

« Pour me tranquilliser, donnez-moi de vos nouvelles, n'oubliez pas la division Montaudon, qui doit être à Sarreguemines. »

Une heure après, environ, il recevait la réponse de Frossard :

« Forbach, 6 août, 5 h. 45 soir.

« La lutte, qui a été très vive, s'apaise; mais elle recommen-
« cera sans doute demain; envoyez-moi un régiment (1). »

Ces deux télégrammes font voir que ces deux chefs, le maréchal Bazaine, ainsi que le général Frossard, non seulement admettaient la possibilité d'échapper, pour cette fois, à l'étreinte des Prussiens, dans de bonnes conditions, sans de grands efforts et sans conséquences désastreuses, mais que, de plus, le général Frossard considérait comme possible de recommencer avec succès la lutte, le jour suivant, pourvu qu'il fût renforcé par un régi-

---

(1) Pour ce télégramme et les suivants (Voir Bazaine, *Armée du Rhin*, etc.), pages 37 et 38.

ment. Cependant l'illusion de Frossard ne fut pas, sans doute, de bien longue durée, car le télégramme précédent fut suivi immédiatement d'un second :

« Ma droite sur les hauteurs a été obligée de se replier. Je me « trouve compromis gravement. Envoyez-moi des troupes aussi « vite que possible ».

Le maréchal répondit à 6 h. 1/4 :

« Je vous envoie un régiment par chemin de fer ; le général « Castagny est en marche vers vous ; il reçoit l'ordre de vous « rejoindre. Le général Montaudon a quitté Sarreguemines, à « 5 heures, pour se rendre à Grossbliederstroff (sur la route de « Spicheren). Le général Metman est à Betting. Vous avez dû « recevoir la brigade de dragons de Juniac. »

A 7 h. 22 du soir, Frossard mandait à Bazaine ce qui suit :

« Nous sommes tournés par Werden (1) ; je porte toutes les « troupes sur les hauteurs.

Le maréchal Bazaine, qui ne savait pas exactement de quelles hauteurs il était question, répondit, peu après 8 heures :

« Je vous ai envoyé tout ce que j'ai pu, définissez-moi bien les « positions que vous croirez devoir occuper. »

Ce télégramme ne reçut pas de réponse. Le général Frossard évacuait, à ce moment déjà, Forbach, pour se porter, avec une partie de ses troupes, à Sarreguemines, et éviter ainsi d'être enveloppé par des forces qui menaçaient son flanc gauche et ses derrières, du côté de Forbach.

Il ressort des télégrammes du maréchal, reproduits ci-dessus, qu'il avait fait marcher au secours du général Frossard 3 divisions d'infanterie du 3e corps, savoir : les divisions Metman, Castagny et Montaudon, puis la brigade de dragons Juniac, et, enfin, — par voie ferrée, — un régiment d'infanterie de la division Decaen. Toutes ces troupes, qui, au début, se trouvaient éloignées de 15 à 18 kilomètres du champ de bataille, suivirent réellement

---

(1) Frossard veut parler du détachement von der Goltz, qui s'était porté de Vœlcklingen, par Verden et Klein-Rosseln (Petite-Rosselle), sur Forbach. (Voir Bazaine, *Épisodes*, page 29).

les directions de marche qui leur avaient été assignées. Elles marchèrent, non seulement pendant le jour, mais encore pendant la nuit; elle n'arrivèrent pourtant pas au but, du moins pas en temps opportun. Examinons maintenant leur malheureuse odyssée, qui, malgré son caractère pénible et prosaïque, mérite d'être remarquée tout autant que le poème d'Homère.

La brigade de dragons Juniac, qui occupait Haut-Hombourg (environ 12 kilomètres de Forbach), reçut, à 3 heures de l'après-midi, l'ordre de marcher sur Forbach; ainsi que le remarque le rapport du général Juniac, elle atteignit Forbach à 4 heures. Le général Frossard s'exprime ainsi, dans son rapport, à ce sujet (1) :

« J'avais, il est vrai, besoin de renforts, mais ce n'était pas, « du moins, de la cavalerie qu'il me fallait; aussi je donnai à la « brigade Juniac l'ordre de rétrograder sur Béning, car elle « encombrait la route, qu'il importait de tenir libre pour l'artil- « lerie de réserve et le service des ambulances. » Le général Juniac, lui-même, fait connaître, entre autres choses, au maréchal Bazaine, dans son rapport, écrit, le 7 août au matin (2), à Putte-lange, que le général Frossard l'a remercié de sa prompte arrivée, mais, toutefois, lui a donné l'ordre d'occuper les trois points de Morsbach, Béning et Merlebach, c'est-à-dire, en d'autres termes, de rétrograder. Il est difficile de préciser si cet ordre ne doit être, en réalité, considéré que comme un joli prétexte pour se débar-rasser de la brigade de dragons, que Frossard estimait lui être inutile, ou bien encore s'il ne faut pas en chercher la raison dans les craintes que ce général avait conçues, par suite du bruit qui courait, dans la matinée, que les Allemands se montraient à Merlebach.

En ce qui concerne sa conduite ultérieure, le général Juniac s'exprime ainsi : « Jusqu'à la fin de la bataille, qui s'était passée « en partie en face de moi, j'ai conservé mes positions. Dans « la nuit, j'appris, par une patrouille que j'avais envoyée sur For- « bach, que le général Frossard avait évacué sa position et s'était « retiré sur Sarreguemines, et qu'il m'avait ainsi complètement « oublié. »

---

(1) Frossard, page 46.
(2) Bazaine, *Armée du Rhin*, pages 30 et 31.

Se trouvant seul, remarqué et observé par les Allemands, le général Juniac craignait d'être enlevé à la pointe du jour; c'est pourquoi il fit monter à cheval, à 1 heure du matin, « en utili-« sant la profonde obscurité qui régnait alors, pour dérober son « mouvement ». La brigade d'infanterie Arneaudeau, appartenant à la division Metman, se trouvait, au dire de Juniac, dans la même position que ce dernier; les deux brigades firent donc ensemble la route de Puttelange (à environ 12 kilomètres au sud-ouest de Sarreguemines), où la brigade Juniac « arriva à « 5 heures du matin, avec ses cavaliers et ses chevaux épuisés « de fatigue et de besoins ». Tel fut le résultat final du concours prêté par la brigade de dragons au général Frossard.

Arrivons maintenant à la discussion de la conduite tenue par l'infanterie envoyée au secours de Frossard, en laissant de côté la question de savoir si le général Frossard n'aurait pas été mieux avisé, en employant la brigade Juniac à couvrir le flanc gauche de son corps d'armée. Si le général avait mis à exécution cette idée, il aurait pu envoyer la brigade simplement dans la direction de Klein-Rossel; elle se serait heurtée, sur ce point, au détachement prussien von der Goltz, et aurait pu retarder facilement la marche de ce dernier sur Forbach, ou même l'arrêter pendant quelque temps, en tout cas, tout au moins, prévenir de son approche en temps opportun.

La division Metman, qui se trouvait à Marienthal, avait, en exécution de l'ordre qui lui avait été donné le jour précédent, pris les armes, dès qu'elle entendit la canonnade. A midi un quart, un officier d'état-major apporta l'ordre du maréchal Bazaine, qui prescrivait de marcher, après avoir déposé les sacs, sur Betting (environ à 7 kilomètres de Forbach et à peu près à la même distance de Marienthal) et de laisser à Macheren un régiment et un détachement d'artillerie; la division devait « s'opposer à une « attaque possible par Merlebach », (attaque sur laquelle comptait le général Frossard), « ou, suivant les circonstances, « se porter au secours du 2e corps ».

La division se mit, sans délai, en marche dans la direction prescrite (1). A 4 h. 1/2 de l'après-midi, le général Frossard

_____

(1) Bazaine, *Armée du Rhin.*

demandait, par télégramme, à Béning, qu'on rapprochât, le plus vite possible, de lui, la division Metman.

« Si le général Metman est à Béning, disait-il, qu'il parte de « suite pour Forbach. »

C'est ainsi que s'exprimait le général Frossard (1). Le général Metman adressait, de son côté, le jour suivant, le 7 août au matin, au maréchal Bazaine, le rapport suivant :

« En exécution d'un télégramme que j'ai reçu du général Fros-« sard, hier soir, à 7 h. 1/2, je me suis porté de Béning sur For-« bach. J'ai cherché toute la nuit le général Frossard. Aujour-« d'hui matin, j'ai marché de Forbach sur Puttelange. Les « hommes sont sans vivres. »

En ce qui concerne la marche de la division Castagny, qui s'était arrêtée à Puttelange (16 à 18 kilomètres de Forbach), les sources ou l'on peut puiser ne donnent pas de renseignements précis; d'après les renseignements fournis par l'ouvrage du général Frossard (2) à ce sujet, le général Castagny marcha, de sa propre initiative, vers 11 heures du matin, au canon, qu'il entendait distinctement, mais il atteignit un point situé beaucoup trop sur le flanc; le feu lui paraissant s'apaiser, le général revint, entre 4 et 5 heures, à Puttelange. Comme on entendait, en ce point, le bruit persistant de la canonnade, la division se remit en marche à 6 heures, et se dirigea droit sur Forbach. Chemin fai-sant, elle reçut l'ordre de Bazaine, qui lui prescrivait de se réunir au général Frossard. A 9 heures du soir, la division fit halte, à 4 kilomètres à peine du but assigné à sa marche (à Fœlckling); son régiment de tête atteignit même Forbach.

L'ouvrage du maréchal Bazaine mentionne que le général Cas-tagny reçut, à 1 heure de l'après-midi, un ordre apporté par le même officier qui l'avait déjà transmis à la division Metman. En outre, le général Castagny avait reçu l'ordre de marcher sur Farschwiller, de laisser sur ce point une brigade, et de prendre position, avec le reste de ses troupes, en avant de Théding, dans le secteur ouest de la position de Cadenbronn, et, une fois arrivé

(1) Frossard, page 58.
(2) Frossard, *Rapport sur les opérations du 2° corps.*

sur ce point, d'établir la liaison avec les généraux Metman (qui se trouvait plus à gauche) et Frossard (1).

Enfin, le général Castagny lui-même déclare, dans son rapport daté du 7 août, 7 h. 1/2 du matin, et adressé au maréchal Bazaine, qu'à son arrivée à Fœlkling, il apprit l'évacuation de Forbach, et, qu'en conséquence, il fit halte à Fœlckling, en même temps qu'il envoyait, pour prendre ses ordres, deux officiers à la recherche du général Frossard, sous le commandement duquel il avait été placé par l'ordre du maréchal en date du 6 août (6 h. 1/4). Les officiers qu'il avait envoyés ne trouvèrent que le général Metman, qui leur dit que le général Frossard était parti, depuis deux heures, dans la direction de Sarreguemines; que la division Bataille, la moins maltraitée de la journée, se dirigeait également sur Sarreguemines; que lui-même (Metman) allait prendre la même route, déjà encombrée de troupes, et que le général Castagny allait se trouver, ce soir même, tout seul dans la position qu'il occupait entre Fœlckling et Théding; il leur dit, enfin, que l'ennemi était très en force, et que le parti le plus sage, pour le général Castagny, était de se replier sur Puttelange, pour se diriger de là sur Sarreguemines (2). Le général Castagny suivit ce conseil et arriva, à 4 heures du matin, à Puttelange, d'où il rendit compte au général Frossard que, « dans le cas où « il ne recevrait pas d'autres ordres du maréchal Bazaine, il se « mettrait en marche, à 9 heures du matin, sur Sarreguemines ».

En ce qui concerne maintenant la division Montaudon, qui était arrivée à 6 heures du matin à Sarreguemines, on lit dans le journal de marche de cette division : « Vers midi, à Sarreguemines, « on entend une vive canonnade, venant de la direction de Sarre- « bruck. A 3 heures, la division reçoit du maréchal Bazaine « l'ordre de se mettre en marche sur Grossbliederstroff, pour cou- « vrir le flanc droit du 2e corps, engagé en avant de Forbach. La « division part de Sarreguemines à 4 heures. A 7 heures, elle « marche sur le plateau de Rouhling, et se porte un peu plus à « gauche, sur une position située sur le plateau de Cadenbronn. « Arrivé à ce point, le général Montaudon reçoit un officier de

---

(1) Frossard, page 56 et Bazaine, *Armée du Rhin*.
(2) Bazaine, *Armée du Rhin*, etc., pages 33 et 34.

« l'état-major du 2ᵉ corps, qui cherchait après lui ; mais, comme
« il était déjà trop tard pour pouvoir arriver encore, en temps
« opportun, sur le champ de bataille, la division reste sur sa
« position. Le général de division envoie un capitaine d'état-
« major avec celui du 2ᵉ corps, pour prévenir, à Forbach, le
« général Frossard qu'il (Montaudon) se mettait à sa disposition
« pour le lendemain. A minuit, ces deux officiers reviennent et
« rendent compte que le 2ᵉ corps est en retraite sur Sarregue-
« mines. La division prend les armes et se porte, par une marche
« de nuit, sur Puttelange, où elle établit, de 9 heures à 10 heures
« du matin, son campement, le 7 août (1). »

Dans son rapport, expédié, le 7 au matin, de Puttelange (2), le
général Montaudon dit :

« Je suis parti hier, à 5 heures, de Sarreguemines ; arrivé près
« de Grossbliederstroff, j'ai su, par des renseignements, ainsi que
« par la direction des feux, que je ne pouvais, en passant par ce
« point, entrer en communication avec le général Frossard.
« C'est pourquoi j'ai pris ma direction sur Etzling. Mais, la nuit
« étant arrivée, je me suis trouvé en arrière de la position de
« Spicheren, vers Bousbach, où je me suis arrêté jusqu'à 1 h. 1/2
« du matin. Ayant appris que le général Frossard battait en
« retraite sur Sarreguemines, je me suis dirigé vers Noussewiller,
« pour couvrir son flanc gauche ; mais le général Castagny me
« fit savoir qu'il avait ordre de vous rallier ; aussi je me suis
« établi à Puttelange, qu'il venait d'occuper. »

Enfin, le 60ᵉ régiment de ligne de la division Decaen, que le
maréchal dirigea encore, à 6 heures du soir, par chemin de fer,
de Saint-Avold sur Forbach, n'atteignit pas davantage ce point,
car son premier échelon dut rétrograder devant le feu de l'artillerie prussienne, qui avait pris position à Forbach.

C'est ainsi que toutes les dispositions prises par le maréchal
Bazaine pour secourir Frossard demeurèrent sans résultat.

———————

Un trait caractéristique à noter chez tous les chefs français qui

———————

(1) Frossard, page 55.
(2) Au maréchal Bazaine. Bazaine, *Armée du Rhin,* page 35.

furent envoyés au secours de Frossard, *c'est leur complète passi-vité*, qui attend constamment l'impulsion du dehors. Les généraux français ne marchent qu'en vertu d'ordres fermes venus d'en haut; chacun d'eux s'attache, pour l'exécution de ces ordres, à la lettre, et se trouve complètement déconcerté, quand survient, tout à coup, une situation qui n'était pas prévue dans l'ordre. Le général Castagny fut absolument le seul qui, en voulant marcher au canon, manifesta la tendance d'agir d'après sa propre initia-tive; son échec ne fait que confirmer la vérité générale suivante : « A la guerre, l'improvisation du moment, produite par une indi-« vidualité isolée, quand même elle répondrait au but, ne suffit « pas, la plupart du temps, à vaincre les difficultés qui se pré-« sentent habituellement, si l'on n'a pas su les prévoir et les faire « disparaître en temps opportun ».

Dans le cas présent, le général Castagny marcha au canon, sans obéir ni à une inspiration heureuse, ni à une vieille tradi-tion. Ni lui ni son état-major ne s'étaient quelque peu exercés, précédemment, à donner à cette inspiration heureuse une forme pratique. La division Castagny n'avait, probablement, pas la moindre connaissance des dispositions prises par les troupes fran-çaises en première ligne, qui, dans le cas d'une attaque de l'en-nemi, devaient être les premières à en supporter le choc, bien que cette division fût placée, précisément, dans des conditions telles, qu'elle pouvait servir de soutien à ces troupes.

De plus, on n'avait pas reconnu les chemins qui conduisaient dans la direction des troupes les plus rapprochées. Dans ces con-ditions, le général Castagny, en marchant au canon, sous l'in-fluence de l'impression du moment, se trompa de chemin, et, après une marche inutile de 18 heures, exécutée sans interrup-tion, de jour et de nuit, revint sur sa première position, avec des troupes complètement épuisées.

Les Allemands se comportèrent tout autrement, le 6 août. Le général commandant le VIII⁰ corps, général de Goeben, reconnut, personnellement, en se portant à une bonne journée de marche en avant de son corps d'armée, le 6 au matin, les envi-rons de Sarrebruck, qu'il considérait comme un point stratégique important, bien qu'à ce moment il ne pût pas encore savoir, le moins du monde, que ses troupes entreraient en action précisé-ment sur ce point. En même temps, le général de Goeben apprit

que le général de Kameke marchait sur Sarrebruck, et il lui offrit
son appui, en cas de nécessité. Procédant de même, le général de
Dœring s'était également porté rapidement en avant de sa brigade, et reconnaissait, à la première heure du jour, les dispositions prises par les Français sur les hauteurs de Spicheren. Il se
rendit beaucoup mieux compte de la gravité de la situation que
celui qui engagea l'attaque sur ces hauteurs (général de Kameke).
C'est pourquoi il porta, de sa propre initiative, sa brigade au
secours du général de Kameke, et appela à lui tous les autres
renforts de la deuxième armée, qui, soit par chemin de fer, soit
par étapes, pouvaient arriver, d'une manière quelconque, dans
cette journée, sur le champ de bataille.

Nous avons déjà fait ressortir avec quel ensemble les détachements de troupes prussiennes agirent en cette occasion, avec quel
esprit de camaraderie se battirent ces troupes, qui s'étaient trouvées rassemblées, provenant des fractions les plus diverses de
deux armées et de trois corps d'armée. En cette circonstance, un
commandant de division, le général de Stülpnagel, qui n'avait pas,
à ce moment, d'autres troupes sous la main, ne crut pas déroger à
sa dignité, en amenant personnellement une simple batterie et
un escadron sur le champ de bataille. Trois généraux commandants de corps d'armée et le commandant de la première armée
s'étaient trouvés engagés dans la lutte avec simplement 30 bataillons.

Les chefs allemands cherchèrent toujours à faire sentir leur
impulsion active dans la direction du combat et ils s'ingénièrent
à trouver les emplacements d'où ils pouvaient voir dans les meilleures conditions et se procurer le plus de renseignements possibles. Pour secourir efficacement celles de leurs troupes qui
étaient en ligne, ils se portèrent rapidement en avant, en vue de
se renseigner sur la marche de la bataille, de s'entendre avec les
camarades et de diriger, en conséquence, leurs troupes sur le
point convenable. — Où se trouvait, au contraire, le commandant
en chef de l'armée de tête des Français, le maréchal Bazaine? Où
se trouvaient les chefs des colonnes françaises, qui marchaient au
secours de Frossard? Les généraux Metman, Montaudon et Castagny restèrent, pour ainsi dire, collés à leurs divisions, et il ne
s'en trouva pas un, qui fit part, en temps opportun, de son approche au général Frossard et cherchât à se mettre en relation

avec lui, à un moment où il restait encore maître du champ de bataille.

Les chefs de troupes françaises, qui avaient négligé de faire leur apparition, en temps opportun, sur le champ de bataille, ne se préoccupèrent pas davantage de se conformer « à l'esprit » des instructions qu'ils avaient reçues; ils s'en tinrent simplement à « la lettre » de l'ordre donné. Ils auraient agi d'après « l'esprit » de leurs instructions, s'ils s'étaient portés, en temps opportun, au secours du général Frossard engagé dans la bataille, en vue de lui permettre de battre l'adversaire, ou, du moins, de l'arrêter dans sa marche ultérieure; mais, en réalité, au lieu de soutenir le général Frossard pendant le combat, ils ne prirent part qu'à sa retraite, c'est-à-dire précisément à une opération de Frossard qu'ils avaient mission d'empêcher. En outre, ils exécutèrent, sans réflexion, une retraite tout à fait latérale, sous prétexte de se réunir avec Frossard, et ils livrèrent ainsi à l'ennemi le chemin le plus court menant à Saint-Avold, et, par suite, découvrirent les derrières de l'armée française, que le général Frossard avait précisément pour mission de protéger. Les chefs français ne parurent pas même se rendre compte que ce n'était pas de son plein gré, mais sous l'empire de la nécessité, que le général Frossard avait abandonné la route menant à Saint-Avold et s'était replié sur Sarreguemines. La mission des divisions du 3e corps, qui accouraient au secours de Frossard, consistait à prendre la place de son corps d'armée, qui battait en retraite, et non à courir derrière lui (1).

On ne peut pas même concevoir à quelles considérations les chefs de troupes françaises ont obéi en cette occasion. Est-ce la crainte de contrevenir à l'ordre qui leur prescrivait de se réunir au général Frossard, bien que cet ordre, en réalité, eût déjà perdu toute raison d'être et toute importance, ou bien doit-on s'en rapporter à leurs propres affirmations qu'ils continuèrent à battre en retraite, « par la crainte qu'ils avaient de l'adversaire? »

---

(1) Il n'est pas superflu de rappeler que, le 7 août au matin, l'Empereur, sans consulter Bazaine, rappela à Metz le corps de Ladmirault, de sorte qu'il ne resta en arrière, sur la route directe de Metz, qu'une seule division intacte (Decaen). Si la bataille de Spicheren, au lieu d'être, du côté des Allemands, une rencontre purement accidentelle, avait été l'objet d'une préparation convenable, il est certain que les corps Frossard et Bazaine auraient été coupés de leur ligne de retraite.

Le commandant de la brigade de dragons dit, dans son rapport au maréchal Bazaine, dont nous avons déjà, parlé, « qu'il a été « oublié par le général Frossard », et que, « dans la position très « dangereuse qu'il occupait, immédiatement à proximité de l'en- « nemi, craignant d'être enlevé au point du jour, il s'est replié sur « la route de Puttelange, à la faveur de la profonde obscurité de « la nuit. Avec lui a fait route également la brigade de la division « Metman, qui se trouvait dans la même situation ». C'est ainsi que se comportèrent, dans cette circonstance, une brigade de cavalerie et une brigade d'infanterie, sans songer que leur devoir le plus immédiat consistait à continuer d'observer l'adversaire, qu'ils avaient devant eux, et non à se dérober à son étreinte.

Le général Montaudon, qui commandait la division partie de Sarreguemines, s'exprime tout à fait de la même manière dans son rapport, dont nous avons parlé plus haut : « A mon arrivée à « Grossbliederstroff, me basant sur les renseignements qui « m'étaient parvenus, et tenant compte de la direction du feu, je « conclus que je ne pourrais pas, en continuant à me porter au « delà de ce point, prendre le contact avec le général Frossard ; « aussi je pris ma direction sur Etzling » (1 kilomètre au sud de Spicheren) ; « mais, à la tombée de la nuit, je me trouvai à Bous- « bach, à plus de 8 kilomètres au sud de Spicheren, et, en outre, « — engagé dans de mauvais chemins ».

Cependant, de Grossbliederstroff part une bonne route, d'une longueur totale d'environ 6 kilomètres, qui va directement sur Spicheren. En suivant cette route, la division Montaudon aurait pu apparaître tout à fait en temps opportun, pour servir de réserve à la division Laveaucoupet, ou, en appuyant à droite, pour tomber sur le flanc des Prussiens. D'après cela, on ne peut donc admettre que deux hypothèses : ou la division s'est trompée de chemin, en s'écartant de la route directe, et cela en territoire national, ou elle cherchait à éviter une rencontre avec l'ennemi, et, dans ce but, au lieu de prendre le chemin direct, elle prit un chemin de détour, dont le choix équivalait, en réalité, à exécuter une marche rétrograde, c'est-à-dire à s'éloigner du corps Frossard.

Il ressort, enfin, du rapport du général Castagny, qu'il suivit « le conseil du général Metman et se replia sur Puttelange, pour « ne pas se trouver, le jour suivant, seul en présence de l'en- « nemi ». Ces deux commandants de division (Metman et Cas-

tagny) n'avaient, apparemment, pas réfléchi à ce fait qu'à eux
deux ils formaient deux divisions ; ils auraient dû, au contraire,
tous les deux, se résoudre à faire halte. En résumé, il y avait, au
début de la nuit du 6 au 7 août, en arrière de Forbach, deux divisions intactes, Metman et Castagny, ainsi que la brigade de cavalerie Juniac. Au même moment, il y avait encore, sur les hauteurs
de Forbach, la division Bataille du corps de Frossard, et, à sa
droite, sur les hauteurs de Spicheren, se trouvait encore, jusqu'à
11 heures du soir, la division Laveaucoupet. A 8 kilomètres en
arrière, on trouvait, en outre, la division Montaudon. Il y avait
donc sur la position, à la tombée de la nuit, cinq divisions françaises concentrées, non compris la division Vergé, du 2ᵉ corps,
qui, à ce moment, battait en retraite. Mais, même après le départ
de toutes les fractions du 2ᵉ corps, les Français disposaient encore,
derrière la ligne de combat, abandonnée trop tôt par le général
Frossard, de 3 divisions d'infanterie intactes, ainsi que de la brigade de dragons Juniac ; cette dernière brigade couvrait, sur cette
position, la route de Metz, et, de plus, les communications du
général Frossard avec Saint-Avold, centre du dispositif de l'armée
de tête des Français, sous Bazaine. Mais, tout à coup, toutes ces
fractions de troupes prirent la direction de Puttelange ; chaque
fraction battit en retraite pour son compte, pour « ne pas rester
« seule en présence de l'ennemi ».

Les propres aveux des chefs français, que nous venons de rapporter, sont extraordinairement caractéristiques et instructifs,
surtout si on les oppose aux principes qui ont servi de ligne de
conduite aux Allemands. Du côté des Allemands, les chefs en
sous-ordre se précipitèrent, maintes fois, avec une hardiesse
excessive, sur l'ennemi, avec la ferme assurance que leurs camarades viendraient, sur-le-champ, en toute hâte, à leur secours. Du
côté des Français, il se produisit exactement le contraire : chacun,
en considérant sa propre situation, avait la conviction qu'il ne
pouvait pas compter sur le voisin ; chacun se sentit seul et regarda
involontairement en arrière. Quant à tenir compte de la situation
générale de la guerre et à y conformer sa propre conduite, ce qui
était de toute nécessité, personne, chez les Français, n'y songea
le moins du monde. Chaque ordre fut exécuté « à la lettre », et
non « d'après son esprit ». En toute circonstance, se manifestait
une répugnance complète à agir. Seuls, des ordres directs, ou, ce

qui est pire, — la crainte de rencontrer l'ennemi, purent mettre en mouvement les chefs des troupes françaises.

C'est tout à fait involontairement qu'on en arrive à employer l'expression « crainte », qui n'existe pas, à proprement parler, pour le soldat, sans avoir, pour cela, l'intention de prendre à la lettre les rapports rédigés un peu à la légère, sous la pression des circonstances, par les généraux français, qui, certes, étaient braves et méritants (1). Élevés à l'école d'une centralisation poussée jusqu'à ses dernières limites, et n'ayant pas l'habitude d'agir d'après leurs propres inspirations, les chefs en sous-ordre français, dès qu'ils se trouvèrent abandonnés à eux-mêmes, sans ordres fermes pour chaque cas isolé, ne songèrent absolument qu'à se soustraire à une situation qui les aurait obligés à prendre une résolution spontanée. Sans aucun doute, ils évitèrent une rencontre avec l'adversaire, « par peur », non par crainte « de « l'ennemi », mais « pour se soustraire à la responsabilité qu'ils « auraient encourue, en prenant, de leur propre initiative, une « décision », qui leur paraissait être la conséquence d'un ordre reçu.

Dans l'intérêt de la science, il est impossible de passer sous silence les fautes grossières commises par les généraux français ; mais il serait injuste de les accuser un à un en particulier. Ils ont été tout bonnement les victimes d'un système absurde, admis, ou, du moins, toléré en haut lieu. Tout subordonné est, en première ligne, responsable devant son supérieur direct ; bon gré mal gré, il se plie à ses exigences et se rallie peu à peu à ses opinions. Ce qui n'est, au début, qu'une conséquence de la discipline militaire, imprègne à la longue l'esprit et le caractère des sous-ordres et devient chez eux une seconde nature, à l'égal d'un trait caractéristique inné et indélébile.

Reste à savoir si l'on est en droit d'exiger de l'initiative de la part des subordonnés, ou s'il faut s'attendre, du moins, à ce qu'ils aient une certaine tendance à en prendre, et à agir spontanément, en connaissance de cause, dans une armée commandée par un chef comme l'empereur Napoléon III, qui allait jusqu'à assigner

---

(1) L'armée de Bazaine compta, jusqu'à la reddition de Metz, vingt-cinq généraux tués et blessés.

leur place à des divisionnaires. Peut-on demander de l'initiative aux subordonnés d'un chef comme le maréchal Bazaine, qui, treize ans après la campagne de 1870-1871, n'avait pas encore pardonné à un commandant de corps d'armée de s'être permis d'assigner à l'une de ses divisions un nouvel emplacement pour la nuit?

Quand le commandant en chef comprime systématiquement la pensée et la volonté de ses subordonnés et prétend manier ses troupes tout seul, comme s'il s'agissait de pièces aux échecs, il ne devra pas s'étonner d'avoir à ses côtés, aux heures difficiles d'une campagne, non des auxiliaires énergiques, mais de simples pions.

CHAPITRE VI

L'offensive de la troisième armée allemande et le combat de Wissembourg, le 4 août.

SOMMAIRE

Demande pressante du grand quartier général allemand invitant la troisième armée à passer à l'offensive plus tôt que les deux autres. — Dispositions prises à cet effet. — Position du 1er corps français sous le maréchal Mac-Mahon. — Marche en avant des Allemands vers la Lauter. — Combat de Wissembourg. — Résultat de ce combat. — Les Allemands perdent le contact des Français. — Coup d'œil rétrospectif sur la conduite des chefs allemands. — Coup d'œil rétrospectif sur la conduite des chefs français.

L'armée du prince royal de Prusse, formée de 5 corps d'armée (1) (10 divisions d'infanterie) et d'une division de cavalerie indépendante, se concentra, ainsi que nous l'avons déjà dit, dans le Palatinat bavarois, sur la rive gauche du Rhin, à proximité de la frontière française; seules, la division de campagne badoise et la division wurtembergeoise furent, provisoirement, laissées sur l'autre rive du Rhin. Vers la fin de juillet, toutes les fractions de l'armée, y compris une division bavaroise, étaient déjà en place.

Au quartier général du roi, on avait, à cette époque, acquis la conviction qu'il fallait hâter, autant que possible, l'offensive de la troisième armée dans la basse Alsace. Le chef de l'état-major de la troisième armée reçut, le 30 juillet, du général de Moltke, un télégramme ainsi conçu : « L'ennemi paraît vouloir con- « centrer son 1er et son 5e corps sur la basse Lauter (contre « l'armée du prince royal) ». En conséquence, le commandant en chef de la troisième armée était invité à examiner : « s'il ne

---

(1) La division de campagne badoise et la division wurtembergeoise sont comptées ici comme un corps d'armée.

« serait pas avantageux de rapprocher déjà, à ce moment, sur la
« rive gauche du Rhin, pendant que le pont de Maxau était
« encore disponible, la division badoise et la division wurtem-
« bergeoise ; l'Allemagne du Sud serait protégée, de la manière
« la plus efficace, par une offensive dirigée contre la ligne
« Haguenau—Bitche ».

La protection de la frontière du Rhin de l'Allemagne du Sud,
c'est-à-dire, en première ligne, du grand-duché de Bade, préoccupait, en effet, au plus haut degré, le grand quartier général et
l'état-major de la troisième armée. Le général de Moltke avait,
dans son mémoire, traité cette question très sommairement, en
se plaçant au point de vue purement stratégique, et en admettant, ce qui était parfaitement exact, que toute tentative des
Français pour passer le Rhin devait avoir pour résultat de les
affaiblir, dans le cas où ils livreraient une bataille décisive sur
leur propre territoire, et, par suite, devait constituer un avantage pour les Allemands. Mais, au point de vue politique, il en
allait tout autrement.

La Prusse qui avait, par la force des armes, acquis la supré-
matie en Allemagne, ne pouvait pas, en se plaçant simplement au
point de vue de sa réputation militaire, tolérer une invasion
ennemie sur le territoire des petits États allemands. L'Allemagne,
particulièrement l'Allemagne du Rhin, avait conservé vivace le
souvenir traditionnel des actes de violence et des ravages commis
par les armées de Louis XIV, ainsi que de la main dure et du
joug pesant de Napoléon Ier et des généraux de la République.
Dans le cas présent on ne pouvait pas, sans doute, s'attendre à
de pareils procédés, mais on devait craindre plutôt le contraire ;
car une attitude amicale de l'ennemi héréditaire, envahissant
l'Allemagne du Sud, aurait eu les plus graves inconvénients pour
la Prusse ; elle pouvait amener une comparaison fâcheuse avec
l'occupation prussienne, qui suivit les victoires de 1866.

Le commandement suprême des Allemands savait, en outre,
que les troupes du maréchal Mac-Mahon n'étaient pas encore tout
à fait prêtes à la guerre et n'étaient pas concentrées ; il fallait
donc se hâter de tirer parti de cette situation, parce que chaque
jour perdu devait rendre la lutte plus difficile. Si l'on tardait, en
effet, le maréchal pouvait se rapprocher de la principale armée
française ; dans ces conditions, la troisième armée allemande, en

entamant trop tard l'offensive, aurait donné un coup d'épée dans l'air. En outre, cette diversion devait avoir, tout au moins, un résultat avantageux pour la deuxième armée, qui ne pouvait être transportée que par fractions isolées et était obligée de se concentrer en présence des Français, qui se trouvaient déjà réunis au nord de Metz.

Enfin, on avait l'intention de faire concourir également l'armée du prince royal à l'offensive décisive ultérieure sur Metz.

Sur ces entrefaites, le prince royal avait terminé son voyage circulaire politique à travers les cours et les résidences de l'Allemagne du Sud, et il rejoignit, le 30 juillet, l'état-major de son armée à Spire. C'est encore le même jour, qu'il dut conclure à la possibilité d'une invasion immédiate de l'Alsace. Ce même jour, à 10 heures du soir, le commandant en chef de la troisième armée recevait le télégramme suivant du général de Moltke :

« L'intention de Sa Majesté est que la troisième armée, dès
« que la division badoise et la division wurtembergeoise seront à
« proximité (elles se trouvaient encore sur l'autre rive du Rhin),
« se porte immédiatement en avant, sur la rive gauche du Rhin,
« dans la direction du sud, qu'elle recherche l'ennemi et l'at-
« taque. Elle l'empêchera ainsi de jeter des ponts au sud de Lau-
« terbourg, et protégera toute l'Allemagne du Sud de la manière
« la plus efficace. »

Le prince royal ne se conforma pas immédiatement à cet ordre, en faisant remarquer que toutes les fractions de son armée n'étaient pas encore pourvues des trains qui leur étaient nécessaires, et que, par suite, elles se trouvaient incapables d'entamer les opérations. A la demande qui lui était adressée, pour savoir quel jour la troisième armée serait en mesure d'ouvrir les opérations, le prince royal répondit (1) : « que la marche
« en avant pourrait commencer le 3 août ». Cette réponse ne tranquillisa évidemment pas le grand quartier général du roi; les trains ne pouvaient pas être tous en place, à la date du 3 août; on craignait donc un nouveau retard de la part du

---

(1) Von Hanke, *Les opérations de la troisième armée dans la campagne de 1870-1871.* Berlin, 1873, page 19.

commandant en chef de la troisième armée, tandis que, sur ces entrefaites, la principale armée française s'était déjà rapprochée de la Sarre, c'est-à-dire de la frontière. C'est pour ce motif que, le 2 août, jour du combat de Sarrebruck, le lieutenant-colonel de Verdy, du grand quartier général, fut dépêché à la troisième armée, pour adresser à son chef une communication personnelle et l'entretenir de la situation militaire générale, ainsi que des intentions du grand quartier général.

A la suite de ces ouvertures, le prince royal fut convaincu de la nécessité de l'offensive immédiate de la troisième armée. Dans le rapport qu'il adressa au roi à ce sujet, il disait, entre autres choses, que, dans le cas où il rencontrerait des forces françaises trop faibles, il les rejetterait, le 5 août, au delà de Haguenau, et laisserait sur ce point un corps d'armée; qu'avec le gros de son armée, il avait « l'intention de se porter parallèlement à la « frontière du Palatinat, sur Sarralbe » (sur la route de Saint-Avold à Metz), « pour rétablir, aussitôt que possible, la liaison « avec l'aile gauche de la deuxième armée, et, peut-être, en « venir encore aux mains, dans une grande bataille, avec la « principale armée française ».

Le 2 août, les corps et divisions de la troisième armée étaient concentrés au bivouac; la cavalerie occupait des cantonnements resserrés. Les derniers détachements des troupes bavaroises rejoignirent, ce jour-là, leurs corps d'armée. Le 3 août fut désigné pour préparer la marche en avant. Les divisions badoise et wurtembergeoise furent réunies en un corps, sous le commandement du général de Werder.

Les troupes de la troisième armée étaient, à ce moment, disposées de la manière suivante :

Sur la grande route de Landau à Wissembourg (qui se prolonge sur Strasbourg), se trouvait poussée en avant, comme avant-garde, à Bergzabern (10 kilomètres environ de Wissembourg), la 4ᵉ division bavaroise (du IIᵉ corps bavarois); en arrière, le Vᵉ corps, au sud de Landau; plus en arrière encore, au nord de cette place, le reste du IIᵉ corps bavarois; à l'est du Vᵉ, le XIᵉ corps. Le corps de Werder occupait encore les deux rives du Rhin dans les environs de Maxau. Ce dispositif fut couvert, à l'aile droite, par des détachements spéciaux; sur le front, on avait poussé en avant des avant-postes.

Derrière la formation qui vient d'être indiquée, se trouvaient encore : le Ier corps bavarois à Germersheim sur le Rhin, et la 4e division de cavalerie entre Germersheim et Landau.

Le quartier général de l'armée fut transporté à Landau.

Le 2 août, le commandant en chef de la troisième armée avait encore été informé que l'adversaire avait détruit la voie ferrée au sud de Wissembourg et ébauchait des travaux de fortification aux abords de cette ville.

Le 3 août, vers midi, le commandant en chef de l'armée arrêtait les dispositions suivantes :

« Quartier général de Landau, 3 août 1870.

« Mon intention est de porter, demain matin, l'armée jusque
« sur la Lauter, et de franchir cette rivière avec les troupes
« avancées.

« A cet effet, on traversera le Bien-Wald par quatre routes.
« L'ennemi devra être refoulé partout où on le trouvera. Les
« diverses colonnes marcheront dans l'ordre ci-après :

« 1° La division bavaroise Bothmer, formant l'avant-garde, se
« dirigera sur Wissembourg, et cherchera à s'en emparer. Un
« détachement suffisant flanquera sa droite par Boellenborn et
« Bobenthal; la division quittera ses bivouacs à 6 heures du
« matin.

« 2° Le reste du corps Hartmann, y compris la division Wal-
« ther, rompra à 4 heures et viendra sur Ober-Otterbach, en con-
« tournant Landau par Impflingen et Bergzabern.

« Les trains de ce corps se porteront, dans le courant de la
« matinée, jusqu'à Appenhofen.

« 3° La 4e division de cavalerie sera réunie au sud de Mœrlheim
« pour 6 heures du matin, et marchera par Insheim, Rohrbach,
« Billigheim, Barbelroth et Capellen, jusqu'à l'Otterbach, à
« 4,000 pas à l'est d'Ober-Otterbach.

« 4° Le Ve corps partira à 4 heures du matin de ses bivouacs
« de Billigheim, et viendra, par Barbelroth et Nieder-Otterbach,
« sur Gross-Steinfeld et Kapsweyer. Il aura son avant-garde par-
« ticulière, qui passera la Lauter à Saint-Remy et à Wooghäusern,
« et établira ses postes sur les hauteurs de la rive opposée. Les
« trains demeureront à Billigheim.

« 5° Le XI⁰ corps quittera Rohrbach à 4 heures du matin, et
« se dirigera, à travers le Bien-Wald, par Steinweiler, Winden et
« Schaidt, sur les Bienwalds-Hütte. Il aura son avant-garde par-
« ticulière, qui poussera au delà de la Lauter, et placera ses
« avant-postes sur les hauteurs de l'autre rive. Les trains reste-
« ront à Rohrbach.

« 6° Le corps Werder marchera sur Lauterbourg, par la grande
« route ; il cherchera à se rendre maître de cette localité, et éta-
« blira ses avant-postes sur la rive droite. Les trains demeureront
« à Hagenbach.

« 7° Le corps von der Tann quittera ses bivouacs à 4 heures
« du matin, et, suivant la grande route, viendra par Rülzheim
« sur Langenkandel, où il bivouaquera à l'ouest de la ville. Les
« trains resteront à Rheinzabern. Le quartier général du corps
« d'armée se transportera à Langenkandel.

« 8° Je me tiendrai, dans la matinée, sur les hauteurs entre
« Kapsweyer et Schweigen, et j'établirai probablement mon
« quartier général à Nieder-Otterbach (1) ».

« Signé : Frédéric-Guillaume ».

Prince royal.

Comme, d'après les renseignements parvenus, on devait s'attendre à une rencontre avec l'ennemi, le commandant en chef
compléta verbalement cet ordre, en prescrivant « que toutes les
« colonnes auraient à se soutenir mutuellement ».

Le 4 août, le corps de Mac-Mahon était, de toutes les troupes
françaises, le seul qui se trouvât dans la basse Alsace ; il était
formé par divisions échelonnées en profondeur, ou, plus exactement, séparées les unes des autres. On avait poussé en avant, à
Wissembourg, la 2° division Abel Douay ; à environ 30 kilomètres
en arrière d'elle, à Haguenau, sur la route de Strasbourg, se trouvait l'état-major du corps d'armée, avec la division Lartigue. A

(1) *Ouvrage du grand état-major prussien*, 1ʳᵉ partie, tome I, pages 173
et 174.

Reichshoffen (sur la route de Haguenau à Bitche), à une distance
d'environ 25 kilomètres de Wissembourg, se trouvaient les deux
autres divisions du corps d'armée, sous les généraux Raoult et
Ducrot; ce dernier se porta, le 4 août au matin, sur Lembach,
localité située sur la route de Wissembourg. La brigade Septeuil,
appartenant à la cavalerie de Mac-Mahon, avait occupé, au début,
Seltz, et s'était réunie, le 3 août, à l'effectif de 6 escadrons, à la
division Douay. La brigade Nansouty se trouvait, avec 2 bataillons de la division Douay, à Seltz, sur le Rhin; le reste de la
cavalerie occupait Brumath, derrière Haguenau.

Le corps de Mac-Mahon comprenait, tout d'abord, les troupes
françaises suivantes : une division d'infanterie du 7e corps, sous
le général Conseil-Dumesnil, à Colmar, au sud de Strasbourg, et
une division du 5e corps à Bitche.

Le maréchal Mac-Mahon, dans le but d'assurer l'unité de direction des troupes qu'il avait portées en avant, avait placé sous les
ordres du général Ducrot la division Douay et la brigade de cavalerie Septeuil. Le général Ducrot s'était porté, ainsi que nous
l'avons déjà dit, le 4 août, sur Lembach, pour se rapprocher du
général Douay. Il avait donné à ce dernier l'ordre de faire relever
le régiment de la division Ducrot, qui occupait Climbach (sur la
route de Wissembourg à Bitche), par des troupes de sa division;
cette opération eut lieu, le 4 août, à la première heure. En outre,
2 autres bataillons de la division Douay furent adjoints à la brigade de cavalerie Nansouty; il ne restait plus, en conséquence,
de disponibles pour le combat que 8 bataillons, quelques escadrons, 12 pièces et 6 mitrailleuses (1).

La ville de Wissembourg, vieille forteresse, déclassée quelque
temps avant la guerre, est située sur les deux rives de la Lauter,
petite rivière difficile à franchir. La ville était encore entourée
d'un bon mur d'enceinte, qui avait été conservé; elle était pourvue, en outre, de murs d'escarpe et de contre-escarpe, et pouvait

---

(1) En ce qui concerne la cavalerie, les écrivains historiques allemands
portent le nombre des escadrons à 8; Mac-Mahon (Voir *Bazaine*, page 138)
à 3 seulement. Il se peut que Mac-Mahon ne tienne pas compte de la brigade
Septeuil, qui se trouvait en arrière de la division Douay. Du reste, les chiffres
cités sont reconnus également exacts, même par les écrivains historiques allemands, notamment dans l'ouvrage intitulé : *L'artillerie allemande dans les
batailles et combats de la guerre de 1870-1871* (Hoffbauer, cahier 1).

être considérée comme à l'abri d'un assaut. Au sud de la ville, s'étendent, sur la rive droite de la Lauter, des hauteurs importantes, contreforts des Vosges, se terminant par un mamelon situé à peu près en aval de la ville. Sur ce mamelon s'élèvent les bâtiments massifs du château du Geissberg.

En général, ces hauteurs, avec la Lauter et les points d'appui existant sur cette rivière, — savoir : Wissembourg même, la gare et le faubourg d'Altenstadt, — situés en avant du front, constituaient une position de défense réellement très forte, pour peu qu'on disposât de forces suffisantes. Les hauteurs de la rive gauche allemande commandent, d'ailleurs, les points d'appui avancés, dont nous venons de parler; en outre, le Bien-Wald donnait toute facilité aux colonnes allemandes pour s'approcher, sans être vues, de la position. Le 4 août au matin, un bataillon français occupait Wissembourg; les autres troupes de la division Douay occupaient les hauteurs de la rive droite de la Lauter. D'après le rapport du général Pellé, qui prit le commandement après la mort du général Douay, ce dernier avait, à 5 h. 30 du matin, envoyé, de Wissembourg, en reconnaissance, un détachement fort de 1 bataillon et 2 escadrons. Le détachement revint, sans avoir découvert que les Allemands se trouvaient à proximité (1). L'insuccès inconcevable de cette reconnaissance française a, probablement, contribué à propager la version très répandue, et cependant inexacte, d'après laquelle le général Douay n'aurait pas eu du tout de cavalerie à sa disposition (2).

L'armée du prince royal, conformément aux dispositions prescrites, se trouvait en pleine marche, dès le 4 au matin. Quatre colonnes, fortes chacune d'un corps d'armée, se portèrent parallèlement en avant, précédées de leurs avant-gardes, directement vers la Lauter. La colonne de l'aile droite, IIᵉ corps bavarois,

---

(1) *Opérations de la troisième armée*, page 26.
(2) Voir Heilmann, *Participation du IIᵉ corps bavarois à la campagne de 1870-1871 contre la France*, Munich 1872, page 3, et von Walther, *Considérations sur l'activité et la coopération de la cavalerie dans la guerre de 1870*, Leipzig, page 23.

marchait directement sur Wissembourg; les autres colonnes, le Vᵉ et le XIᵉ corps et le corps Werder se portèrent en avant, à gauche de la colonne de droite, et en suivant des directions parallèles.

L'avant-garde du IIᵉ corps bavarois était formée par la division Bothmer (10 bataillons, 3 escadrons 1/2, 24 pièces). Un de ses bataillons avait été détaché à droite, pour flanquer la colonne. Les troupes de la division Bothmer s'approchèrent de Wissembourg, vers 8 heures du matin, et ouvrirent, de la hauteur de Schweigen, contre la ville, un feu d'artillerie, qui surprit complètement les Français. Ces derniers commencèrent alors à se mettre en mouvement et renforcèrent la garnison de Wissembourg. Les Bavarois, de leur côté, se portèrent en avant et repoussèrent peu à peu les turcos qui avaient pris position en avant de Wissembourg. Progressivement, la division Bothmer porta toutes ses troupes sur la ligne de combat, mais elle fut obligée de s'arrêter en avant de l'enceinte de la ville, de sorte que son attaque pouvait être considérée comme ayant échoué. L'autre division du IIᵉ corps bavarois était encore très en arrière; la colonne la plus rapprochée du Vᵉ corps était également restée en arrière, par suite du mauvais état des chemins sous bois, qui étaient détrempés par la pluie; ce furent des fractions du XIᵉ corps qui accoururent, les premières, au secours de la division Bothmer.

L'avant-garde de ce corps avait, dans la matinée, atteint le but de marche qui lui était assigné au sud de la Lauter. Le général commandant, de Bose, qui était à l'avant-garde, entendit la canonnade et se décida à porter secours à la division Bothmer, bien qu'il en fût encore à une distance de 8 kilomètres et que le Vᵉ corps fût plus à proximité du combat. Laissant en arrière l'avant-garde, le général de Bose fit marcher au canon le reste de la 21ᵉ division, soit, au total, 7 bataillons, 1 escadron et 12 pièces. Bientôt il rencontra l'avant-garde du 5ᵉ corps, qui, sur ces entrefaites, avait atteint la Lauter, et, marchant également au canon, se disposait à se diriger sur Wissembourg. Le général de Bose convint avec le commandant de la 9ᵉ division, général de Sandrart, qui avait fourni l'avant-garde du Vᵉ corps, que la 9ᵉ division se porterait sur Wissembourg par la route directe, et que, de son côté, la 21ᵉ division chercherait, en se portant à gauche de la route, à envelopper le flanc de l'adversaire.

Vers 9 h. 30, on entendit également, au gros du Ve corps, la canonnade. Le général commandant, de Kirchbach, se décida à se porter en avant pour appuyer les troupes engagées. Il dépêcha en avant un officier de son état-major, pour se renseigner sur la situation, et demanda au général de Bothmer dans quelle direction il désirait voir entrer en ligne le Ve corps. Le général de Bothmer répondit : « qu'il soutenait sur son front un « combat violent et qu'il se croyait menacé sur son flanc droit; « une attaque sur le flanc droit de l'ennemi lui paraissait donc « désirable (1) ». Le général de Kirchbach se porta alors lui-même en avant, pour se rendre compte de la nature du terrain et de la marche du combat, et il encouragea les Bavarois en leur promettant de venir rapidement à leur secours.

Le prince royal parut à 9 h. 15 du matin sur le champ de bataille, à Schweighoffen; il approuva la résolution qu'avait prise le général de Bothmer de faire traîner le combat en longueur, jusqu'à l'arrivée des renforts, et il envoya au Ve et au XIe corps l'ordre d'accélérer leur marche.

Le gros du Ve corps prit sa direction sur Altenstadt; mais, avant son arrivée en ce point, cette localité avait déjà été occupée, sans combat, par l'avant-garde du même corps, qui, ainsi que nous l'avons déjà dit, avait pris comme direction de marche le bruit du canon. Au nord d'Altenstadt, on avait, du côté des Prussiens, mis en position une grande batterie, qui agissait contre le flanc des Français à Wissembourg, et canonnait la position qu'ils occupaient sur l'autre rive de la Lauter. L'avant-garde du Ve corps se dirigea, à partir d'Altenstadt, en partie sur la gare et contre le flanc de la position française à Wissembourg, en partie sur le Geissberg; mais, sur ces deux points, elle se heurta à une violente résistance. La situation paraissait si sérieuse, que le général de Kirchbach fit avancer au trot son artillerie de corps, tandis que le général de Bose dirigeait toutes ses troupes sur Wissembourg.

Vers 11 heures du matin, il y avait, du côté du détachement Douay, — en tout, ainsi que nous l'avons déjà dit, 8 bataillons;

---

(1) *Historique du Ve corps* (Stieler de Heydekampf) : « Le Ve corps dans la guerre contre la France (1870-1871) », page 11. Berlin, 1872. Remarquons, du reste, que le flanc droit de Bothmer n'était nullement menacé.

— du côté des Allemands, outre les Bavarois, 3 brigades du V⁵ corps et une du XI⁵ corps se trouvaient en présence de l'ennemi, soit, au total, 3 divisions avec une nombreuse artillerie ; un nombre égal de troupes se rapprochait encore du théâtre de l'action. Le détachement de flanc-garde de la division Bothmer s'était bientôt rapproché de celle-ci, et, à midi, le régiment de tête de la 3⁵ division bavaroise arrivait également sur le champ de bataille.

A 1 heure, le prince royal donna l'ordre de prendre Wissembourg d'assaut (1).

———

Déjà, avant 10 heures, le général Douay avait acquis la conviction qu'il était nécessaire de battre en retraite ; mais, pour retirer du combat les troupes de son aile gauche, qui occupaient Wissembourg et la gare, il jugea nécessaire de se maintenir encore, à son aile droite, sur le Geissberg, contre lequel les Allemands se préparaient, à ce moment, à exécuter une attaque enveloppante.

A peine le général Douay avait-il donné des ordres en conséquence, qu'il fut tué. La mission délicate d'assurer la retraite incombait donc aux commandants de brigade français, parmi lesquels le général Pellé, en sa qualité de plus ancien, prit le commandement de la division. Il fut très difficile de retirer les troupes de ce combat acharné ; toutes les troupes engagées ne purent pas commencer la retraite en temps opportun ; et lorsqu'enfin les Prussiens réussirent, au prix de grandes pertes, à s'emparer de la gare, tandis que les Bavarois pénétraient dans Wissembourg par une porte inoccupée, les derniers défenseurs de la ville, dont le nombre était de 500 hommes, se voyant coupés de leur ligne de retraite, furent obligés de mettre bas les armes ; cet incident se passait entre 1 heure et 2 heures de l'après-midi.

Ce n'est qu'au prix de grandes difficultés et de beaucoup de sang versé, que les Allemands réussirent à chasser les Français

———

(1) *Ouvrage du grand état-major*, 1ʳᵉ partie, tome I, page 185.

du secteur formé par l'aile droite de leur position, qui dominait le pays environnant au nord et à l'est. La clef de cette position était constituée par le mamelon et le château du Geissberg. C'est sur ce point que les fractions du V⁰ et du XI⁰ corps prussiens engagèrent une attaque décisive, qui comportait un mouvement enveloppant. Après un combat violent sur les pentes du mamelon, les troupes prussiennes réussirent à repousser les Français qui défendaient l'entrée du château; en revanche, ils échouèrent dans leur tentative de prendre le château lui-même de vive force. Après de grands efforts, on mit en position 3 batteries sur le versant du mamelon (l'une d'elle s'avança jusqu'à 800 pas du château), et l'on ouvrit le feu sur ce point; mais la garnison du château tint bon. Enfin les Français se trouvèrent exposés au feu exécuté par deux batteries prussiennes, qui entrèrent en action sur une hauteur située derrière le château et le dominant. En désespoir de cause, la garnison du château accepta la capitulation qui lui était offerte; 200 hommes mirent bas les armes.

Pendant ce combat, le général commandant le V⁰ corps, général de Kirchbach, avait été légèrement blessé à la tête.

Après 2 heures, les Français se trouvaient en pleine retraite, poursuivis par le feu des Prussiens qui marchaient sur leurs traces. Le prince royal, qui arriva à ce moment sur le mamelon du Geissberg, fit cesser la poursuite qu'exécutait l'infanterie. Il avait l'intention de confier cette mission à la 4⁰ division de cavalerie. Déjà, à 11 heures, on avait voulu la rapprocher; mais elle n'avait pas encore atteint le point qui lui avait été assigné dans l'ordre, c'est-à-dire Otterbach (au nord de Schweighoffen), parce qu'elle avait été arrêtée en route par la 10⁰ division d'infanterie engagée dans un mauvais chemin. Comme cavalerie divisionnaire, on n'avait sous la main que le 4⁰ régiment de dragons, affecté à la 9⁰ division d'infanterie, et qui s'était rassemblé à la hâte. Le prince royal donna, en conséquence, à ce régiment, l'ordre d'exécuter la poursuite et de déterminer la direction de marche suivie par l'adversaire. Mais ce dernier s'était déjà dérobé aux vues des troupes allemandes.

Vers 3 heures, le prince royal fit bivouaquer toutes les troupes qui se trouvaient à Wissembourg. Le général commandant le V⁰ corps constitua, comme avant-garde, une brigade d'infanterie, avec 1 batterie et 2 escadrons, en lui donnant l'ordre de prendre le contact de l'adversaire, qu'on supposait être sur la route de Haguenau.

Les troupes qui n'avaient pas pris part au combat, savoir : le Ier corps bavarois, von der Tann, le corps combiné de Werder et la 4e division de cavalerie, bivouaquèrent dans les conditions prescrites par l'ordre en date du jour précédent.

Le 4e régiment de dragons adressa, le 4 août au soir, le rapport suivant (1) :

« La reconnaissance chargée de déterminer la ligne de retraite « suivie par l'ennemi a été, conformément à l'ordre, dirigée « sur la route de Haguenau et exécutée jusqu'à Soultz. Sur la « route parcourue, il n'a pas été trouvé trace de l'ennemi. « D'après le dire unanime de plusieurs habitants, cette route n'a « été suivie que par de petites fractions ennemies. Soultz parais- « sait occupé par de l'infanterie ennemie; c'est pourquoi il a été « impossible de pousser plus en avant. Sur les hauteurs au sud « de Soultz se sont montrées d'assez fortes colonnes d'infanterie. « En raison de leur grand éloignement, leur effectif n'a pu être « exactement déterminé ».

C'est ainsi que la cavalerie du Ve corps prussien, engagée sur la route de Haguenau, perdit le contact de l'ennemi, qui s'était retiré de Wissembourg. C'est sous ce jour, du moins, que les écrivains historiques prussiens présentent la question.

En réalité, seuls les débris de la brigade française qui avait combattu à Wissembourg et sur le Geissberg s'étaient repliés sur Soultz, et, de là, sur Haguenau; les autres troupes, au contraire, notamment le régiment de turcos, toute l'artillerie et la brigade de cavalerie Septeuil, avaient dirigé leur retraite sur le village de Climbach, désigné dans l'ordre du général Ducrot. On ne s'explique donc pas pourquoi la cavalerie bavaroise, qui se trouvait à l'aile droite, n'a pas été également lancée en avant. Tout le IIe corps bavarois campait au sud de Wissembourg, non loin de Climbach (à environ 7 kilomètres), point sur lequel une partie des Français en retraite s'étaient dirigés pendant le combat, au moment même où le 2e régiment de chevau-légers bavarois enveloppait déjà Wissembourg dans la direction du sud, pour

_____

(1) *Historique du Ve corps*, page 21.

couper la retraite aux Français qui se trouvaient encore dans la ville (1).

Les pertes des Allemands au combat de Wissembourg se montèrent à plus de 1500 hommes. D'après l'ouvrage du grand état-major prussien, ils firent prisonniers environ 1000 hommes. Le total des pertes des Français est estimé par le maréchal Mac-Mahon à 1500 hommes (2).

Il y a lieu de remarquer que le succès obtenu par la troisième armée allemande, à Wissembourg, ne répondit pas, à beaucoup près, aux forces employées et aux sacrifices subis. Un faible détachement français, 8 bataillons avec 12 pièces (les 6 mitrailleuses ne peuvent pas même entrer en ligne de compte comme pièces), soutint un combat de plus de six heures contre l'armée allemande, qui lui était infiniment supérieure en nombre. Les Allemands engagèrent contre ce détachement français 3 corps d'armée entiers, avec une nombreuse artillerie. En réalité, 32 bataillons et 14 batteries prirent part au combat (3).

Malgré cela, le détachement français, non sans éprouver, il est

---

(1) *Historique du II⁰ corps bavarois*, page 11.

(2) D'après Chalus, *Wissembourg, Frœschwiller, retraite sur Châlons*, p. 58, Paris, 1872, les pertes des Français s'élevaient à 2,100 hommes, y compris 900 à 1000 prisonniers non blessés (*Annotation du traducteur allemand*).

(3) Les grandes unités qui prirent part au combat comprennent : le V⁰ et le XI⁰ corps prussien, et le II⁰ corps bavarois ; en outre, le I⁰ʳ corps bavarois devait encore être rapproché du champ de bataille, mais il ne put l'atteindre. Le nombre des bataillons et batteries engagés par les Allemands au combat ressort de l'état des pertes (Supplément 9, 1ʳᵉ partie, tome I) de l'ouvrage du grand état-major prussien, et d'un aperçu jeté sur la consommation de munitions par l'artillerie, aperçu qui figure dans l'ouvrage intitulé : *L'artillerie allemande dans les batailles et combats de 1870-1871*, Hoffbauer.

Les états de pertes que nous avons produits ne mentionnent que 31 bataillons ; l'ensemble des munitions consommées par l'artillerie allemande, le 4 août 1870, est réparti sur 15 batteries.

D'après le cahier 9 des *Monographies publiées par le grand état-major prussien*, page 370, les unités qui exécutèrent l'attaque décisive sont au nombre de 28 bataillons et 15 batteries (outre 13 escadrons). De plus, dans le nombre des bataillons mentionnés sur les états de pertes, on n'a pas compris 1 bataillon du XI⁰ corps (1/88) et 3 bataillons du II⁰ corps bavarois (8⁰ chasseurs, 1/9, et 1/7) : ces bataillons n'ont pas, en effet, pris part au combat proprement dit — soit parce qu'ils étaient en réserve, soit parce qu'ils étaient détachés pour protéger les flancs ; — ils ne doivent donc pas entrer, ici, en ligne de compte ; en revanche, on a compris dans ces états de pertes un bataillon du dernier corps dont nous venons de parler (II/6), parce que, bien qu'il n'ait subi aucune perte, il a pris, néanmoins, une part active au combat (*Annotation du traducteur allemand*).

vrai, des pertes sensibles, quitta le champ de bataille, sans être inquiété, et alla occuper, avec une partie de ses troupes, une nouvelle position, qui ne se trouvait qu'à 7 kilomètres des Allemands. Étant donnée leur supériorité numérique écrasante, les Allemands auraient dû, sans aucun doute, envelopper le faible détachement français et l'anéantir complètement; dans ce but, il suffisait simplement de renforcer sérieusement le détachement de flanc-garde, qui marchait à droite de la division bavaroise Bothmer. Le maréchal de Mac-Mahon, lui-même, dans les « déposi- « tions qu'il a faites devant la commission d'enquête parlemen- « taire (1) », insiste, notamment, sur la possibilité absolue qui se présentait d'envelopper, de ce côté, c'est-à-dire sur son flanc gauche, la position que les Français occupaient sur la Lauter. Le commandant en chef de la troisième armée manquait, probablement, de renseignements suffisants sur l'ennemi; c'est, d'ailleurs, ce qui ressort également de l'ordre pour le 4 août. La cause de cette lacune provient, très probablement, de ce que *la cavalerie allemande, en général, et celle de la troisième armée, en particulier, manqua, au début de la campagne, d'activité et d'esprit d'initiative.*

En se plaçant au point de vue que nous avons adopté pour l'examen critique de cette campagne, les considérations ci-dessous ont leur importance.

Non seulement la colonne du Ve corps qui se trouvait la plus rapprochée de Wissembourg, mais encore le XIe corps, qui en était plus éloigné, vinrent au secours de la division Bothmer. En même temps, les chefs en sous-ordre prussiens ne se contentèrent pas de marcher simplement au canon, ils se préoccupèrent encore de diriger leurs secours sur le point convenable. Les fractions de troupe qui se portèrent au secours des forces engagées, quoique complètement indépendantes les unes des autres, se préoccupèrent toujours, dès leur entrée en ligne, d'assurer, le plus possible, leur liaison réciproque. *Leur manière d'opérer, marquée au coin de l'esprit de camaraderie, et ne visant qu'à assurer la convergence des efforts de toutes les fractions vers le but commun, suppléa au manque de direction et à l'absence d'ordres, qui se firent*

---

(1) Bazaine, *Épisodes*, etc., page 138.

sentir en haut lieu : il faut convenir, d'ailleurs, qu'en cette circonstance, où il importait, avant tout, de se hâter, les ordres du
commandement suprême n'auraient pu être exécutés, avec efficacité, en temps opportun.

C'est ainsi que le général commandant le Ve corps prévint le
général de Bothmer de l'approche de ses troupes, et lui demanda
dans quelle direction il désirait voir entrer en ligne le Ve corps.
C'est ainsi également qu'il devança rapidement ses troupes sur
le champ de bataille, pour mieux se rendre compte de la situation
du combat.

C'est en s'inspirant du même esprit de camaraderie, et en
coopérant à l'action des autres troupes, que la grande batterie du
V^e corps protégea l'attaque des Bavarois sur Wissembourg, en
exécutant un feu de flanc contre cette localité.

Le même esprit se manifesta dans les dispositions prises, de
concert, par le général commandant le XIe corps et le commandant de la division de tête du Ve corps, général de Sandrart, dispositions qui avaient pour but de porter les troupes de ce dernier
directement (en partant de l'est) sur Wissembourg, et de faire
avancer celles du XIe corps plus à gauche, pour envelopper complètement l'aile droite ennemie.

Enfin, il faut également faire remarquer que le détachement de
flanc-garde de droite de la division Bothmer, après avoir atteint
le but assigné à sa marche sur la Lauter, sans avoir rencontré
l'ennemi sur ce point, se porta rapidement sur le champ de
bataille et prit de flanc la position de Wissembourg.

———

En ce qui concerne la conduite des troupes françaises, les régiments qui s'étaient relevés à Climbach, bien que se trouvant à
une distance de 8 kilomètres seulement du champ de bataille, ne
vinrent nullement au secours des leurs; ils n'essayèrent même
pas de couvrir la retraite. Une telle inertie de la part des chefs
français se manifesta, malheureusement, d'une manière régulière,
dans cette guerre : aussi est-il des plus intéressant de se demander
comment il put se faire que le général Douay exposa son faible
détachement à subir l'assaut de toute une armée ennemie.

Au premier coup d'œil, on pourrait croire que la défaite de Wissembourg doit être attribuée à l'insuccès de la reconnaissance entreprise le matin, à la première heure, dans la direction de marche suivie par l'armée du prince royal; mais cette cause ne vient, en réalité, qu'en seconde ligne; avant tout, cette défaite est due à ce que la division Douay occupait une position avancée dans un pays couvert, sans avoir pourvu, comme il convenait, à sa sécurité par une avant-garde; dans de telles conditions, à moins d'un hasard providentiel, cette division était, infailliblement, exposée à courir les risques d'un combat disproportionné.

On peut se demander, ici encore, à qui incombe la responsabilité de la défaite des Français : à ce point de vue, il ne saurait être question d'incriminer le moins du monde le maréchal Mac-Mahon lui-même, pour avoir poussé en avant une division isolée en un poste aussi dangereux, pas plus que le général Ducrot, pour avoir donné au général Douay l'ordre d'accepter le combat et de se maintenir sur sa position; toutefois, on doit rendre ce dernier responsable, personnellement, du fait de n'avoir pas mieux su assurer la sécurité de sa position ; enfin, le chef qui commandait la malheureuse reconnaissance, dont nous avons parlé, est responsable, par le fait qu'il n'a pas même signalé l'approche de toute une armée. Cependant chacun des officiers incriminés aurait pu, avec vraisemblance, s'appuyer sur les ordres quelconques qu'il avait reçus, et sur ce fait qu'il avait agi en obéissant aux meilleures inspirations. Cependant, quand même chacun d'eux croirait avoir agi, personnellement, pour le mieux, il n'en demeure pas moins évident, en réalité, qu'une division française isolée a livré un combat inutile et a subi une défaite. Ici encore, il faut rechercher la cause de ces phénomènes dans le système de centralisation des Français. C'est ce qui ressort, d'ailleurs, des données incomplètes que j'ai eues sous la main. Les faits, du moins autant qu'on peut en juger, sont les suivants (1) :

Le maréchal Le Bœuf avait, quelques jours avant le combat de Wissembourg, prévenu le maréchal Mac-Mahon que des forces

----

(1) Voir Bazaine, *Épisodes*, etc., page 138. Ouvrage du grand état-major 1re partie, tome I, pages 178-179. Hoffbauer, *L'artillerie allemande*, etc., cahier 1, pages 12 et 14.

ennemies importantes se rassemblaient dans le Palatinat, et l'avait invité à concentrer ses troupes sur les routes qui conduisent de la basse Alsace sur Bitche (probablement pour couvrir le flanc droit de l'armée en position en avant de Metz). C'est, probablement, pour se conformer à cet ordre, que le maréchal Mac-Mahon poussa en avant la division Douay sur Wissembourg et qu'il rassembla deux divisions à Reichshoffen (1).

Le général Ducrot, sous les ordres duquel on avait placé les troupes avancées du 1er corps français, ne considérait pas, personnellement, comme avantageux d'occuper immédiatement la frontière, et c'est pour cela qu'il avait prescrit d'évacuer Wissembourg et Lauterbourg ; mais il fut obligé de revenir sur cet ordre, d'abord parce que le maréchal Le Bœuf paraissait trouver que la frontière était trop dégarnie de troupes, en outre parce que des difficultés furent soulevées par le préfet du département, et, enfin, pour donner satisfaction à une demande de l'intendance de l'armée, qui, en prévision d'une guerre offensive, avait rassemblé, sur la frontière même, des approvisionnements importants. Il ressort de ces considérations que les chefs en question ne jouissaient d'aucune liberté dans le choix des mesures qu'ils avaient à prendre.

Le système de centralisation, qui régnait chez les Français, embrassait, en définitive, jusqu'aux détails tactiques les plus insignifiants. Le maréchal Mac-Mahon déclare qu'il avait donné au général Douay l'ordre de prendre position sur la hauteur boisée du Pigeonnier, à 3 ou 4 kilomètres au sud-ouest de Wissembourg, sur la route de Reichshoffen, et il ajoute : « J'étais encore à « Strasbourg, et j'avais écrit (probablement le 3 août) que j'irais, « le matin, savoir si, oui ou non, on devait laisser un bataillon à « Wissembourg. »

Mais, avant que le commandant en chef de l'armée française se fût mis en mouvement, pour reconnaître, personnellement, en se portant sur les lieux, l'opportunité de faire prendre ou non posi-

---

(1) De Bitche, partent deux routes principales vers la basse Alsace et le Rhin, l'une qui va directement vers l'est par Wissembourg et Lauterbourg, l'autre allant au sud-est, par Reichshoffen et Haguenau, sur Strasbourg ; de cette dernière route part un embranchement qui va de Reichshoffen vers l'est sur Soultz et Selz.

tion « à un bataillon isolé », cette question avait déjà été résolue par les Allemands. Le bataillon était prisonnier, une brave division était battue, et son chef lui-même était tombé sur le champ de bataille.

Tels furent encore, en cette circonstance, les résultats de la centralisation française ; en voulant tout prescrire lui-même, le commandement suprême n'arriva à rien.

En outre, il ne faut pas omettre de remarquer que les chefs français ne paraissaient pas se douter, le moins du monde, du danger que leur faisait courir la concentration, à proximité d'eux, de l'armée du prince royal de Prusse. Ils ne se faisaient, évidemment, aucune idée de ce danger. Le général de Walther remarque, avec juste raison, dans son ouvrage, que cette particularité est due à la répartition défectueuse de la cavalerie française, dont le maréchal Mac-Mahon avait laissé une partie importante en arrière de la position occupée par tout le reste des troupes du 1er corps.

On ne peut pas s'expliquer du tout l'insuccès complet de la reconnaissance entreprise, le 4 au matin, par 1 bataillon et 2 escadrons contre les Allemands, qui, à cette époque, ne se trouvaient plus qu'à une distance de quelques kilomètres. Cette reconnaissance insuffisante est cause que la division Douay fut attaquée « complètement à l'improviste ». Remarquons, à cette occasion, que ce phénomène, — c'est-à-dire l'absence de mesures de sécurité, indispensables en prévision d'une rencontre subite avec l'adversaire, — ne constitue pas du tout, dans cette guerre, une exception du côté des Français. Si l'on cherche la raison pour laquelle on avait négligé de prendre une mesure aussi importante, on ne peut se contenter de l'opinion courante, qui l'attribue « à « l'insouciance et à la légèreté des Français en général ». En admettant qu'il puisse en être ainsi dans quelques cas isolés, il n'en est pas moins vrai que l'insouciance et la légèreté constituent, à la guerre, « des crimes capitaux ». Quant à accuser toute une brave armée et ses chefs, qui firent preuve, dans le combat, du plus grand dévouement, la chose n'est pas admissible. Ici, il faut bien plutôt attribuer la cause de cette négligence à une autre considération, d'ordre général.

La cavalerie française était, il faut bien le dire, en général, peu entreprenante et lourde ; on la considérait encore, en s'inspirant des idées de Murat, comme une arme destinée à jouer un rôle décisif sur le champ de bataille. Mais ce n'est pas en cela que réside, à proprement parler, le mal, car l'activité de la cavalerie sur le champ de bataille n'exclut nullement son emploi dans un service de reconnaissance judicieux et approprié au but. La véritable cause pour laquelle les Français étaient, toujours et partout, mal renseignés doit être attribuée à ce fait qu'ils n'avaient pas de cavalerie divisionnaire, organisée d'une manière permanente. La seule unité de commandement, qui comprenait des troupes des trois armes, était, chez les Français, le corps d'armée, formé de 3 à 4 divisions d'infanterie et d'une division de cavalerie (le corps de Mac-Mahon comprenait deux de ces dernières).

Si l'on considère quel espace considérable, en largeur comme en profondeur, un corps d'armée occupe dans ses cantonnements, en marche et au combat, on comprend facilement que le commandant de corps d'armée ne peut pas, à lui tout seul, diriger la cavalerie, dont la présence et l'activité doivent se faire sentir sur plusieurs points à la fois. Étant donnée une situation militaire qui change journellement, le commandant de corps d'armée ne peut pas même répartir lui-même la cavalerie dans les colonnes d'infanterie, lui assigner des missions particulières, etc. Mais, admettons même qu'on n'ait commis aucun oubli, ni aucune négligence, que chaque subdivision d'infanterie et chaque détachement de cavalerie qui lui est subordonné, ait reçu, en temps opportun, l'ordre réglant la répartition de la cavalerie dans les détachements et dans les colonnes, supposons, enfin, que les détachements d'infanterie et de cavalerie soient en mesure, conformément à l'ordre du corps d'armée, de se réunir et de marcher, en se tenant en liaison étroite les unes avec les autres ; admettons, je le répète, que ce concours de circonstances favorables, qui est, partout et toujours, plus que douteux, puisse, néanmoins, être réalisé, il n'en reste pas moins nécessaire, en dernière analyse, de résoudre la question suivante : peut-on assurer, d'une manière absolue et appropriée au but, la convergence des efforts de fractions de troupes qui sont étrangères les unes aux autres et ne se trouvent réunies que pour peu de temps par un ordre qui peut être modifié tous les jours ? La réponse à cette question ne peut être que négative. Et la cavalerie nécessaire au service de l'infanterie sera-t-elle, même toujours, au moment voulu, à la disposition de l'infanterie? Ne lui fera-t-elle pas défaut en maintes occasions (1) ?

Nous n'avons, certes, pas l'intention d'approfondir davantage ces questions, qui nous entraîneraient bien au delà des limites que nous nous sommes imposées dans nos considérations ; cependant, qu'il nous soit permis d'émettre l'avis suivant, basé sur l'expérience de la campagne de 1870 : beaucoup de fautes et d'insuccès des Français dans cette guerre proviennent, tout simplement, de ce qu'ils n'avaient pas prévu l'organisation permanente d'une cavalerie divisionnaire ; toutes les armées chez lesquelles subsiste cette même lacune s'exposent aux mêmes conséquences.

_____

(1) Nous avons vu, par exemple, que la 4ᵉ division de cavalerie prussienne, à Wissembourg, où elle était désignée pour assurer la poursuite de l'adversaire, ne put pas être trouvée en temps opportun, ce qui fut cause qu'on se vit obligé de confier cette mission au régiment de cavalerie affecté à une division d'infanterie, qu'on avait immédiatement sous la main.

CHAPITRE VII

La marche en avant de la troisième armée allemande, le 5 août. — La bataille de Wœrth-Reichshoffen, le 6 août, et la poursuite des Français par la cavalerie allemande, le 7 août.

SOMMAIRE

Dispositions prises par la troisième armée pour le 5 août et leur exécution. — Les reconnaissances entreprises ont pour résultat d'établir que les Français occupent la position de Wœrth. — Considérations envisagées par le commandant en chef de la troisième armée et ses dispositions pour le 6 août. — Emplacements occupés par les forces allemandes avant le combat. — Dispositions prises par le commandant du 1er corps français, maréchal Mac-Mahon. — La position occupée par les Français et la répartition de leurs troupes avant le combat. — Esquisse générale et description de la bataille. — La situation des deux partis après la lutte. — Conduite de la cavalerie allemande chargée d'assurer la poursuite : elle perd la trace des Français, le 7 août. — Coup d'œil sur l'activité déployée par le commandement allemand. — L'armée s'engage au combat à l'improviste, et sans aucune unité de direction. — La victoire est obtenue principalement grâce à l'énergie et à l'esprit de décision remarquables du général de Kirchbach, soutenu par les autres chefs de troupes; ils ne purent pas suppléer complètement au manque d'unité de direction, qui se fit sentir en haut lieu. — Les circonstances n'autorisaient pas les Allemands à différer l'attaque jusqu'au 7 août. — La cavalerie est employée d'une manière défectueuse et fait preuve de peu d'initiative. — Coup d'œil sur l'activité déployée par les chefs français : ils traitent trop à la légère toute rencontre imminente avec l'adversaire. — Inaction du 5e corps. — Les qualités négatives des chefs français se font jour une fois de plus. — Parallèle entre Wœrth et Spicheren.

Avant d'avoir reçu les rapports de la cavalerie prussienne, envoyée à la poursuite des Français battus à Wissembourg, les dispositions suivantes étaient adressées par son commandant en chef à la troisième armée allemande (1).

_____

(1) _Opérations de la troisième armée_, page 29.

« Quartier général Schweighoffen, 4 août 1870.

« L'armée continuera, demain, sa marche sur Strasbourg. A
« cet effet :

« 1° La 4ᵉ division de cavalerie quittera ses bivouacs à
« 5 heures du matin, et se portera au delà d'Altenstadt, par la
« route de Haguenau, pour se mettre à la recherche de l'ennemi
« dans la direction de Haguenau, Suffelnheim et Roppenheim, et
« éclairer, en général, le terrain ; un régiment sera poussé à
« l'ouest de Soultz jusqu'à Wœrth, et éclairera le terrain jusqu'à
« Reichshoffen. On détruira, autant que possible, les voies ferrées
« à Haguenau et à Reichshoffen ;

« 2° Le corps bavarois Hartmann se portera, par la route de
« Bitche, jusqu'à Lembach, et y bivouaquera, poussant ses
« avant-postes au delà de Lembach, en liaison avec ceux du
« Vᵉ corps sur le Sauer-Bach : départ, 5 heures ;

« 3° Le XIᵉ corps se portera, par la route de Haguenau et le
« remblai de la voie ferrée, jusqu'à Soultz, et bivouaquera au
« sud de cette localité, poussant ses avant-postes vers la forêt de
« Haguenau. Il quittera ses bivouacs à 6 heures du matin ;

« 4° Le Vᵉ corps partira à 8 heures, et marchera en deux
« colonnes, par Soultz, sur Preuschdorf, où il fera face à Wœrth,
« établissant ses avant-postes vers Reichshoffen ;

« 5° Le corps Werder marchera dans la direction de Soultz et
« bivouaquera à l'ouest d'Aschbach, près de la voie ferrée. Il
« poussera ses avant-postes vers Rittershofen, Hatten et Nieder-
« Rœdern. Il quittera ses bivouacs à 6 heures du matin ;

« 6° Le Iᵉʳ corps bavarois von der Tann rompra à 6 heures
« dans la direction d'Altenstadt, pour aller bivouaquer à Ingols-
« heim ;

« 7° Le quartier général sera, probablement, demain, à Soultz.
« Les trains se rapprocheront, ceux du IIᵉ corps bavarois,
« jusqu'à Wissembourg, ceux des autres corps, jusqu'à la
« Lauter. »

Signé : « Frédéric-Guillaume. »
Prince royal de Prusse.

Ces dispositions furent prises, en raison de l'incertitude qui régnait sur la position occupée par le gros des forces du maréchal Mac-Mahon. Pour lever les doutes qui existaient à ce sujet, il eût été absolument impossible de s'en rapporter aux renseignements qu'on aurait pu se procurer, en cherchant à déterminer la direction de retraite suivie par la division française battue à Wissembourg ; car cette dernière, enveloppée de flanc, et obligée d'évacuer sa position en exécutant une retraite latérale, n'avait même plus eu à sa disposition le libre choix du chemin à prendre, pour se réunir à l'armée du maréchal Mac-Mahon.

Les dispositions ci-dessus avaient pour but, tout d'abord, d'éclairer à fond le terrain dans la direction du sud, et, de plus, de disposer les corps d'armée allemands de telle sorte « qu'ils « pussent se concentrer, suivant les circonstances, soit dans la « direction du sud », sur Haguenau (Strasbourg), « soit dans la « direction de l'ouest », sur Reichshoffen (Saverne), soit sur Bitche. Les corps faisant front vers le sud devaient être : le corps Werder, et, immédiatement à sa droite, le XI⁰ corps, tous deux vis-à-vis de la forêt de Haguenau ; le V⁰ corps devait se relier au XI⁰, en faisant front vers l'ouest, c'est-à-dire en prenant position vers Wœrth (Reichshoffen) ; enfin, à droite du V⁰ corps, et se reliant à lui, en faisant également front vers l'ouest, se trouvait le II⁰ corps bavarois. Le I⁰ʳ corps bavarois devait constituer la réserve générale, au centre de ce dispositif.

Le II⁰ corps bavarois rencontra, dans sa marche en avant sur Lembach, des traces visibles de la retraite des Français. Au dire des habitants, les Français s'étaient repliés sur Langensulzbach, ce qui fut confirmé également, dans le cours de la journée, par le combat d'éclaireurs engagé par les avant-postes bavarois, poussés vers Mattstall.

Le V⁰ corps, à son arrivée à Preuschdorf, fut informé par les détachements envoyés en reconnaissance par la 4⁰ division de cavalerie que les hauteurs de la rive droite du Sauer-Bach étaient occupées par un fort détachement ennemi, composé de troupes des trois armes. D'autre part, le chef d'état-major du V⁰ corps, colonel von der Esch, et le commandant de l'avant-garde, général de Walther, grâce à une reconnaissance entreprise de leur côté, reconnurent que ce renseignement était exact ; ils résolurent, en conséquence, non pas d'occuper Wœrth, mais de placer les avant-postes sur la rive gauche du Sauer-Bach ; cette résolution était

motivée, également, par la fatigue extrême des troupes, résultant
d'une chaleur excessive, et de la marche pénible qu'une des divisions avait exécutée par un sentier étroit, tandis que l'autre
suivait le XIe corps. Le général commandant le Ve corps, général
de Kirchbach, qui arriva lui-même à Wœrth, approuva ces dispo-
sitions.

Les trois autres corps atteignirent les points qui leur étaient
assignés dans l'ordre, pendant que, seules, les subdivisions de
tête du XIe corps se trouvaient engagées dans une escarmouche
insignifiante à Soultz.

Par suite de l'extrême chaleur, les troupes allemandes étaient,
en général, très fatiguées, tout particulièrement celles du Ier corps
bavarois, qui s'étaient heurtées, à Wissembourg, aux bivouacs
du Ve corps, et avaient dû, en conséquence, attendre inutilement quelques heures sur place. L'une des divisions du
Ier corps bavarois n'atteignit le but assigné à sa marche qu'à
11 heures du soir ; l'artillerie de corps n'y arriva qu'à minuit ;
dans les bivouacs on manquait, en outre, d'eau, à un tel point
qu'on ne put pas même faire la soupe.

La 4e division de cavalerie, qui marchait en avant des corps
d'armée allemands, s'était dirigée, avec son gros, sur Soultz, où
elle fit halte et envoya en avant la brigade de uhlans, avec un
escadron du régiment de hussards du corps, directement vers
Haguenau, tandis que deux escadrons de ce régiment de hussards
se portaient à droite sur Reichshoffen, et qu'un escadron du
même régiment se portait à gauche vers Roppenheim et le Rhin.

La brigade de uhlans, qui couvrait ses flancs par des détachements spéciaux de flanqueurs, de la force d'un escadron, pénétra
sans difficulté dans la forêt de Haguenau, et atteignit, sans
éprouver de résistance, la lisière sud de cette forêt, immédiatement en avant de Haguenau ; mais elle trouva, de ce côté, les
ponts rompus et essuya des feux d'infanterie. Comme la brigade
n'était pas en mesure de livrer un combat à pied, elle se mit en
retraite sous le feu des tirailleurs ennemis. L'escadron de flanqueurs de gauche des uhlans s'était heurté, sur la lisière nord de
la forêt, à Ober-Betschdorf, à des abatis ; l'escadron de hussards
détaché à gauche avait rencontré à Suffelnheim un détachement
d'infanterie française. Grâce à ces reconnaissances, on avait
appris que l'ennemi concentrait des troupes à Haguenau.

Les détachements envoyés sur le flanc droit firent parvenir des renseignements plus importants, et surtout — plus dignes de foi. L'escadron de uhlans détaché dans cette direction avait trouvé des traces de la retraite des Français venant de Wissembourg, et, après avoir franchi la Sauer à Gunstett, il avait aperçu un camp français sur la rive droite de ce ruisseau ; en poursuivant sa marche, il avait été arrêté par des feux d'infanterie. Les deux escadrons de hussards s'étaient portés à droite des uhlans, sur Wœrth, mais ils avaient trouvé, en ce point, les ponts du Sauer-Bach rompus ; ils avaient ensuite essuyé des feux d'infanterie provenant de cette localité et des feux d'artillerie exécutés des hauteurs situées sur la rive droite, hauteurs sur lesquelles on apercevait de fortes masses de troupes françaises en mouvement.

On avait ainsi, du côté des Allemands, constaté la présence des Français, en forces considérables, sur les hauteurs de la rive droite de la Sauer, à Wœrth. La situation, du côté de Haguenau, n'était pas, il est vrai, complètement tirée au clair ; cependant, on croyait, du côté des Allemands (ainsi que le relate l'ouvrage intitulé *Les opérations de la troisième armée*), pouvoir admettre que les troupes françaises qui occupaient ce point ne servaient qu'à protéger la voie ferrée, et cela d'autant plus que, sur toute l'étendue de la ligne de fer, entre Haguenau et Reichshoffen, on pouvait percevoir fréquemment le bruit des trains et le sifflet des locomotives. Malgré l'ordre formel que la 4e division de cavalerie avait reçu par la voie des instructions relatives à la journée du 5 août, la cavalerie prussienne n'avait détruit la voie ferrée sur aucun point.

Après avoir comparé entre eux les renseignements qu'il avait reçus, le commandant en chef de la troisième armée allemande en conclut que la division Douay (battue à Wissembourg) occupait la rive droite du Sauer-Bach, à proximité de Wœrth, et qu'elle s'était réunie, sur ce point, à un corps de troupes important. Les reconnaissances entreprises, le même jour, par des officiers d'état-major du quartier général de l'armée avaient servi à compléter ces renseignements. On avait trouvé les ponts sur le Sauer-Bach rompus ; sur la rive droite, le long du ruisseau, on avait aperçu les avant-postes français, et, derrière eux, — des deux côtés de la route qui va de Wœrth à Reichshoffen, — on avait vu de grands bivouacs français. On avait aperçu d'autres bivouacs au sud de ces derniers, à Elsasshausen et à Eberbach.

Le commandant en chef de la troisième armée allemande savait donc, à n'en plus pouvoir douter, ainsi que le relatent *Les opérations de la troisième armée*, qu'une fraction, seulement, des troupes ennemies battues à Wissembourg s'était repliée sur Haguenau, et que le maréchal Mac-Mahon occupait, avec tout son corps d'armée, renforcé encore, peut-être, par des fractions du 5e et du 7e corps français, une forte position derrière la Sauer.

Le prince royal résolut d'utiliser la journée du 6 août, pour concentrer davantage son armée, et pour exécuter le changement de front nécessaire, en vue d'attaquer, le 7, l'ennemi avec toute son armée. Le 5 août, à 5 h. 30 de l'après-midi, paraissait l'ordre suivant de l'armée (1) :

« L'armée exécutera, demain, un changement de front, en res-
« tant concentrée autour de Soultz :

« 1º Le IIe corps bavarois et le Ve corps prussien conserveront
« leurs positions actuelles, à Lembach et à Preuschdorf ;

« 2º Le XIe corps prussien conversera à droite, et bivouaquera
« à Hœlschloch ; il occupera Surbourg, et gardera la route de
« Haguenau ;

« 3º Le Ier corps bavarois se portera jusqu'aux environs de
« Lobsann et de Lampertsloch. Il poussera ses avant-postes à tra-
« vers le Hochwald vers la Sauer ;

« 4º La 4e division de cavalerie demeurera dans ses bivouacs,
« mais fera face à l'ouest ;

« 5º Le corps Werder gagnera Reimerswiller et fera front vers
« le sud, poussant ses avant-postes vers la forêt de Haguenau. De
« forts avant-postes garderont la route à Kühlendorf et la voie
« ferrée à Hoffen ;

« 6º Le quatier général restera à Soultz. »

Signé : « Frédéric-Guillaume. »
Prince royal de Prusse.

_____

(1) Ouvrage du grand état-major prussien, 1re partie, tome I, page 213. — *Opérations de la troisième armée*, page 35.

De cet ordre de l'armée il ressort que le commandant en chef
de la troisième armée, contrairement à l'opinion émise sur la
situation générale dans l'ouvrage intitulé : *Opérations de la troisième armée*, dont nous avons parlé plus haut, n'avait pas encore
acquis du tout la conviction que Haguenau n'était occupé que par
des détachements insignifiants de l'adversaire, et qu'en conséquence, il n'y avait à craindre aucun danger de ce côté, c'est-à-
dire dans la direction du sud. L'ordre de l'armée amène plutôt à
tirer une conclusion opposée, car, aux termes mêmes de cet ordre,
le XIᵉ corps devait porter son attention et disposer ses forces
aussi bien vers l'ouest que vers le sud, et le corps Werder faisait
complètement face au sud. D'ailleurs, il ne pouvait même pas en
être autrement, puisque la cavalerie prussienne, après avoir rencontré de la résistance au delà de la lisière sud de la forêt de
Haguenau, n'avait pas rempli sa mission, et n'avait fourni, de ce
côté, aucun renseignement détaillé. L'insuffisance de renseignements précis venant de cette direction eut pour conséquence
immédiate d'empêcher la plus grande partie du corps Werder de
prendre part au combat qui se déroula, le jour suivant, sur la
Sauer.

Dans la nuit du 5 au 6 août, l'avant-garde du Vᵉ corps prussien,
sous le général de Walther, se trouvait directement en face de
Wœrth ; des détachements avaient été dirigés, pour couvrir les
flancs, à droite, sur Gœrsdorf (1 kilomètre 1/2 au nord de Wœrth),
à gauche, sur Spachbach et Gunstett (1 kilomètre 1/2 et 2 kilomètres 1/2 au sud de Wœrth). Les avant-postes étaient établis sur
la Sauer. Le gros du corps se trouvait à Preuschdorf, à 4 kilomètres à l'est de Wœrth. Le Vᵉ corps, dans son ensemble, se
trouvait exactement vis-à-vis du centre de la position française.

A 5 ou 6 kilomètres au nord de Preuschdorf, à Lembach, se
trouvait le IIᵉ corps bavarois.

En exécution de l'ordre de l'armée pour le 6, le Iᵉʳ corps bavarois devait se rapprocher de l'aile droite, et le XIᵉ corps de l'aile
gauche du Vᵉ corps ; ces deux corps devaient ainsi servir d'échelons
de repli à ce dernier corps.

Le IIᵉ corps bavarois se trouvait directement sur le flanc gauche
de la position française. C'est pourquoi le prince royal, envisa-

geant le cas possible où le maréchal Mac-Mahon se mettrait en marche, le 6 août, vers l'ouest, ou bien passerait à l'attaque, avec toutes ses forces, contre le V⁰ corps, qui lui était immédiatement opposé, le prince royal, dis-je, adressa encore au II⁰ corps bavarois une instruction spéciale (signée du chef d'état-major de la troisième armée, général de Blumenthal), qui lui prescrivait « d'entrer en ligne, tout d'abord, non pas pour battre l'adversaire, « mais pour l'arrêter par des combats continuels, en vue de l'em- « pêcher de se mettre en marche pour se réunir avec sa principale « armée. Dans le cas où, le 6 au matin, il entendrait la canon- « nade du côté de Wœrth, le corps d'armée devait, avec une « division, attaquer l'ennemi sur son flanc gauche par Langen- « sulzbach ». On ajoutait encore que « ce mouvement pourrait « avoir un résultat décisif (1) ».

Cette instruction si importante, destinée au II⁰ corps bavarois, ne fut pas portée à la connaissance des autres corps ; cette circonstance exerça une influence fâcheuse sur le combat, le jour suivant. Le général commandant le II⁰ corps bavarois désigna la division Bothmer pour exécuter l'attaque de flanc prévue par l'instruction précitée, après l'avoir renforcée par 2 batteries montées, 1 batterie à cheval et 6 escadrons, tirés de la réserve. La division poussa son avant-garde (4 bataillons, 1 escadron et 1 batterie) en avant sur Mattstall.

Le maréchal Mac-Mahon avait encore, le 4 août, le jour de Wissembourg, rassemblé le gros de son corps d'armée sur la rive droite du Sauer-Bach, à Reichshoffen, face à Wœrth. Il avait fait venir également sur ce point la division Conseil-Dumesnil du 7⁰ corps. Le dispositif adopté par le maréchal constituait une position de flanc, dans le cas d'une marche en avant des Allemands sur Strasbourg. Partant de Reichshoffen, le maréchal Mac-Mahon avait à sa disposition deux lignes de marche, qu'il pouvait utiliser suivant les circonstances : l'une par Bitche, qui lui permettait de se réunir à l'armée de Bazaine, l'autre, plus au sud, par Saverne.

---

(1) *Opérations de la troisième armée*, page 36. — *Historique du I⁰ʳ corps bavarois*, pages 15 et 18. — Ouvrage du grand état-major prussien, 1ʳ⁰ partie, tome 1, page 214.

Les ordres que le maréchal de Mac-Mahon donna, dans la journée du 5 août, au 5ᵉ corps, de Failly, placé sous ses ordres, n'étaient pas suffisamment explicites. Le maréchal avait bien, au début, donné au général de Failly (probablement le 4) l'ordre « de se réunir à lui aussitôt que possible » ; seulement il diminua la portée de cet ordre, en lui demandant de nouveau « quel jour « et par quel chemin le 5ᵉ corps comptait le rejoindre ». Le général de Failly lui répondit que, « jusqu'à présent, il n'y avait à « Bitche que la division Lespart, qui pût se mettre en marche, le « 6 au matin, pour se réunir au 1ᵉʳ corps ; que, quant aux autres « divisions, elles suivraient au fur et à mesure de leur arrivée à « Bitche ». Le général de Failly ne tint cependant pas cette promesse. Il mit bien, effectivement, en marche la division Lespart, le 6 au matin ; mais, en revanche, il garda en arrière, à Bitche, la division Goze, qui était arrivée dans la soirée précédente, en faisant ressortir « la grande importance que présentait ce point, « menacé par l'ennemi, qui avait fait son apparition à Deux- « Ponts et à Pirmasens (15 à 20 kilomètres de Bitche) ». C'étaient des détachements de cavalerie de la deuxième armée allemande, envoyés en reconnaissance, qu'on avait signalés sur ces points.

D'autre part, le maréchal lui-même eut des hésitations et modifia ses projets. Il avait même l'intention de prendre l'offensive, le 7 août, et il dépêcha encore, le 6 au matin, un officier au général de Failly, pour lui porter l'ordre d'envoyer, aussitôt que possible, une division à Philippsbourg (entre Bitche et Reichshoffen), et de tenir les deux autres divisions prêtes à marcher (1). Cet ordre ne put, d'ailleurs, être mis à exécution, car le général de Failly ne le reçut qu'à 2 heures de l'après-midi.

Ainsi, des deux côtés, on avait l'intention d'employer la journée du 6 août à préparer l'offensive projetée pour le 7. Ce délai passager ne pouvait, selon toute apparence, profiter réellement qu'à l'un des deux partis, et, il faut bien le dire, étant données les circonstances, aux Français, qui pouvaient encore, jusqu'au 7, se renforcer au moyen de troupes tirées du corps de Failly.

Il faut encore remarquer que tous les points occupés par les

---

(1) Ouvrage du grand état-major prussien, 1ʳᵉ partie, tome I, page 213, et *Campagne de 1870. — Opérations et marches du 5ᵉ corps jusqu'au 31 août*, par le général de Failly (Bruxelles, 1871, pages 10 à 13).

troupes du 5ᵉ corps français, dans la nuit du 5 au 6 août, étaient réunis entre eux et avec Reichshoffen par de bonnes routes et par une voie ferrée. Cette dernière fut, il est vrai, détruite (1), dans la nuit du 6, par des détachements de cavalerie prussienne, entre Sarreguemines et Bitche; mais, en tout cas, elle était intacte entre Bitche et Reichshoffen, car il n'est fait mention nulle part de la destruction de cette section de la voie ferrée. D'ailleurs, les troupes du général de Failly, qui occupaient Bitche et Rohrbach, auraient pu même atteindre Reichshoffen en une journée de marche, sans être obligées d'utiliser la voie ferrée, et, seule, la brigade venant de Sarreguemines aurait eu besoin de deux jours de marche pour arriver sur le théâtre de l'action.

Sur ces entrefaites, les deux armées ennemies en étaient déjà arrivées à se trouver si rapprochées l'une de l'autre, à Wœrth, que les plus petites escarmouches pouvaient, ainsi que cela se produit souvent en pareil cas, dégénérer facilement en une bataille, bien que, des deux côtés, les commandants en chef n'eussent aucunement l'intention d'en venir aux mains dans la journée du 6 août.

La position sur laquelle les Français allaient engager la lutte se trouvait sur les hauteurs de la rive droite du Sauer-Bach, qui coule, dans cette région, du Nord au Sud, et présente une assez faible largeur; ce ruisseau se trouvait, le 6 août, fortement grossi, par suite des pluies des jours précédents; mais, cependant, il était guéable pour l'infanterie, en certains endroits, comme on le verra dans le cours de la bataille. Le ruisseau coule dans une vallée découverte d'environ 1000 pas de largeur.

La clef de la position était constituée par le village spacieux de Frœschwiller; cette localité, avec ses solides bâtiments en pierre, était située sur le point culminant du plateau, qui commande de tous côtés le champ de bataille. De cette hauteur partent deux contreforts à arêtes vives : l'un, couvert de jardins et de plantations de houblon, vers l'Est, dans la direction de la Sauer (à Wœrth), l'autre, couvert de forêts et de houblon, vers le Nord, où une dépression découverte (de 300 à 500 pas de largeur), le sépare

---

(1) Ouvrage du grand état-major prussien, 1ʳᵉ partie, tome I, page 168.

du grand massif boisé qui enserre les deux rives de la Sauer, au nord de Wœrth. Il résulte de cette description que le terrain environnant la clef de la position française, qui, en même temps, formait son aile gauche, n'offrait pas un champ de tir découvert assez étendu.

A 1 kilomètre au sud de Frœschwiller, se trouve le village d'Elsasshausen, qui, quoique situé un peu en contre-bas, couvre les abords du plateau de Frœschwiller, dans la direction du Sud. Plus au Sud encore, se trouve un petit bois, et, en arrière de celui-ci, une large bande boisée (d'environ 1 kilomètre de largeur) (1), courant de l'Ouest à l'Est, dont les pentes tombant sur la Sauer se terminent par une pointe étroite, qui aboutit directement à la vallée de ce ruisseau. A une distance de 700 à 800 pas environ, et vis-à-vis le saillant qui termine ce dernier bois, à Gunstett et à Spachbach, la rive gauche (allemande) s'élève jusqu'à une hauteur qui commande le pays environnant; les Allemands avaient ainsi à leur disposition, sur cette rive, une position d'artillerie excellente et spacieuse. Le bois dont nous venons de parler constituait donc pour les Allemands une ligne d'attaque très séduisante et très favorable (2).

Il ne faut pas oublier non plus que si la rive (droite) française commandait, en général, la rive gauche, qui lui était opposée, l'artillerie française ne pouvait cependant pas tenir sous son feu les voies d'accès qui conduisaient à la position principale de son armée, sur la rive droite du ruisseau, parce qu'elles étaient masquées par le terrain.

Les hauteurs complètement dénudées de la rive gauche permettaient à l'artillerie allemande, supérieure en nombre, d'occuper une position avantageuse, de sorte qu'elle pouvait tirer, avec une efficacité complète, par-dessus son infanterie, qui se portait à l'attaque.

Quoique la position française offrît également de bons points d'appui, et, en outre, l'avantage de permettre aux réserves de prendre une formation abritée, cependant elle avait aussi beaucoup de points faibles; ils étaient inhérents à la position, consi-

---

(1) Le bois dit *Niederwald* (*Annotation du traducteur allemand*).
(2) C'est ce que fait également ressortir l'ouvrage intitulé : *L'artillerie allemande dans la guerre franco-allemande*, etc... (2ᵉ cahier, pages 12 et 13).

dérée au point de vue de la défensive, et provenaient, selon toute vraisemblance, de ce que les Français, le 6 août, — abstraction faite complètement de leur caractère bouillant, — étaient forcés de disséminer leurs forces et de les engager dans des rencontres incessantes et isolées contre un ennemi qui leur opposait des forces notablement supérieures dans leur ensemble.

Le centre de la position française, c'est-à-dire la partie est de la hauteur de Frœshwiller, fut occupée par la division Raoult, — qui fit face à Wœrth et au Vᵉ corps prussien. A gauche de cette division, et faisant presque un angle droit avec elle, la division Ducrot avait pris position sur les pentes nord de la hauteur en question et faisait face au IIᵉ corps bavarois ; à droite de la division Raoult, se trouvait la division Lartigue, établie face à Gunstett et au XIᵉ corps prussien, qui marchait sur ce dernier point ; derrière la division Lartigue, avait pris position la division Conseil-Dumesnil, du 7ᵉ corps français, qui était arrivée le 6 août au matin ; enfin, l'ancienne division Douay, commandée par le général Pellé, formait la réserve derrière Elsasshausen.

La description suivante de la bataille de Wœrth-Reichshoffen ne donne, autant que possible, que la physionomie générale de cet engagement, et ne s'occupe des détails qu'autant qu'ils ont trait à la question envisagée dans cette étude. Pour mieux nous orienter, jetons, au préalable, un coup d'œil d'ensemble très sommaire sur la bataille.

Le 6 août, au matin, un petit détachement de l'avant-garde du Vᵉ corps entreprit une reconnaissance offensive vers Wœrth et de l'autre côté de la Sauer ; cette reconnaissance prit fin après un combat de courte durée. Presque au même moment, les Français exécutaient, également, une reconnaissance offensive sur Gunstett (environ 2 kilomètres 1/2 au sud de Wœrth) ; l'avant-garde du XIᵉ corps prussien vint au secours du détachement du Vᵉ corps qui occupait cette localité, et se porta alors, de son côté, en traversant la Sauer, jusqu'au Nieder-Wald, où se livrait également un combat.

La division Bothmer, du IIᵉ corps bavarois, se conformant à la communication qu'elle avait reçue la veille au soir, considéra la canonnade de Wœrth comme le signal de l'attaque et se mit en marche de Mattstall sur Frœschwiller ; elle attaqua, sans succès, de front, la division française Ducrot, et fut repoussée avec de grandes pertes.

Lorsque le Ve corps prussien entendit la canonnade des Bavarois et s'aperçut, en même temps, que le combat était engagé dans le Nieder-Wald, il tenta de donner de l'air aux subdivisions voisines, en attaquant de front, avec une grande résolution, la position ennemie, à Wœrth.

A gauche, et à côté du Ve corps, le XIe corps tout entier s'engagea au combat et fut, ensuite, encore soutenu par les Wurtembergeois du corps Werder ; le XIe corps enveloppa l'aile droite française et la repoussa. Enfin, après l'entrée en ligne du Ier corps bavarois von der Tann, qui se porta à l'attaque à droite du Ve corps, le dernier point d'appui des Français, le village de Frœschwiller, fut, lui-même, enlevé d'assaut. Les Français évacuèrent alors le champ de bataille dans un grand désordre.

D'après leur propre estimation, les Allemands engagèrent, dans la lutte contre le maréchal Mac-Mahon, comme infanterie, des forces égales à une fois et demie celles de l'ennemi (75,800 hommes contre 51,300) et le double en artillerie (252 pièces contre 120, car on ne peut pas compter comme pièces d'artillerie les 30 mitrailleuses des Français). La cavalerie des deux armées avait le même effectif ; elle n'atteignait pas 5,000 hommes, en tout, de chaque côté (1).

En ce qui concerne les Allemands, ne prirent pas part à la bataille : 2 divisions bavaroises, la division badoise et la plus grande partie de la division wurtembergeoise ; parmi ces troupes, une brigade bavaroise prit encore part, vers le soir, à la poursuite des Français.

Je passe maintenant à une description plus détaillée de la bataille, en me maintenant dans les limites de la tâche que je me suis assignée.

Dans la nuit du 5 au 6 août, il avait plu constamment ; le sol était détrempé et les chemins marécageux ; les troupes se trou-

---

(1) *Opérations de la troisième armée*, page 56. — D'après d'autres renseignements, qui paraissent plus dignes de foi, l'effectif de l'infanterie française ne dépassait pas, à Wœrth, 45,000 hommes.

vaient dans de mauvaises conditions au bivouac. Sur la ligne des
avant-postes, le long de la Sauer, on avait échangé, çà et là, des
coups de fusil. Au lever du soleil, vers 4 heures, le crépitement de
la fusillade, qui se faisait entendre dans les environs de Wœrth,
prit un caractère si violent, qu'il alarma l'état-major du Vᵉ corps
prussien.

A 5 heures, un détachement d'infanterie française exécuta une
reconnaissance offensive vers Gunstett, localité qui était occupée
par un détachement du Vᵉ corps (1 bataillon, 1 escadron).

Le commandant de l'avant-garde du Vᵉ corps prussien, général
Walther de Montbary, avait remarqué, vers 4 heures du matin, un
grand mouvement dans les bivouacs français, ce qui faisait pré-
sumer un départ de l'adversaire. Pour arriver à la certitude à ce
sujet, le général de Walther estimait qu'il était indispensable
d'exécuter une reconnaissance offensive au delà de Wœrth, sur la
rive droite du Sauer-Bach. Cette entreprise fut préparée, vers
6 heures, par 10 coups de canon, qui furent tirés sur la localité de
Wœrth, en réalité inoccupée, et y mirent le feu. Un bataillon du
37ᵉ régiment de fusiliers prussien pénétra dans Wœrth et occupa,
avec une compagnie, qui traversa à gué le Sauer-Bach, l'enceinte
ouest de cette localité. Les Français prirent, à ce moment, les
armes et se mirent en mouvement. Ils firent leur apparition sur
les hauteurs de la rive droite du Sauer-Bach, avec de fortes subdivisions d'infanterie et d'artillerie (de la division Raoult). Le général
de Walther en conclut que, du côté des Français, on ne songeait
pas à la retraite ; et, comme il croyait avoir atteint ainsi le but
qu'il avait en vue en exécutant sa reconnaissance, il fit replier
ses troupes sur leurs bivouacs ; seul, le cimetière, situé en avant
de la sortie est de Wœrth, resta aux mains des Prussiens. Le
général de Walther rendit compte du résultat de sa reconnaissance, et en fit part, également, au général commandant le corps
voisin (IIᵉ Bavarois), c'est-à-dire au général de Hartmann. Cet
incident se produisit à 8 h. 30 du matin.

En même temps que cette reconnaissance prussienne était
dirigée vers Wœrth, les Français renouvelaient, à 7 heures, l'attaque de Gunstett, avec un bataillon (probablement le bataillon
de chasseurs de la division Lartigue) (1), soutenu par le feu de

(1) Les données relatives à l'activité des Français à Wœrth sont, en grande

l'artillerie, auquel riposta l'artillerie prussienne. Le combat engagé de cette manière à Gunstett (combat auquel prit part, peu à peu, le XIe corps prussien) se continua toute la journée ; de plus, dans la suite, il fut transporté sur la rive droite du Sauer-Bach et il ne prit fin, ainsi que nous l'exposerons plus tard, qu'à Frœschwiller.

Cependant la 4e division bavaroise Bothmer (à Mattstall) avait, dès la pointe du jour, prêté attentivement l'oreille, pour se rendre compte si l'on entendait la canonnade dans les environs de Wœrth, car l'instruction spéciale du chef d'état-major de la troisième armée, général de Blumenthal, instruction dont nous avons déjà parlé, disait expressément que, « dans le cas où la division « entendrait la canonnade à Wœrth », elle aurait à marcher contre Frœschwiller. Comme le bruit du canon se faisait entendre dans cette direction avec une violence croissante, le général de Bothmer donna l'ordre à sa 7e brigade de marcher sur Frœschwiller ; une heure plus tard, elle était suivie par l'autre brigade de la division.

La marche des Bavarois se fit à travers un terrain boisé. Les Français n'avaient, de ce côté, qu'un détachement d'observation de deux compagnies, et c'est pour cela qu'au début ils n'opposèrent à la marche des Bavarois qu'une faible résistance, qui, toutefois, se renforça peu à peu. Ce fut la 2e brigade de la 1re division Ducrot (un régiment de zouaves et le 45e régiment de ligne), qui, du côté des Français, s'engagea au combat sur ce point. Vers 10 heures du matin, les Bavarois, qui, dans la forêt, étaient arrivés à se trouver un peu mélangés, atteignirent la lisière de cette forêt et se trouvèrent en présence du gros de la division Ducrot, qui était en position entre Frœschwiller et Néehwiller. Sur ce point, les Bavarois rencontrèrent une vigoureuse résistance. Ils se trouvèrent engagés dans un violent combat d'artillerie et de mousqueterie, tandis que leur propre artillerie ne pouvait trouver aucune position convenable, pour appuyer efficacement l'infanterie. En outre, 10 bataillons bavarois se trouvaient disséminés sur un front de plus de 3 kilomètres de longueur, derrière lequel il n'y avait encore, comme réserve, que 2 bataillons.

partie, empruntées au livre de Derrécagaix (La guerre moderne, 2e partie, tactique, Paris, 1885, pages 178 à 205).

Le Ve corps prussien avait, après la rupture du combat de reconnaissance engagé à Wœrth, entendu, dans la direction du IIe corps bavarois, la fusillade, qui croissait en intensité, au point que l'on pouvait croire à une reprise du combat de ce côté. En même temps, on remarquait aussi, sur la gauche, où deux batteries du XIe corps avaient pris position, à Gunstett, qu'un combat était engagé dans cette direction. Le chef d'état-major du Ve corps, colonel von der Esch, qui était arrivé sur les hauteurs de Wœrth, craignait de voir les Français se jeter, avec toutes leurs forces, sur l'un des corps allemands des ailes (le IIe Bavarois ou le XIe) ; c'est pour ce motif qu'il considéra comme urgent de diviser l'attention et les forces de l'adversaire par la reprise du combat à Wœrth. Le commandant de la division de tête du Ve corps, général de Schmidt, qui était également accouru sur les lieux, partagea l'avis du colonel von der Esch ; en sa qualité de général le plus ancien du corps d'armée après le général commandant de Kirchbach, qui venait d'être blessé, il fit prendre position à l'artillerie de sa division, porta également en avant l'artillerie de corps, et fit donner l'alarme à tous les bivouacs du corps d'armée. Ces incidents se produisirent vers 9 heures du matin.

Bientôt le général de Kirchbach, lui-même, fit son apparition, malgré sa blessure ; il approuva les mesures adoptées et prit la direction du combat.

Des deux côtés de la route de Wœrth, on déploya alors une grande batterie de 84 pièces du Ve corps, à une distance de 1800 à 3,000 mètres des batteries françaises. Le colonel Gaede prit la direction de cette masse d'artillerie.

Au même moment, 24 pièces du XIe corps étaient déjà entrées en action à Gunstett. Le général commandant ce corps, général de Bose, se basant sur l'ordre de l'armée pour le 6, avait mis en marche la 21e division, avec l'artillerie de corps, sur Hœlschloch (à l'est de Gunstett), la 22e division sur Surbourg (sur la route de Haguenau), en prescrivant, à la première de ces deux divisions, de se mettre en relation, par Gunstett, avec le Ve corps, et, à la dernière, de se relier au corps Werder. L'avant-garde de la 21e division (formée de la 41e brigade, 2 escadrons et 2 batteries), sous le colonel de Koblinski, après avoir atteint le but assigné à sa marche, commença à placer ses avant-postes sur la lisière de la forêt, à l'est de Gunstett, face au Sauer-Bach, derrière lequel on avait remarqué, sur les hauteurs, un camp français. De ces hauteurs, on voyait, à ce moment, un bataillon français et une batterie se porter dans la direction de Gunstett ; en même temps, on entendait la canonnade de Wœrth (cette canonnade provenait du combat de reconnaissance engagé par le général de Walther, combat dont nous avons parlé plus haut). Dans ces circonstances, le commandant de la 21ᵉ division, général de Schachtmeyer, résolut de soutenir le détachement du Vᵉ corps qui se trouvait à Gunstett ; il fit marcher sur ce point l'avant-garde du colonel de Koblinski, et engagea son artillerie divisionnaire au combat. Peu de temps après, le général commandant, de Bose, arriva également sur ce point, et reconnut qu'il était nécessaire de porter aussi la 22ᵉ division à Gunstett.

De leur côté, les Français déployèrent, peu à peu, derrière la Sauer, des forces toujours plus considérables.

Une partie de l'avant-garde du XIᵉ corps, qui s'était avancée jusqu'à la Sauer, se jeta, sous le feu efficace d'artillerie et de mousqueterie des Français, sur la rive droite, pour y chercher un couvert ; le reste suivit cet exemple. Le passage eut lieu à Gunstett (près du Bruchmühle) et à Spachbach ; une partie passa la Sauer à gué, tandis que l'autre la franchissait sur des troncs d'arbres jetés en travers. Les bataillons prussiens, qui avaient passé la rivière au nombre de 5 1/4, se jetèrent sur la lisière du Nieder-Wald, qui n'était que faiblement occupée par les Français. L'artillerie de la 21ᵉ division avait, sur ces entrefaites, de concert avec la batterie du Vᵉ corps, qui se trouvait à proximité d'elle, obligé 5 batteries françaises à abandonner leur position.

Le général de Kirchbach pouvait, de la hauteur de Wœrth, suivre la marche et l'attaque des troupes du XIᵉ corps. Son artillerie avait, à ce moment, déjà réduit au silence les batteries françaises qui lui étaient opposées (48 pièces et 12 mitrailleuses), et elle dirigeait son feu sur l'infanterie ennemie, qui cherchait à se mettre à couvert dans des dépressions du terrain. Le général commandant le Vᵉ corps résolut donc de s'emparer des hauteurs de la rive droite, et, dans ce but, il donna, un peu après 10 heures, au général de Walther, l'ordre de franchir la Sauer. Il rendit compte de sa décision au prince royal et en fit part également aux

chefs des deux corps voisins, les généraux de Bose et de Hartmann, en sollicitant leur concours.

Le général de Walther avait, en tout, à sa disposition, 4 bataillons 1/2; il se porta en avant en deux colonnes, par Wœrth et
Spachbach (au sud de Wœrth), au delà de la Sauer, qui fut fran-
chie en partie à gué, en partie sur des passerelles, rapidement
établies au moyen de planches et de perches à houblon. A peine
l'infanterie prussienne eut-elle fait, au début, quelques progrès
sur la rive droite, qu'elle fut rejetée sur le ruisseau, avec de
grandes pertes, par une contre-attaque impétueuse, exécutée par
2 bataillons du 2º régiment de zouaves; cependant, ses subdivisions affaiblies se maintinrent sur la rive droite, à Wœrth et au
sud de cette localité, derrière la chaussée. Les Français commencèrent alors à s'établir sur les pentes des collines de la rive droite
du Sauer Bach, dans les jardins et dans les plantations de houblon
qui se trouvaient de ce côté; les deux partis entretinrent un feu
meurtrier. Le général de Walther reçut, comme troupes de soutien,
d'abord 2, puis 4 bataillons tout frais. L'arrivée des réserves
permit aux Prussiens de se porter de nouveau en avant et de
gagner ainsi un peu de terrain; l'aile gauche du Vᵉ corps arriva
même à prendre le contact, dans le Nieder-Wald, avec l'aile droite
des troupes du XIᵉ corps, qui combattaient sur ce point; mais une
contre-attaque résolue des Français (exécutée avec 1 bataillon 1/2
du 3ᵉ régiment de turcos et 2 bataillons du 56ᵉ régiment de la
division Lartigue) finit par rejeter les troupes du XIᵉ corps prussien des hauteurs de la rive droite jusqu'au delà du Sauer-Bach;
en même temps les Prussiens, au moment où ils franchissaient ce
ruisseau à Gunstett, recevaient le choc impétueux des Turcos à la
baïonnette. C'est de cette manière, également, que les troupes du
Vᵉ corps prussien furent repoussées. Sur la rive droite de la Sauer,
seule, une petite fraction du XIᵉ corps se maintenait encore, et,
comme précédemment, des subdivisions du Vᵉ corps tenaient toujours à Wœrth et le long de la route qui se dirige vers cette
localité.

Tous les efforts des Français pour chasser les Prussiens de
Wœrth échouèrent; les troupes du Vᵉ corps, qui se maintenaient
sur la rive droite de la Sauer, auraient cédé à la poussée des
Français, si elles n'avaient pas trouvé dans leur propre artillerie
une protection excellente; en revanche, l'artillerie française, —

soit qu'elle fût inférieure à l'artillerie prussienne, soit qu'elle manquât de munitions, — se vit, pour la plus grande partie, condamnée au silence.

Dans ce moment critique, où l'infanterie du Ve corps avait déjà été réduite de moitié et ne pouvait plus se maintenir qu'avec peine sur une petite étendue de terrain de la rive droite de la Sauer, le général de Kirchbach reçut du prince royal de Prusse l'ordre ferme « de ne pas reprendre le combat et d'éviter tout ce « qui pouvait en amener un nouveau ».

Le général Bose, de son côté, après la défaite qu'avait subie son avant-garde sur la rive droite de la Sauer, estimait qu'il y avait danger à renouveler, pour le moment, l'attaque, et, dans sa réponse au général de Kirchbach (au sujet de la demande que ce dernier lui avait, ainsi que nous l'avons dit, adressée pour réclamer son concours), le général de Bose lui avait fait connaître « qu'il ne se « croyait autorisé par l'ordre de l'armée qu'à pousser jusqu'à la « Sauer ».

Enfin, le général de Hartmann, se basant sur un ordre écrit, qu'il venait de recevoir par erreur, et qu'il avait transmis au général de Bothmer, avait prescrit « de rompre le combat ». Cependant, il avait envoyé un officier d'état-major au général de Kirchbach, pour se rendre compte de la marche du combat de ce côté, et, en attendant, il lui avait promis d'arrêter ses troupes, qui commençaient déjà à battre en retraite (1); mais cette dernière promesse ne pouvait s'exécuter aussi vite.

L'historique du IIe corps bavarois prétend que le général commandant ce corps, général de Hartmann, reçut, vers 10 h. 1/2, l'ordre écrit « de rompre le combat, puisque le but de la recon- « naissance était atteint », et qu'en conséquence le général avait prescrit à la division Bothmer de battre en retraite (2). Il est étrange que ce dernier ordre ait pu être donné à un moment où, depuis plus d'une heure déjà, on entendait la canonnade la plus violente du côté de Wœrth (canonnade exécutée par plus de 100 pièces du Ve et du XIe corps), et qu'on pouvait, pourtant, difficilement confondre avec un simple combat de reconnaissance. En

____

(1) Ouvrage du grand état-major prussien, 1re partie, tome I, page **224** et *Historique du Ve corps*, page 30.

(2) *Historique du IIe corps bavarois*, page 19.

outre, il est prouvé que personne n'a donné, en réalité, un tel ordre en vue de rompre le combat, en d'autres termes : (« de battre « en retraite »), et que l'officier qui doit avoir transmis cet ordre n'a pu être désigné par personne (1).

L'hypothèse la plus vraisemblable est que ce bruit d'un ordre de retraite a été occasionné par une communication du général de Walther ; ce dernier avait, il est vrai, après le combat de reconnaissance qu'il venait de livrer, prévenu le général de Hartmann du commencement et de la cessation de ce combat, pour tranquilliser les Bavarois au sujet de la fusillade qu'ils entendaient. Cette communication peut, à la rigueur, avoir été considérée comme un ordre.

Il n'est pas inutile de rappeler, à ce propos, que 10 bataillons de la division Bothmer étaient arrivés à se trouver mélangés, par suite du combat sous bois, et qu'engagés dans une lutte violente avec l'adversaire, ils s'étaient étendus sur un espace de plus de 3 kilomètres de largeur. On conçoit aisément que, dans de telles conditions, il était absolument impossible de retirer les troupes du combat, au moyen « d'un ordre », si l'idée même de la retraite ne leur venait pas à l'esprit ; dès lors, il devenait inutile de leur envoyer un ordre spécial à cet effet.

Quoi qu'il en soit, il est certain que le général de Hartmann ne pouvait, pour le moment, prêter un appui efficace quelconque au général de Kirchbach. Il crut devoir maintenir en arrière une division à Lembach, sur la route de Bitche, où le corps de Failly pouvait, à son avis, se trouver (cette hypothèse se réalisa effectivement) ; quant à la division Bothmer, il ne lui restait plus, comme troupes propres au combat, que 2 bataillons 1/2. Mentionnons également, à cette occasion, que sur les 13 bataillons de la divi-

---

(1) A cette occasion, on se rappelle, involontairement, une série d'articles du général Dragomiroff, dans lesquels il demande de veiller à la réception et à l'expédition des ordres à la guerre (aussi bien écrits que verbaux), et prescrit, à cet effet, d'établir des règles fermes, en observant des formes déterminées. Le malentendu qui se produisit au II° corps bavarois fournit une preuve frappante de la justesse des vues de notre écrivain militaire éminent. N'est-il pas étonnant, en réalité, qu'à la guerre, on traite avec une complète négligence l'expédition d'ordres souvent très importants, et pouvant entraîner, parfois, des conséquences désastreuses, tandis qu'en temps de paix, la plus petite bagatelle peut donner lieu à une relation écrite circonstanciée et se trouver classée dans les archives ?

sion Bothmer, dans le cours de cette journée il n'y en avait plus
que cinq qui fussent encore parfaitement propres au combat (1).

Le général de Kirchbach se trouvait, à ce moment, dans une
situation très critique : la moitié de son infanterie était engagée
au feu ; les pertes avaient été très considérables et les Français se
maintenaient encore intacts sur les positions qu'ils venaient de
défendre avec tant d'acharnement. Il n'y avait pas à compter sur
le secours des corps voisins, et, en outre, le prince royal avait
donné l'ordre de rompre le combat.

Mais le général de Kirchbach avait conscience que la mise à
exécution de cet ordre, en d'autres termes : la retraite, qui avait
pour effet de renoncer à un succès obtenu au prix des lourds sacrifices que l'on venait déjà de s'imposer, — équivaudrait à une
défaite, avec toutes ses conséquences matérielles et morales, non
seulement pour le Vᵉ corps, mais pour toute l'armée du prince
royal.

D'autre part, il n'était possible de continuer le combat qu'à la
condition que le général de Kirchbach fût disposé à endosser
complètement cette lourde responsabilité, avec toutes les conséquences qui pouvaient en résulter. Cependant le général commandant le Vᵉ corps n'hésita pas, et il prit la résolution capitale de
poursuivre jusqu'au bout la lutte commencée. Il en rendit compte
au prince royal et en fit part également aux généraux de Bose et
de Hartmann, en même temps qu'il réclamait (de nouveau) leur
concours. Ces deux commandants de corps lui promirent alors leur
appui.

A 1 heure de l'après-midi, le prince royal arriva sur les hauteurs de Wœrth, après avoir, chemin faisant, reçu le rapport du
général de Kirchbach, dont nous venons de parler ; le prince royal
se rendit compte, personnellement, qu'il n'était plus possible de
rompre le combat, et il donna, dès lors, immédiatement, les
ordres suivants (2) :

« Le IIᵉ corps bavarois agira contre le flanc gauche de l'en-
« nemi, de manière à venir s'établir au delà de ce flanc, dans la
« direction de Reichshoffen.

« Le Iᵉʳ corps bavarois, laissant une division en arrière comme

_____

(1) *Historique du IIᵉ corps bavarois*, pages 21 et 22,
(2) Ouvrage du grand état-major prussien, 1ʳᵉ partie, tome I, page 242.

« réserve, et accélérant la marche autant que possible, appuiera
« entre le IIᵉ corps bavarois et le Vᵉ corps prussien.

« Le XIᵉ corps se portera vigoureusement contre Frœschwiller,
« par Elsasshausen et le Nieder-Wald.

« Dans le corps Werder, la division wurtembergeoise suivra,
« par Gunstett, le mouvement du XIᵉ corps au delà de la Sauer.
« La division badoise gagnera provisoirement Surbourg. »

En même temps, le général de Kirchbach recevait encore
l'ordre suivant :

« Expédié le 6 août, à 1 heure de l'après-midi.

« Le Vᵉ corps traînera encore l'attaque en longueur, jusqu'à ce
« que le général von der Tann, qui est en marche au nord de
« Preuschdorf, se soit rapproché, ainsi que la 22ᵉ division, qui
« doit marcher sur Wœrth. Ces troupes ne peuvent arriver que
« dans une heure ou deux. Le corps Werder se rapproche égale-
« ment, mais il ne peut pas entrer en ligne avant trois heures. »

Signé : de Blumenthal.

Cependant le commandant en chef s'était déjà privé ainsi, définitivement, de la possibilité d'agir, d'une manière décisive, sur la
marche du combat. Car, ou bien les chefs en sous-ordre avaient
déjà agi, en partie, de leur propre initiative, en se conformant au
sens des ordres que le prince royal venait seulement de donner à
ce moment, ou bien ces ordres ne paraissaient plus, en partie,
susceptibles d'être mis à exécution, en raison de l'état des choses.

Le général de Kirchbach avait, à ce moment, porté déjà en
avant, à Wœrth et à Spachbach, comme réserves de secteurs, les
brigades de sa 9ᵉ division, qui se trouvait en arrière; il ne lui restait plus que 2 bataillons comme réserve générale. Il n'était plus
maintenant en son pouvoir de « différer » l'attaque (ainsi que le
désirait le général de Blumenthal). Les subdivisions du Vᵉ corps
engagées au combat sur la rive droite de la Sauer et serrées de
près par les Français réclamaient de nouveau des renforts ; faute
de ces derniers, elles auraient été, en fin de compte, rejetées encore
une fois au delà (sur la rive gauche) du ruisseau, et l'on aurait
ainsi perdu, d'un seul coup, les résultats obtenus grâce à ces

efforts sanglants. De plus, les Français auraient pu ainsi tomber, avec toutes leurs forces, sur le corps du général de Bose.

Les deux partis combattants se trouvaient, à ce moment, si rapprochés l'un de l'autre, à Wœrth, et dans une situation si critique (surtout les Prussiens), que ces derniers, sous l'empire de la nécessité, essayèrent, çà et là, d'exécuter des retours offensifs partiels ; mais, malgré tout, leurs tentatives demeurèrent toujours sans résultat. Les Prussiens se heurtèrent, chaque fois, aux contre-attaques impétueuses des Français, et furent repoussés ; les Français, de leur côté, en se portant à l'attaque des derniers points d'appui des Prussiens, à Wœrth, et sur la grande route, furent forcés de se replier, par suite du feu meurtrier de l'artillerie et de l'infanterie.

Tandis que les Français dirigeaient leurs efforts principaux contre le V⁰ corps prussien, ils s'affaiblissaient, par cette raison même, en face des troupes du XI⁰ corps. De ce côté, le général de Bose, après avoir promis son concours au V⁰ corps, s'était décidé à entrer en ligne avec toutes ses forces. Dans ce but, il engagea au feu toute son artillerie, dont 2 batteries ne trouvèrent, momentanément, aucune place pour prendre position. Sous la protection de cette artillerie, le général de Bose mena de nouveau ses troupes à l'attaque du Nieder-Wald ; à cet effet, il les porta, par Gunstett, contre le front, et, par Dürrenbach (2 kilomètres au sud de Gunstett) et Morsbronn, directement contre le flanc droit des Français, en prenant comme direction Albrechtshäuserhof et Eberbach.

Dans le combat acharné qui s'engagea à ce moment, les troupes du XI⁰ corps opposèrent une vigoureuse résistance aux contre-attaques réitérées de l'ennemi, entre autres, à une charge de la cavalerie française (1) ; elles s'emparèrent d'Albrechtshäu-

---

(1) La brigade de cuirassiers Michel, avec 2 escadrons du 6⁰ régiment de lanciers, exécuta une charge héroïque, dans la direction générale de Morsbronn, mais, probablement, sans avoir, au préalable, éclairé le terrain, et, de plus, sur un sol tout à fait défavorable, qui était couvert de rangées d'arbres, de souches à fleur de terre, et de fossés profonds; une partie des cuirassiers pénétra même dans Morsbronn. Mais, après avoir pénétré entre les subdivisions de l'infanterie prussienne, qu'elle ne put rompre, la brave cavalerie française fut presque anéantie par le feu de l'infanterie et les charges du 13⁰ régiment de· hussards prussien. Les Français n'avaient pu faire reculer qu'une partie d'une compagnie de pionniers. Le seul résultat de cette charge de cavalerie fut de

serhof et d'Eberbach, et pénétrèrent, également, pas à pas, dans le Nieder-Wald (1) ; elles purent, enfin, atteindre, dans le désordre et le mélange le plus complets, la lisière nord, qui faisait face à Elsasshausen. Sur ce dernier point, elles se heurtèrent à une très violente résistance. Le maréchal Mac-Mahon commandait, de ce côté, en personne, et cherchait, par son exemple, à enflammer l'ardeur des troupes épuisées.

Le général de Bose ne disposait plus, à ce moment, que de 3 bataillons en ordre serré ; mais une partie déjà de son artillerie s'était portée rapidement en avant, en traversant la Sauer, pour appuyer l'infanterie. Sept batteries prussiennes prirent position à une distance suffisamment rapprochée du village, et préparèrent l'attaque ; puis, faisant un dernier effort, les lignes de tirailleurs se lancèrent à l'assaut, de concert avec quelques subdivisions du XIe corps, qui se trouvaient encore en ordre serré. Pour la seconde fois, le général de Bose fut, sur ce point, grièvement blessé. Le village d'Elsasshausen, qui était en feu, fut pris d'assaut, grâce à la coopération des subdivisions de l'aile gauche du Ve corps.

Les fractions de troupes prussiennes qui avaient participé à l'assaut dirigé contre Elsasshausen s'étaient, en partie, élancées, avec impétuosité, au delà de cette localité ; à ce moment, le 1er régiment de turcos (2), sur l'ordre du maréchal Mac-Mahon, se porta à l'attaque contre elles, en colonnes serrées, et il fit rétrograder devant lui les subdivisions et les lignes de tirailleurs prussiennes, qui avaient perdu toute cohésion. En cet instant critique, l'artillerie prussienne rendit, de nouveau, aux siens, un service signalé.

Dès qu'il put s'apercevoir du mouvement en avant des Français, le commandant de l'artillerie du XIe corps fit avancer 3 batteries. Le major Jakobi, de l'état-major du Ve corps, arrêta l'une des batteries et lui fit prendre position ; les deux autres batteries (à cheval) furent mises en position à Elsasshausen par un officier

---

donner à l'infanterie française le temps d'exécuter, avec une tranquillité complète, sa retraite de Morsbronn vers le Nieder-Wald.

(1) Cette forêt fut défendue, jusqu'à la dernière extrémité, par le 3e régiment de zouaves, qui, cerné sur ce point par les Allemands, y perdit les deux tiers de ses hommes.

(2) Ce régiment, qui avait fort souffert à Wissembourg, ne comptait plus, alors, d'après l'estimation de Derrécagaix, que 1500 hommes.

d'état-major du XIe corps. A ce moment, l'infanterie prussienne se voyait obligée d'abandonner la hauteur et d'évacuer Elsasshausen, et, talonnée par les Français, elle se trouvait déjà en pleine retraite. — La situation était critique : c'est alors que le commandant de l'artillerie du XIe corps, général Hausmann, et le commandant de l'artillerie de corps, colonel de Bronikowski, réussirent à maintenir sur place les batteries qui étaient déjà entraînées dans la retraite générale, et leur firent prendre position au milieu de l'infanterie qui se repliait ; pour lui redonner du courage, l'une d'elles se mit en batterie, bien qu'elle n'eût devant elle qu'un champ de tir d'environ 30 pas (1). Ce feu d'artillerie, exécuté, en partie, à une distance très rapprochée, eut pour effet de briser l'élan impétueux des Français. L'infanterie prussienne reprit de nouveau courage, et cette vigoureuse attaque de l'ennemi fut repoussée.

L'attaque de l'infanterie française fut suivie, entre 1 heure et 2 heures de l'après-midi, d'une charge de la division de cuirassiers Bonnemains. Cette charge, qui fut exécutée avec une bravoure tout aussi absolue que celle de la brigade Michel, mais qui avait à parcourir un terrain défavorable, demeura également sans résultat.

Au même moment, les troupes du Ve corps avaient déjà, après un combat acharné, gagné du terrain sur les pentes est de la hauteur de Frœschwiller, et se trouvaient en contact avec les troupes du général de Bose. Mais les unes comme les autres étaient en désordre et extrêmement fatiguées. Les généraux de Bose et de Kirchbach avaient fait traverser la Sauer à leurs derniers bataillons et à leurs dernières compagnies. Une compagnie de pionniers, elle-même, qui aurait été très nécessaire lors du passage du ruisseau à Wœrth, avait pris part à l'attaque (2).

Après avoir perdu Elsasshausen, les Français défendirent avec une égale bravoure le plateau de Frœschwiller, qui domine cette localité ; en outre, ils exécutèrent, à plusieurs reprises, de vigoureuses contre-attaques.

Les Prussiens avaient subi de grandes pertes. Plusieurs chefs supérieurs étaient tombés. Leurs subdivisions, en désordre et

---

(1) Léo, *L'artillerie allemande à Wœrth,* page 57.
(2) *Historique du Ve corps,* page 39.

mélangées les unes aux autres, tenaient encore ferme, il est vrai, mais elles n'étaient plus capables, surtout au XIe corps, de continuer l'attaque. Elles avaient un besoin pressant de l'appui de troupes fraîches, et ce soutien allait, à ce moment, entrer en ligne de deux côtés : il provenait du corps bavarois von der Tann et du corps Werder, dont nous allons, maintenant, examiner les mouvements.

L'avant-garde du Ier corps bavarois (la brigade du général d'Orff) s'était, conformément à l'ordre de l'armée, mise en marche, à 6 heures du matin, sur Lampertsloch. Chemin faisant, le général d'Orff avait entendu la canonnade dans la direction de Wœrth, et, après avoir rassemblé sa brigade à Lampertsloch, il avait rendu compte de cet incident au commandant de la division, général de Stéphan. Ce dernier résolut de se porter en avant, avec toutes ses forces, de se déployer à droite, à côté du Ve corps, et d'attaquer l'aile gauche de l'ennemi. Il envoya, en conséquence, également à son autre brigade l'ordre de se mettre en marche ; mais cette dernière avait déjà commencé son mouvement par ordre de son chef.

Lorsque le général von der Tann fut informé de la décision prise par le général de Stéphan, il prescrivit également à la 2e division de son corps, ainsi qu'à l'artillerie de corps, de hâter leur marche. L'ordre « de hâter » la marche avait tout à fait sa raison d'être, car les Bavarois étaient obligés de s'avancer par un chemin étroit, marécageux, et, en outre, foulé par les troupes qui venaient d'y passer. Le général von der Tann se porta lui-même en avant, pour s'entendre avec le général de Kirchbach, qu'il rencontra vers 1 heure. D'ailleurs, le secours fourni par les troupes bavaroises avancées, qui étaient fatiguées, se réduisit, tout d'abord, à l'entrée en ligne de l'artillerie de l'avant-garde à Gœrsdorf (au nord de Wœrth). Une batterie bavaroise avait été adjointe à l'avant-garde ; deux autres, qui avaient été tirées du gros de la division, parcoururent, toujours au trot, en trois quarts d'heure, le chemin qui se trouvait détrempé. Ces trois batteries s'engagèrent au combat, au nord de la position d'artillerie du Ve corps, et portèrent le nombre des pièces qui se trouvaient, à ce moment, en action près de Wœrth à 104 (1). La 1re division du

_____

(1) Défalcation faite de l'artillerie du XIe corps.

Ier corps bavarois arriva peu à peu, tandis que la 2e se trouvait encore fort en arrière.

La division wurtembergeoise du corps de Werder, se conformant à l'ordre, s'était mise en marche à 6 heures du matin ; à 9 heures, l'avant-garde de la 1re brigade avait placé des avant-postes sur la position qui lui avait été assignée, face à la forêt de Haguenau ; à 11 heures, le gros de la division avait atteint Reimersviller. Avant 11 heures, le général de Werder avait été informé par le général de Bose que ce dernier, marchant au canon, se portait sur Gunstett. Le général de Werder prescrivit, en conséquence, à la 1re brigade wurtembergeoise (5 bataillons, 2 escadrons, 6 pièces) de rester en position sur la route de Haguenau. La brigade de cavalerie wurtembergeoise, sous le général comte Schéler (comprenant, en tout, 5 escadrons, défalcation faite des détachements), reçut l'ordre de suivre le XIe corps, en marchant derrière les deux autres brigades d'infanterie wurtembergeoise (10 bataillons, 4 escadrons, 48 pièces).

La division badoise était restée en arrière, prête à marcher, à Hohwiller, d'où elle se porta plus tard vers Surbourg, sur la route de Haguenau ; la brigade de cavalerie badoise, qui lui était affectée, s'établit en face de la forêt de Haguenau (1).

De tout le corps Werder, seules, la brigade de cavalerie wurtembergeoise, et, avec elle, la 2e brigade d'infanterie wurtembergeoise, qui marchait en tête de l'infanterie sous les ordres du général de Starkloff, parurent en temps opportun sur le champ de bataille ; cette dernière brigade avait été arrêtée à Surbourg par les trains du XIe corps, mais elle atteignit, cependant, le champ de bataille à 2 heures, et prit une part active au combat. Les deux autres brigades wurtembergeoises arrivèrent trop tard (2).

La brigade de tête wurtembergeoise Starkloff, après avoir franchi la Sauer à Gunstett, reçut du prince royal l'ordre de marcher directement sur Reichshoffen, pour couper la retraite aux Français ; cependant cet ordre demeura sans exécution, car la brigade fut amenée, par suite de la situation critique des troupes du XIe corps, à se porter à leur secours, vers Elsasshausen. Ce

(1) *Opérations de la troisième armée*, page 50.
(2) D'après un ordre ultérieur du prince royal, toutes les fractions de la division wurtembergeoise devaient se porter sur Gunstett.

secours n'aurait pas pu, d'ailleurs, arriver en un meilleur moment. Les bataillons wurtembergeois, qui étaient tout frais, permirent aux troupes du XI⁰ corps, qui se trouvaient en désordre et épuisées, de faire bonne contenance, et ils repoussèrent même la dernière contre-attaque désespérée, dirigée par les Français contre Elsasshausen.

Le V⁰ corps, engagé fortement dans le pénible combat qui se livrait sur le front, avait, maintenant, un ferme appui, pour son aile gauche, dans le XI⁰ corps, et, pour son aile droite, dans le I⁰ʳ corps bavarois.

Le chef de l'avant-garde du I⁰ʳ corps bavarois, général d'Orff, après avoir fait halte à Gœrsdorff (au nord de Wœrth), était déjà sur le point de franchir la Sauer, lorsqu'il reçut, du général commandant, un ordre qui approuvait cette marche en avant. Ce n'est pas sans difficulté, ni sans essuyer le feu des Français, que le passage fut exécuté, d'abord par les troupes du général d'Orff, et, bientôt après, par le reste de la division Stéphan. Le général von der Tann donna au général de Stéphan lui-même l'ordre de se porter dans la direction de Frœschwiller ; quant au général d'Orff, il devait envelopper l'aile gauche française. Au premier de ces deux généraux s'étaient réunis, également, deux bataillons du V⁰ corps, qui avaient pris position à Gœrsdorf, ainsi que quelques fractions moins importantes de la 4⁰ division bavaroise Bothmer. Sur la rive droite de la Sauer, les Bavarois furent engagés dans un violent combat sous bois. Ils arrivèrent à se mélanger ; leurs pertes allaient en croissant ; les Français exécutaient de nombreuses contre-attaques ; tous les chefs bavarois, de grade élevé aussi bien que de grade inférieur, durent faire preuve du plus grand dévouement pour maintenir les troupes au combat. Enfin le mouvement enveloppant exécuté, de ce côté, par le général d'Orff produisit son effet : la résistance des Français faiblit sur le front, et bientôt ils se replièrent sur Frœschwiller. Il était alors 3 h. 30 de l'après-midi (1).

Frœschwiller, dernier point d'appui des Français, fut, à ce moment, attaqué de trois côtés : de front, par les troupes du

(1) *Historique du I⁰ʳ corps bavarois*, page **22**. (Helwig, *Le I⁰ʳ corps bavarois, von der Tann dans la guerre de 1870-1871.*)

Ve corps ; au sud, par le XIe corps et les Wurtembergeois ; enfin, au nord, par les Bavarois. A 4 heures, le maréchal Mac-Mahon donna l'ordre de la retraite et désigna Saverne (à une distance de plus de 30 kilomètres de Reichshoffen) comme point de ralliement. Les défenseurs de Frœschwiller furent chargés de couvrir la retraite ; ils firent preuve, en cette circonstance, d'un grand dévouement. L'attaque dirigée par les Allemands contre cette localité fut préparée par le feu de 13 batteries du Ve et du XIe corps ; en même temps deux batteries se rapprochaient, de leur propre initiative, jusqu'à 600 pas du village, et, en dépit de pertes extraordinaires, causées par le feu d'artillerie et d'infanterie de l'ennemi, elles entraient en action, avec un grand succès, pour frayer le chemin à leur infanterie (1).

A 4 h. 30 environ, les troupes allemandes se portèrent à l'assaut, en partie sous le commandement de leurs propres chefs, en partie sous le commandement de chefs étrangers, et se précipitèrent, de plusieurs côtés à la fois, sur Frœschwiller. Après un combat meurtrier, qui se poursuivit même dans l'intérieur du village, Frœschwiller fut définitivement enlevé ; en même temps une aigle, avec la hampe brisée, était conquise, et le commandant de la division française, général Raoult, tombait blessé aux mains des Allemands. Le maréchal Mac-Mahon lui-même n'avait quitté Frœschwiller qu'avec ses derniers défenseurs.

La vigoureuse résistance des Français, poussée même jusqu'à la dernière extrémité, fut brisée pour la première fois. Les troupes qui s'étaient battues, jusque-là, d'une manière désespérée, à Frœschwiller, prirent alors la fuite, vers 5 heures de l'après-midi, sans qu'il fût possible de les arrêter, en se repliant sur Reichshoffen, et, plus au nord, derrière le Schwarz-Bach. Les troupes du général Ducrot, qui battaient en retraite encore en ordre, quittèrent le champ de bataille les dernières, avec des fractions de cavalerie et d'artillerie.

La bataille était finie. Il ne restait plus maintenant aux Allemands qu'à tirer parti, grâce à une poursuite vigoureuse, de la

---

(1) *L'artillerie allemande à Wœrth*, page 67.

victoire achetée si chèrement ; quant aux troupes qui avaient pris part au combat livré autour de Frœschwiller, elles n'étaient plus capables de remplir cette mission. Les généraux de Kirchbach et von der Tann tinrent conseil à ce sujet ; toutefois, le dernier de ces généraux ne pouvait prélever, dans ce but, qu'un petit détachement mixte, comprenant, comme infanterie, 2 bataillons. Dans le Ve corps, les commandants de division (plutôt en vue d'éclairer le terrain que de poursuivre l'ennemi) avaient envoyé en avant, en tout, 5 escadrons (1). Ces détachements de cavalerie rendirent compte que les Français se trouvaient en pleine retraite. Cette cavalerie semble, d'ailleurs, n'avoir rien entrepris de bien important ; elle ne trouva même pas, une seule fois, l'occasion d'en venir aux mains avec les Français ; c'est ce qui ressort, du reste, de ce fait que toute la cavalerie divisionnaire du Ve corps n'eut que 2 blessés, le jour de la bataille de Wœrth.

Naturellement les ordres relatifs à une poursuite énergique, ainsi que les mesures générales destinés à tirer pleinement parti de la victoire, ne pouvaient venir que du commandant en chef de l'armée lui-même. Le prince royal avait, en effet, immédiatement après avoir pris la direction de la bataille, donné ses ordres en conséquence (ordres dont nous avons déjà parlé). Les dispositions adoptées avaient pour but d'envelopper l'adversaire de deux côtés : du côté du nord, dans la direction de Reichshoffen, par les Bavarois ; du côté du sud, par les Wurtembergeois ; on espérait ainsi lui couper la retraite. C'est, probablement, parce qu'on s'imaginait que ce double enveloppement (qui, en réalité, n'eut pas lieu) produirait un effet décisif, qu'on n'avait pris aucune disposition pour assurer la poursuite immédiate des Français par la cavalerie, et qu'on avait même remis au lendemain matin la poursuite que devait exécuter la division de cavalerie indépendante. Il n'y eut donc, à proprement parler, aucune poursuite, bien qu'on eût à sa disposition une forte cavalerie divisionnaire et de corps, savoir : 16 escadrons du Ve et du XIe corps, et 20 escadrons du IIe corps bavarois, auxquels il faut encore ajouter 5 escadrons wurtembergeois et 5 escadrons, qui parurent sur le champ de bataille avec la 1re division bavaroise. Il y avait ainsi, en pre-

---

(1) *Historique du Ve corps*, pages 43 et 46.

mière ligne, 47 escadrons allemands, prêts à agir sur le front et les flancs des Français.

Ce ne sont donc pas les moyens qui firent défaut pour la poursuite, mais simplement la direction proprement dite ; et, cependant, le but général à atteindre, savoir les derrières de la position française, à Reichshoffen, devait être connu des troupes désignées pour agir contre les flancs de l'ennemi.

Je passe maintenant à l'exécution des ordres donnés par le prince royal, en vue d'arriver à couper la retraite à l'armée française. J'ai déjà fait remarquer que la 2ᵉ brigade d'infanterie wurtembergeoise, qui, d'après l'ordre du prince royal, devait se porter de Gunstett sur Reichshoffen, fut amenée par la situation du combat à quitter cette direction, pour se porter sur Elsasshausen, et coopérer ensuite à la prise de Frœschwiller. La 3ᵉ brigade d'infanterie wurtembergeoise, qui avait été mise en marche, sur un ordre direct du commandant en chef de l'armée, de Reimerswiller sur Dürrenbach, devait servir de réserve aux troupes qui se trouvaient sur la rive droite (ouest) de la Sauer. La tête de cette brigade n'atteignit Hœlschloch (à l'est de Gunstett) qu'à 11 h. 30, et reçut, en ce point, un nouvel ordre, qui lui prescrivait « de marcher sur Reichshoffen ». Arrêtée par de mauvais chemins, la brigade envoya en avant, au delà de la Sauer, 2 escadrons et la réserve d'artillerie wurtembergeoise, — 5 batteries. Mais ces batteries ne purent pas suivre la cavalerie, qui avait pris rapidement les devants, et elles demeurèrent en arrière ; l'une d'elles fut adjointe au 14ᵉ régiment de hussards prussien (1).

En résumé, vers la fin de la bataille, il y avait, en tout, à l'aile gauche allemande, au sud du Nieder-Wald, 11 escadrons et 2 batteries, formés en trois détachements distincts, qui s'étaient portés en avant, pour poursuivre l'ennemi, dans la direction générale de Reichshoffen et de Gundershoffen, localité située plus au sud ; mais, seuls, les cavaliers wurtembergeois réussirent à barrer la route aux Français, en retraite de Frœschwiller sur Reichshoffen. La cavalerie allemande agit, en cette occasion, avec beaucoup de hardiesse et de résolution ; elle exécuta avec succès une charge contre un détachement en ordre serré de l'adversaire, fit des pri-

---

(1) Ouvrage du grand état-major prussien, 1ʳᵉ partie, tome I, page 279.

sonniers, et recueillit des trophées ; mais elle ne put, cependant, en raison de son apparition tardive, et surtout de son faible effectif, obtenir un grand résultat.

Les Allemands disposaient, à leur aile droite, de beaucoup plus de moyens et de forces, pour compléter leur victoire par un enveloppement stratégique réel, et cela grâce aux troupes du IIe corps bavarois. Ce corps se trouvait déjà, pour ainsi dire, dès l'origine, posté sur l'un des flancs de la position française ; il pouvait facilement être dirigé contre le flanc gauche, et même sur les derrières de cette position ; mais, pour cela, il aurait dû recevoir, en temps opportun, des ordres précis, lui indiquant clairement le but à atteindre. Avant qu'un ordre de cette nature ne lui parvînt, la moitié de l'infanterie de ce corps, la division Bothmer, avait été engagée dans un combat particulier, qui avait commencé à la première heure, et n'avait amené aucun résultat ; les deux tiers de ses bataillons se trouvaient complètement désorganisés. A ce moment, à 2 h. 30 de l'après-midi, le général commandant ce corps, général de Hartmann, avait bien reçu, du prince royal, l'ordre ferme et précis « d'agir sur le flanc gauche de la position « de l'ennemi, de manière que le corps arrivât à se trouver sur « les derrières de celle-ci, dans la direction de Reichshoffen », mais cet ordre arriva trop tard.

En exécution de ce dernier ordre, le général de Hartmann, tenant compte des forces qu'il avait encore à sa disposition, avait immédiatement mis en marche sur Neehwiller et Reichshoffen la 5e brigade d'infanterie (de la 3e division d'infanterie bavaroise) avec la brigade de uhlans ; un peu plus tard, il fit suivre encore ces troupes d'un régiment de la 6e brigade de la même division, de sorte qu'il ne garda plus qu'un régiment sur la route de Bitche. Mais la 5e brigade, avec les uhlans, n'était pas encore arrivée jusqu'à Neehwiller (environ 10 kilomètres de Reichshoffen et 2 kilomètres de Frœschwiller), que déjà Frœschwiller était pris, et que les Français se trouvaient en pleine retraite. La colonne bavaroise apprit cet incident à Neehwiller ; elle se fractionna, dès lors, en deux colonnes : l'une d'elles continua à se porter en avant, dans la direction de Reichshoffen, qui lui avait été assignée précédemment, tandis que l'autre appuya à droite, pour couper la retraite aux Français, vers Niederbronn.

Cette manœuvre, tout à fait logique (la marche sur Niederbronn) eut le tort d'être exécutée trop tard. Niederbronn avait été occupé, vers 6 heures de l'après-midi, par la division française Lespart du corps de Failly, qui venait d'arriver de Bitche. Le général Lespart recueillit les Français, qui se repliaient en désordre, protégea leur retraite ultérieure, et, après un combat sans importance, évacua alors Niederbronn. Les Bavarois occupèrent Niederbronn, où parut également, venant de Reichshoffen, la cavalerie wurtembergeoise, qui, ainsi que nous l'avons déjà dit, était entrée en action, en prenant les devants, à l'aile gauche de l'armée du prince royal.

C'est ainsi que le but poursuivi par le prince royal, qui consistait à envelopper les deux ailes de l'adversaire, ne fut pas atteint; il n'y eut pas du tout, à proprement parler, de poursuite au delà des limites du champ de bataille.

Presque toute la troisième armée allemande passa la nuit sur le champ de bataille, où l'on avait fait venir, également, les troupes qui n'avaient pas pris part à la lutte. L'armée bivouaqua sur la rive droite de la Sauer, sur les points suivants : le Vᵉ et la moitié du Iᵉʳ corps bavarois à Frœschwiller; à gauche de ces deux corps, et, en partie, en arrrière d'eux, le XIᵉ corps (à Elsasshausen et à Wœrth); encore plus à gauche, et poussés un peu en avant, les Wurtembergeois; en arrière d'eux, la division badoise (sur les deux rives du Sauer-Bach); le IIᵉ corps bavarois, en partie à Reichshoffen, en partie à Niederbronn et à Lembach. La 2ᵉ division du Iᵉʳ corps bavarois, qui avait atteint Gœrsdorf (au nord de Wœrth) à 5 heures de l'après-midi, avait, après avoir déposé ses sacs, continué sa marche sur Frœschwiller; de ce point, comme on n'avait plus besoin d'elle, elle avait été renvoyée sur la rive gauche du Sauer-Bach, pour y reprendre ses sacs (1); en arrière d'elle, bivouaqua la brigade de cuirassiers bavaroise.

L'armée du maréchal Mac-Mahon, battue à Wœrth, avait con-

---

(1) Ouvrage du grand état-major prussien, 1ʳᵉ partie, tome I, page 277. L'*Historique du Iᵉʳ corps bavarois*, pages 26-27, prétend, au contraire, que, seule, une brigade de la 2ᵉ division était parvenue jusqu'à Frœschwiller. Ces troupes, parfaitement intactes, n'ont pas été, sans doute en raison de leur grande fatigue, utilisées pour la poursuite.

tinué sa retraite dans la nuit, par tous les chemins qui menaient à Saverne ; une brigade de la division Lespart s'était également repliée sur ce point ; l'autre brigade de cette division, sous le général Abbatucci, avait battu en retraite, avec quelques milliers d'isolés, de Frœschwiller sur Bitche, où elle arriva le 7 août au matin.

Le général de Failly s'était trouvé, pendant la journée du 6, à Bitche, dans une situation tout à fait particulière ; des deux côtés, il entendait la canonnade ; avec son aile gauche, il aurait dû soutenir le général Frossard à Spicheren (car l'une de ses brigades avait campé, du 5 au 6 août, à Sarreguemines, à environ 15 kilomètres de Spicheren) ; d'autre part, avec les troupes rassemblées à Bitche, il devait se porter au secours du maréchal Mac-Mahon, sous les ordres duquel il se trouvait directement placé.

Il est un fait curieux à noter, c'est que le maréchal, qui était, cependant, relié par le télégraphe avec le général de Failly, ne lui a fait parvenir aucun ordre dans le courant de la journée du 6. D'autre part, le général de Failly paraît, de son côté, n'en avoir provoqué aucun ; il n'a pas pris non plus de décision spontanée ; bien plus, il est demeuré, sans bouger, sur sa position, sous prétexte qu'il ne pouvait pas abandonner un point stratégique aussi important que Bitche, du moins d'après sa manière de voir.

Le 6 au soir, en apprenant la nouvelle de la défaite de Mac-Mahon, le général de Failly convoqua encore un conseil de guerre, et, à la suite des résolutions adoptées dans ce conseil, se replia immédiatement, avec celles de ses troupes qui se trouvaient à Bitche, dans la direction de Saverne, sur la Petite-Pierre.

C'est ainsi que, dans la nuit du 6 au 7 août, les deux groupes de l'armée française qui s'étaient trouvés opposés à la troisième armée allemande firent leur jonction à Saverne.

En attendant, le commandant en chef de cette dernière armée n'était toujours pas fixé au sujet de la direction de retraite suivie par les Français ; toutefois, il inclinait à penser qu'ils s'étaient repliés sur Bitche. Partant de cette hypothèse, le prince royal donna encore, dans la nuit du 7, à la 12e division d'infanterie (du VIe corps), l'ordre de se porter sur Bitche. Cette division s'était rassemblée, le 6 au matin, à Landau, point de débarquement du VIᵉ corps, et s'était portée de ce point dans la direction de Pirmasens. La mission du VIᵉ corps devait, d'après le plan initial, consister à établir la liaison avec la deuxième armée allemande et à exécuter une démonstration vers Bitche.

Mentionnons également, ici, que le commandant de la 12ᵉ division, ayant appris le résultat de la bataille de Wœrth, s'était déjà porté en avant, de sa propre initiative, alors qu'il n'avait pas encore reçu l'ordre dont nous venons de parler. La division arriva, le 7 au soir, jusqu'à Stürzelbronn, et poussa en avant ses patrouilles jusqu'à proximité de Bitche ; ces dernières ne constatèrent plus, dans les environs de cette forteresse, aucune trace des troupes du général de Failly. Quant à la place de Bitche ellemême, elle accueillit les patrouilles prussiennes par des feux d'artillerie.

Je passe maintenant aux dispositions ultérieures adoptées par la troisième armée, dans le but de déterminer la direction de retraite suivie par l'adversaire et d'assurer sa poursuite pendant la journée du 7.

D'après l'ordre de l'armée pour le 6, la 4ᵉ division de cavalerie devait, ce jour-là, se reposer à Soultz, derrière la troisième armée. Mais, déjà avant la fin de la bataille, la division avait reçu l'ordre de marcher sur Gunstett. Elle reçut, ensuite, pour le 7 août, un second ordre, qui lui prescrivait de se porter à gauche sur Ingwiller et Bouxwiller ; en outre, la cavalerie bavaroise (la brigade de cuirassiers et la brigade de uhlans) devait se porter plus à droite sur Bitche, et les Wurtembergeois devaient s'avancer, entre ces deux groupes, sur Zinswiller et Uhrwiller.

Le commandant de la 4ᵉ division de cavalerie, prince Albrecht de Prusse, était arrivé, le 6, à 9 h. 30 du soir, à Gunstett, et, conformément à l'ordre dont nous avons parlé, il avait immédiatement continué sa marche sur Eberbach, où il prit position derrière la division wurtembergeoise, et poussa en avant le régiment de hussards du corps nº 2 vers le Falkensteinerbach, sur Gundershoffen et Griesbach, pour couvrir l'aile gauche du dispositif adopté par l'armée allemande (1).

_____

(1) Ouvrage du grand état-major prussien, 1ʳᵉ partie, tome I, pages 287 et 288.

Le 7 au matin, le régiment de hussards du corps rendit compte qu'aucune troupe française ne s'était repliée dans la direction du sud-ouest, par Hégeney, Mitesheim et Pfaffenhoffen. Comme le commandant de la 4e division de cavalerie en concluait que les Français s'étaient retirés dans la direction du nord-ouest, c'est-à-dire sur Bitche, il se borna à porter dans la direction que lui avait assignée le prince royal, sur Ingwiller, le régiment de hussards du corps, et se dirigea, avec les cinq autres régiments, vers le nord, par Reichshoffen et Niederbronn. La division rencontra à Niederbronn la brigade de cuirassiers bavaroise, qui se trouvait en marche sur Bitche. Cette brigade avait, en arrière de Niederbronn et d'Oberbronn, localité située à proximité, essuyé le feu de l'infanterie française, qui occupait le col que traverse la route de Bitche. Ces troupes étaient, probablement, des traînards. En présence de cette résistance, la brigade de cuirassiers renonça à continuer sa marche sur Bitche.

Sur ces entrefaites, le commandant de la 4e division de cavalerie prussienne, à la suite des divers indices et renseignements qu'il avait recueillis à Niederbronn, était arrivé à la conclusion suivante : c'est qu'une partie, tout au moins, des troupes du maréchal Mac-Mahon avait dû se replier sur Ingwiller, c'est-à-dire dans la direction que le prince royal avait assignée à la division. La division s'achemina donc dans cette direction ; la brigade de cuirassiers bavaroise se réunit à elle.

Sur la route d'Ingwiller, on rencontrait, pour la première fois, des traces visibles de la retraite précipitée des Français : on trouva des sacs et des fusils jetés pendant la route, des traînards ennemis, et une pièce abandonnée sur place. Des isolés français faisaient feu des maisons et des hauteurs environnantes.

A 10 heures du matin, le prince Albrecht rendit compte d'Ingwiller : « que la retraite principale des Français s'était faite par « Niederbronn sur Bitche, mais qu'une partie importante de ces « troupes s'était repliée par Ingwiller ».

Après s'être reposée, de 11 heures jusqu'à 5 heures, à Bouxwiller, la cavalerie allemande se remit en marche, à l'effectif de 30 escadrons et 3 batteries, sur Saverne. Les traces de l'ennemi devenaient plus nombreuses. A Steinbourg, les têtes de colonnes de la cavalerie allemande furent accueillies par des feux de salve, et virent partir un train chargé de militaires. Le contact avec l'ennemi fut donc de nouveau rétabli.

Après avoir repoussé les Français de Steinbourg par un feu d'artillerie, les Allemands bivouaquèrent sur ce point, à 8 heures du soir; ils avaient parcouru, dans l'espace de vingt-quatre heures, 68 kilomètres, ainsi que l'indique l'ouvrage du grand état-major prussien; la relation officielle paraît croire que c'était là une marche extraordinaire, tandis qu'en réalité ce n'était qu'une marche d'une longueur moyenne, que l'on devait exiger, purement et simplement, dans de telles circonstances. Par suite de faux rapports, annonçant l'approche de quelques bataillons d'infanterie française, la cavalerie allemande, pour ne pas se trouver engagée dans un combat de nuit, leva son bivouac de Steinbourg, assez tard dans la soirée du 7, et se replia sur Bouxwiller.

Les deux autres détachements de cavalerie qui avaient été envoyés à la poursuite des Français, — les Wurtembergeois et la brigade de uhlans bavaroise, — n'avaient pas pu découvrir les Français. Les Bavarois avaient déjà rencontré des patrouilles de la 12e division d'infanterie (du VIe corps) et étaient revenus à Niederbronn.

Un plus grand succès avait couronné l'entreprise spontanée du commandant de la brigade de cavalerie badoise, général de la Roche, qui occupa Haguenau, dès le 7, à 7 h. 30 du matin, trouva sur ce point 800 blessés français, et fit plus de 100 prisonniers.

Au moment même où la colonne principale de la cavalerie allemande, croyant à l'approche de l'infanterie française, se repliait de Steinbourg, les Français se sentaient, de leur côté, inquiets au plus haut point, par suite de la proximité des Allemands, et c'est pour cela qu'ils continuèrent leur retraite pendant toute la durée de la nuit du 7 au 8. Vers le matin, les troupes du maréchal Mac-Mahon avaient déjà derrière elles les Vosges, et se trouvaient à Sarrebourg, à une distance d'environ 37 kilomètres de la cavalerie du prince Albrecht.

La cavalerie allemande avait donc, à ce moment, définitivement perdu le contact de l'adversaire.

Avant d'entrer dans les considérations critiques relatives à la bataille de Wœrth, auxquelles j'arrive maintenant, remarquons, au préalable, que la troisième armée allemande, qui entamait l'offensive avec la supériorité numérique, devait, pour remplir sa mission stratégique, saisir toutes les occasions lui permettant de battre, aussi rapidement que possible, l'adversaire. Le problème ainsi posé, le prince royal de Prusse, ainsi qu'il ressort des ouvrages prussiens qui relatent l'histoire de la guerre, jugeait opportun d'attaquer le maréchal Mac-Mahon, non pas le 6, mais seulement le 7 août.

Mais, le 5 au soir, les deux partis étaient déjà arrivés à se trouver si rapprochés, qu'il était possible, et même probable, que des escarmouches isolées se produiraient, et que, par suite, il pourrait, contrairement aux intentions du prince royal, en résulter une lutte des plus sérieuses. L'initiative accordée, dans une large mesure, aux chefs en sous-ordre allemands, jointe à l'activité que pouvait déployer l'adversaire, ouvrait, en cette circonstance, un vaste champ à des incidents imprévus.

En présence de cette situation, on doit soulever la question de savoir quelles furent, à proprement parler, les dispositions prises par le commandant en chef de la troisième armée allemande, pour prévenir tous les accidents fâcheux. L'initiative des chefs en sous-ordre fut-elle limitée par des instructions précises quelconques ? ou bien, tout au moins, les projets du prince royal leur furent-ils communiqués en temps opportun ? Étant données les circonstances, il était absolument urgent de prescrire, en temps opportun, c'est-à-dire dès le 5, aux chefs en sous-ordre d'avoir à éviter, de leur côté, pour le 6, tout ce qui pouvait amener une bataille. Cependant cet ordre ne fut donné que le 6, après l'ouverture du combat, et dans des circonstances telles que son exécution aurait entraîné les conséquences les plus désastreuses. Mais ce n'est pas tout. Non seulement le commandant en chef de l'armée allemande ne prit aucune mesure, en vue d'éviter un combat pour le 6, mais, au contraire, il adopta des dispositions telles qu'elles devaient avoir, infailliblement, pour résultat, soit un insuccès des plus sérieux pour une partie de l'armée, soit une bataille générale décisive, précisément le 6 août. Je veux parler, ici, de l'instruction, mentionnée plus haut, que reçut le général commandant le IIᵉ corps bavarois, général de Hartmann, bien qu'à vrai dire, cette instruction reposât sur une idée tout à fait logique.

Le IIe corps bavarois se trouvait, dès les débuts, sur le flanc gauche de la position française. Par suite de cette situation, il avait la possibilité de s'accrocher au flanc de l'adversaire et de le maintenir sur place, dans le cas où le maréchal Mac-Mahon songerait à évacuer sa position, le 6 août, encore assez à temps pour éviter une lutte inégale avec l'armée du prince royal. Le IIe corps bavarois pouvait, également, tomber dans le flanc des Français, au cas où ils auraient attaqué le Ve corps prussien à Wœrth. Telles sont les idées fondamentales que contenait l'instruction signée par le chef de l'état-major de l'armée du prince royal, général de Blumenthal, instruction qui fut adressée, le 5 au soir, au général de Hartmann. Mais, quoique le sens de cette instruction répondît parfaitement aux circonstances, sa rédaction était, néanmoins, tout à fait défectueuse.

Dans l'instruction du général de Blumenthal il était dit, entre autres choses : « que si, le 6 au matin, on entendait la canon- « nade à Wœrth, une division du corps se porterait contre le flanc « gauche de l'ennemi ; que ce mouvement pourrait avoir un résul- « tat décisif ». La rédaction adoptée ici par le général de Blumenthal présente le caractère d'un ordre direct et précis, pour l'exécution duquel l'unique condition prescrite, et, — pour ainsi dire, le commandement d'exécution, — était, pour les Bavarois, « la canonnade de Wœrth », ou, pour parler plus exactement : venant de la direction de Wœrth ; car on peut, sans doute, distinguer la direction d'où le feu de l'artillerie se fait entendre, mais il n'est pas possible d'indiquer exactement le point d'où ce feu est exécuté. Ce point pouvait être plus éloigné que Wœrth, comme il pouvait en être plus rapproché.

D'une manière générale, la direction et l'intensité de la canonnade peuvent bien être considérées, à la guerre, comme un indice dont il faut tenir compte pour s'orienter, mais il ne faut, en aucun cas, leur attribuer d'autre valeur. Avant de tirer des conclusions formelles de la canonnade que l'on entend, et, surtout, avant de prendre des résolutions décisives, basées sur cette canonnade, on doit, tout d'abord, se renseigner sur l'importance de ces indices, envisagée par rapport à la situation militaire du moment, et, si l'on en a le temps, ne pas négliger de se procurer des renseignements plus exacts, relativement à l'état des choses dans la région où le combat d'artillerie est engagé.

Dans des circonstances comme celles dont il s'agissait ici, c'est-à-dire eu égard à la proximité de l'ennemi et à la grande portée des pièces d'artillerie, toutes les causes et toutes les éventualités imaginables pouvaient amener une canonnade, qui n'avait rien de commun avec les hypothèses que l'instruction du général de Blumenthal considérait comme prépondérantes. Je vais même encore plus loin : étant données les circonstances, il aurait fallu un hasard singulier et peu vraisemblable pour que les troupes de la division Bothmer fussent dans l'impossibilité d'entendre, tant soit peu, dans le cours de la journée du 6 août, « la canonnade venant de « la direction de Wœrth ». En réalité, le feu d'artillerie, que les Bavarois entendirent dans cette direction, fut ouvert, presque simultanément, sur deux points : à Wœrth même, par suite de la reconnaissance du général de Walther, et, plus au sud, à Gunstett, en raison de la reconnaissance entreprise par les Français.

On ne peut pas abandonner cette discussion sans faire ressortir, comme en étant la conséquence directe, trois omissions importantes, commises par le commandant en chef de la troisième armée allemande, savoir :

1º Les chefs en sous-ordre, c'est-à-dire, dans le cas présent, les généraux commandants de corps d'armée, ne furent nullement avisés d'avoir à éviter, pour la journée du 6, toute occasion pouvant entraîner une bataille ;

2º La rédaction de l'instruction adressée au général de Hartmann était défectueuse ; car, interprétée à la lettre, elle paraissait contenir des prescriptions qui se trouvaient en contradiction avec l'esprit proprement dit qui l'avait inspirée ;

3º Les généraux commandants les corps d'armée voisins n'avaient nullement reçu communication de cette instruction spéciale, destinée au général de Hartmann.

D'autre part, on ne peut, également, considérer la conduite du général commandant le IIº corps bavarois comme exempte de tout reproche. L'initiative attribuée, dans une large mesure, aux chefs en sous-ordre allemands leur impose, également, des devoirs tout particuliers, et aussi une grande responsabilité. On est en droit, tout au moins, d'espérer et d'exiger de chaque chef en sous-ordre qu'il exécute un ordre en se conformant « à son esprit » et non « à la lettre ».

Envisagée dans son esprit, l'instruction du général de Blumenthal indiquait les cas dans lesquels une marche en avant de la division bavaroise contre le flanc de l'adversaire était à désirer. Évidemment, « la canonnade de Wœrth », considérée comme signal de l'attaque, n'avait une réelle importance qu'autant qu'il pouvait être question de l'un des cas prévus dans cette instruction. La distance de Mattstall, où se trouvait la division Bothmer, jusqu'à Wœrth, est de 4 à 5 kilomètres ; il ne pouvait donc être difficile de réunir des renseignements sur l'importance réelle du combat d'artillerie engagé dans cette direction, avant de se décider, d'une manière définitive, à se porter en avant, ou, en d'autres termes, à engager la bataille.

Dans le cas présent, le général de Bothmer et le général de Hartmann, ou, plus exactement, tous les deux auraient dû détacher, en temps opportun, des officiers auprès du Ve corps : ceux du général de Hartmann à l'état-major du général commandant ce dernier corps, ceux du général de Bothmer à l'avant-garde. En réalité, c'est exactement le contraire qui se produisit : des officiers du Ve corps durent se rendre auprès du IIe corps bavarois. S'ils avaient détaché, ainsi qu'il vient d'être dit, des officiers auprès du corps voisin, les commandants de corps d'armée intéressés auraient pu recevoir, au cours de l'action, des renseignements sur tout ce qu'il leur importait de connaître. C'est bien, en réalité, à peu près ainsi que procéda le général de Hartmann, lorsqu'il détacha un officier d'état-major auprès du général commandant le Ve corps ; mais il ne prit cette mesure que le 6, à un moment où la bataille était déjà engagée sur toute la ligne.

Bien que les troupes allemandes fussent élevées à l'école du principe de l'initiative des chefs en sous-ordre, il était, néanmoins, manifeste que ce principe n'avait pas encore été converti en règles et en prescriptions formelles, ayant un caractère général obligatoire, ce qui, cependant, était absolument nécessaire après l'introduction de ce nouveau principe dans l'armée. La campagne venait seulement de commencer ; les chefs en sous-ordre n'avaient donc pas eu le temps de se poser eux-mêmes des règles basées sur leurs expériences personnelles et qui pussent leur servir de ligne de conduite.

Je n'ai pas besoin de faire ressortir que si je m'arrête sur des particularités de cette nature, ce n'est certes pas pour le simple plaisir d'en faire la critique ; cependant, j'estime que l'examen approfondi des fautes commises est le procédé le plus rapide pour se faire une idée de la ligne de conduite à adopter, en vue de maintenir, d'une manière durable, la liaison des troupes entre elles, dans les cas nombreux où le commandement suprême, qui doit assurer la cohésion des fractions isolées, se trouve dans l'impossibilité de remplir sa mission. Il vaut mieux profiter, pour son instruction, de la dure expérience des autres, que d'être obligé de faire soi-même des expériences analogues.

Je vais encore examiner, maintenant, en quelques mots, les événements principaux de la bataille et la conduite des chefs allemands pendant l'action.

La reconnaissance du commandant de l'avant-garde du Vᵉ corps, général de Walther, est tout à fait conforme aux principes à observer en pareil cas. Le général de Walther rendit compte du résultat de cette reconnaissance, non seulement à son chef direct, mais encore au général commandant le corps voisin (IIᵉ Bavarois). En un mot, il fit tout ce qu'il avait à faire.

Je rappelle que, sur ces entrefaites, à droite du Vᵉ corps, la division bavaroise Bothmer s'engageait au combat ; à gauche se déroulait, à Gunstett, une affaire à laquelle prenaient part, également, les troupes avancées du XIᵉ corps. Le chef d'état-major du Vᵉ corps, colonel von der Esch, qui était arrivé à Wœrth, craignait que l'ennemi ne se jetât, avec des forces supérieures en nombre, sur l'un des corps des ailes, et c'est pour ce motif qu'il considérait comme indispensable d'occuper les Français de front. Cette manière de voir fut partagée également par le commandant de la division de tête du Vᵉ corps, général de Schmidt, le plus ancien général du corps après le général de Kirchbach, qui avait été blessé. Dans ce but, ce général de division engagea au combat, non seulement l'artillerie de sa division, mais encore l'artillerie de corps. Le général de Kirchbach, qui parut ensuite sur le champ de bataille, approuva ces dispositions.

Toutes ces considérations et tous ces actes des chefs du Vᵉ corps répondaient parfaitement à la situation.

Lorsque le commandant de la division de tête du XIᵉ corps, général de Schachtmeyer, s'aperçut qu'un détachement français, composé d'un bataillon et d'une batterie, marchait vers le village de Gunstett, qui n'était que faiblement occupé par le Ve corps, il fit diriger sur ce point, pour le soutenir, une partie de l'avant-garde du corps, empruntée à sa division. Le général commandant, de Bose, considérant que le combat engagé à Gunstett et à Wœrth prenait, peu à peu, de l'extension, amena également sur le théâtre de l'action les autres troupes de son corps. Il n'avait, évidemment, d'autre intention que celle d'appuyer le Ve corps et d'interdire aux Français le passage du Sauer-Bach. Mais, par suite de la marche du combat, ses propres troupes de première ligne, après avoir traversé la Sauer, furent amenées à se porter contre le Nieder-Wald, qui n'était que faiblement occupé par les Français, et c'est en ce point, seulement, qu'elles envisagèrent la possibilité de se porter à l'attaque de la position occupée par le maréchal Mac-Mahon.

Le général commandant le corps combiné badois-wurtembergeois, général de Werder, apprenant qu'un combat était engagé à Wœrth et que le XIe corps se portait sur Gunstett, envoya en avant, sur ce dernier point, la cavalerie qu'il avait sous la main, — 5 escadrons, — et fit suivre cette cavalerie, dans la même direction, de 2 brigades d'infanterie de la division de campagne wurtembergeoise.

Lorsque le commandant de l'avant-garde du Ier corps bavarois, général d'Orff, entendit la canonnade de Wœrth, il remit sa brigade en marche dans cette direction, et le commandant de la division de tête du corps d'armée, général de Stéphan, se porta avec sa division sur Gœrsdorf, dans le but de tomber sur le flanc des Français à Wœrth. Le général commandant, von der Tann, de son côté, fit également porter en avant, dans la même direction, les autres fractions de son corps.

Toutes ces dispositions furent prises, tout à fait spontanément, par les chefs en sous-ordre.

Il y a lieu de remarquer que le général de Werder, au moment où il envoya des renforts au secours du général de Bose, resta, de sa personne, auprès de la fraction de son corps qui se trouvait en arrière. En renonçant ainsi, spontanément, à partager la gloire du succès que pouvait remporter le général de Bose, et en soutenant ce dernier, sous sa propre responsabilité, il fit preuve, par-dessus tout, du plus grand désintéressement.

Nous voyons, de plus, que le commandant de la première division bavaroise, général de Stéphan, ne se contenta pas simplement de marcher au canon, mais qu'il s'engagea encore, en connaissance de cause, dans une direction qui lui permettait de donner de l'air au V⁰ corps, au moyen d'une attaque exécutée contre le flanc de l'ennemi. Le général von der Tann, enfin, accourut, après avoir approuvé ces mesures, auprès du général de Kirchbach, pour s'entendre, personnellement, avec lui sur la manière d'assurer la convergence de leurs efforts ultérieurs.

On constate donc ici, d'une manière générale, une façon d'agir adoptée en connaissance de cause et rationnelle, et non pas simplement une marche arbitraire « au canon ».

Le général de Kirchbach, de son côté, avait, ainsi que nous l'avons déjà dit, ouvert le combat avec son artillerie, pour faciliter la tâche du II⁰ corps bavarois ; c'est à ce moment seulement que, — dans le même but, et, notamment, en vue de protéger contre toute contre-attaque les troupes du XI⁰ corps, qui, après avoir franchi la Sauer, avaient pénétré dans le Nieder-Wald, — c'est à ce moment, dis-je, que le général de Kirchbach fit avancer une partie de son infanterie contre le centre de la position française (1).

En un mot: chacun des chefs allemands en sous-ordre se regardait comme membre d'un tout unique ; chacun d'eux envisageait, en conséquence, dans sa manière d'agir, l'avantage de la totalité ; aucun n'avait d'hésitation sur ce qu'il avait à faire, aucun n'attendait qu'on l'invitât à agir, ou même, simplement, qu'on le lui rappelât.

Il y a lieu de signaler particulièrement la décision prise par le général de Kirchbach, lorsqu'il reçut du prince royal l'ordre ferme de rompre le combat. Ceci se passait à un moment où l'infanterie du V⁰ corps venait d'être rejetée des hauteurs de la rive droite du Sauer-Bach et ne se maintenait plus qu'avec peine sur cette rive, à Wœrth même, et sur une partie de la chaussée, située près de cette localité. Dans une pareille situation, il n'était plus possible au général de Kirchbach, non seulement de rompre simplement le combat, mais encore de s'en tenir à la défense passive de Wœrth.

---

(1) *Opérations de la troisième armée,* page 43.

Il aurait fallu, en outre, reporter en arrière, en leur faisant repasser le ruisseau, les fractions du V° corps qui se maintenaient encore en avant de la Sauer sous la protection de la grande batterie de presque 100 pièces qui était venue prendre position à Wœrth. Le combat se serait alors, probablement, terminé, dans cette journée, particulièrement à Wœrth même, par une lutte d'artillerie sans importance, parce que l'artillerie française n'était plus en mesure de lutter avec succès contre l'artillerie allemande qui lui était opposée. Le fait que l'exécution de l'ordre qu'il avait reçu était manifestement possible met d'autant plus en relief la manière d'opérer, marquée au coin de l'esprit d'initiative et de résolution, du général de Kirchbach, qui, contrairement à l'ordre, prescrivit de continuer le combat. La décision du général était basée sur une appréciation complète et claire de la situation générale, situation dont le prince royal n'avait pas encore connaissance, lorsqu'il donna l'ordre de rompre le combat. Le général de Kirchbach s'était parfaitement rendu compte qu'en rompant le combat, l'armée allemande aurait annulé tous les sacrifices qu'elle avait subis jusque-là, et qu'en outre elle aurait procuré aux Français le bénéfice de tous les avantages matériels et moraux de cette affaire. Les Français pouvaient, jusqu'au jour suivant, se renforcer en troupes fraîches et consolider leur position, tandis que les corps de l'armée allemande qui se trouvaient en première ligne, en rompant, à ce moment, le combat, auraient fini la journée du 6 août par un insuccès plus ou moins sensible.

Il ressort de la description de la bataille de Wœrth qu'au moment où le général de Kirchbach reçut du prince royal l'ordre de rompre le combat, la division bavaroise Bothmer, qui s'était portée sur Frœschwiller, était déjà repoussée et s'était mise en retraite dans un grand désordre. En admettant même que cette dernière circonstance ne fût pas encore connue du général de Kirchbach, il faut convenir, cependant, que ce dernier eut, tout au moins, le mérite de se rendre compte que le fait de retirer les Bavarois du combat équivaudrait, inévitablement, à une défaite. En outre, les Français avaient repoussé du Nieder-Wald, avec de grandes pertes, la brigade de tête du XI° corps et l'avaient rejetée au delà de la Sauer, sous les yeux du général de Kirchbach. Enfin, la moitié de l'infanterie du V° corps se trouvait, également, déjà engagée dans un combat violent et avait subi de grandes pertes.

Il ressort suffisamment de tous ces faits que la journée du 6 août se serait terminée par un insuccès sérieux de l'armée du prince royal, si les Allemands avaient rompu le combat dans une telle situation.

Pour apprécier comme il convient l'importance morale qu'aurait eue un tel insuccès pour les Allemands, rappelons que, parmi les cinq corps de la troisième armée qui se trouvaient sur les lieux, il ne se trouvait qu'un seul corps de la vieille Prusse, le Ve, sous le général de Kirchbach, qu'en outre ce corps était composé principalement de Polonais, et qu'à Wissembourg, aussi bien qu'à Wœrth, il avait été fort éprouvé. Les autres corps d'armée, à l'exception d'une partie du XIe, étaient formés de troupes qui, quatre ans seulement auparavant, avaient combattu, dans la guerre de 1866, contre la Prusse. Une victoire devait avoir pour conséquence de souder fortement entre eux les éléments d'une armée qui provenaient d'origines si diverses ; en revanche, une défaite pouvait les décourager facilement et y faire naître le mécontentement (1).

Pour toutes ces raisons, le général de Kirchbach agit d'une manière entièrement conforme aux circonstances, en prenant, *sous sa propre responsabilité*, la résolution de continuer le combat ; c'est donc à lui que revient, en première ligne, l'honneur de la journée.

En allant au fond des choses, on est amené, d'ailleurs, à conclure que le général de Kirchbach, tout en contrevenant à la lettre de l'ordre reçu, ne se rendit, pourtant, coupable d'aucune désobéissance envers les instructions du haut commandement, envisagées au point de vue de leur esprit. On peut dire que le général de Kirchbach remplaça, momentanément, le commandant en chef de

---

(1) On peut se rendre compte des dispositions des Bavarois, à cette époque, par l'anecdote suivante, qui, si elle n'est pas vraie, est, néanmoins, bien imaginée. Lorsque le prince royal de Prusse, après la bataille, visitait à cheval les bivouacs des troupes, pour les féliciter de la victoire et les remercier de leur bravoure, un Bavarois lui répondit naïvement : « Nous remercions Votre Altesse « Royale pour la manière dont elle nous a commandés. Quel dommage que vous « n'ayez pas été à notre tête en 1866, nous aurions déjà battu de même ces mau- « dits Prussiens ! » Cette anecdote fut, à l'époque de la guerre, reproduite dans un journal périodique illustré de Munich, répandu dans tout l'univers : les *Fliegende Blätter*, journal qui, d'ailleurs, embrassa, d'une manière décisive, le parti de la Prusse.

la troisième armée ; ce dernier n'était pas encore arrivé sur le champ de bataille, et n'était pas, par conséquent, renseigné sur la situation du combat et la tournure réelle qu'avaient prise les événements.

Il faut convenir, à l'honneur du commandant en chef de la troisième armée, qu'il ne persista nullement dans sa première décision, dès qu'il put se rendre compte de la véritable physionomie du combat. Il approuva, au contraire, toutes les dispositions prises sans lui, et donna immédiatement les ordres nécessaires pour continuer la bataille, dont les débuts avaient échappé à sa direction.

Les dispositions arrêtées par le prince royal avaient déjà, en partie, été devancées, grâce à l'entrée en ligne, pleine d'initiative, des chefs en sous-ordre ; ou bien ces dispositions paraissaient, en partie, impossibles à exécuter. Ainsi il n'était plus possible, par exemple, de mener à bonne fin le double enveloppement de la position française, qu'avait en vue le prince royal, savoir : — au sud, par les Wurtembergeois ; au nord, par les Bavarois ; — enveloppement qui avait pour but de tomber sur les derrières des Français à Reichshoffen. L'ordre relatif à ce mouvement enveloppant prouve, il est vrai, que le prince royal se rendait un compte exact de la situation des deux partis au début de l'action ; mais cet ordre n'était plus en rapport avec les circonstances du combat, telles qu'elles s'étaient développées, sur ces entrefaites, sans l'intervention du commandant en chef de l'armée.

Les mouvements stratégiques exécutés avec de grandes masses de troupes ne peuvent s'improviser, en obéissant à l'inspiration du moment ; ils doivent être l'objet d'une mûre réflexion et d'une méthodique préparation. Cette condition n'empêche pas de saisir rapidement les avantages d'une situation favorable ; mais elle impose l'obligation d'envisager cette situation telle qu'elle est en réalité, au lieu de se la représenter telle qu'on la désire, ou même telle qu'on se l'est imaginée. Dans le cas présent, le mouvement qui avait été conçu par le prince royal sous la pression des nécessités du combat, et qui n'avait été nullement préparé, en temps opportun, ce mouvement, dis-je, pour les raisons que nous avons déjà exposées plus haut en détail, paraissait être tout à fait inexécutable.

En outre, tous les autres ordres du prince royal ne furent

donnés qu'à un moment où les chefs en sous-ordre étaient déjà
en train de les exécuter ; il résulte donc de ce fait que *la brillante
victoire du 6 août doit être attribuée à l'esprit de résolution des
chefs en sous-ordre allemands*, qui entreprirent la lutte, en dépit
du désir et même des ordres du commandant en chef de l'armée.

Ce dernier avait donc été rejeté à l'arrière-plan ; il semblait
qu'il fût devenu, sinon absolument nuisible (car les chefs en
sous-ordre se virent obligés de réparer ses fautes), du moins
parfaitement inutile.

Mais nous n'avons donné ainsi qu'un aperçu tout à fait superfi-
ciel de la bataille.

En examinant plus en détail les circonstances qui ont marqué
la bataille de Wœrth, nous trouvons, tout d'abord, que le succès
fut acheté chèrement par les Allemands et qu'en outre il ne fut
nullement en rapport avec leur grande supériorité numérique et
l'importance des sacrifices subis, précisément parce qu'en premier
lieu l'unité de direction a fait, ici, complètement défaut. Si
l'armée du maréchal Mac-Mahon fut battue complètement et mise
en déroute, il faut l'attribuer, moins à la valeur des mesures
prises par les Allemands, qu'à la trop grande ténacité avec
laquelle les Français cherchèrent à se maintenir sur leurs positions, et à l'énorme consommation de forces que nécessitèrent
leurs propres contre-attaques, exécutées avec la plus extrême
énergie. Les forces allemandes, grâce à leur supériorité numérique prépondérante, vinrent, il est vrai, en fin de compte, à bout
de la résistance des Français, mais elles ne combattirent pas avec
toute la cohésion nécessaire. Si la troisième armée avait, ainsi
que cela lui était possible, employé toute son énergie à poursuivre la réalisation d'un but commun, il n'y a pas le moindre
doute que le maréchal Mac-Mahon, en raison même de la résistance, poussée jusqu'à la dernière extrémité, qu'il opposa à cette
armée, aurait éprouvé, dès le 6 août, une catastrophe presque
aussi complète que celle de Sedan.

Je vais chercher, dans ce qui suit, à prouver cette affirmation.
Les opérations de la troisième armée allemande estiment que, du
côté des Allemands, 75,000 hommes d'infanterie, 4,750 hommes
de cavalerie et 250 pièces prirent part, d'une manière effective, à
la bataille du 6. Cet ouvrage porte l'effectif des Français engagés
dans la bataille à 51,300 hommes d'infanterie, 4,800 cavaliers et

152 pièces ; dans ces dernières sont comprises 30 mitrailleuses, qui doivent être considérées comme étant de valeur beaucoup moindre (1). Les Allemands engagèrent donc au combat, contre les Français, une infanterie plus forte au moins de moitié et le double en artillerie ; c'est à cette dernière arme, également, qu'il faut surtout attribuer le succès final. Ce succès ne fut à la hauteur, ni de leur importante supériorité numérique, ni des sacrifices subis. Les Allemands achetèrent leur victoire au prix énorme de 10,500 tués ou blessés : les pertes des Français furent également très considérables, mais ils s'étaient, pour ainsi dire, décimés eux-mêmes, par suite de leur résistance opiniâtre et de leurs contre-attaques (2). Les Français ne furent repoussés de

---

(1) *Opérations de la troisième armée*, page 56. — D'après d'autres ouvrages, les Français ne disposaient, en tout, que de 45,000 hommes d'infanterie. — D'après le cahier 9 des monographies publiées par le grand état-major prussien, page 388, les forces suivantes prirent part, en général, à la bataille de Wœrth :

Allemands :	*Français* (y compris la division Lespart du 5e corps), 42,800 fusils, 5,700 sabres,
76,400 fusils, 5,700 sabres, 300 pièces.	167 pièces (y compris 42 mitrailleuses).

De toutes ces forces, les suivantes prirent part au combat décisif :

Allemands :	*Français :*
71,500 fusils, 4,250 sabres, 234 pièces.	32,000 fusils, 4,850 sabres, 131 pièces (y compris 30 mitrailleuses).

Mais il importe de remarquer que c'est dans la dernière période du combat, seulement, que les effectifs engagés par les Allemands se présentèrent dans des conditions aussi favorables. Voir également Kunz, *La bataille de Wœrth*, Berlin, 1891, page 133 (*Annotation du traducteur allemand*).

(2) Le maréchal Mac-Mahon évalue (Voir *Bazaine*, page 109) ses pertes, à Wœrth, à 9,000 hommes seulement. Mais Derrécagaix estime le total des pertes qu'il subit, le jour de la bataille, à 760 officiers et 20,000 hommes, parmi lesquels, d'ailleurs, plus de 4,000 hommes s'étaient repliés sur Strasbourg. Ainsi les pertes françaises ont dû s'élever à environ 10,000 morts et blessés, et à 6,000 hommes faits prisonniers. Les Allemands portent le nombre des prisonniers à 9,000, en y comprenant, évidemment, une partie des blessés. Ils prirent comme butin 28 pièces et 5 mitrailleuses. Le cahier 9 des monographies publiées par le grand état-major prussien évalue, en chiffres ronds, les pertes subies par les Français à : 8,000 morts et blessés, 6,000 prisonniers non blessés et 6,000 isolés (*Annotation du traducteur allemand*).

leurs positions que de front ; toutes les lignes de retraite leur demeuraient ouvertes. La poursuite se limita presque exclusivement au champ de bataille. Tout cela fut la conséquence de l'activité locale, et momentanément décousue, des Allemands, activité qui se manifesta ainsi qu'il suit :

La 4e division bavaroise se porta en avant, toute seule, à la première heure, contre l'ennemi, fut battue et presque dispersée.

Le Ve corps s'engagea dans un combat de front acharné, qui fut de très longue durée. Ce corps, fut, il est vrai, soutenu avec empressement, à droite, par le IIe corps bavarois, et à gauche, par le XIe corps ; mais ces deux corps d'armée s'engagèrent au combat avec des forces insuffisantes.

Ce n'est que grâce à l'appui de troupes fraîches, savoir : Bavarois (1re division) et Wurtembergeois (1re brigade), qui vinrent au secours des troupes épuisées du Ve et du XIe corps, que les Allemands réussirent, enfin, à chasser les Français de leurs positions. D'ailleurs, le succès de la bataille pouvait être remis de nouveau en question, pour les Allemands, par l'apparition, en temps opportun, d'une ou de deux divisions du corps de Failly, ce qui n'était pas absolument impossible.

Il est hors de doute que les pertes subies par les Allemands auraient été incomparablement plus faibles, et qu'en outre leur succès aurait été beaucoup plus complet, si les troupes qui prirent part réellement à la bataille avaient été amenées simultanément au combat, et si l'unité de direction avait été assurée en vertu de la volonté du commandant en chef de l'armée. En outre, les Allemands pouvaient entrer en ligne, le 6 août, avec des forces beaucoup plus considérables qu'ils ne le firent en réalité ; les troupes qu'ils avaient à leur disposition ne prirent pas absolument toutes part au combat.

Parmi les dix divisions d'infanterie de la troisième armée allemande qui se trouvaient sur les lieux, on n'engagea au combat, jusqu'au dénouement de la bataille, c'est-à-dire jusqu'à 4 ou 5 heures de l'après-midi, que 6 divisions, en tout, et une brigade, en partie (1). Les forces suivantes n'ont donc pas pris part à la

---

(1) Le Ve et le XIe corps, la 1re et la 4e division bavaroise et la 1re brigade wurtembergeoise ; le VIe corps, qui était affecté à la troisième armée, mais qui se trouvait à une distance encore trop grande, n'entre pas en ligne de compte ici.

bataille : environ 40,000 hommes d'infanterie, 200 pièces et 10,000 hommes de cavalerie (1). Toutes ces troupes passèrent la nuit du 6 au 7 août sur le champ de bataille ; parmi elles, la 3e division bavaroise resta, pendant presque toute la nuit, inactive, en présence de l'ennemi, et fut, alors seulement, mise en marche, et encore trop tard, dans la direction de la ligne de retraite des Français. La 2e division bavaroise séjourna même, le 6 au soir, à Frœschwiller. Deux brigades wurtembergeoises, qui n'avaient pas pris part à la lutte proprement dite, arrivèrent trop tard, parce qu'elles avaient été arrêtées, ainsi que le mentionne l'ouvrage du grand état-major prussien, par les trains du XIe corps. Un tel arrêt aurait pu être évité, à coup sûr, si la marche en avant de ces troupes, ainsi que celle des Badois, avaient été réglées par un ordre du commandant en chef de l'armée.

Si l'on considère maintenant que la bataille se termina déjà entre 4 et 5 heures de l'après-midi, tandis qu'en cette saison, il faisait jour jusqu'à 9 heures du soir, on ne saurait mettre en doute que presque toutes les forces disponibles de la troisième armée, tant en infanterie qu'en artillerie, auraient pu encore prendre part, le 6 août, avant la tombée de la nuit, à la lutte engagée contre le corps Mac-Mahon (2). Les détachements nécessaires pour observer les directions de Haguenau et de Bitche, considération qui ne venait qu'en seconde ligne, pouvaient facilement être formés au moyen de la cavalerie, qui était tout à fait inoccupée, et dont l'effectif s'élevait à 10,000 hommes ; on pouvait, d'ailleurs,

---

(1) Ces nombres ressortent de la comparaison d'un aperçu des forces de la troisième armée, le 3 août, avec l'effectif des troupes que les Allemands engagèrent à la bataille de Wœrth ; il ne faut y comprendre ni les pertes subies à Wissembourg, ni les malades (*Opérations de la troisième armée*, pages 21 et 56).

(2) Le plan annexé à l'ouvrage du grand état-major prussien (croquis 3) fait voir que, dans la nuit du 5 au 6 août, le IIe corps bavarois bivouaqua à une distance de 16 kilomètres, au plus, de Frœschwiller, que le 1er corps bavarois était environ à 16 kilomètres de Wœrth, et que le corps Werder se trouvait à 21 kilomètres de cette dernière localité ; de plus, l'un de ces corps pouvait, dans sa marche en avant sur Wœrth, utiliser la grande route. Il est, enfin, évident que si une des brigades wurtembergeoises, qui, au début, avait occupé la route de Haguenau, put atteindre, en temps opportun, le champ de bataille, en faisant, à cet effet, un très grand détour, le corps Werder tout entier aurait pu, également, y arriver, et même encore plus tôt, s'il avait pris le chemin direct.

affecter à cette cavalerie de l'artillerie montée en quantité suffisante, et, en cas de besoin, également de l'infanterie.

Étant donnée la grande supériorité numérique des Allemands,
supériorité que nous avons plusieurs fois fait ressortir, étant
donnée, également, la ténacité avec laquelle les Français cherchèrent à se maintenir sur leurs positions, les Allemands pouvaient très bien les envelopper par les deux ailes ; dans ces conditions, une catastrophe complète devenait presque inévitable,
pour les Français, sur le champ de bataille du 6. J'en arrive ainsi
à conclure que, bien que les chefs allemands en sous-ordre aient
remporté une brillante victoire sur les Français, ils ne purent,
cependant, suppléer, par la convergence unanime de leurs efforts
et leur esprit de solidarité, que d'une manière très incomplète, à
la direction personnelle proprement dite du commandant en
chef. *D'où il résulte que, seule, une direction réelle, unique et
personnelle, du haut commandement, soutenue par l'esprit d'initiative des chefs en sous-ordre, peut procurer des succès complets.*

Les conclusions que je viens de tirer pourraient clore la critique rétrospective qui a trait à l'activité des chefs allemands,
considérée au point de vue de l'initiative des chefs en sous-ordre ;
mais il n'en est pas moins nécessaire, pour les compléter, de discuter encore les raisons sans valeur qui amenèrent, à proprement
parler, le commandant en chef de la troisième armée allemande à
différer l'attaque de l'adversaire jusqu'au 7 août. La troisième
armée pouvait-elle, le 7, être plus forte que le 6 ? Non. Le
VIe corps, qui était affecté à cette armée, ne pouvait pas encore
entrer en ligne de compte, car il venait seulement de débarquer
à Landau ; sa division de tête, qui avait été mise en marche sur
Bitche, ne pouvait exercer aucune influence sur l'issue d'une
bataille à Wœrth, le 7 août, pas même au cas où elle aurait exécuté une démonstration vers Bitche, dans le but de maintenir,
éventuellement, sur ce point les troupes du général de Failly ;
car, le 7, la division ne pouvait pas même encore atteindre ce
point. Sa marche en avant sur Bitche ne pouvait exercer aucune
influence sur les chefs français ; car, comme elle était couverte
par la cavalerie de la deuxième armée, les Français ne pouvaient

même en être informés. Sans doute, la 12e division pouvait atteindre Bitche le 8, et tomber, en ce point, sur les troupes du maréchal Mac-Mahon, dans le cas où, après une bataille perdue, le 7, à Wœrth, elles tenteraient de se replier sur leur armée principale ; mais, pour cela, la première condition à remplir par les Allemands était de vaincre à Wœrth. Cependant, même après une telle victoire, il était absolument inutile de barrer la ligne de retraite des Français à Bitche ; il suffisait simplement que la troisième armée, remplissant sa mission stratégique, parvînt à isoler, déjà sur le champ de bataille, les troupes de Mac-Mahon de leurs communications directes avec l'armée française en position devant Metz. Cette manière de procéder aurait procuré à la troisième armée allemande la possibilité de se porter, à la même époque, sur les flancs ou sur les derrières de la principale armée française, qui se trouvait déjà attaquée de front par la première et la deuxième armées allemandes. Le prince royal avait déjà exposé ce projet au maréchal de Moltke dans son télégramme en date du 2 août, dont nous avons déjà parlé.

Les Allemands n'avaient donc aucun avantage à différer l'attaque jusqu'au 7 août ; en revanche, il était de plus en plus probable que les Français rapprocheraient d'eux, jusqu'à ce jour, leurs renforts, et utiliseraient ce temps de répit, pour mieux s'organiser et se fortifier sur leur position.

Il y a lieu de rappeler également que les Allemands, en ouvrant la campagne, s'étaient portés au-devant de l'adversaire ; ils avaient été prêts et concentrés plus tôt que les Français. Toutes ces éventualités n'étaient nullement le résultat du hasard ; elles avaient été, au contraire, prévues par les Allemands. C'est précisément pour cette raison que le grand quartier général avait insisté sur la nécessité, pour la troisième armée, d'entamer, aussi vite que possible, ses opérations. Du moment où les opérations étaient commencées, chaque jour avait sa valeur pour les Allemands. Différer l'attaque équivalait à renoncer, en faveur de l'ennemi, à des avantages essentiels.

Il ne paraît donc pas possible de trouver une réponse satisfaisante à la question suivante : Pourquoi le commandant en chef de la troisième armée allemande ne voulait-il livrer bataille que le 7, et non pas dès le jour précédent, le 6 août ? La véritable raison provient, probablement, de ce que le commandant en chef

de l'armée, — contrairement aux affirmations des écrivains militaires prussiens, — n'avait pas du tout, en réalité, à la date du
5 août, la ferme intention de n'attaquer l'adversaire que le 7 ; les
mesures prises par la troisième armée pour le 6 dénotent bien
plutôt une certaine incertitude et de l'indécision, peut-être même un
manque d'unité de vues de la part du quartier général de l'armée.

Si l'on admet que le commandant en chef de la troisième armée
était fermement résolu à attaquer les Français le 7, il faut
admettre, également, qu'il n'avait dû prendre cette décision que
parce qu'il avait la conviction absolue (quoique erronée) que l'adversaire ne se déroberait pas à l'attaque par une retraite exécutée
en temps opportun, le 6. Or l'instruction du général de Blumenthal, destinée au général de Hartmann, prouve, précisément, le
contraire : car il y est question de la possibilité de la retraite des
Français. Du moment que les Allemands envisageaient comme
possible cette dernière éventualité, il ne leur restait, évidemment,
puisqu'ils étaient décidés absolument à engager la lutte, d'autre
parti à prendre que de passer immédiatement à l'attaque, dès le 6.
Envisageant ce dernier cas, cette instruction s'exprime, au contraire, de la manière suivante : « Il ne s'agit pas, tout d'abord, de
« battre l'adversaire, mais de le maintenir par des combats conti-
« nuels, pour lui enlever la possibilité de faire sa jonction avec
« son armée principale. » Il est clair qu'il n'est question, dans
ces quelques mots, que de demi-mesures : on veut inquiéter
l'armée de Mac-Mahon et lui créer des embarras sur sa route,
mais on n'a pas l'intention de lui infliger une défaite décisive.
Bref : le commandant en chef de la troisième armée se trouvait
encore, au moment où fut donné l'ordre pour le 6, dans une irrésolution complète, et il se voyait, dès lors, dans l'impossibilité
absolue de prendre des dispositions claires et fermes.

En y regardant d'un peu près, on est amené à penser que le
6 août n'était pas même désigné pour préparer l'attaque projetée
pour le 7 ; il faut admettre que ce délai, imposé à l'attaque, fut
motivé tout simplement par ce fait qu'en haut lieu on n'avait pu
encore se résoudre à prendre un parti définitif. Le commandant
en chef de la troisième armée allemande s'était, en réalité, déjà
familiarisé avec l'idée de laisser passer, sans en profiter, l'occasion
d'engager une bataille avec l'adversaire, et cela simplement dans
le but de gagner un jour, en vue de compléter ses renseignements

personnels. Cette indécision provenait, probablement, de ce qu'on
n'était pas bien fixé sur la force de l'adversaire, qu'on avait en
face de soi, à une distance si rapprochée, à Wœrth. Ce n'est que
dans le courant de la journée du 5, qu'on sut, positivement, que le
corps du maréchal Mac-Mahon occupait ce point, et que, d'après
les calculs établis par les Allemands (ainsi qu'il ressort des *Opérations de la troisième armée*), il pouvait être renforcé par le 5ᵉ
et le 7ᵉ corps français. Les Français pouvaient donc avoir réuni,
sur ce point, de 4 à 10 divisions d'infanterie derrière la Sauer ;
quant à leurs forces réelles, elles restaient, provisoirement, incon-
nues. Les Allemands admettaient, en outre, évidemment, la présence à Haguenau de forces françaises considérables.

A la guerre, on ignore presque toujours la force de l'adversaire ;
on ne peut arriver à être fixé sur ce point qu'en rassemblant les
renseignements nécessaires et en déterminant avec soin leur
valeur relative. Un des plus sûrs moyens à employer à cet effet
consiste à faire exécuter des reconnaissances par la cavalerie, soit
au moyen de simples patrouilles, soit encore en employant de
plus forts détachements.

Dans le cas présent, la troisième armée allemande aurait dû,
dans ce but, pousser en avant sa cavalerie, voire même simplement des patrouilles isolées, jusque sur les routes qui servaient à
assurer la liaison entre les corps français. On avait, il est vrai,
assigné à la 4ᵉ division de cavalerie, pour le 5 août, une direction
de marche qui répondait aux nécessités de la situation : c'était là
l'objet de l'ordre qui lui prescrivait d'éclairer le terrain jusqu'à
Haguenau et Reichshoffen, c'est-à-dire jusqu'aux routes qui reliaient le corps de Mac-Mahon, concentré, au début, à Strasbourg,
avec le corps de l'aile droite de la principale armée française,
c'est-à-dire le corps de Failly. Les régiments allemands découvrirent bien les Français à Wœrth, mais ils ne s'avancèrent pas
jusqu'à Haguenau, et, malgré l'ordre formel qu'ils avaient reçu de
la troisième armée, ils négligèrent de détruire les voies ferrées
sur ce point.

Si la cavalerie allemande s'était avancée, le 5, jusqu'à Haguenau, ou, d'une manière générale, jusqu'à la route qui reliait
Strasbourg et Reichshoffen (Wœrth), il ne lui aurait pas été difficile
de rassembler des renseignements, en quelque sorte exacts, sur la
question de savoir s'il y avait des troupes françaises à Haguenau,

ou si elles avaient traversé cette localité ; si l'on avait opéré ainsi, les bruits qui couraient sur la présence de tout le 7ᵉ corps français à Haguenau (ou à Wœrth) seraient tombés d'eux-mêmes. En outre, cette manière de procéder aurait permis à la troisième armée d'être également sans inquiétude pour son flanc gauche, inquiétude qui se trahit, d'une manière flagrante, dans l'ordre de l'armée pour le 6, et même encore dans l'attitude observée par le général de Werder pendant la bataille de Wœrth.

On aurait dû employer la journée du 5 août à rassembler tous ces renseignements. Supposons, maintenant, que, dans le cours de cette journée, on n'eût réussi, d'une manière générale, qu'à établir la présence du corps de Mac-Mahon à Wœrth-Reichshoffen, sans avoir pu, toutefois, déterminer les emplacements occupés par le 5ᵉ et le 7ᵉ corps français ; dans ces conditions, du moment où l'on avait résolu de livrer bataille le 7, il fallait, pour arriver à mieux s'orienter, essayer de nouveau de lancer, le 6, de fortes reconnaissances dans la direction de Haguenau, et faire, en même temps, éclairer la région comprise entre Reichshoffen et Bitche, c'est-à-dire la ligne de communication des corps de Mac-Mahon et de Failly. Autant qu'on peut en juger par l'histoire de la guerre, la troisième armée ne fit rien de semblable et ne prit aucune disposition dans ce sens pour le 6. C'est là une nouvelle preuve que le commandant en chef de la troisième armée allemande se trouvait encore dans une irrésolution complète. Il n'avait pas même prescrit d'envoyer des patrouilles de cavalerie, pour le 6, malgré les moyens très nombreux qu'il avait à sa disposition, moyens qui consistaient dans la cavalerie indépendante, à laquelle s'ajoutait la cavalerie divisionnaire (soit 4 escadrons par division). A cette cavalerie indépendante appartenaient :

	Escadrons.	Pièces.
La 4ᵉ division de cavalerie comprenant...	24	12
La brigade de cuirassiers bavaroise......	12	6
La brigade de uhlans bavaroise.........	12	6
La brigade de cavalerie badoise.........	8	6

En outre, on peut encore y ajouter 4 à 6 des 10 escadrons de la cavalerie wurtembergeoise.

La troisième armée disposait donc, pour des missions indépendantes, de 60 escadrons et de 30 pièces d'artillerie montée ; le nombre de ces dernières pouvait être encore facilement augmenté au moyen de batteries montées de l'artillerie de corps.

Il faut avouer que, pendant cette période de la campagne, l'on ne fut pas particulièrement heureux dans l'emploi et la mise en œuvre de la nombreuse et remarquable cavalerie allemande ; elle perdit le contact de l'adversaire, au moment où il battait en retraite de Wissembourg et de Wœrth, et elle ne fournit, avant cette dernière bataille, aucun renseignement, tant soit peu précis, sur les forces du maréchal Mac-Mahon. Il faut admettre que les Allemands ne purent, en raison de la nature boisée et monta-gneuse du terrain, employer avec avantage, dans les opérations, la cavalerie, dont les deux tiers consistaient en cuirassiers et uhlans, tandis que les dragons et hussards, plus particulièrement propres au combat à pied, étaient affectés aux divisions d'infan-terie.

Il ressort de ces considérations que le commandant en chef de la troisième armée allemande ne se décida pas à attaquer, le 6, pour les raisons suivantes : il n'était pas suffisamment renseigné sur la force et la position de l'adversaire ; en outre, ces rensei-gnements incomplets provenaient de ce que l'on n'avait pas su utiliser convenablement la nombreuse cavalerie dont on disposait ; et, enfin, il faut bien l'avouer, si l'on ne fit qu'un usage trop res-treint de la cavalerie, il faut en attribuer la cause à son organisa-tion, qui n'en permettait pas l'emploi dans les terrains coupés, à la proportion trop faible de cavalerie propre au combat à pied, et aussi à l'armement défectueux de cette dernière cavalerie (1). Une autre cause prépondérante des fautes signalées ci-dessus peut, en outre, être attribuée à l'insuffisance frappante d'esprit d'entre-prise, qui caractérisait les chefs supérieurs de la cavalerie alle-mande ; ces derniers ne paraissent pas, à beaucoup près, à cette époque, s'être rendu un compte bien exact des missions qui incombent, de nos jours, à la cavalerie (2).

---

(1) L'étude du général de Walther indique, pages 62-63, que les carabines de la cavalerie allemande n'avaient qu'une portée de 150 pas, tandis que celles de la cavalerie française portaient jusqu'à 800 pas.

(2) Cette dernière critique pourrait paraître acerbe ; elle est, cependant, jus-tifiée par les événements qui se sont produits dans tout le cours de la campagne ; elle est confirmée, dans la partie de la guerre que nous envisageons actuelle-ment, par les faits suivants : 1° reconnaissance insuffisante effectuée par la divi-

Nous en arrivons ainsi, en fin de compte, à critiquer constamment la manière d'opérer du commandant en chef de la troisième armée allemande. En admettant même que nos conclusions ne soient pas exactes, il n'en est pas moins vrai que le commandant en chef ne peut mettre en avant aucune raison valable et ne peut pas même invoquer des motifs ayant quelque apparence de valeur, pour justifier la résolution qu'il prit de différer la bataille jusqu'au 7 août.

———

Si nous passons maintenant à l'examen des vues adoptées par les Français et de l'activité qu'ils déployèrent dans la bataille de Wœrth, nous nous heurtons à deux difficultés : d'une part, au manque de renseignements et de données précises ; d'autre part, à l'incertitude relative au point de vue d'après lequel la question doit être envisagée. Si l'on traite la question dans le sens d'une critique strictement objective, on est amené à conclure que le maréchal Mac-Mahon n'aurait pas dû se laisser entraîner à livrer bataille aux forces allemandes, très supérieures en nombre. Mais, en continuant et en développant l'examen des particularités de la bataille de Wœrth, nous en arrivons, inévitablement, au résultat suivant : c'est que les Français, à cette époque, n'auraient pas dû, d'une manière générale, entreprendre de guerre contre la Prusse. Le maréchal Mac-Mahon était le seul à voir dans l'ouverture de la guerre une réalité bien déterminée et immuable. La situation qui lui fut faite dès les débuts ne dépendait ni de sa volonté, ni de ses considérations ou décisions personnelles.

Le maréchal avait pris le commandement d'un corps qui n'était

———

sion de cavalerie indépendante vers Haguenau ; 2° inexécution de l'ordre ferme qui lui prescrivait de détruire les voies ferrées sur ce point ; 3° retraite de 30 escadrons allemands et 3 batteries à Steinbourg, par crainte du spectre de l'infanterie française ; 4° inexécution par la brigade de cuirassiers bavaroise de l'ordre qu'elle reçut, le 7 août, de marcher sur Bitche, sous prétexte qu'elle avait reçu des coups de fusil de soi-disant traînards français, alors que, cependant, cette brigade disposait, non seulement de deux régiments de cuirassiers, mais encore d'une batterie montée et du 6° régiment de chevau-légers, propre au combat à pied (*Opérations de la troisième armée,* page 180) ; et enfin, 5° prétention de la division de cavalerie indépendante de la troisième armée, qui voulait que l'infanterie couvrît ses bivouacs, non seulement pendant la marche à travers les Vosges, mais même encore après les avoir franchies (*Opérations de la troisième armée,* page 77).

pas encore au complet et dont l'organisation n'était pas terminée. Les troupes de ce corps d'armée se trouvaient encore dispersées sur un vaste espace, à un moment où l'armée ennemie tout entière avait déjà terminé sa concentration et se disposait à se porter en avant. Le maréchal semble ne pas avoir reçu, au sujet de la situation de l'adversaire, le moindre éclaircissement de la part du commandement suprême des Français, qui, lui-même, était très peu renseigné à ce sujet (1). On ne peut, cependant, pas nier que, de son côté, le maréchal fit très peu de chose pour se renseigner sur la situation. Négligeant d'éclairer le terrain dans la direction de l'adversaire, ce qui, cependant, lui était possible, grâce aux deux divisions de cavalerie, fortes de 44 escadrons, qu'il avait à sa disposition, le maréchal porta en avant, vers Wissembourg, c'est-à-dire à une distance assez considérable, une division d'infanterie isolée. La défaite de cette division, qui fut attaquée, le 4 août, par des forces allemandes considérablement supérieures en nombre, ainsi que l'apparition simultanée des Allemands à Lauterbourg, etc., auraient dû, enfin, ouvrir les yeux au commandant en chef français, et le convaincre que toute une armée se portait en avant contre son corps d'armée (2). Il est vrai

---

(1) Le général de Wimpffen, dans son étude : *Sedan*, par le général de Wimpffen, Paris, 1871, page 80, dit que le grand quartier général impérial ne voulut accorder aucune foi au rapport du sous-préfet de Wissembourg, qui signalait, de l'autre côté de la frontière, de forts rassemblements de troupes allemandes; le général de Wimpffen assure que le maréchal Mac-Mahon ne reçut communication de ce renseignement que dans la nuit du 3 au 4 août, c'est-à-dire quelques heures à peine avant la marche effective de la troisième armée allemande. D'après d'autres sources, le maréchal Le Bœuf aurait avisé, quelques jours avant le 4, le maréchal Mac-Mahon que des forces allemandes considérables se concentraient dans le Palatinat.

(2) Cette manière de voir figure également dans l'ouvrage de Derrécagaix : *La guerre moderne*, par Derrécagaix, Paris, 1885. « La première partie de cet ouvrage traite de la stratégie, la seconde, de la tactique. » Cet ouvrage m'est parvenu pendant l'impression de ce travail, mais je n'ai pu en faire mention dans les premiers chapitres. A la page 200 de la 2e partie, l'auteur fait remarquer que, quand même une partie de la cavalerie de Mac-Mahon n'aurait pas pu encore arriver, le 5, jusqu'à Reichshoffen, et, par conséquent, être employée au service de reconnaissance, le maréchal lui-même aurait pu, néanmoins, le 4 au soir, du haut du col du Pigeonnier (ouest de Wissembourg), se rendre compte de l'importance des masses ennemies; en outre, le maréchal, après la réception des rapports de ses généraux, du général Pellé sur le combat de Wissembourg, et du général Nansouty sur sa reconnaissance vers Lauterbourg, devait avoir acquis la conviction qu'il était, à Wœrth, en face d'une armée de plus de 100,000 hommes.

que le maréchal avait dit lui-même, dans l'ordre qu'il adressa à ses troupes, « qu'elles auraient à lutter contre un ennemi puis-« sant et une artillerie formidable ».

Il est difficile de déterminer les considérations et les calculs, qui ont pu amener le maréchal à se décider à engager une lutte décisive contre l'adversaire, dans des circonstances si défavo-rables. La cause probable de cette résolution doit être attribuée à l'ignorance dans laquelle on se trouvait relativement à la force réelle des Allemands, ainsi qu'à la confiance en eux-mêmes que les chefs français avaient à un haut degré, pour ne pas dire à la présomption avec laquelle ils s'étaient engagés dans une guerre qu'ils n'avaient pas préparée, présomption qui devait se mani-fester dans leurs opérations, du moins au début de la guerre. Une telle disposition d'esprit s'explique chez un homme de guerre d'un mérite et d'une bravoure éprouvés, qui avait sous ses ordres les meilleures troupes françaises (d'Afrique), et cela d'autant plus que le maréchal était très peu renseigné relativement à la supériorité numérique considérable de l'ensemble des forces allemandes, comparées aux forces françaises.

C'est pour ce motif que la défaite d'un détachement de troupes isolées (de la division Douay) devait naturellement décider le maréchal Mac-Mahon à se résoudre au combat, plutôt que l'amener à écouter les conseils de la prudence, qui répondaient, cependant, beaucoup mieux à la réalité des circonstances. Il y a donc lieu de supposer que le maréchal a cédé, en réalité, au désir de se mesurer avec les Allemands.

Il ne reste plus, maintenant, qu'à examiner, du moins autant que les renseignements dont nous disposons le permettent, dans quelle mesure il chercha à assurer le succès, en prévision d'une rencontre qui paraissait imminente, c'est-à-dire, en particulier, quelles dispositions il prit pour renforcer ses propres troupes, en amenant sur le théâtre de l'action les troupes appartenant aux corps placés sous ses ordres, le 5e et le 7e. Il faut, en même temps, considérer que les circonstances ne laissèrent pas, à ce point de vue, au maréchal sa pleine liberté d'action.

Les corps les plus rapprochés de lui, par la situation qu'ils occu-paient, le 5e, sous le général de Failly, et le 7e, sous le général Félix Douay, n'avaient été placés sous ses ordres que le 5 août, veille de la bataille de Wœrth. Seule, la division du corps de

Failly, qui avait pris position à Bitche, et une deuxième division, qui devait marcher de Sarreguemines sur ce point, avaient déjà été placées sous le commandement de Mac-Mahon par un ordre de l'Empereur en date du 4.

De toutes les troupes du 7e corps, seule, la division Conseil-Dumesnil parvint réellement à se réunir au corps de Mac-Mahon, et, il faut bien le dire, seulement le 6 au matin, immédiatement avant la bataille.

Quant à la participation, ou plutôt à la non-participation du 5e corps à la bataille de Wœrth, les circonstances suivantes doivent entrer en ligne de compte à ce sujet (1).

Le 4 août, les troupes de ce corps occupaient les positions suivantes : 2 divisions d'infanterie, avec la réserve d'artillerie, à Sarreguemines ; une division d'infanterie à Bitche ; pour les relier, un détachement (un bataillon et un régiment de cavalerie) à Rohrbach ; et, pour relier le 5e corps avec le corps de Mac-Mahon, un régiment de cavalerie à Niederbronn (entre Bitche et Reichshoffen).

Dans l'après-midi du 4, à 5 heures, le général de Failly reçut le télégramme suivant du quartier général impérial :

« Soutenez, avec vos deux divisions, celle que vous avez à « Bitche. »

Cette disposition, qui avait pour effet de concentrer tout le 5e corps à Bitche et de le rapprocher du corps de Mac-Mahon, était, évidemment, une conséquence des appréhensions qu'avait provoquées la concentration de la troisième armée allemande ; peut-être aussi avait-elle été déjà prise sous l'influence de la nouvelle de la défaite de Wissembourg.

On ne peut pas dire que le 5e corps mit beaucoup de zèle et de diligence à exécuter cet ordre. Pour accompagner (pour protéger ?) un transport de 600 wagons, toute la brigade d'infanterie Lapasset de la 2e division dut rester en arrière à Sarreguemines, avec un régiment de cavalerie et une batterie, jusqu'à ce que la division Montaudon (du 3e corps) fût arrivée en ce point. Ce détachement n'a plus, dès lors, même dans tout le cours de la cam-

---

(1) D'après l'étude du général de Failly : *Campagne de* 1870, *Opérations et marches du 5e corps*, etc..., Bruxelles, 1871, pages 9 à 27.

pagne, retrouvé son corps d'armée. L'autre brigade de cette
division arriva le 5, non pas jusqu'à Bitche, mais seulement
jusqu'à Rohrbach, localité située à moitié chemin ; enfin la division Goze atteignit Bitche le 5 au soir.

Le même jour, le général de Failly fut également prévenu
qu'il était placé, avec tout son corps d'armée, sous les ordres du
maréchal Mac-Mahon. Ce dernier lui avait adressé un télégramme
l'invitant « à se réunir, aussi vite que possible, au corps de Mac-
« Mahon ». Ainsi que nous l'avons déjà dit, le général de Failly
avait déjà, probablement, reçu ce télégramme à la date du 4.
C'est, du moins, ce qu'affirme le général de Wimpffen, qui fait
ressortir, avec raison, que le général de Failly, dans son rapport,
garde, probablement à dessein, le silence sur la date à laquelle il
a reçu ce télégramme (1).

Le 5, le maréchal envoya au général de Failly un second télégramme ainsi conçu : « Faites-moi connaître quel jour et par où
« le 5e corps me ralliera. Il est indispensable que nous réglions
« nos opérations. »

Il faut avouer que ce deuxième télégramme devait, sans aucun
doute, affaiblir la portée du premier, qui prescrivait, d'une manière
formelle, « la réunion aussi rapide que possible ». Or, étant
données les circonstances, la rapidité d'exécution était, précisément, ici, le point capital.

Le général de Failly répondit au maréchal : « Je n'ai à Bitche
« que la division Lespart ; elle partira le 6 au matin, pour vous
« rejoindre. »

La division Lespart se trouvait à Bitche, et avait poussé ses
avant-postes en avant, à une distance de quelques kilomètres.
Elle reçut l'ordre « de partir le jour suivant, à 6 heures du matin,
« et d'atteindre, autant que possible, le même jour, Reichshoffen ;
« chemin faisant, elle devait, à chaque station de la voie ferrée,
« entrer en relation avec le maréchal Mac-Mahon ».

Le 6 août, à 6 heures du matin, on entendit déjà, à Bitche, la
canonnade qui venait de la direction de Wœrth. La distance de

---

(1) *Wimpffen*, pages 98 et 99. Le télégramme du maréchal Mac-Mahon, en
date du 4, pouvait s'appuyer sur l'extrait de l'ordre de l'Empereur, en date
du 4, dont nous avons déjà parlé, extrait qui lui avait été communiqué, et
d'après lequel 2 divisions du 5e corps devaient se concentrer à Bitche et se
mettre sous les ordres de Mac-Mahon.

Bitche à Reichshoffen est, d'après la carte, en ligne directe, de 20 kilomètres ; en suivant les contours de la route, elle est d'environ 22 ou 23 kilomètres. Il semble que cette distance aurait pu être parcourue en sept ou huit heures ; mais, en réalité, la division Lespart n'atteignit Niederbronn (environ 2 kilomètres en avant de Reichshoffen) qu'à 6 heures du soir (1), c'est-à-dire après une marche de douze heures, et à un moment où la bataille était déjà complètement perdue.

Tel fut le résultat des dispositions prises et de l'activité déployée par les chefs français. Voyons maintenant quels résultats ces mêmes chefs auraient pu obtenir, s'ils avaient opéré d'une manière plus judicieuse.

Il résulte de la description de la bataille de Wœrth que l'activité déployée par les Allemands n'avait pas pour base un plan unique et réfléchi. Elle forme bien plutôt une série d'improvisations isolées, plus ou moins heureuses, sans enchaînement suffisant entre elles ; il faut ajouter que les troupes allemandes ne parurent pas toutes, en temps opportun, sur le champ de bataille. C'est ainsi que les Français, — en dépit de la grande supériorité des Allemands, envisagée au point de vue de l'ensemble de leurs forces, — voyaient s'ouvrir devant eux la perspective, presque certaine, d'engager une lutte victorieuse. Leurs espérances devaient s'accroître encore en proportion des renforts que les troupes du maréchal Mac-Mahon pouvaient recevoir. Je ne veux pas discuter la question de savoir si le 7e corps Douay, indépendamment de la division Conseil-Dumesnil, aurait pu encore faire parvenir d'autres renforts au maréchal (2), et j'en reviens au 5e corps de Failly.

---

(1) D'après les sources allemandes. Dans l'ouvrage de Wimpffen il est dit que la division Lespart arriva à Niederbronn, à 4 heures de l'après-midi ; au contraire, le général de Failly déclare, dans son rapport, page 13, que les brigades de cette division (bien entendu en colonnes de marche) furent séparées par une attaque dirigée contre son centre ; mais cet incident n'a pu se produire avant 6 heures du soir. Le maréchal Mac-Mahon, lui-même, comptait que la division Lespart entrerait en ligne beaucoup plus tôt (ainsi qu'il résulte de la description de la bataille par Derrécagaix), et il faut admettre que c'est, en partie, pour ce motif qu'il a continué sa résistance désespérée jusqu'à la dernière extrémité et jusqu'à la défaite complète de ses braves troupes.

(2) Le général de Wimpffen, page 104, prétend que les autres divisions du corps Douay avaient été laissées à Belfort, par suite d'une fausse nouvelle, d'après laquelle les Allemands franchissaient le Rhin en amont de Strasbourg.

Ce corps se trouvait, le 4, ainsi que nous l'avons dit, avec une division, à Bitche (à une petite journée de marche de Reichshoffen), et, avec les deux autres, à Sarreguemines (à une journée de marche de Bitche). Toutes ces localités sont reliées entre elles par une voie ferrée. Mais, même sans utiliser cette voie ferrée, les troupes du général de Failly pouvaient se réunir, en temps opportun, au maréchal Mac-Mahon : la division Lespart, en partant de Bitche — même le 5 au soir, les autres divisions — tout au moins pendant la bataille du 6 ; il suffisait, pour cela, que l'ordre de se mettre en marche fût donné à la division qui se trouvait à Bitche, immédiatement après l'arrivée du télégramme de Mac-Mahon, expédié à la date du 4 ; en admettant même que la division Lespart ne fût partie que dans la nuit du 5 au 6, et le reste du corps, le 6, à la première heure, toutes ces divisions auraient pu, néanmoins, encore prendre part à la lutte.

On peut bien convenir avec le général de Failly qu'il était difficile d'abandonner complètement Sarreguemines (avec ses transports), ainsi que le nœud de routes de Rohrbach (entre Sarreguemines et Bitche) et, enfin, la petite place de Bitche, qui, à l'exception d'une compagnie mixte de douaniers, ne possédait aucune garnison spéciale ; mais, à la condition de répartir ses forces d'une manière plus économique, il aurait parfaitement pu remplir ces différentes missions, en y employant seulement une brigade d'infanterie, avec deux ou même trois régiments de cavalerie (1).

Il n'y a pas le moindre doute que le maréchal Mac-Mahon aurait pu être renforcé, pendant la bataille de Wœrth, par

(1) Si les Français ne voulaient pas dégarnir Bitche de troupes pendant une seule minute, ils auraient pu mettre en marche, à partir de ce point, la division Lespart, au moment où la division Goze arriva à Bitche, c'est-à-dire à 5 heures du soir. Si même le général Lespart avait laissé deux bataillons aux avant-postes, et s'était mis en marche, avec le reste, vers 7 heures du soir, il aurait pu, le 6 août au matin, vers 7 heures, prendre déjà sa place, comme réserve, derrière le corps Mac-Mahon. Ce corps aurait pu repousser l'attaque d'Elsasshausen, qui fut entreprise avec les dernières forces des subdivisions allemandes rassemblées sur ce point. Les autres troupes du 5ᵉ corps auraient, après un repos (de cinq à six heures) à Bitche, repris, avec facilité, leur marche vers minuit, et auraient pu atteindre toutes le champ de bataille, le 6, à peu près entre midi et 3 ou 4 heures de l'après-midi ; dans ces conditions, elles auraient même pu prendre de flanc l'attaque enveloppante des Bavarois, dirigée contre Frœschwiller.

environ 30 bataillons du corps de Failly (le corps comprenait, en tout, 39 bataillons). Or, si les Français avaient reçu un pareil renfort, il est tout au moins probable qu'ils auraient pu repousser les attaques des Allemands, à Wœrth, le 6 août. En admettant que les Français aient obtenu ce résultat, il y a lieu de se demander si les Allemands auraient pu renouveler leur attaque le jour suivant. On peut répondre à cette question par l'affirmative, si l'on tient compte de la puissante artillerie des Allemands et des troupes fraîches dont ils disposaient (une partie des Bavarois et des Wurtembergeois et la division badoise, soit, en tout, 40,000 hommes d'infanterie) ; on peut, au contraire, résoudre cette question par la négative, si l'on fait entrer en ligne de compte un certain découragement, toujours à prévoir, dans les fractions, d'origines si diverses, de l'armée du prince royal de Prusse, dont la plupart avaient combattu, seulement quelques années auparavant, contre leurs alliés actuels et leurs chefs prussiens.

Il est inutile de rechercher à qui incombe, du côté des Français, la plus grande responsabilité, en ce qui concerne l'arrivée tardive des renforts, savoir : au général de Failly, pour n'avoir pas exécuté le premier ordre du maréchal Mac-Mahon avec le zèle nécessaire ; ou au maréchal, lui-même, pour n'avoir pas compris qu'il devait renouveler ses ordres d'une manière plus pressante.

Nous manquons enfin, également, de points de repère, pour examiner la question suivante, savoir : quel rôle joua, ici, le manque absolu de direction régulatrice, qui, en général, se fit jour, à cette époque, dans tous les services de l'armée française, et se manifesta, par exemple, par ce fait que le général de Failly, soit par manque d'intelligence, soit par défaut de moyens d'exécution, ne sut pas même utiliser, pour le transport de ses troupes, cette voie ferrée qu'il cherchait à protéger avec un si grand zèle.

Nous ne pouvons pas, d'ailleurs, passer sous silence l'une des raisons données par le général de Failly pour sa justification.

La division Goze, qui arriva à Bitche le 5 au soir, fut maintenue sur ce point par le général de Failly pendant toute la journée du 6 août, bien qu'il eût entendu, dès la première heure, la canonnade venant de la direction de Wœrth. Pour expliquer son inaction en cette circonstance, le général prétend « qu'il ne « pouvait pas dégarnir Bitche de troupes, et que c'est pour ce

« motif qu'il n'a pas pu envoyer la division Goze au maréchal
« Mac-Mahon, avant que la division l'Abadie ne fût venue le rem-
« placer » ; que, de plus, « son devoir était de couvrir la voie ferrée
« (Sarreguemines—Bitche—Reichshoffen) et le nœud de routes de
« Rohrbach, et qu'enfin l'ennemi s'était déjà fait voir à Deux-
« Ponts et à Pirmasens ».

Le général de Failly ajoute encore ce qui suit : « Le principe
« que l'on doit marcher au canon est exact et sera toujours exact,
« quand plusieurs subdivisions, qui sont à la recherche de l'en-
« nemi, ne peuvent agir de concert. Dans un cas pareil, la canon-
« nade indique la direction et fait accélérer la marche. Mais
« quand un corps a reçu l'ordre de défendre un point déterminé,
« quand il doit couvrir un point de passage et protéger un flanc,
« et qu'en outre, il doit se tenir en relation immédiate avec le
« quartier général, c'est-à-dire le centre de gravité de la direction
« des opérations, il doit être considéré comme une réserve sur le
« théâtre de la guerre, et ne peut quitter sa position sans ordre,
« pour ne pas compromettre le plan général d'opérations. »

Ce principe, adopté, probablement, après coup, fait ressortir la
manière défectueuse dont les chefs français de cette époque envisageaient l'importance prépondérante du combat.

En réalité, à un moment où se décida le sort de la journée
de Wœrth, et, en même temps, dans une certaine mesure, celui
de toute la campagne, le commandant du 5ᵉ corps français se
considéra donc, en réalité, comme pleinement autorisé à maintenir en arrière deux divisions entières, pour remplir des missions
qui présentaient, tout au plus, une importance secondaire. La
critique rigoureuse des faits ne tarda pas à prononcer son jugement pratique sur les considérations théoriques du général de
Failly. Ce dernier atteignit, sans aucun doute, son but, en occupant, pendant la journée du 6 août, les points de Rohrbach et de
Bitche, mais simplement pour être obligé de les abandonner, le
soir du même jour, par suite de la défaite du maréchal Mac-Mahon
à Wœrth. Il en résulta donc que, pour n'avoir pas porté secours
au maréchal pendant la bataille, il fut obligé, en fin de compte,
de partager sa déroute.

C'est absolument ainsi que se comportèrent les généraux qui
avaient été envoyés, le même jour, par le maréchal Bazaine au
secours du général Frossard, pendant la bataille de Spicheren. Ils

ne prirent part, à l'exemple du général de Failly, qu'à la retraite
du général Frossard, sans s'être engagés au combat. Cette simili-
tude absolue qu'on remarque dans la conduite de différents chefs
français peut être invoquée comme la meilleure preuve que leurs
fautes et leurs erreurs ne présentaient pas, pour ainsi dire, un
caractère individuel, mais qu'elles étaient la conséquence directe
du système général, sous l'influence duquel les chefs français
avaient été dressés, et d'après lequel ils réglèrent leur manière
d'agir. En étudiant à fond les circonstances dans lesquelles se
livra la bataille de Wœrth, on peut reconnaître, sans difficulté,
malgré l'insuffisance des renseignements que l'on possède à ce
sujet, que, dans cette bataille, se renouvelèrent les fautes capitales et les erreurs qui s'étaient révélées, d'une manière si
fâcheuse, lors de la défaite de Spicheren.

On peut remarquer également que le maréchal Mac-Mahon ne
se rendit pas un compte exact *de l'importance du combat, considéré comme le facteur uniquement prépondérant à la guerre,* lorsqu'il opposa à l'armée de l'adversaire la division Douay, toute
seule, à Wissembourg. Dans de telles circonstances, cette division, qui n'avait pas même poussé en avant de la cavalerie, pour
assurer son service de sécurité, ne pouvait naturellement échapper, en aucune façon, à une lutte inégale et à une défaite, lors de
la première rencontre sérieuse qu'elle aurait avec l'adversaire, et
cela avec toutes les conséquences désastreuses qui devaient en
résulter pour elle, tant au point de vue moral qu'au point de vue
matériel.

Après avoir commis la faute de ne pas s'être assuré que ses
renforts pourraient arriver en temps utile, étant, de plus, mal renseigné au sujet de l'adversaire, le maréchal eut, en outre, le tort
de livrer bataille, contrairement à l'avis de quelques-uns de ses
généraux, en particulier, de Raoult (1). Involontairement, on se
pose la question suivante : dans ces décisions prises par le maréchal ne retrouve-t-on pas, également, *la force passive,* inhérente
aux chefs français de cette époque, cette inertie qui les portait à
se cramponner aux vues et aux décisions d'autrui se rapportant
à un cas déterminé, et plus ou moins judicieuses, et cela dans le

---

(1) Wimpffen, page 87.

but unique d'échapper à la nécessité de prendre eux-mêmes une résolution spontanée ? Les faits suivants paraissent répondre à la question (1).

Peu de temps après la guerre de 1866 entre la Prusse et l'Autriche, l'empereur Napoléon III, envisageant la possibilité d'une lutte prochaine avec la Prusse, dont la puissance venait de se révéler d'une manière si inattendue, avait donné au général du génie Frossard (aide de camp de l'Empereur et précepteur du prince impérial) l'ordre de lui soumettre un plan pour les opérations militaires à engager, dans le cas d'une pareille guerre.

Il faut convenir que le général Frossard émit un jugement tout à fait exact sur la situation réciproque des deux puissances. Il supposait une concentration hâtive des forces allemandes, supérieures en nombre, entre le territoire neutre et le Rhin (ainsi que cela eut lieu en réalité), et arrivait à conclure, logiquement, qu'étant données les circonstances, les Français ne pouvaient nullement songer à entreprendre une guerre offensive en territoire ennemi. Le plan de défense élaboré par le général Frossard à ce sujet est extraordinairement caractéristique ; il trahit l'opinion tout à fait exclusive d'un officier du génie.

Le général Frossard s'en tient absolument à l'idée qu'il y a lieu d'organiser la défense passive de toute la région frontière menacée. Il considère la France, ou du moins une grande partie de ce pays (c'est-à-dire le théâtre présumé de la guerre), comme une grande forteresse, dont le point central se trouve être la citadelle de Langres. C'est en ce point, à Langres, que, d'après l'hypothèse du général Frossard, devait se trouver le centre de gravité de la défense ; de ce point, on couvrait également, indirectement, le deuxième point central de la défense, Paris. Cette dernière idée d'une défense indirecte du point central politique, Paris, cœur de la France, au moyen d'une position de flanc, pouvait, à la rigueur, avoir quelque raison d'être ; mais il n'en est pas moins vrai que l'intervention prépondérante du service du génie dans la discussion des particularités relatives aux considérations stratégiques ultérieures ne pouvait exercer qu'une influence fâcheuse sur le plan des opérations. Désirant protéger et défendre toute la fron-

---

(1) Derrécagaix. Tome I, pages 345-356.

tière, le général Frossard voulut, en principe, fractionner les troupes françaises ; mais une telle mesure devait avoir pour résultat inévitable d'amener la défaite des armées françaises séparées.

D'après le général Frossard, pour constituer la première ligne de défense, il y avait lieu de former, en Lorraine, une armée de la Moselle de 140,000 hommes, et, en Alsace, une armée du Rhin de 120,000 hommes ; dans le cas où ces deux armées auraient été battues, elles devaient se replier sur Langres. Une armée de réserve de 60,000 hommes (en position, tout d'abord, sur la ligne Reims—Châlons) devait avoir pour destination spéciale de couvrir Paris.

De cette manière, les forces françaises qui, de l'aveu de tous, étaient déjà trop faibles, furent encore dispersées, et, comme, d'autre part, les positions sur lesquelles elles devaient se battre étaient fixées à l'avance, la défaite des armées françaises, eu égard surtout à la supériorité numérique des forces de l'ennemi, devenait inévitable. Cependant ce n'est pas tout : même dans le cas d'une lutte avec un adversaire dont les forces totales eussent été plus faibles, mais qui eût agi avec ensemble et en utilisant toute sa puissance d'action, une défaite des Français demeurait parfaitement possible.

Le général Frossard avait toute une série de positions, situées les unes derrières les autres, ou, pour mieux dire, de lignes de résistance, qu'il comptait défendre l'une après l'autre, comme cela se faisait autrefois, d'après un système de fortification dont les différents ouvrages se soutenaient réciproquement. Comme ligne de résistance avancée de cette nature, destinée à assurer la défense de la Lorraine, il désignait, tout d'abord, la position dite de Cadenbronn (au sud-est de Forbach) ; pour l'Alsace, c'était la ligne de la Lauter (Pigeonnier—Wissembourg—Lauterbourg), et, derrière cette ligne, la position de Wœrth ; la ligne de la Lauter ne devait, d'après l'avis de Frossard, être occupée que jusqu'à ce que l'ennemi eût déployé contre elle des forces suffisantes ; on devait alors se replier sur la deuxième position, sur Wœrth, la fortifier et y accepter le combat.

Ce plan imaginé par le général Frossard ne fut pas exécuté en 1870 ; il fut remplacé par le plan d'opérations dont nous avons parlé dans le premier chapitre de cette étude. Mais, comme ce

dernier dut être abandonné, les idées émises par le général Frossard exercèrent, néanmoins, une certaine influence sur les dispositions ultérieures des chefs français : elles trouvèrent un écho manifeste dans les résolutions du maréchal Mac-Mahon, qui aboutirent aux défaites de Wissembourg et de Wœrth. Nous trouvons ici une nouvelle preuve de cette ancienne vérité « qu'il est dange-
« reux de confier l'exécution de projets et de plans complets et
« importants à des hommes qui ne sont pas guidés par un juge-
« ment personnel, complètement indépendant ».

Puisque je touche à cette question, je voudrais qu'il me fût permis de faire une petite digression, qui, d'ailleurs, en partie du moins, a quelque rapport avec le but que je me suis proposé dans cette étude.

Tout chef d'armée doit posséder, à la fois, de l'esprit (des connaissances positives) et du caractère. Ces qualités, lorsqu'elles sont développées au plus haut degré, et se complètent l'une par l'autre harmonieusement, forment le véritable « général en chef », je pourrais presque dire le généralissime idéal. Le vrai général en chef doit, sans doute, posséder la connaissance de la topographie du théâtre de la guerre, mais il n'a nullement besoin de connaître, en outre, les clefs stratégiques qu'on y rencontre. Ce n'est pas en vain que Napoléon Ier interrompit Jomini, qui lui faisait un discours, par ces mots : « Renseignements — et point d'avis (1) ? »

Mais, si, déjà pour le véritable général en chef, les formules stratégiques toutes prêtes, établies à l'avance, sont tout au moins inutiles, elles doivent être essentiellement nuisibles aux chefs d'armée, qui, par insuffisance de coup d'œil ou par faiblesse de caractère, se trouvent tout disposés à appliquer les propositions qui leur ont été soumises, même dans les circonstances où elles ne correspondent nullement à la réalité des choses, tandis que ces mêmes chefs, s'ils avaient été abandonnés à eux-mêmes, auraient, peut-être, pris des résolutions plus judicieuses, soit par suite de leur propre manière d'envisager les choses, soit en raison de la force de leur caractère.

Il semble donc que les soi-disant instructions stratégiques, du

_____

(1) Ce propos paraît avoir été tenu dans la campagne contre l'Autriche, 1805-1809. Jomini, lui-même, en fait mention dans un de ses ouvrages.

moins en tant qu'elles entrent dans le cercle assez étendu des prévisions antérieures, ne doivent pas aller au delà de la situation immédiate ; elles doivent se borner à une étude approfondie des particularités du terrain et des mesures qui contribuent à l'exécution ou à la protection de la première marche stratégique. Toutes les conclusions stratégiques qui sortent de ces limites, surtout si elles se présentent sous la forme de recettes, sont, ou directement dangereuses, dans les mains d'organes d'exécution tels que ceux que nous avons dépeints plus haut, ou bien elles produisent en eux l'irrésolution, et peut-être même le découragement, dans le cas où le commandant en chef modifie, à l'improviste, les dispositions qu'il avait en vue. Cependant des modifications de cette nature se trouvent être tout à fait inhérentes à l'essence même des choses. Ce principe est énoncé clairement, en quelques mots, par le feld-maréchal comte de Moltke : « Certainement le « général en chef a toujours devant les yeux les buts princi- « paux qu'il se propose d'atteindre, buts qui sont susceptibles de « modifications résultant des événements ; mais les moyens par « lesquels il compte les atteindre ne peuvent jamais être prévus à « l'avance. »

Pour en revenir à la conduite du maréchal Mac-Mahon, il est impossible de passer sous silence qu'il sut, aussi peu que le maréchal Bazaine et le général Frossard, se servir de sa cavalerie, pour s'éclairer et s'orienter convenablement ; aussi les chefs français tâtonnèrent-ils, de la même manière, dans l'obscurité, aussi bien dans un cas que dans l'autre. Dans ces deux circonstances, il se produisit également, de nouveau, d'autres fautes, qui provenaient de l'ensemble du système de commandement alors en vigueur. L'esprit fatal de centralisation, qui régnait dans la principale armée française, et qui eut, de ce côté, pour conséquence la défaite de Spicheren, avait également pénétré dans l'armée du maréchal Mac-Mahon.

Dans le chapitre précédent, nous avons dit que le maréchal avait eu l'intention d'entreprendre le voyage de Strasbourg à Wissembourg, pour décider s'il y avait lieu de laisser ou non un bataillon dans cette dernière localité. L'ouvrage de Derrécagaix contient, relativement à l'épisode de Wissembourg, des documents très intéressants, qui caractérisent nettement les relations de commandement et les idées qui avaient cours dans l'armée de

Mac-Mahon. Derrécagaix s'exprime de la manière suivante (1) :
« Le maréchal Mac-Mahon, après avoir été avisé de l'intention
« qu'avait l'Empereur de porter le 1er corps (renforcé par le 7e)
« dans la basse Alsace, et tenant compte aussi des instances
« réitérées du magistrat de Wissembourg (sous-préfet), motivées
« par l'apparition de patrouilles bavaroises, le maréchal, dis-je,
« s'était résolu à modifier le dispositif de ses troupes. »

Il donna, en conséquence, le 2 août, l'ordre suivant :

Au quartier général, à Strasbourg, le 2 août 1870.

« La 1re division quittera ses positions actuelles, le 4 au matin,
« pour aller s'établir à Lembach, où se trouve l'état-major de la
« division ; elle aura un régiment à Nothweiler et un à Climbach,
« avec un bataillon à Obersteinbach. Il y aura à Lembach une
« brigade, le bataillon de chasseurs, l'artillerie et le génie. Le
« général Ducrot donnera les ordres de détail pour les emplace-
« ments des troupes de toutes armes.

« Il aura sous ses ordres la 2e division d'infanterie (Douay), qui
« aura sa droite à Altenstadt et occupera Wissembourg (où se
« trouve l'état-major de la division), Weiler et les positions envi-
« ronnantes, ainsi que le col du Pigeonnier, par lequel elle se
« reliera avec la 1re division.

« La 1re brigade de cavalerie, composée du 3e hussards et du
« 11e chasseurs, s'établira, le même jour, au Geissberg, de façon
« à se relier avec la 2e division d'infanterie, et à l'éclairer sur sa
« droite, jusqu'à Schleithal. Le général de Septeuil (commandant
« la brigade de cavalerie) recevra les instructions du général
« Ducrot sur l'emplacement que chaque corps doit occuper et sur
« le rôle qu'il devra jouer.

« Le général Ducrot, connaissant le terrain de Wissembourg
« et des environs, se chargera d'indiquer les emplacements à
« assigner aux divers corps de la division Douay.

Pour le commandant du 1er corps,

« *Le Chef de l'état-major,*

« Signé : Colson ».

(1) Tome I. *Stratégie*, pages 478 à 483.

Cet ordre fut complété par les instructions suivantes, que le général Ducrot adressa, le 3 août, au général Abel Douay :

Reichshoffen, le 3 août 1870.

Instructions du général Ducrot, en date du 3 août.

« Ainsi que vous en avez reçu l'ordre de son Excellence le « maréchal, vous vous porterez sur Wissembourg avec votre divi- « sion, le 3ᵉ hussards et deux escadrons du 11ᵉ chasseurs. Vous « établirez votre 1ʳᵉ brigade sur le plateau du Geissberg, la 2ᵉ, à « gauche, sur le plateau du Vogelsberg, occupant ainsi la ligne « des crêtes qui, par la route de Wissembourg à Bitche, se relie « avec le col du Pigeonnier ; la cavalerie et l'artillerie sur le ver- « sant sud-ouest du mouvement de terrain. Je pense, d'ailleurs, « qu'il sera facile de défiler vos troupes. Vous ferez entrer, ce soir « même, un bataillon dans Wissembourg. Demain, de bonne « heure, vous enverrez un régiment de la 2ᵉ brigade relever le 96ᵉ « (de la division Ducrot) dans la position qu'il occupe entre Clim- « bach, le Pigeonnier et Pfaffenschlick.

« Le 96ᵉ régiment se portera en avant, dans la direction de « Nothweiler ; un de ses avant-postes sera établi à Durremberg, « se reliant ainsi à la gauche de votre division vers Climbach. Ma « gauche sera à Obersteinbach, où elle se reliera avec la droite « du 5ᵉ corps, à Hülselhof. Mon quartier général et le gros de ma « division seront à Lembach.

« Vous pouvez établir votre quartier général, soit au Geissberg, « soit à Oberhoffen, soit à Roth.

« La brigade de cavalerie est placée sous vos ordres immé- « diats, et vous l'utiliserez pour vous éclairer, soit en avant de « Wissembourg, soit à droite, dans la direction de Lauter- « bourg. »

Je cite ici ces deux documents textuellement, pour montrer *jusqu'à quel point les chefs supérieurs français se perdaient dans les détails et dans les bagatelles. En donnant des prescriptions de cette nature à leurs subordonnés, et en limitant leur cercle d'ac- tion, ils perdaient de vue les choses essentielles.* Sans examiner en détail la valeur des ordres que nous venons de reproduire, il suffit de savoir qu'ils omettaient de mentionner le point réellement et uniquement essentiel, savoir : l'indication *du but* dans lequel les troupes étaient poussées en avant sur la frontière. Aussi les vues et, par suite, également, les dispositions adoptées dans l'armée du maréchal Mac-Mahon ne se distinguent, en aucune façon, de celles que nous avons discutées à l'occasion de la bataille de Spicheren. Il n'y a donc nullement lieu de s'étonner que les mêmes causes aient produit les mêmes effets.

Il existe encore d'autres traits caractéristiques communs aux chefs à qui incombe la responsabilité des défaites de Spicheren et de Wœrth.

La subordination complète à l'initiative de l'adversaire et une certaine crainte de ce dernier, que nous avons déjà fait ressortir lors de la discussion de la bataille de Spicheren, se retrouvent de nouveau, notamment dans les déclarations du général de Failly, dont la division Goze exécuta, le 5, une longue et pénible marche « à proximité de détachements ennemis qui battaient l'estrade », comme si cette proximité eût constitué un danger pour elle et l'eût obligée à faire des efforts en quelque sorte extraordinaires.

Le général de Failly allègue, en outre, que deux alertes (l'une dans la nuit du 5 au 6, et l'autre, le 6 au matin, toutes les deux non justifiées) avaient retardé le départ de Rohrbach de la brigade Maussion. « Ces troupes », dit le général de Failly, « furent atta- « quées par des forces supérieures et durent se replier, en com- « battant, sur Lemberg. » Mais il ressort des documents histo- riques allemands que les Français n'ont pu, en cette circonstance, avoir affaire qu'à des patrouilles ou à de faibles détachements de la cavalerie allemande, qui, en outre, n'avaient qu'une arme défec- tueuse, et se trouvaient peu aptes au combat à pied.

Il résulte des déclarations du général Nicolas, commandant la 2e brigade de la division Goze, que, bien qu'on entendît distincte- ment, dans la direction de Wœrth, non seulement la canonnade, mais encore un feu de mousqueterie, cette dernière brigade occupa une position défensive près de Bitche, prit une formation en vue du combat, avec ses tirailleurs déployés, et chercha à se couvrir par le terrain contre un ennemi absolument imagi- naire (1).

---

(1) Wimpffen, pages 351-352.

Enfin, selon toute apparence, la manière de procéder, très indépendante et résolue, du commandant du 5e corps français, qui
l'amena à laisser ses troupes sur divers points, très importants à
son avis, au lieu de les porter au secours du maréchal Mac-Mahon,
cette façon de procéder est, également, bien plutôt l'expression
de la passivité qui s'accrochait à divers prétextes, plus ou moins
valables, que la conséquence d'une résolution spontanée, basée
sur une intelligence complète de la situation. C'est également
pour ce motif que la décision du général de Failly ne se traduisit
pas, comme chez les Allemands, par une activité fertile en résultats, mais se manifesta, au contraire, par une inaction désastreuse.

Les batailles de Wœrth et de Spicheren, qui furent livrées et
gagnées aux deux ailes extrêmes de l'armée allemande, et le
même jour, ne doivent, ni l'une ni l'autre, être attribuées au commandement suprême des Allemands. La bataille de Wœrth était,
sans aucun doute, inévitable, du moment que le maréchal Mac-
Mahon était décidé à accepter le combat ; mais la bataille de Spicheren s'engagea tout à fait par hasard, puisque le général Frossard, et même la principale armée française, étaient décidés à se
replier dans la direction de Metz.

A Wœrth comme à Spicheren, les Français avaient toutes les
chances de succès imaginables, car les Allemands, sur ces deux
champs de bataille, ne surent nullement tirer parti de leur supériorité numérique.

Dans ces deux batailles, les chefs en sous-ordre allemands firent
surtout preuve d'initiative et de spontanéité, ainsi que de l'esprit
de solidarité et de camaraderie le plus absolu, tandis qu'on chercherait en vain, en cette occasion, l'existence de ces qualités chez
les chefs français.

La victoire de Wœrth fut surtout obtenue grâce à l'habileté des
chefs supérieurs en sous-ordre, c'est-à-dire des commandants de
corps d'armée et de division, qui surent parer aux négligences
commises par le commandant en chef de la troisième armée allemande. A Spicheren, au contraire, — abstraction faite de la tendance qu'avaient tous les chefs supérieurs à venir, avec empresse-

ment, au secours de leurs camarades, — l'honneur de la journée revient, incontestablement, aux chefs de grades moins élevés, depuis le commandant de brigade jusqu'au chef de train, et même au chef de section sur la ligne de tirailleurs.

D'une manière générale, dans ces deux batailles, d'une part, les chefs allemands, grâce à leur esprit d'initiative, qui dépassa même, parfois, les espérances les plus hardies, réussirent, en fin de compte, à atténuer et même à annuler les fautes qui furent alors commises, soit par l'un, soit par l'autre. Les chefs français, au contraire, par suite de leur inaction, laissèrent échapper, sans l'utiliser le moins du monde, l'occasion de vaincre, qui s'offrait à eux dans les circonstances les plus favorables.

Ce fut bien là, en résumé, la lutte décisive entre deux systèmes. *Chacune des armées combattantes recueillit simplement, sur le champ de bataille, les fruits de son éducation ; la victoire resta à celui qui la méritait.* Leur organisation politique et militaire mieux comprise avait procuré aux Allemands la supériorité, aussi bien celle du nombre que celle de la qualité des troupes. Toutefois, le destin de la guerre voulut se montrer favorable aux Français dans les débuts de la campagne, et il leur procura la possibilité de se mesurer avec l'adversaire, simultanément dans deux batailles, dans les conditions les plus favorables qu'on puisse imaginer, du moins sous le rapport de la répartition des forces. Mais ni le maréchal Bazaine, ni le général de Failly ne surent porter secours à leurs camarades engagés au combat, et c'est ainsi que les avantages qui s'offraient aux Français passèrent du côté des Allemands.

Ainsi que dans la journée du 6 août, à Wœrth et à Spicheren, on verra dans le cours ultérieur de la campagne les avantages et les accidents heureux se répartir d'une manière uniforme entre les deux partis. Mais ce n'est pas sans raison que l'on attribue à Souvarow le propos suivant : « De ce que le destin m'a été propice « hier, doit-il encore me favoriser aujourd'hui ? Dieu nous pré- « serve de cette erreur ! Notre volonté a aussi son rôle à jouer « dans cette question. » Ce grand chef d'armée veut dire par là que le succès ne dépend pas du hasard, mais bien de la supériorité de l'intelligence. Comme cette intelligence fit défaut aux Français, ils furent obligés d'en supporter les conséquences. Ces mots contiennent également la réponse aux conclusions trop hâtives,

d'après lesquelles « les Allemands tant vantés furent, à Wœrth et
« à Spicheren, tout près de la défaite ». Sans doute, ils se trouvèrent dans cette situation critique ; cependant, ce n'est pas le
destin aveugle qui les préserva de la défaite, mais bien la supériorité morale et intellectuelle de leurs chefs, comparés aux chefs
de l'empereur Napoléon.

CHAPITRE VIII

Le rassemblement des Français à Metz et à Châlons. — La marche en avant des Allemands vers la Moselle, et la bataille de Colombey-Nouilly, le 14 août.

SOMMAIRE

Retraite de la principale armée française sur une position située derrière la Nied française. — Retraite des 1er, 5e et 7e corps français sur Châlons. Formation d'une nouvelle armée sur ce point. — La marche en avant de la troisième armée allemande vers la Meurthe et la Moselle, et ses opérations contre les points fortifiés des Vosges. — Coup d'épée dans l'air, donné par la deuxième armée allemande sur Rohrbach, par suite de faux renseignements provenant de la troisième armée. Le général commandant le IIIe corps prussien, général d'Alvensleben, occupe Saint-Alvold, à l'insu du commandant en chef de la première armée, général de Steinmetz. — Marche en avant des première et deuxième armées allemandes. — Considérations relatives à l'attaque de la position des Français derrière la Nied française. Continuation de la marche en avant. — Passage de la Moselle par des détachements allemands en amont de la place de Metz, et préparatifs destinés à assurer le passage de la deuxième armée allemande dans la même direction. Dispositions prises par les Allemands pour le 14 août. — Retraite des Français de la Nied française sur Metz. — Résolution de battre en retraite derrière la Moselle sur Verdun. Dispositif adopté par les Français en avant de Metz, le 14 août, et commencement de leur retraite au delà de la Moselle. — Attitude résolue du général commandant le Ier corps prussien, général de Manteuffel, et du commandant de la 26e brigade (du VIIe corps), général von der Goltz. — La bataille du 14 août. — Fautes commises par les Français dans la bataille. — L'importance stratégique de la bataille du 14 août. — Appréciation des mobiles qui ont fait agir les généraux de Manteuffel et von der Goltz. — Intelligence remarquable de la situation, qui caractérisa les chefs en sous-ordre allemands, et entrée en ligne, conforme au but général, et spontanée, de ces chefs. — Le général de Steinmetz et ses subordonnés.

Nous avons déjà fait connaître que le commandement suprême des Français avait déjà, dans les premiers jours d'août, abandonné tous ses projets d'offensive. Son principal souci était maintenant d'assurer la défense du territoire national ; dans ce but, on avait encore, à cette époque, la faculté de rapprocher davantage de la principale armée française, par Nancy, les troupes du maréchal Mac-Mahon.

Les Français se trouvaient, au point de vue de la défense, en présence de diverses possibilités, qui paraissaient plus ou moins susceptibles d'exécution, tant que leurs armées étaient encore intactes et que leur moral n'avait pas encore souffert. Mais l'orage était près de fondre sur eux. La situation était des plus critiques ; il n'y avait plus une minute à perdre, et l'on devait, au contraire, opérer avec rapidité et avec résolution. Cependant les Français se contentaient toujours de jeter un regard sur les mesures prises par l'adversaire, mesures qui ne leur paraissaient pas encore tout à fait claires. Ils semblaient avoir renoncé à leur volonté propre et à leurs plans personnels, et attendaient une impulsion de la part des Allemands. La journée du 6 août, non seulement leur procura, en effet, plus vite qu'ils ne s'y attendaient, une impulsion de cette nature, mais elle leur fit encore entendre deux rudes coups de tonnerre, qui les amenèrent à envisager, enfin, clairement, pour la première fois, leur triste situation.

La double défaite de Spicheren et de Wœrth produisit sur les âmes des chefs français l'effet d'une commotion électrique. On résolut de battre immédiatement en retraite jusqu'à Châlons. Dès le 7 août, le quartier général de l'Empereur donna les ordres nécessaires à cet effet. Le 6ᵉ corps Canrobert reçut, notamment, l'ordre de rester à Châlons et de faire revenir en arrière celles de ses troupes qui avaient été déjà transportées à Metz.

L'armée du maréchal Bazaine commença à se mettre en retraite sur Metz, le 7. Le général Frossard, tout d'abord abandonné à lui-même, rassembla ses troupes, le 7, à la première heure, à Sarreguemines, et se porta, le même jour, jusqu'à Puttelange, où il réunit à son corps la brigade Lapasset (avec le 3ᵉ régiment de lanciers), qui avait perdu toute liaison avec son corps (de Failly). Après avoir reçu, le 8, communication du projet de retraite sur Châlons, il chercha, en faisant un détour par Gros-Tenquin, à arriver à Metz, en appuyant dans la direction du sud.

Le quartier général impérial avait, sur ces entrefaites, modifié, le 8, ses dispositions, et abandonné le projet de continuer la retraite sans interruption. Ce revirement fut motivé, moins par une interprétation plus favorable de la situation générale, que par les craintes très graves que l'on avait pour le sort de la dynastie.

Le haut commandement français avait acquis la conviction que, pour donner satisfaction à l'opinion publique, il n'était, décidément, pas possible de commencer la campagne par une retraite ininterrompue jusqu'à moitié chemin de Paris. On en revint donc à l'idée de s'opposer à la marche de l'adversaire, en avant de Metz. Le corps de Canrobert reçut l'ordre d'avoir à continuer le transport de ses troupes sur cette place. La réserve de cavalerie elle-même fut dirigée de Nancy sur Metz.

Les Français pouvaient, à cette époque, disposer, à Metz, de plus de cinq corps d'armée (2e, 3e, 4e, 6e et corps de la garde), dont l'effectif total s'élevait à plus de 200,000 hommes. Avec un tel ensemble de forces, « ils n'avaient plus aucune raison de « douter d'un succès » (de l'aveu même de l'ouvrage du grand état-major prussien).

« Il est vrai que si l'on considère l'ensemble des forces des « Allemands (ainsi que le fait remarquer l'ouvrage du grand état-« major prussien), on voit que ces derniers possédaient une supé-« riorité numérique décisive sur le théâtre de la guerre. Mais de « grandes masses, qui n'ont besoin que d'un petit espace pour « pouvoir se battre, doivent, pour leurs mouvements, s'étendre « davantage en profondeur et en largeur. Pendant la traversée de « la Moselle en des points de passage qui se trouvaient à une « grande distance les uns des autres, ils pouvaient commettre des « fautes, et si les Français en tiraient un parti habile, ils pou-« vaient se procurer la supériorité numérique sur un point donné, « en un jour déterminé. Dans ces conditions, la victoire rem-« portée sur une partie de l'armée allemande aurait forcé l'autre « à s'arrêter. »

Pour obtenir un tel résultat, il ne suffisait assurément pas de s'en tenir à une défensive purement passive ; il fallait, dans ce but, opérer constamment avec prudence et avec activité, et, à cet effet, la grande place de Metz pouvait fournir un point d'appui des plus favorables.

Mais Metz ne se trouvait pas plus que les autres places françaises dans un état de défense convenable ; car, comme on avait l'intention de transporter le théâtre de la guerre en Allemagne, on n'avait pas songé à prendre, en temps opportun, les dispositions nécessaires pour armer la place, etc. Le commandant de Metz, général Coffinières, déclarait qu'abandonnée à elle-même, la place ne pouvait pas tenir quatorze jours. C'est ainsi qu'il fallait, provisoirement, employer l'armée à protéger la place, et non songer à l'utiliser comme point d'appui (1).

La position choisie par les Français pour livrer bataille se trouvait à l'ouest de la Nied française. Le 10 août, on prit possession de cette position et on l'occupa de la manière suivante : le 3ᵉ corps, alors sous les ordres du général Decaen, tenait le centre ; les flancs repliés étaient occupés, à droite, par le 2ᵉ corps Frossard, à gauche, par le 4ᵉ corps Ladmirault ; la garde, sous le général Bourbaki, formait la réserve. Le corps de Canrobert, qui fut transporté par voie ferré, se rassembla un peu plus en arrière, à Metz. Sans perdre de temps, les Français s'apprêtèrent à renforcer leur position par des ouvrages de fortification.

Je reviens encore aux troupes du maréchal Mac-Mahon. Ce dernier, qui avait conçu des inquiétudes, probablement par suite de l'apparition de la cavalerie du prince Albrecht à Steinbourg le 7 août, s'était mis en retraite, dans la soirée de cette journée, et avait continué sa route de Saverne à Sarrebourg, où il arriva le 8 au matin. C'est en ce point que, le même jour, le général de Failly fit sa jonction avec lui.

---

(1) Le jugement très juste, émis par le général Coffinières sur l'état de la place de Metz, nous fournit l'occasion de faire une remarque. Dans l'ordre de bataille de l'armée française du Rhin, le général Coffinières de Nordeck est désigné comme commandant des troupes du génie. Si le commandant de la place et le commandant des troupes du génie sont une seule et même personne, il faut interpréter le jugement émis par lui comme celui d'un spécialiste, au sens le plus étroit du mot, c'est-à-dire d'un homme qui ne considère que ce qui a trait immédiatement à sa spécialité, savoir : le matériel mort de la forteresse, et oublie que la force d'une place réside dans le caractère de son gouverneur et dans la bravoure de sa garnison. Que Metz se trouvât dans un état de préparation incomplet, c'est ce qui ne saurait faire aucun doute. Peut-être aurait-on dû renforcer un peu la garnison ; mais ce qui manquait surtout à la place, c'étaient les approvisionnements, particulièrement les subsistances. C'est sur ce point qu'on aurait dû porter toute son attention et toute son activité. Si, au lieu de transporter par voie ferrée le 6ᵉ corps, qui pouvait également être amené par étapes (du moins à partir de Verdun, point où aboutissait une ligne ferrée particulière venant de Châlons), on avait utilisé la voie ferrée qui servit à ce transport, en vue d'approvisionner Metz et d'en faire sortir les bouches inutiles, le maréchal aurait pu tenir sûrement plus longtemps à Metz avec son armée.

La cavalerie allemande, sous le prince Albrecht, s'était, de son côté, repliée de nouveau, le 7 au soir, sur Bouxwiller. La troisième armée, qui avait ainsi perdu le contact des troupes de Mac-Mahon en retraite, n'arriva plus, dès lors, à le reprendre.

Les Français continuèrent leur retraite précipitée, le 9, sans être inquiétés le moins du monde, en appuyant dans la direction du sud. Chemin faisant, le général de Failly reçut directement, à différentes reprises, du quartier général impérial, des instructions qui réglaient ses mouvements, bien que le 5e corps eût été placé sous les ordres directs du maréchal Mac-Mahon. Le général de Failly reçut, notamment, le 10, à Réchicourt (à mi-chemin entre Sarrebourg et Lunéville), par l'intermédiaire du maréchal Le Bœuf, l'ordre de marcher sur Nancy, d'où le corps de Failly pouvait être facilement amené à Metz. Mais le maréchal Le Bœuf diminua de nouveau la portée de cet ordre, en le complétant par une communication ultérieure, qui laissait le général de Failly libre, dans le cas où les circonstances l'exigeraient (pour éviter une rencontre avec les forces supérieures de l'adversaire), de choisir également une autre direction de marche et de se porter, par exemple, sur Langres, c'est-à-dire dans une direction tout à fait opposée.

De faux renseignements qui lui parvinrent sur l'ennemi, et dont il ne chercha pas à vérifier davantage l'exactitude, amenèrent alors le général de Failly à prendre sa direction plus au sud, sur Chaumont; c'est ainsi que, pour la deuxième fois, comme à Wœrth, il manqua l'occasion de se trouver sur le point où se préparait l'action décisive, — savoir à Metz. Il arriva à Chaumont, le 16 au soir, et c'est en ce point qu'il reçut, le 17, une communication lui faisant connaître qu'il était de nouveau placé sous les ordres du maréchal Mac-Mahon et qu'il avait à se replier sur Châlons.

Le maréchal Mac-Mahon, déjà avant d'atteindre Chaumont, avait commencé le transport par voie ferrée de ses troupes vers l'arrière; il le continua, en utilisant toutes les stations qu'il rencontra sur son trajet. La cavalerie et une partie de l'artillerie continuèrent leur mouvement par étapes. Le 19, le corps de Mac-Mahon se trouvait déjà complètement rassemblé à Châlons. Le 5e corps, dont la plus grande partie avait l'ordre de marcher par étapes, arriva à Châlons le 20 et le 21 août. Presque en même temps que lui, arrivait également, en ce point, le 7e corps (Félix

Douay) avec 2 divisions d'infanterie ; la troisième division de ce corps s'était, ainsi que nous l'avons dit, déjà réunie au corps de Mac-Mahon, dans la nuit qui précéda la bataille de Wœrth.

Outre les trois corps dont nous venons de parler, et qui comprenaient, en tout, 9 divisions 1/2 d'infanterie (il manquait la brigade Lapasset, du 5e corps), le 12e corps (Lebrun) se trouvait encore en voie de formation à Châlons. Ce corps fut formé de quelques régiments de marine et de marche, puis de troupes qui avaient été rappelées de la frontière d'Espagne, et, enfin, de fractions du 6e corps (Canrobert), dont le transport sur Metz avait été intercepté.

Le maréchal Mac-Mahon reçut le commandement en chef de toutes ces troupes.

***

L'armée du prince royal de Prusse avait séjourné, le 7 août, sur le champ de bataille de Wœrth.

La division de campagne badoise reçut l'ordre d'occuper, le 8, Haguenau, pour se porter ensuite, par Brumath, sur Strasbourg. Elle devait couvrir le flanc gauche de la troisième armée et préparer le siège de Strasbourg.

La division de campagne wurtembergeoise fut subordonnée au Ve corps ; l'ancien corps Werder fut donc dissous. Les fractions du VIe corps, — à l'exception de la 12e division d'infanterie, qui s'était déjà portée en avant vers Bitche, — et la 2e division de cavalerie, qui furent transportées par chemin de fer, se rassemblèrent à Landau.

La cavalerie allemande, par suite du peu d'activité qu'elle déploya le 7 août, n'avait fourni que des renseignements incomplets ; ces renseignements avaient affermi le prince royal dans l'hypothèse que le maréchal Mac-Mahon s'était replié sur Bitche. C'était également sur ce point, ainsi que nous l'avons déjà dit, qu'avait été dirigée la 12e division d'infanterie, qui venait de débarquer à Landau.

Grâce à la victoire de Spicheren, la deuxième armée allemande se trouvait en mesure de barrer la route au maréchal Mac-Mahon, dans le cas où il se serait replié sur Bitche. Dans le cours ultérieur des opérations, la troisième armée, sans trop s'astreindre à suivre le maréchal dans sa retraite, qui paraissait être dirigée

vers le nord-ouest, avait donc, évidemment, pour mission de se
relier, tout d'abord, avec l'armée du prince Frédéric-Charles ; elle
devait, ensuite, en accélérant sa marche en avant vers l'ouest,
barrer au maréchal français les routes allant vers le sud, au cas
où il tenterait de se dérober, dans cette direction, à l'attaque de
la deuxième armée allemande. C'est dans ce sens, du moins, qu'il
faut interpréter les dispositions suivantes, qu'avait prises le
prince royal.

Comme but immédiat à atteindre, on assigna à la troisième
armée la ligne de la Sarre, entre Sarre-Union (à environ 20 kilomètres au sud de Sarreguemines) et Sarrebourg (à environ
22 kilomètres au sud de Sarre-Union). Dans ce but, les troupes
reçurent, le 7, communication d'un tableau de marche valable
pour les cinq premiers jours ; leur marche devait les conduire à
travers les Vosges. Les colonnes de marche reçurent l'ordre
formel de repousser immédiatement l'ennemi sur les points où
elles le rencontreraient, de se soutenir réciproquement, et, autant
que possible, de se relier entre elles. Les trains devaient, tout
d'abord, rester en arrière à deux jours de marche des troupes, et
surtout ne pas traverser le massif montagneux, avant que les
débouchés du versant occidental ne fussent occupés par les
troupes.

Les troupes de la troisième armée allemande traversèrent les
Vosges en six colonnes. La colonne de l'aile droite se composait
de la 12e division d'infanterie ; c'est à elle qu'incombait la mission
d'assurer la liaison avec la deuxième armée. La 4e division de
cavalerie formait une colonne spéciale ; elle requit du XIe corps
quelques compagnies d'infanterie, pour protéger ses bivouacs (1).

Les troupes de la troisième armée, bien qu'ayant été un peu
arrêtées, ici et là, par les petites places des Vosges, avaient,
cependant, déjà franchi, le 11, les Vosges, et elles atteignirent,
ainsi qu'il était prescrit, le cours supérieur de la Sarre le 12 août.
Quelque désir que l'on eût d'accorder alors un jour de repos aux
troupes, la troisième armée, qui, à ce moment, prenait part, à
l'aile extérieure, à la conversion générale à droite exécutée par
les trois armées allemandes, et se trouvait être un peu en arrière,

---

(1) *Opérations de la troisième armée*, pages 59, 62, 77.

la troisième armée, dis-je, devait, avant tout, continuer à accélérer la marche, pour arriver à la même hauteur que les deux autres armées. Les têtes de colonnes atteignirent, dès le 15, la Meurthe et la Moselle. Son front s'étendait de Nancy (environ 32 kilomètres au sud de Pont-à-Mousson) à Bayon (environ 32 kilomètres au sud de Nancy). Le 16, la 4ᵉ division de cavalerie fut reportée en avant du front de la troisième armée ; les compagnies d'infanterie qu'elle avait requises, ainsi que nous l'avons dit plus haut, pour la protection de ses bivouacs, lui furent retirées (1), malgré la demande ultérieure qu'elle avait adressée en vue de les conserver.

Le 15 août, la troisième armée était déjà arrivée à la même hauteur que la deuxième armée, dont les corps de tête se trouvaient déjà sur la Moselle, au sud de Metz. Mais les colonnes du prince royal, qui se trouvaient encore, le 15, à une distance de deux à six jours de cette place, se virent dans l'impossibilité de prendre part aux événements qui se déroulèrent, à ce moment, dans un court espace de temps, à Metz.

Pendant sa marche en avant de Wœrth vers la Moselle, la troisième armée s'était heurtée aux petites places des Vosges, qui commandaient les routes conduisant à travers le massif montagneux.

Parmi ces points fortifiés, les Allemands trouvèrent la Petite-Pierre abandonnée par les Français.

La place de Marsal, dont la garnison ne comprenait pas un seul artilleur, se rendit, après un bombardement exécuté avec des pièces de campagne par les Allemands, qui prirent comme butin 60 pièces.

La place de Bitche refusa de se rendre ; la 12ᵉ division prussienne et le IIᵉ corps bavarois furent, par suite, obligés de contourner cette place par de très mauvais chemins de montagne ; il en résulta que ce dernier corps se trouva engagé sur la route qui, primitivement, était affectée au Iᵉʳ corps bavarois.

La place de Phalsbourg, importante pour les Allemands, se trouvait sur le chemin du XIᵉ corps. Le général de Gersdorff, qui commandait ce corps en remplacement du général de Bose blessé, reçut l'ordre d'investir, chemin faisant, la place avec un

_____

(1) *Opérations de la troisième armée*, page **77**.

détachement. Par suite d'une méprise, on avait porté sur le télégramme, au lieu du mot « einschliessen » (investir) le mot
« einschiessen » (bombarder). C'est par suite de ce malentendu,
que la place fut bombardée, le 10 août au soir, pendant trois
quarts d'heure, par des pièces de campagne, qui lancèrent contre
elle 1000 obus, sans cependant l'amener à se rendre. Un second
bombardement, pendant lequel on lança 1800 obus contre la forteresse, eut lieu le 14, avec tout aussi peu de succès que le premier; les Allemands se virent, dès lors, obligés de se borner à
investir la place (1).

La petite forteresse, ou, plus exactement, le château de Lichtemberg, fut prise par les Wurtembergeois, dans des circonstances qui présentent, au point de vue de notre étude, un intérêt
particulier. Deux bataillons de chasseurs et deux batteries furent
désignés pour exécuter cette entreprise contre Lichtemberg; elles
attaquèrent le château le 9. L'artillerie, qui reçut encore un renfort d'une batterie, ouvrit le feu. Une partie des chasseurs se
glissa, en utilisant habilement le terrain, tout près du château et
en emboucha les crénaux. A ce moment, parurent inopinément
deux compagnies d'infanterie wurtembergeoise, qui, laissées provisoirement en arrière de la division, l'avaient alors suivie rapidement, de leur propre initiative. Ces compagnies s'engagèrent
immédiatement au combat; leurs tirailleurs se rapprochèrent,
sans être remarqués des Français, jusqu'à 100 pas du château, et
un peloton s'embusqua immédiatement contre les palissades.
C'est à ce moment, seulement, que l'on s'aperçut que la place
était tout à fait imprenable d'assaut. C'est pourquoi, bien que
l'artillerie française fût déjà réduite au silence, le commandant
de la division wurtembergeoise, général d'Obernitz, donna, néanmoins, au détachement l'ordre de se replier hors de portée de
fusil et de se borner, provisoirement, à l'investissement de la
place.

L'infanterie wurtembergeoise fut alors obligée de se mettre en
retraite sous le feu des Français, qui envoyaient salve sur salve à
une distance si rapprochée. Mais, pendant le combat, la garnison
française négligea le feu que les obus wurtembergeois avaient

(1) Au sujet des opérations contre les places des Vosges, voir l'ouvrage du
grand état-major, 1re partie, tome I, pages 387, 388.

allumé dans le château. Déjà, auparavant, quelques bâtiments
plus petits étaient devenus la proie des flammes ; maintenant les
flammes s'échappaient du bâtiment principal du château. Le lieutenant-colonel de Marchthaler, qui s'était aperçu de l'incendie,
amena alors, de nouveau, une batterie en avant, et canonna le
bâtiment qui brûlait, jusqu'à ce qu'il sautât. A ce moment, la
garnison se rendit.

————————

J'arrive maintenant aux opérations des première et deuxième
armées allemandes, après la bataille de Spicheren.

Le 7 août au matin, un brouillard épais s'étendait sur le champ
de bataille de Spicheren et la région environnante. Parmi les
fractions de troupes prussiennes qui avaient passé la nuit sur le
champ de bataille, la 14e division d'infanterie se trouvait sur le
point même où elle avait combattu, à Spicheren et à Stiring-
Wendel, la 13e division en avant de Forbach. La réunion des deux
divisions du 7e corps put s'exécuter dans les meilleures conditions, plus en avant, à Forbach, localité qui était encore occupée
par des traînards français.

L'avant-garde de la 13e division d'infanterie se porta, malgré le
brouillard, à l'attaque de Forbach, et prit possession de cette
localité, après un court combat. La 13e division d'infanterie, après
avoir fait face à Saint-Avold, formait, dès lors, à Forbach, l'avant-
garde de la première armée. Une brigade de la 6e division de
cavalerie, avec une partie de la cavalerie divisionnaire, s'était
portée plus en avant, et avait reconnu que l'ennemi occupait
Saint-Avold avec des forces considérables. C'étaient des troupes
du corps de Bazaine qui se rassemblaient sur ce point, pour couvrir la route de Metz.

Les troupes de la première armée allemande et le IIIe corps de
la deuxième armée utilisèrent la journée du 7 août pour se réorganiser ; le 1er corps, sous le général de Manteuffel, et la 1re division de cavalerie, qui avaient été affectés à la première armée, se
portèrent en avant sur la Sarre.

Le commandant en chef de cette armée reçut du général de
Moltke une communication relative à la victoire de Wœrth ; cette
communication contenait, en outre, ce qui suit : « La résistance
« opiniâtre de l'adversaire sur ce point, ainsi qu'à l'ouest de Sar-

« rebruck, donnent à supposer que des forces ennemies considé-
« rables se trouvent en position à proximité de la Sarre ; la cava-
« lerie doit donc éclairer le terrain. » Comme la première armée
avait déjà, devant son front, de la cavalerie en nombre suffisant
(appartenant à la deuxième armée), le général de Steinmetz
donna à sa 3e division de cavalerie, sous le comte von der Groeben,
la mission d'éclairer le terrain sur le flanc droit de l'armée, entre
Sarrelouis et Metz (1).

Les renseignements rassemblés par la cavalerie des première
et deuxième armées dans le cours de la journée du 7 firent connaître que des forces françaises importantes se trouvaient encore
dans la région qui s'étend à l'ouest de Saint-Avold jusqu'à Boulay ; mais on avait encore remarqué, également, le 7 au matin,
des troupes françaises à l'est de Saint-Avold et notamment à Sarreguemines, à Bitche (où les Français s'étaient encore renforcés,
dans le cours de cette journée, par de nouvelles troupes récemment arrivées), et Rohrbach (entre Bitche et Sarreguemines) (2).
Des événements précédents il faut conclure qu'il s'agissait, ici,
des troupes du corps Frossard et de la brigade Lapasset du
5e corps, que la cavalerie prussienne rencontra le matin, à la première heure, à Sarreguemines ; à Bitche, cette cavalerie ne pouvait avoir découvert que la brigade de la division Lespart du corps
de Failly, qui, après la bataille de Wœrth, s'était repliée de
Niederbronn sur ce point, et peut-être encore des isolés du corps
Mac-Mahon.

Nous avons déjà fait remarquer que le commandant en chef de
la troisième armée était convaincu que le maréchal Mac-Mahon
avait battu en retraite sur Bitche. C'est dans ce sens qu'on avait
renseigné le grand quartier général, ainsi que le commandant en
chef de la deuxième armée. Les renseignements fournis par la
cavalerie de la deuxième armée confirmèrent cette hypothèse, qui
se trouvait conforme aux vues du grand quartier général, et
inspirèrent naturellement la pensée de barrer la route au maréchal, le 8, à Rohrbach, au moyen de la deuxième armée. Le commandant en chef de la deuxième armée, prince Frédéric-Charles,

---

(1) *Opérations de la première armée*, pages 46 et 47.
(2) Ouvrage du grand état-major prussien, 1re partie, tome I, pages 398
et 399.

approuva, avec beaucoup d'empressement, les propositions émises à ce sujet, par le général de Moltke, à la suite de ces incidents.

Le IVᵉ corps reçut pour mission de s'opposer, en première ligne, à la marche des Français ; il devait se rassembler à Rohrbach dans la matinée du 8. Il pouvait recevoir, dans le cours de la journée, l'appui du corps de la garde, venant de l'arrière ; à gauche, il pouvait être appuyé par la 12ᵉ division d'infanterie (de la troisième armée), qui s'était portée en avant sur Bitche.

Ce mouvement, exécuté par la deuxième armée, le 8 août, équivalait, cependant, à un coup d'épée dans l'air. Le maréchal Mac-Mahon faisait déjà, à ce moment, sa jonction avec le général de Failly, à Saverne, et toute la région située au sud-est de Sarrebruck était déjà évacuée par les Français. La cavalerie de la deuxième armée, qui avait été poussée en avant, le 8, sur ce point, ne rencontrait plus l'ennemi nulle part (1).

Par suite de cette entreprise sans résultat vers Rohrbach, l'aile gauche de la deuxième armée se trouvait être portée en avant, et les corps de cette dernière armée étaient, vers la gauche, séparés les uns des autres par des distances considérables. Il est vrai que la position avancée qu'occupait la gauche de la deuxième armée répondait bien à la situation générale, puisque les armées allemandes devaient exécuter, sur tout leur front, une conversion à droite, pour réaliser l'idée fondamentale suivante du général de Moltke : « Séparer l'adversaire de Paris et le rejeter vers le nord. » Par contre, la trop grande extension donnée au front de la deuxième armée avait pour effet de resserrer la troisième armée qui marchait à sa gauche.

Pour maintenir, avec un front aussi étendu, la cohésion nécessaire entre les corps d'armée, les deux divisions de cavalerie indépendantes de la deuxième armée furent réparties dans les corps de tête et immédiatement subordonnées à ceux-ci (2).

Le jour où une partie de la deuxième armée se portait sur Rohrbach, la première armée devait rester sur place ; dans ce but, le général de Steinmetz reçut, dès le 7, du grand quartier général, le télégramme suivant (3) :

---

(1) Ouvrage du grand état-major prussien, 1ʳᵉ partie, tome I, page 400.
(2) Ouvrage du grand état-major prussien, 1ʳᵉ partie, tome I, page 401.
(3) Ouvrage du grand état-major prussien, 1ʳᵉ partie, tome I, page 404.

« Sa Majesté ordonne à la première armée de laisser, demain
« (8 août), le VIIe et le VIIIe corps dans leurs positions actuelles,
« entre Sarrebruck et Vœlklingen, d'occuper les hauteurs de Spi-
« cheren, et de s'y maintenir, si elle est attaquée. Les directives
« relatives à la marche ultérieure ne peuvent être données que
« lorsque la cavalerie aura fait connaître sûrement si l'ennemi se
« retire ou reste en position. La deuxième armée fera également
« halte. »

Ces prescriptions émanant du grand quartier général ne produisirent pas, cependant, les résultats désirés. Les divisions de
cavalerie de la première armée demeuraient toujours en arrière,
et les renseignements fournis par les patrouilles de la cavalerie
divisionnaire, qui avait à atteindre des buts spéciaux et à remplir
des missions particulières, étaient incomplets et arrivaient trop
tard. Le grand quartier général fut donc obligé d'adresser au
commandant en chef de la première armée un nouvel ordre, qui
lui parvint dans la nuit du 8 au 9. Il contenait ce qui suit :

« Comme, jusqu'à cette heure, aucun renseignement n'a fait
« connaître si l'ennemi a abandonné Boulay et Bouzonville, la
« première armée restera encore demain sur la position qui lui a
« été assignée pour aujourd'hui. La deuxième armée se portera
« demain, avec son dernier corps, sur la Sarre (1). »

Tandis que la première armée, se conformant à cet ordre, restait, le 9, sur les positions qu'elle avait occupées jusque-là, le
général d'Alvensleben, commandant le IIIe corps (de la deuxième
armée), qui se trouvait le plus rapproché de la première armée,
apprenant l'évacuation de Saint-Avold, prenait la résolution d'occuper immédiatement cette localité. Il marchait effectivement,
le 9, avec son corps, sur Saint-Avold, et poussait des avant-gardes
sur les deux routes allant vers Metz. Il y a lieu de faire remarquer
que le général de Steinmetz n'apprit que par ses patrouilles ce
mouvement important du corps qui se trouvait le plus rapproché
de lui (2). Le général d'Alvensleben n'avait, évidemment, donné
aucune communication de ce mouvement à la première armée,
pour éviter qu'elle ne le devançât de nouveau, comme cela avait
eu lieu, le 6 août, à Sarrebruck.

(1) *Opérations de la première armée*, page 52.
(2) Ouvrage de la première armée, page 53.

Les première et deuxième armée allemandes se trouvaient donc être, à ce moment, arrivées à la même hauteur, et elles avaient rapproché d'elles celles de leurs subdivisions qui étaient en arrière, au point qu'elles pouvaient entreprendre la première opération projetée, savoir : la prise de possession de la Moselle ; en même temps, la troisième armée, qui se trouvait en marche à la gauche de la deuxième, devait agir de concert avec les deux premières.

Les renseignements parvenus avaient éclairci suffisamment la situation pour que les Allemands fussent informés de la retraite générale des Français et de l'évacuation du territoire situé à proximité d'eux ; en revanche, on manquait encore de renseignements précis au sujet de la position sur laquelle s'était arrêtée l'armée française. En conséquence, le 9 août, à 8 heures du soir, le grand quartier général adressa l'ordre suivant aux trois armées (1) :

« Les renseignements recueillis font supposer que l'ennemi « s'est retiré derrière la Moselle ou la Seille. Les trois armées sui- « vront ce mouvement.

« Les routes ci-dessous leur sont respectivement affectées, « savoir : troisième armée, les routes Sarre—Union—Dieuze, et « au sud ; deuxième armée, les routes Saint-Avold—Nomeny, et « au sud ; première armée, les routes Sarrelouis—Boulay-les- « Étangs, et au sud.

« Afin de couvrir ce mouvement, la cavalerie devra être lancée « au loin et soutenue par des avant-gardes à grande distance, de « manière à laisser aux armées le temps de se concentrer en cas « de besoin.

« Sa Majesté prescrira les modifications qu'il y aurait lieu d'ap- « porter aux directions indiquées ci-dessus, par suite de la posi- « tion ou des mouvements de l'ennemi.

« La journée du 10 août peut être mise à profit par la première « et la deuxième armée, pour laisser reposer les troupes ou pour « les amener sur les routes qui leur sont affectées.

« L'aile gauche ne pouvant atteindre la Sarre avant le 12, les

---

(1) Ouvrage du grand état-major prussien, 1re partie, tome I, page 383.

« corps de l'aile droite n'auront à accomplir que des marches rela-
« tivement courtes. »

Cet ordre fut daté de Sarrebruck, localité qui se trouvait au
centre, entre la première et la deuxième armée ; c'est là que le
grand quartier général s'était alors transporté, pour se rapprocher
du théâtre des opérations.

Pour mieux saisir les opérations allemandes ultérieures, qui
furent la conséquence de cet ordre, il y a lieu d'ajouter les expli-
cations ci-dessous :

Le cours moyen de la Moselle, dont l'occupation constituait,
pour les Allemands, le premier objectif d'opérations à atteindre,
est dirigé du sud au nord ; par contre, le front des trois armées
allemandes était, au début (jusqu'au 4 août), dirigé vers le sud, de
sorte qu'il faisait un angle droit avec le cours moyen de la
Moselle. Par suite de la marche en avant de la troisième armée
sur la Sauer et de l'entreprise sans résultat exécutée par des fractions de la deuxième armée vers Rohrbach, le front des armées
allemandes se trouvait être dirigé vers le sud-ouest, et s'était
étendu considérablement vers la gauche. Les dispositions adoptées par le commandement suprême des Allemands avaient donc
pour but immédiat de resserrer le front et aussi de l'établir face à
l'ouest ; en même temps, elles indiquaient nettement l'intention
de faire franchir simultanément aux trois armées la Moselle en
amont, c'est-à-dire au sud de Metz, direction qu'avait suivie également, dans sa retraite, l'armée française, — dont la colonne de
l'aile extrême s'était dirigée sur Metz (les Étangs), tandis que les
autres s'étaient portées plus au sud. — Ce mouvement, ainsi que
nous l'avons déjà fait remarquer, était conforme au plan initial
du général de Moltke, qui avait pour but d'intercepter les communications de l'ennemi avec Paris et de le rejeter vers le nord,
c'est-à-dire vers la frontière belge.

A cheval sur la ligne de marche la plus courte des Allemands
vers la Moselle, se trouvait la grande place d'armes française de
Metz ; cette place, entourée de forts, qui n'étaient pas encore, il
est vrai, complètement terminés, procurait aux Français la liberté
complète d'opérer sur les deux rives.

Sur la Moselle, à environ 58 kilomètres en amont de Metz, se
trouve la place de Toul ; à 27 kilomètres en aval de Metz, la place
de Thionville.

La largeur de la rivière, dans cette région, mesure 150 à 200 pas ; le passage à gué de la Moselle n'est possible que par un temps sec prolongé. Il n'y avait pas de ponts entre Metz et Thionville. Les rives montueuses s'élèvent de 100 à 150 pas au-dessus du niveau de la rivière ; la largeur moyenne de la vallée est de 2,000 pas. Ce n'est que sur quelques points que la vallée se rétrécit jusqu'à 500 pas ; à Metz même, la largeur de la vallée s'élève de 3,000 à 4,000 pas (1).

Pour envelopper Metz, comme ils en avaient l'intention, les Allemands étaient obligés d'exécuter, à portée de cette place, une marche de flanc, c'est-à-dire un mouvement qui manquait de simplicité, et qui, en présence d'un adversaire actif, exposait les troupes allemandes à des dangers, que, malgré leur importante supériorité numérique, elles ne réussirent pas complètement à éviter. Ces dernières, non seulement occupaient un front très large, mais se trouvaient encore fort séparées les unes des autres dans le sens de la profondeur, et il arriva souvent que deux, et même trois corps d'armée, durent marcher sur une seule route, l'un derrière l'autre.

D'autre part, à cette époque, les Français avaient la liberté absolue de prendre l'initiative ; ils pouvaient donc en profiter pour infliger une défaite à l'adversaire ou pour se dérober à son étreinte. En adoptant le premier parti, ils pouvaient attaquer les corps de l'aile droite de l'armée allemande sur la rive droite de la Moselle, ou même se jeter sur ceux de ces corps qui paraîtraient les premiers sur la rive gauche de cette rivière, en amont de Metz. Ces éventualités, qui pouvaient se présenter pendant toute la durée du mouvement enveloppant au delà de la Moselle, pesèrent d'un très grand poids sur le commandement allemand et faillirent détruire ses projets. Il en résulte donc que cette période de la campagne est on ne peut plus fertile en enseignements.

Les ordres donnés le 9 août furent exécutés de la manière suivante :

Les troupes de la première armée s'établirent, dans le courant de la journée du 10, sur les routes qui leur étaient assignées ; mais les chemins, qui se trouvaient détrempés par la pluie, ainsi

---

(1) Ouvrage du grand état-major prussien, 1re partie, tome I, pages 127 et 128.

que les croisements de troupes, qui se produisirent fréquemment, contribuèrent à alourdir considérablement leur marche.

Le commandant en chef de la première armée, général de Steinmetz, rassembla, ce jour-là, les commandants de ses corps d'armée et de ses divisions de cavalerie indépendantes, pour leur donner des instructions relatives aux opérations qui allaient s'ouvrir. Il partit de l'hypothèse que les Français se porteraient, avec toutes leurs forces, contre son armée, dès qu'elle se rapprocherait de Metz et que la deuxième armée passerait la Moselle en amont de cette place. Or le général de Steinmetz se trouvait encore sous l'impression des pertes qu'il avait subies dans ses attaques du 6 ; c'est, en conséquence, pour cette raison qu'il recommanda à ses généraux de s'en tenir à la défensive, et qu'il leur déclara que, du moins en ce qui dépendait de lui, il n'avait pas l'intention de se porter au delà de la Nied française. Il partait du point de vue suivant : c'est qu'il ne fallait pas attaquer l'adversaire sur ses positions (comme cela avait eu lieu jusque-là), mais bien plutôt attendre, soi-même, l'attaque des Français sur une position bien choisie (1).

Le commandant en chef de la deuxième armée, prince Frédéric-Charles, avait porté en première ligne quatre corps d'armée, savoir (en partant de l'aile droite) : le IIIe, le Xe, la garde et le IVe corps. En deuxième ligne marchait le IXe corps, derrière le IIIe, c'est-à-dire derrière l'aile droite de l'armée ; le XIIe corps (Royal-Saxon), derrière le centre ; le IIe corps devait également suivre l'aile droite, dès qu'il aurait achevé de débarquer. L'aile droite de la deuxième armée se trouvait donc être assez forte pour pouvoir prêter un appui suffisant à la première armée.

Les quatre corps de tête de la deuxième armée, dont nous venons de parler, dirigèrent leur marche sur les points de passage suivants de la Moselle, situés en amont de Metz : Pont-à-Mousson, Dieulouard et Marbache.

Comme les divisions de cavalerie de la première armée ne se trouvaient pas encore, le 10, en première ligne, les Allemands avaient, en avant de l'aile droite de leur front, perdu presque complètement le contact des Français (2). Cependant, les déta-

---

(1) *Opérations de la première armée,* pages 55 et 56.
(2) Ouvrage du grand état-major prussien, 1re partie, tome I, page 413.

chements envoyés en reconnaissance par la deuxième armée constatèrent, dans le courant de la journée du 10, la présence d'importantes forces ennemies derrière la Nied française ; selon toute apparence, ces forces se préparaient à résister sur ce point.

En raison de l'extrême gravité de la situation, le grand quartier général se transporta, le 11, sur la ligne la plus avancée, à Saint-Avold.

Dans le courant de la journée du 11, les commandants en chef des deux armées adressèrent un rapport sur leur manière d'envisager la situation et sur leurs projets pour la journée du 12 août.

Le chef d'état-major de la deuxième armée, général de Stiehle, écrivait, en substance, ce qui suit (1) :

« Le résultat des reconnaissances d'hier donne à croire que « l'ennemi aurait suspendu sa retraite, et qu'il se serait reporté « en avant de Metz, avec des forces assez considérables, peut-être « dans l'intention d'agir offensivement, mais, en tout cas, pour « tenir dans la forte position située à l'ouest de la Nied fran-« çaise.

« Dans cette hypothèse, il paraîtrait nécessaire de se borner à « le contenir de front et de porter l'effort décisif dans son flanc « droit. Pendant que la première armée remplirait ce rôle prin-« cipalement défensif qui lui est assigné par sa situation, le « commandant en chef de la deuxième armée s'occuperait de « préparer l'attaque de flanc, en commençant une conversion « à droite, dont le IIIᵉ corps, demeurant immobile à Faulque-« mont, formerait le pivot. Les mouvements à cet effet seraient « prescrits pour le 12, sans que, cependant, pour le moment, on « s'écartât, plus qu'il ne serait nécessaire, de la direction géné-« rale vers la Moselle. »

Le commandant en chef de la deuxième armée avait également communiqué ce rapport au général de Steinmetz. Ce dernier avait informé le grand quartier général qu'il avait l'intention d'amener, le 12, la première armée sur la Nied allemande, en donnant, en outre, une extension plus grande à son front ; que, quant aux

_____

(1) Ouvrage du grand état-major prussien, 1ʳᵉ partie, tome I, pages 417 et 418.

divisions de cavalerie, il leur avait prescrit de marcher aux ailes extérieures.

Le grand quartier général du roi approuva, d'une manière générale, ainsi qu'en témoigne l'ouvrage du grand état-major prussien, les appréciations formulées par les deux commandants d'armée. Cependant, comme la nouvelle phase dans laquelle entraient les opérations paraissait commander plus de cohésion, le grand quartier général considérait comme indispensable de donner aux divers corps des instructions spéciales pour la journée du 12. C'est en partant de ce dernier point de vue que l'ordre suivant fut adressé le 11, à 7 heures du soir, de Saint-Avold, aux commandants de la première et de la deuxième armée (1) :

« Il paraît assez probable qu'une notable partie de l'armée
« ennemie se trouve en avant de Metz, sur la rive gauche de la
« Nied française. Il devient donc nécessaire de concentrer davan-
« tage la première et la deuxième armée. Sa Majesté le Roi a
« ordonné ce qui suit :

« Cette concentration aura lieu sur le IIIe corps à Faulque-
« mont.

« La première armée portera, demain, de bonne heure, deux
« corps sur la ligne Boulay—Marange, un corps vers Bouche-
« porn.

« La deuxième armée dirigera le IXe corps sur Longeville, à
« l'ouest de Saint-Avold ; le IIe corps fera avancer vers ce dernier
« point tout ce qu'il aura de disponible (2). Le Xe corps viendra
« derrière le IIIe.

« La garde, le IVe et le XIIe corps appuieront vers la gauche
« de la position indiquée ci-dessus, de façon à pouvoir la ren-
« forcer ou à continuer dans la direction de Nancy, suivant le
« cas. Tous les corps d'armée laisseront les deuxièmes échelons
« de leurs trains sur leurs positions actuelles et dégageront com-
« plètement les routes.

« Le IIIe et le IXe corps ont été avisés directement de ces dis-
« positions.

---

(1) Ouvrage du grand état-major prussien, 1re partie, tome I, page 419.
(2) Ce corps se rapprocha au fur et à mesure qu'il eut achevé son débarquement.

« D'une manière générale, les avant-postes de la première
« armée seront poussés jusqu'à la Nied allemande (1). »

La première armée reçut, en outre, du grand quartier général
l'ordre de faire déboucher ses deux divisions de cavalerie en avant
de tout son front, pour compléter les renseignements, encore
incomplets, recueillis de ce côté (2).

Comme l'ordre du grand quartier général pour le 12 ne parvint
au commandant en chef que le 11 à 5 heures de l'après-midi,
celui-ci avait déjà pris, de sa propre initiative, ses dispositions
pour le jour suivant ; elles concordaient, d'ailleurs, presque complètement avec les plans du grand quartier général ; la différence
ne portait que sur la direction donnée, de part et d'autre, au
X⁰ corps. Le quartier général consentit à ne pas modifier l'itinéraire déjà assigné à ce corps d'armée, itinéraire d'après lequel il
devait marcher à gauche du III⁰ corps, sur Landroff.

Toutes les dispositions pour la journée du 12 furent exécutées
dans les conditions prescrites. Seul, le II⁰ corps ne reçut pas, le
11, l'ordre qui le concernait ; il ne lui parvint que le 12, de sorte
que, ce jour-là, il ne poussa en avant qu'un régiment jusqu'à
Saint-Avold.

Le 12 au soir, sur un front d'une étendue de 19 kilomètres, de
Boulay à Faulquemont, se trouvaient rassemblés cinq corps
d'armée allemands, qui, d'après les calculs du grand quartier
général, pouvaient, dans le courant de la journée du 13, recevoir
encore l'appui de quatre autres corps.

Mais, pendant que le commandement suprême des Allemands
prenait, le 11, ses dispositions, dans l'hypothèse que des forces
ennemies importantes étaient en position sur la Nied française,
les Français avaient déjà commencé leur mouvement de retraite
sur la place de Metz, et le continuaient le 12.

Le mouvement de retraite des Français fut très bien remarqué
par la cavalerie allemande, qui formait, à ce moment, un rideau
continu en avant de tout le front des première et deuxième armées,
et marchait sur les talons de l'ennemi. L'aile droite de cette ligne
de cavalerie ne pouvait, naturellement, progresser dans sa marche

_____

(1) *Opérations de la première armée*, pages 39 et 40.
(2) Ouvrage du grand état-major prussien, 1ʳᵉ partie, tome I, page 418.

en avant qu'autant que l'adversaire continuerait à battre en retraite ; en revanche, à l'aile gauche, où l'on n'avait aucun ennemi devant soi, les têtes de colonnes de la cavalerie de la deuxième armée atteignirent, dès le 11, la Moselle en amont de Metz. Elles trouvèrent les passages de cette rivière, situés de ce côté, inoccupés par les Français ; le pont de Dieulouard n'avait pas même été rendu impraticable. La cavalerie prussienne intercepta sur ce point les communications télégraphiques.

Le commandant en chef de la deuxième armée considérait alors comme nécessaire de faire éclairer, tout d'abord, le terrain, sur la rive gauche de la Moselle, par de forts détachements de cavalerie. Pour assurer la liaison de cette cavalerie avec la rive droite, et pour préparer en même temps le passage de l'armée elle-même sur la rive gauche, il lui parut nécessaire de faire occuper, en forces suffisantes, et aussi vite que possible, les passages de la Moselle. Cette mission fut confiée à la 5e division de cavalerie Rheinbaben, et, au préalable, à une division d'infanterie.

La division Rheinbaben (comprenant 3 brigades avec 36 escadrons) avait, pour le moment, deux de ses brigades rattachées au Xe corps, tandis que la troisième (de Brédow) était affectée au IVe corps. Le 12 août, à 2 heures de l'après-midi, le général de Rheinbaben reçut (par l'intermédiaire du général commandant le Xe corps) l'ordre de franchir, avec sa division, la Moselle à Pont-à-Mousson et à Dieulouard, et de se porter sur les derrières de la position ennemie, près de Metz, vers la route qui va de ce point sur Verdun. La brigade Brédow devait chercher à rejoindre, aussi vite que possible, sa division.

En outre, la 6e division de cavalerie, qui était, provisoirement, affectée au IIIe corps, reçut l'ordre de s'étendre à gauche jusqu'à la Moselle, et d'observer toutes les routes situées sur la rive droite de la Moselle, allant de Metz vers le sud ; le château de Saint-Blaise lui fut indiqué comme un point d'observation particulièrement favorable. La 6a division de cavalerie couvrait ainsi la marche en avant de la deuxième armée sur la Moselle, dans la direction de Metz.

Les deux divisions de cavalerie, la 5e et la 6e, furent de nouveau placées sous les ordres immédiats du commandant en chef de l'armée (1).

Le général commandant le Xe corps, général de Voigts-Rhetz, reçut encore, le 12, de son général en chef, l'ordre de pousser en avant sur Pont-à-Mousson une division d'infanterie, avec l'équipage de ponts divisionnaire. Le général de Voigts-Rhetz, de son côté, immédiatement après avoir reçu l'ordre qui prescrivait à la 5e division de cavalerie de franchir la Moselle, avait, dès le 12, mis en marche la 19e division d'infanterie sur Pont-à-Mousson; cette dernière arriva, ce jour-là, jusqu'à Delme.

Le 12 août également, la cavalerie prussienne détruisit, temporairement, à Pont-à-Mousson, Dieulouard et Frouard, là voie ferrée qui va de Metz à Châlons, sur la rive gauche de la Moselle. Les cavaliers prussiens furent, dans cette circonstance, presque décimés, à Pont-à-Mousson, par des chasseurs d'Afrique ennemis, et repoussés de Dieulouard et de Frouard par de l'infanterie française, — appartenant, probablement, au 6e corps Canrobert, — qui était accourue sur les lieux. Les Français n'avaient nullement songé à protéger, comme il convenait, cette voie ferrée, qui présentait une si grande importance pour eux ; et, cependant, sa défense était d'autant plus facile que le cours de la Moselle la mettait à l'abri des entreprises de l'ennemi.

Les détachements poussés en reconnaissance par la cavalerie prussienne, le 12, sur la rive droite de la Moselle, vers Metz, notamment une reconnaissance offensive entreprise par toute la 6e division de cavalerie, avaient fait connaître que les Français avaient abandonné leurs positions fortifiées de la Nied française et s'étaient rassemblés à Metz. Le grand quartier général en conclut que les Français étaient en pleine retraite, par Metz, au delà de la Moselle, et il adressa, en conséquence, le 12 août, à 4 h. 1/2 de l'après-midi, de Saint-Avold, l'ordre suivant aux trois armées allemandes : (2)

« Autant que les renseignements recueillis permettent d'en « juger, la masse principale des forces ennemies se retire, par « Metz, au delà de la Moselle. Sa Majesté ordonne ce qui suit :

---

(1) *Opérations de la deuxième armée*, pages 41 et 42.
(2) Ouvrage du grand état-major prussien, 1re partie, tome I, pages 429 et 430.

« La première armée se portera, demain, 13 août, sur la Nied
« française, le gros sur la ligne les Étangs—Pange, et fera
« occuper la gare de Courcelles ; la cavalerie poussera des recon-
« naissances sur Metz et franchira la Moselle en aval. La pre-
« mière armée couvrira ainsi la droite de la deuxième.

« La deuxième armée gagnera la ligne Buchy—Château-Salins,
« placera ses avant-postes sur la Seille, et cherchera à s'assurer,
« si cela est possible, des ponts de la Moselle à Pont-à-Mousson,
« Dieulouard, Marbache, etc.

« La cavalerie fera des reconnaissances au delà de la Moselle.

« La troisième armée continuera son mouvement vers la ligne
« Nancy—Lunéville. »

« Signé : de Moltke. »

Le commandant en chef de la deuxième armée avait donc, par
suite des mesures qu'il avait déjà prises, prévenu les désirs du
grand quartier général.

L'ouvrage du grand état-major prussien s'exprime de la manière
suivante au sujet de la situation créée par les derniers ordres du
roi et des relations réciproques que les trois armées allemandes
devaient avoir entre elles, pendant la période la plus rapprochée (1) :

« La première armée devait prévoir le cas où l'adversaire, qui
« lui faisait face à 15 kilomètres à peine, l'attaquerait avec des
« forces peut-être supérieures. Toutefois, la Nied formait, dans
« cette éventualité, une bonne position défensive, et, en suppo-
« sant même que la première armée dût reculer, il suffisait à la
« deuxième armée de faire front, pour arrêter net la poursuite de
« l'ennemi. D'autre part, le déploiement de la première armée
« sur la Nied assurait la deuxième armée, qui s'avançait sur un
« large front vers les ponts de la Moselle, contre toute entreprise
« des Français sur la rive droite, car la première armée pouvait
« passer immédiatement à l'offensive, si l'ennemi se hasardait à
« défiler devant son front, pour marcher vers le sud. Si, au con-
« traire, les Français, traversant Metz, remontaient la rive gauche
« pour se porter à la rencontre de la deuxième armée, celle-ci

---

(1) Ouvrage du grand état-major prussien, 1re partie, tome I, page 430.

« pouvait, en cas de nécessité, se replier sur l'armée du prince
« royal, tandis que la première armée, laissant des troupes en
« observation devant Metz, serait en position de franchir la
« Moselle en amont et dans le voisinage de la place, et de se
« porter sur les derrières de l'adversaire.

« Dans ces conditions, il importait que tout mouvement des
« Français fût surveillé de près et attentivement. »

En développant ces considérations relatives à la conduite à
tenir par les armées allemandes en présence des diverses éventualités d'une offensive française, l'ouvrage du grand état-major
prussien a omis d'envisager un cas très essentiel.

Les Français pouvaient se jeter, avec la supériorité du nombre,
sur la première armée allemande, précisément au moment où la
deuxième armée avait déjà franchi la Moselle, en se contentant
d'occuper cette dernière armée avec une partie de leurs forces.
Comme l'armée du général de Steinmetz était arrivée à se trouver
très rapprochée de la place, il devait lui être très difficile, dans ce
cas, de se dérober à un combat inégal.

Mais, si la première armée avait été battue, ou, tout au moins,
simplement serrée de très près par les Français, ces derniers
seraient arrivés à se trouver immédiatement sur les lignes de
communication des forces allemandes qui s'étaient avancées sur
la rive gauche de la Moselle, et les auraient, probablement,
obligées à exécuter, en repassant cette rivière, une retraite précipitée. Les Allemands auraient même été forcés de continuer,
peut-être, cette retraite encore plus loin, par suite du manque de
moyens de subsistance, car les trains et les magasins allemands
les plus rapprochés, qui se trouvaient sur la rive droite de la
Moselle, pouvaient tomber entre les mains des Français, ou, tout
au moins, être séparés de la deuxième armée allemande.

Toutefois, une opération de cette nature exigeait, de la part
des Français, un coup d'œil juste et une ferme résolution. Car,
obligés, pour l'exécution de ce mouvement, de s'appuyer uniquement sur la place d'armes de Metz, les Français livraient également, de leur côté, leurs communications en arrière. La condition
préalable à remplir à ce point de vue consistait à pourvoir, en
temps opportun, la place de Metz des ressources et des approvisionnements nécessaires. Bien qu'en réalité, on n'eût pas procédé
ainsi, les Allemands ne pouvaient pas encore, à cette époque, en

être informés ; ils devaient donc envisager la possibilité d'une marche en avant des Français, ainsi qu'il a été dit plus haut.

Il ne faut pas, d'ailleurs, conclure de cette lacune, qu'on rencontre dans les considérations émises par l'ouvrage du grand état-major prussien, que le commandement suprême des Allemands n'a pas du tout envisagé la possibilité d'une telle marche offensive des Français ; les mesures qu'il avait l'intention de prendre, pour y parer, n'ont, peut-être, pas pu trouver place dans la relation officielle prussienne, parce que le succès, pour les deux partis, dépendait, dans ce cas, moins du plan d'opérations, basé sur la situation militaire générale, que de la rapidité et de l'opportunité des résolutions et des actes des différents chefs, considérés en détail.

Au premier coup d'œil, il semble, il est vrai, que la première armée, qui se trouvait à proximité des Français, rassemblés à Metz, courait le danger de se trouver engagée isolément dans une lutte avec des forces ennemies supérieures en nombre ; toutefois, il convient de remarquer que l'importance de ce danger dépendait du degré d'énergie et d'activité des Français. D'ailleurs, le fait que les Allemands osèrent, même dans les conditions difficiles que comportait le passage de la Moselle, exécuter un mouvement enveloppant à une distance si rapprochée de Metz, ce fait, dis-je, est une preuve qu'ils n'avaient pas une bien haute opinion de l'énergie et de la puissance d'action du commandement des Français. La tournure qu'avait prise, à ses débuts, la campagne, avait motivé cette opinion de leur part, et le succès qui couronna le mouvement enveloppant entrepris par les Allemands la justifia parfaitement.

Le commandant en chef doit savoir apprécier à leur juste valeur le caractère et les qualités de son adversaire ; dans ce cas, les conséquences qui résultent de cette appréciation acquièrent pour lui la valeur de quantités tout à fait réelles, et l'autorisent à faire entrer ces facteurs en ligne de compte dans ses considérations, tout aussi bien que des bases réelles quelconques, telles que la force de ses troupes, la solidité de sa position, etc. (1).

_____

(1) Plusieurs des entreprises exécutées avec succès par notre armée (c'est-à-dire l'armée russe) dans la dernière guerre avec les Turcs avaient été basées sur une appréciation exacte de la valeur de l'adversaire, c'est-à-dire l'inaction prévue des Turcs.

En exécution de l'ordre royal du 12 août, le général de Steinmetz fit prendre position, le jour suivant, à deux corps d'armée, le Ier et le VIIe, sur la ligne les Étangs—Pange, sur une étendue d'environ 7 kilomètres. En arrière, en seconde ligne, marchait le VIIIe corps, qui, peu de temps auparavant, avait détaché une brigade, pour exécuter un coup de main contre la place de Thionville. Les troupes les plus avancées de la première armée se heurtèrent, en avant du front, non seulement à la cavalerie française, mais encore à de l'infanterie. Le contact, qui avait été perdu le 7 août, se trouvait, dès lors, complètement rétabli. Les deux divisions de cavalerie de la première armée furent placées aux ailes extérieures de cette armée.

Dans la deuxième armée, la division de cavalerie Rheinbaben (2 brigades) s'empara, le 13 au matin, du passage de Pont-à-Mousson, après un combat insignifiant d'éclaireurs, livré par les hussards, qui avaient mis pied à terre. Un régiment de hussards de la brigade Redern se porta sur la rive gauche de la Moselle ; les patrouilles qu'il envoya dans toutes les directions eurent, plusieurs fois, des engagements avec des chasseurs à cheval français.

La 19e division d'infanterie, du Xe corps, qui s'était portée en avant, le 12 au soir, jusqu'à Delme, atteignit également, dans l'après-midi du 13, Pont-à-Mousson, et établit, à côté du pont existant en ce point, un second pont de bateaux. Elle poussa en avant un détachement sur les deux rives de la Moselle, vers Metz, tandis que deux de ses bataillons étaient détachés pour occuper le passage de Dieulouard. Ces derniers arrivèrent dans la soirée à Dieulouard, et trouvèrent cette localité occupée, depuis le matin, par la brigade prussienne de dragons de la garde, à laquelle avait été adjointe une compagnie d'infanterie, transportée en voiture. L'escadron de tête de cette brigade avait intercepté la voie ferrée, et forcé quatre trains français, chargés de troupes à destination de Metz, à rétrograder. Ces troupes appartenaient au corps Canrobert et se trouvèrent, dès lors, ainsi que tous les autres échelons restés en arrière, séparés définitivement de leur corps d'armée. Elles rétrogradèrent sur Châlons, et furent, en ce point, affectées au 12e corps.

Deux missions incombaient à la deuxième armée allemande, pendant la journée du 13 : elle devait, en premier lieu, atteindre les passages de la Moselle, et, en second lieu, se tenir prête, en cas de nécessité, à prêter son appui à la première armée. La première de ces missions incombait aux corps de l'aile gauche, qui se trouvaient, il est vrai, les plus éloignés de Metz, mais aussi les plus éloignés de la Moselle ; la deuxième mission était du ressort des corps de l'aile droite, qui, dans ce but, devaient être maintenus un peu en arrière. A l'aile gauche, le X⁰ corps avait été poussé en avant comme avant-garde, et avait, ainsi que nous l'avons déjà dit, atteint la Moselle avec sa 19⁰ division ; la garde et le IV⁰ corps marchaient derrière lui. Les corps de l'aile droite de la deuxième armée, les III⁰, IX⁰ et XII⁰ corps prirent position derrière la première armée et au sud de celle-ci, prêts à l'appuyer. Le II⁰ corps était encore en train de se concentrer à Saint-Avold ; il avait déjà débarqué sur ce point, le 13, trois brigades d'infanterie.

Le 13 août, à 9 heures du soir, le grand quartier général (1) expédia les ordres suivants pour la journée du 14 :

« D'après les nouvelles reçues jusqu'alors, de forts contingents « ennemis étaient encore, aujourd'hui, à Servigny et à Borny, « en deçà de Metz.

« Sa Majesté ordonne ce qui suit : « La première armée demeu- « rera demain, 14 août, dans ses positions sur la Nied française ; « des avant-gardes seront chargées d'observer si l'ennemi se « replie ou s'il se porte offensivement en avant. En prévision de « cette dernière éventualité, il est essentiel que, demain, les III⁰ « et IX⁰ corps, de la deuxième armée, s'arrêtent, tout d'abord, « respectivement, à hauteur de Pagny et à Buchy (2) ; ainsi établis « à une distance de 8 kilomètres, ils seront prêts à rompre, en « temps utile, pour s'engager dans une affaire sérieuse qui se « produirait devant Metz. D'autre part, la première armée est en « mesure de s'opposer, par une attaque de flanc, à toute entre- « prise de l'adversaire vers le sud.

« Les autres corps de la deuxième armée continueront leur

---

(1) De Herny, où le grand quartier général avait été transporté le 13. (*Annotation du traducteur allemand.*)

(2) Pagny, sur la route de Metz à Nancy ; Buchy, sur la route de Metz à Strasbourg.

« marche vers la partie de la Moselle comprise entre Pont-à-
« Mousson et Marbache. Le X⁰ corps prendra position en avant
« de Pont-à-Mousson.

    « La cavalerie des deux armées s'avancera aussi loin que pos-
« sible ; elle inquiétera la retraite de l'ennemi, si celui-ci venait à
« se replier par la route de Metz à Verdun. »

                                « Signé : de Moltke (1). »

En raison de l'heure déjà avancée de la journée, ces instructions, qui concernaient le III⁰ et le IX⁰ corps, leur étaient
apportées directement par des officiers d'ordonnance du grand
quartier général. Pour les autres corps de la deuxième armée, le
prince Frédéric-Charles avait déjà pris de lui-même, antérieure-
ment à la réception du télégramme du général de Moltke lui
notifiant cet ordre, des dispositions qui concordaient de tous
points avec les intentions de l'autorité suprême.

Le 14 au matin, la deuxième armée exécuta les ordres donnés
de la manière suivante : les corps de la première colonne, formant
l'aile droite (III⁰, IX⁰ et XII⁰), se portèrent sur les positions qui
leur étaient assignées, tandis que la deuxième colonne, formée du
X⁰ corps, se portait au delà de Pont-à-Mousson et occupait une
position située sur la rive gauche de la Moselle. Le corps de la
garde, qui formait la troisième colonne, occupa, avec ses subdivisions de tête, le passage de Dieulouard ; enfin la quatrième
colonne, c'est-à-dire le IV⁰ corps, se rapprocha jusqu'à une distance d'environ 15 kilomètres du passage de Marbache.

La cavalerie de la deuxième armée (5⁰ division et division de
cavalerie de la garde) franchit la Moselle, le 14, et se déploya, en
forme d'éventail, sur la rive gauche, sans rencontrer l'ennemi.
A l'aile droite, les patrouilles de cavalerie s'avancèrent jusqu'aux
forts de Metz et jusqu'à la route Metz—Verdun (ligne de retraite
des Français). Seul, le village d'Ancy, dans la vallée de la
Moselle, à environ 10 kilomètres en amont de Metz, fut trouvé
occupé par de l'infanterie française. Sur le flanc gauche, immédiatement près de Toul, un escadron de dragons engageait un

(1) Ouvrage du grand état-major prussien, 1ʳᵒ partie, tome I, pages 439
et 440.

combat heureux contre des chasseurs à cheval français ; mais la sommation qu'il adressait à cette place, pour l'inviter à se rendre, recevait une réponse négative.

La position de défense choisie par les Français, derrière la Nied française, avait été reconnue mauvaise ; on avait donc résolu de concentrer davantage l'armée française tout près de Metz et d'abandonner la position de la Nied, qu'on avait déjà renforcée, en partie, par des ouvrages de fortification.

A Metz, se trouvaient alors rassemblés les corps français suivants : 2e, 3e, 4e, 6e, et corps de la garde. Une partie du 6e corps n'avait pu, par suite de l'interruption de la voie ferrée Metz—Châlons par les Prussiens, arriver à Metz ; il lui manquait 9 bataillons, 13 batteries et toute sa cavalerie.

L'ensemble des forces de l'armée française, concentrée à Metz, comprenait, à la date du 12 août : 201 bataillons, 116 escadrons, 540 pièces d'artillerie de campagne.

La solution apportée à la question du double commandement en chef (1) paraissait avoir amélioré l'organisation du commandement de l'armée française. L'empereur Napoléon III avait abandonné, le 12 août, le commandement de l'armée du Rhin, et l'avait transmis complètement au maréchal Bazaine ; mais, comme l'Empereur continuait à rester avec l'armée, le maréchal Bazaine ne jouissait pas d'une indépendance complète dans l'exercice de son commandement. Il lui fallait assurer la sécurité du quartier général impérial et tenir compte des opinions que ce dernier émettait.

Cependant, on perdait ainsi un temps précieux et on se rapprochait toujours davantage du moment critique, à l'expiration duquel les mesures prises ne pouvaient plus réparer, en aucune façon, les fautes commises.

Du moment que la retraite était devenue inévitable, tout délai

---

(1) Il y a lieu de rappeler que le maréchal Bazaine avait déjà pris, nominalement, le 5, le commandement des 2e et 4e corps, en sus du commandement de son corps d'armée. Le 6e corps n'était pas encore arrivé à cette époque ; le corps de la garde était resté à la disposition immédiate de l'Empereur.

ultérieur qui lui était apporté, en présence des forces prussiennes qui occupaient déjà la Moselle en amont de Metz, ne pouvait qu'être préjudiciable aux Français. Mais cette vérité ne fut pas, à beaucoup près, reconnue par tous les chefs français. Le maréchal Bazaine lui-même, qui, jusqu'à sa nomination comme commandant en chef, s'était manifestement peu préoccupé du cours des événements, envisageait encore, le 13 au soir, la possibilité de prendre l'offensive sur la rive droite de la Moselle, sans cependant avoir la moindre idée des mouvements et de la répartition des forces de l'adversaire. L'empereur Napoléon n'était pas beaucoup mieux renseigné à ce sujet. Il était lui-même convaincu, ainsi que les hommes les plus prévoyants de son entourage, de la nécessité de battre immédiatement en retraite ; c'est pourquoi l'Empereur avait également imposé au maréchal Bazaine, comme première obligation, la mission de ramener l'armée à Verdun (sur la route de Châlons et de Paris) (1).

Cette retraite devait commencer par le passage de la Moselle exécuté par l'armée. Mais il n'existait aucun préparatif à cet effet. L'équipage de ponts, que l'on avait déchargé à Forbach, sans attelages, le 1er août, était tombé, en ce point, entre les mains des Prussiens ; on avait commencé trop tard à construire des ponts militaires à Metz, de sorte que ces ponts ne purent être terminés que le 14 au matin. En outre, on n'avait pas encore distribué de vivres pour la marche (2).

Par suite de l'influence exercée par le double commandement qui existait depuis le 5 août, et aussi de l'irrésolution qui régna dans l'armée jusqu'au 12, on avait déjà perdu un temps si considérable qu'on pouvait se demander si les Français réussiraient encore à quitter Metz librement, ou, pour bien dire, s'ils se trouvaient sous le « tranchant du couteau ». Le plus petit incident pouvait détruire le plan des Français.

Cet incident fut la bataille du 14 août, appelée par les Prussiens « bataille de Colombey—Nouilly », qui fut commencée spontanément et menée jusqu'au bout par les chefs en sous-ordre prussiens.

---

(1) L'activité des chefs français dans la période du 6 au 7 août sera traitée, d'une manière encore plus détaillée, dans un chapitre spécial.
(2) Bazaine, *Armée du Rhin*, pages 47 et 48.

L'armée française, qui avait battu en retraite, le 11 août, sur Metz (y compris une partie du 6ᵉ corps, qui était arrivée de Châlons), avait pris position sur la rive droite de la Moselle, en avant de Metz, à 1 kilom. 1/2 ou 2 kilomètres en avant des forts de la place.

A l'aile droite, entre la Moselle et la Seille, se trouvait le 6ᵉ corps ; à sa gauche, le 2ᵉ corps Frossard ; au centre, le 3ᵉ corps, qui était alors commandé par le général Decaen ; à l'aile gauche, le 4ᵉ corps, Ladmirault ; en arrière du centre, la garde impériale. sous le général Bourbaki.

A la date du 13 août, jusque vers midi, les Allemands, qui, depuis le 6, avaient perdu le contact de l'armée française, non seulement étaient arrivés de nouveau au contact immédiat de cette armée, mais encore avaient déjà pris possession des passages de la Moselle situés non loin de Metz (Pont-à-Mousson et Dieulouard). Enfin l'ordre suivant, pour le 14, fut, à ce moment, adressé à l'armée française :

« La 1ʳᵉ et la 3ᵉ division de cavalerie de réserve quitteront, à « 1 heure de l'après-midi, leurs bivouacs, pour se porter dans la « direction de Verdun ; la 1ʳᵉ division suivra la route de Grave-« lotte à Doncourt et Conflans ; la 3ᵉ prendra la route de Grave-« lotte à Mars-la-Tour.

« Les 3ᵉ et 4ᵉ corps prendront la première de ces routes ; les « 2ᵉ et 6ᵉ corps suivront la dernière.

« La garde suivra le 6ᵉ corps. »

On avait jeté des ponts en aval de la place. Le 14, à la première heure, les nombreux trains de l'armée française effectuèrent leur passage ; ce ne fut que vers midi que les troupes elles-mêmes purent commencer le leur. Elles exécutèrent ce mouvement, en commençant par les ailes, de sorte que les troupes qui se trouvaient au centre, le 3ᵉ corps et la division Grenier du 4ᵉ corps, et, en arrière d'eux, la garde, demeurèrent encore sur leurs positions.

Ces troupes étaient formées de la manière suivante :

Au centre, disposées sur les hauteurs de la rive gauche du ruisseau de Vallières, qui coule du sud au nord, et faisant face à l'est, à près de 2 kilomètres en avant du fort des Bordes, se trouvaient deux divisions du corps Decaen, savoir : la division Metman à

droite, et la division Aymard à gauche des routes Metz—Sarrebruck et Metz—Sarrelouis, qui se réunissaient à Belle-Croix, immédiatement en arrière du front des Français. L'aile droite de
cette position était couverte par la division Montaudon, dont le
front était replié en arrière dans la direction du sud-est, et dont le
prolongement aboutissait au fort Queuleu. La division Grenier, du
corps Ladmirault, se reliait à l'aile gauche du 3e corps, près du
village de Mey, au nord du ruisseau de Vallières, qui, en avant
de ce village, fait un coude marqué vers l'ouest ; à environ 1 kilomètre 1/2 derrière son aile gauche, se trouvait le fort Saint-Julien.
Les deux autres divisions de ce corps avaient déjà commencé à
passer la Moselle. En avant de l'extrême droite de la division
Metman, on avait poussé la division Castagny sur les pentes
qui descendent vers le ruisseau de Vallières. En avant de la
position du 3e corps, et au delà (à l'est) du ruisseau de Vallières, les Français occupaient encore plusieurs points, savoir : à
environ 2 kilomètres en avant du centre de la position, le village
de Montoy ; en avant de l'aile droite, le château d'Aubigny ; et, en
avant de l'aile gauche, le village de Noisseville ; en outre, ils
occupaient encore un petit bois situé au sud-ouest du château
d'Aubigny. Les points que les Français occupaient encore plus
en avant de la position décrite ci-dessus avaient été évacués par
eux avant le commencement de la bataille.

L'ordre du grand quartier général pour le 14 août n'était parvenu au général de Steinmetz que dans la nuit ; sur ces entrefaites, le 14, à 2 h. 30 du matin, on expédiait aux troupes de la
première armée l'ordre « d'avoir à rester sur leurs positions ».

Défalcation faite des deux divisions de cavalerie qui se trouvaient en observation aux ailes, la première armée avait, à cette
époque, poussé en avant, directement vers Metz, trois avant-
gardes séparées, prises dans les deux corps de tête, le Ier et
le VIIe.

En commençant par la droite, l'avant-garde de la 2e division
d'infanterie, sous le général de Mémerty (3 bataillons, 3 escadrons
et 6 pièces), tenait la route Sarrelouis—Metz ; l'avant-garde de la
1re division d'infanterie, — la brigade du général de Falkenstein

(7 bataillons, 4 escadrons et 12 pièces), — tenait la route qui va de Sarrebruck à Metz. Ces deux avant-gardes avaient leur front dirigé sur le centre de la position française de Belle-Croix, point de jonction des routes qu'elles occupaient.

Dans le VII⁰ corps prussien, la 26⁰ brigade, sous le général von der Goltz (7 bataillons, 3 escadrons et 12 pièces), avait été poussée en avant sur la route de Pange à Metz, dont le prolongement aboutissait à l'extrême droite de la division Castagny, poussée en avant de la position française.

Les patrouilles de la cavalerie prussienne adressèrent, dès le 14 au matin, des rapports sur le mouvement de retraite des Français. Le général commandant le I⁰ʳ corps prussien, général de Man- teuffel, parut, à 2 heures de l'après-midi, sur la ligne de ses avant-postes, pour observer personnellement le mouvement des Français (corps Ladmirault). Du point d'observation qu'il occu- pait, il ne pouvait pas préciser avec certitude si les Français bat- taient réellement en retraite, ou s'ils se mettaient simplement en marche, pour se porter, avec toutes leurs forces réunies, contre le VII⁰ corps prussien ou contre la deuxième armée (1). Le général de Manteuffel, pour parer à tous les cas, fit donner l'alerte à ses troupes et les tint prêtes au combat, dans l'intention de se porter lui-même à l'attaque, au cas où les Français menaceraient l'un des corps voisins.

A l'avant-garde du VII⁰ corps, on avait remarqué également le mouvement des Français et l'on ne doutait pas que ce ne fût un mouvement de retraite exécuté par l'ennemi (2). On savait égale- ment que le corps voisin, le I⁰ʳ corps, se tenait prêt au combat. Le commandant de l'avant-garde du VII⁰ corps, général von der Goltz, prit la résolution d'attaquer les Français, en vue de leur faire le plus de mal possible, et, notamment, de retarder leur mouvement de retraite ; sa conduite, en cette circonstance, lui paraissait être justifiée par *le principe qui veut qu'on s'efforce toujours d'entraver les mesures prises par l'adversaire.* Le général von der Goltz considérait, de plus, qu'il lui était possible de se porter ainsi en avant, en raison de la situation stratégique du

_____

(1) Ouvrage du grand état-major prussien, 1ʳᵉ partie, tome I, page 449.
(2) Ouvrage du grand état-major prussien, 1ʳᵉ partie, tome I, pages 449 et 450.

moment, puisqu'une partie de la deuxième armée allemande s'était déjà portée sur la Moselle, avec l'intention manifeste de tomber dans le flanc des Français, dans le cas où ils quitteraient Metz.

Le général von der Goltz fit part de ses intentions à sa division et au Iᵉʳ corps d'armée, et leur demanda de lui prêter leur appui; il réclama également le concours de la 1ʳᵉ division de cavalerie (1).

Tout d'abord, il avait l'intention de prendre possession de la partie du ruisseau de Vallières, à hauteur du village de Colombey, qui est situé sur la rive gauche, immédiatement en avant de la position occupée par la division française Castagny. A 3 h. 30 de l'après-midi, il fit porter en avant 3 bataillons et 2 batteries. Ces troupes occupèrent le château d'Aubigny, après une faible résistance, descendirent dans le fond de la vallée, et s'emparèrent successivement du parc et du château de Colombey. Mais, quand elles se trouvèrent en face des hauteurs de la rive gauche du ruisseau, qui étaient occupées par les Français, elles se heurtèrent à une vigoureuse résistance. Le général von der Goltz eut beau engager tout le reste de ses troupes au combat, il ne put pas gagner un pouce de terrain. Il en résulta, dès lors, un combat par le feu, continu et meurtrier.

Après 5 heures de l'après-midi, la situation du faible détachement prussien était devenue critique, car il avait engagé toutes ses réserves, tandis que les Français se trouvaient en mesure d'attaquer et d'écraser leur faible adversaire, après l'avoir enveloppé. Par bonheur, les Français restèrent sur la défensive, et, du côté des Prussiens, des renforts se rapprochèrent du théâtre de l'action.

Le général de Manteuffel avait reçu, peu de temps après 4 heures, la demande de secours du général von der Goltz, et envoyé immédiatement, en conséquence, à ses deux avant-gardes, ainsi qu'aux autres fractions de son corps, l'ordre « d'entrer « vigoureusement en action, de refouler l'ennemi, mais de ne pas « se laisser entraîner dans la zone du feu des forts (2) ».

---

(1) Ouvrage du grand état-major prussien, 1ʳᵉ partie, tome I, page 450.
(2) Ouvrage du grand état-major prussien, 1ʳᵉ partie, tome I, page 455. — D'après les *Opérations de la première armée* (page 69), le général de Manteuffel se porta en avant lorsqu'il entendit la canonnade provenant de l'avant-garde du VIIᵉ corps.

L'artillerie des deux avant-gardes du Ier corps arriva, tout d'abord, sur le champ de bataille, n'ayant à sa disposition qu'un soutien de cavalerie. Elle se mit en batterie à Noisseville et à Montoy, à droite et à hauteur de l'artillerie du général von der Goltz. L'infanterie suivit l'artillerie.

Vers 6 heures, 60 pièces prussiennes se trouvaient déjà engagées sur le théâtre de l'action, pour appuyer le combat inégal de front que l'infanterie des trois avant-gardes soutenait déjà, à ce moment, au prix de grandes pertes, sans pouvoir gagner du terrain. L'artillerie prussienne, pour soutenir son infanterie, se rapprocha très près de l'adversaire. Elle prit position, en partie, sous le feu de mousqueterie de l'ennemi, à 800 pas de ce dernier ; les contre-attaques de l'adversaire amenèrent les batteries à se trouver jusqu'à 500 et même 400 pas de celui-ci. Ces dernières subirent donc des pertes très sensibles. Une épaisse fumée, jointe à la position défavorable du soleil, qui commençait à disparaître à l'horizon, empêchait les batteries prussiennes d'observer les points de chute de leurs projectiles et les résultats de leur tir (1).

Le premier succès réel que remportèrent les Prussiens fut amené par l'entrée en ligne de la 25e brigade du VIIe corps, sous le général d'Osten-Sacken, à l'aile droite de la brigade Goltz. Le commandant de la 13e division d'infanterie, général de Glümer, à la nouvelle de la marche en avant du général von der Goltz, avait immédiatement donné à sa 25e brigade l'ordre de suivre, et demandé, en même temps, au général commandant l'autorisation d'appuyer le général von der Goltz. Le général commandant le VIIe corps, général de Zastrow, se plaçant au point de vue de l'esprit des prescriptions du commandant en chef de la première armée, ne considérait pas une attaque dans la direction de la place comme logique. Pour parer, cependant, à tous les cas possibles, il envoya, à ce moment, également à la 14e division d'infanterie et à l'artillerie de corps l'ordre de se porter sur les hauteurs situées entre Laquenexy et Colligny (cette dernière localité à environ 4 kilomètres en avant de Colombey). Il se rendit, de sa personne, auprès de la brigade Goltz. A son arrivée sur le champ de bataille, il remarqua qu'à droite de la brigade Goltz des frac-

---

(1) Voir Hoffbauer : *L'artillerie allemande dans les batailles livrées sous Metz*, 1re partie, pages 12 et 15.

tions du Ier corps, et, entre les deux, la tête de la 25e brigade se portaient sur la ligne de combat. Cinq bataillons de cette dernière brigade étaient engagés.

Le général de Zastrow reconnut immédiatement qu'il s'agissait, ici, d'une lutte sérieuse, qu'il n'était plus possible de rompre. Il résolut, en conséquence, de continuer la lutte, et prit la direction immédiate des troupes de son corps ; il ordonna à la 25e brigade de soutenir le général von der Goltz, à Colombey, et à la 28e brigade (de la 14e division) de se porter en avant, à gauche de la 25e ; quant à l'autre brigade de son corps, qui lui restait encore, il la conserva, comme réserve, à sa disposition spéciale, entre Marsilly et Colombey.

Après l'entrée en ligne de la 25e brigade, les Prussiens réussirent à occuper la hauteur de la rive gauche du ruisseau de Vallières, et, enfin, ils parvinrent, après un commun effort, à s'emparer du petit bois de sapin qui se trouvait sur ce point, opération qu'ils n'avaient pu, jusque-là, mener à bonne fin, en dépit de tous leurs efforts. Les Prussiens s'établirent, alors, solidement sur la crête des hauteurs, dont la division française Castagny avait réussi, jusque-là, à leur interdire l'accès. Les Français se replièrent alors sur Borny ; en revanche, plus au nord, au centre, à Belle-Croix, ils se maintenaient encore sur leurs positions et repoussaient toutes les tentatives d'attaque ultérieures des Prussiens. Dans l'espace de temps qui s'écoula de 7 heures du soir jusqu'à la fin de la bataille, les Prussiens ne firent pas, de ce côté, un seul pas en avant.

Au moment même où les Prussiens s'emparaient du petit bois de sapin de Colombey, la situation prenait, à leur aile droite, une tournure manifestement défavorable.

Le général Ladmirault, qui, au commencement de la bataille, dirigeait l'opération du passage de la Moselle, qu'exécutaient ses troupes, avait fait faire demi-tour à ses deux divisions, qui se trouvaient en ce point, afin de porter secours à sa division Grenier, restée en arrière pour couvrir la retraite. Les Français donnaient, à ce moment, à leur front une extension toujours plus grande vers la gauche, au point qu'ils enveloppèrent l'aile droite prussienne et la forcèrent à se replier. Le général de Manteuffel, qui suivait la bataille de la hauteur de Noisseville, remarqua les progrès menaçants que faisait le mouvement des Français, et il prit, pour y parer, les dispositions suivantes (1) :

« Le général de Mémerty (commandant le détachement d'avant-« garde de droite) maintiendra à tout prix sa position de Noisse-« ville et du ravin de Nouilly ; pour concourir à ce résultat, « l'artillerie de corps se rapprochera aussi de Noisseville. La « 1re brigade d'infanterie, en marche sur la route de Sarrebruck, « s'établira, à son arrivée, en réserve générale, à la Brasserie « (environ 800 pas au sud de Noisseville). La 4e brigade d'infan-« terie, qui s'approche également, contournera Noisseville par le « nord et, laissant en arrière deux bataillons en réserve dans le « ravin qui se trouve de ce côté, cherchera à s'opposer aux mou-« vements tournants de l'ennemi par une pointe dans son flanc « gauche. »

L'artillerie du Ier corps prussien engagée au combat avait été également obligée de faire replier son aile droite ; elle reçut, à ce moment, l'appui d'une partie de l'artillerie de corps. Il y avait en tout, à 7 heures, 90 pièces du Ier corps engagées au feu ; elles étaient formées en trois groupes, dont celui qui était le plus au nord, — à Servigny, — prit lui-même de flanc le mouvement enveloppant de l'ennemi et contribua à le faire échouer.

Au même moment, vers 7 heures du soir, la situation avait pris à l'extrême gauche une tournure favorable pour les Prus-siens, et cela grâce à l'entrée en ligne de la 28e brigade d'infan-terie de la 14e division (Kameke). Dès qu'il avait été informé de l'intention qu'avait le général von der Goltz d'attaquer les Fran-çais, le général de Kameke avait fait alarmer sa division et l'avait mise en marche. Arrivé, vers 4 heures de l'après-midi, à Villers-Laquenexy, il se porta dans cette direction, sur les instances du général von der Goltz, qui le priait de soutenir son aile gauche ; chemin faisant, il reçut du général de Zastrow un ordre qui pres-crivait à la 27e brigade d'infanterie de se former en réserve géné-rale, et, conformément aux mesures déjà prises, ordonnait à la 28e brigade de soutenir l'aile gauche du général von der Goltz. La 28e brigade, sous le général Woyna (qui, défalcation faite des détachements, comptait encore 4 bataillons, 1 escadron et 6 pièces), se porta au delà d'Ars-Laquenexy, et arriva sur le

_____

(1) Ouvrage du grand état-major prussien, 1re partie, tome I, page 469.

champ de bataille, vers 7 heures du soir, au sud-ouest de Colombey, point sur lequel le besoin urgent de l'entrée en ligne de troupes fraîches se faisait, précisément à ce moment, sentir très vivement.

L'extrême gauche de la brigade Goltz avait été formée, au début, par un bataillon de chasseurs (le 7e) ; ce bataillon, non seulement n'avait pas réussi à gagner du terrain sur les Français, établis à la lisière du bois qui lui était opposé (à Borny), mais avait dû, au contraire, protéger l'aile gauche de la brigade Goltz contre un mouvement enveloppant de l'ennemi. La brigade Woyna appuya alors ce bataillon de chasseurs et se porta en avant, peu à peu, en exécutant un mouvement enveloppant vers la gauche, pour attaquer le petit bois qui couvrait Borny du côté du sud, et qui fut, peu de temps après, occupé également par les Prussiens. Les défenseurs de ce petit bois se replièrent sur Borny.

La 1re division de cavalerie, et, dans la deuxième armée, la 18e division d'infanterie du IXe corps prirent également part aux combats de la brigade Woyna.

La 1re division de cavalerie avait reçu du général de Steinmetz l'ordre de se tenir en observation dans la direction de Metz, à gauche du VIIe corps, jusqu'à la Seille, tandis que, plus loin, la 6e division de cavalerie (de la deuxième armée) devait observer jusqu'à la Moselle.

Déjà, avant 2 heures de l'après-midi, la 1re division de cavalerie avait remarqué le mouvement de retraite des Français. Elle chercha à les suivre, mais elle ne réussit pas à dépasser la voie ferrée, qui était encore occupée par les Français. Cette voie ferrée, venant de Haguenau, a, précisément de ce côté, la direction est-ouest ; elle passe alternativement sur une chaussée élevée et dans des tranchées et forme ainsi un obstacle continu.

Le commandant de la 1re division de cavalerie, général de Hartmann, avait également reçu, en temps opportun, du général von der Goltz, une communication lui faisant connaître qu'il allait marcher contre les Français. Comme le général de Hartmann n'était pas en mesure de franchir la voie ferrée, qui était occupée par les Français, et de prendre part à la lutte, il conserva provisoirement ses régiments réunis et prit une position d'attente, jusqu'à l'arrivée de l'avant-garde de la 18e division d'infanterie.

Cette division était arrivée, dans l'après-midi, jusqu'à Buchy (19 kilomètres au sud-est de Metz), et avait bivouaqué sur ce point. Pendant qu'il se rendait auprès de son avant-garde, qui se trouvait à Orny, le commandant de la division, général de Wrangel, fut informé que, dans la direction du nord, un combat était engagé en avant de lui. Le commandant du 15ᵉ régiment de uhlans (de la 6ᵉ division de cavalerie), colonel d'Alvensleben, qui revenait d'une reconnaissance exécutée vers Metz, lui fit savoir qu'à son avis une pointe de la 18ᵉ division, venant de la direction du sud, pourrait amener un grand résultat. Cette manière de voir était également partagée par le commandant des avant-postes de la 18ᵉ division, colonel de Brandenstein.

Le général de Wrangel avait déjà, à la première nouvelle du combat engagé, prescrit à sa division de se tenir prête à marcher ; il donna alors, à son gros l'ordre « d'accélérer la marche « vers le nord », et se mit lui-même à la tête de son avant-garde. On s'aperçut, à ce moment, que la section de la voie ferrée, dont nous avons parlé plus haut, était abandonnée par les Français. Sous la protection d'un escadron, le colonel de Brandenstein se porta rapidement en avant, avec une batterie, et fit ouvrir le feu, à 6 h. 30 du soir, contre l'infanterie et l'artillerie françaises, qu'on apercevait à Grigy (au sud de Borny et à l'est du fort Queuleu) ; une batterie de la 1ʳᵉ division de cavalerie entra en ligne, peu de temps après, également sous la protection d'un escadron, et, enfin, il en arriva encore une troisième, provenant du gros de la 18ᵉ division. Ces trois batteries canonnèrent de flanc les troupes françaises opposées à la 28ᵉ brigade d'infanterie, qui s'était engagée au combat à l'aile gauche du VIIᵉ corps prussien.

Sous la protection du feu de cette artillerie, l'infanterie, qui suivait rapidement en arrière, se porta en avant et se déploya ; mais, comme les Français commençaient, à ce moment, leur mouvement de retraite, elle ne put, dès lors, prendre qu'une faible part au combat. Les Prussiens occupèrent, à leur aile gauche, le petit bois au sud de Borny et le village de Grigy ; il en résultait donc qu'ils avaient réussi, vers la fin de la bataille, à la tombée de la nuit, à s'approcher, de ce côté, jusqu'à 1 kilomètre du fort Queuleu.

A l'aile droite et au centre de la ligne de bataille prussienne, la lutte se termina de la manière suivante :

Le général de Manteuffel avait l'intention de traîner le combat en longueur, jusqu'à l'arrivée de la 1ʳᵉ et de la 4ᵉ brigade, qui avaient reçu l'ordre de le renforcer. Mais l'infanterie de la 2e et de la 3e brigade, qui se trouvait engagée dans un combat violent, cherchait, presque involontairement, sans attendre l'entrée en ligne des renforts, à se donner de l'air, en prenant l'offensive. Après avoir engagé au combat les dernières subdivisions qui se trouvaient encore à rangs serrés, les Prussiens réussirent à s'emparer de la hauteur de Mey, qui avait été occupée, jusque-là, par la division française Grenier. Les Prussiens durent, d'ailleurs, probablement, ce succès au désir qu'avaient les Français de rompre un combat qui avait interrompu, d'une manière si inopportune, leur passage de la Moselle.

Au centre de la ligne de bataille, les Prussiens s'étaient déployés et établis sur la hauteur de la rive gauche du ruisseau de Vallières, entre Colombey et Belle-Croix, sans, toutefois, pouvoir atteindre cette dernière localité. Ils furent même, un instant, presque sur le point de reculer. Vers la tombée de la nuit, notamment, les subdivisions qui se trouvaient en face de Belle-Croix, épuisées par la lutte, en désordre, et privées de leurs chefs, reculèrent peu à peu et se glissèrent, de nouveau, pour chercher une protection contre le feu des Français, jusqu'au fond de la vallée. A ce moment, le commandant de la 1re division, général de Bentheim, accourut, de sa personne, au-devant des troupes qui reculaient, et parvint, par ses exhortations, à les arrêter. Après les avoir alors reformées en ordre en deux grandes masses, il les reporta en avant sur les hauteurs, au bruit des tambours.

Des fractions de la 1re brigade d'infanterie, qui était arrivée à 8 heures du soir, prirent encore, également, part aux combats qui se déroulèrent, au centre du dispositif prussien, vers la fin de la bataille.

La bataille du 14 août ne se termina qu'à la nuit, à 9 heures du soir. Les Français, qui se maintenaient encore au centre, à Belle-Croix, se mirent en retraite, par les ailes, vers la Moselle et sur Metz ; les Prussiens les suivirent en partie. Au bruit du combat qui cessait peu à peu, se mêlait, à ce moment, celui de la canonnade des forts de Metz, et, sur la hauteur, près de la Brasserie, où se trouvait, depuis 8 heures, le général de Steinmetz, la musique du régiment de grenadiers du prince royal entonnait le « Heil dir im Siegerkranz » (Salut à toi, couronné par la victoire).

Jetons, maintenant, encore un coup d'œil sur les dispositions prises par le général de Steinmetz et l'activité déployée par le VIIIe corps.

Le général de Steinmetz ne s'attendait pas du tout, le 14, à une bataille. A son avis, il ne pouvait être nullement question, pour la première armée, de prendre l'offensive ; quant à l'éventualité d'un combat défensif, il n'y avait plus lieu également de s'en préoccuper, puisque, depuis le matin, on recevait constamment des rapports faisant connaître que les Français battaient en retraite sur Metz. Le commandant en chef de la première armée fut donc très inquiet, lorsque, vers 5 heures de l'après-midi, il fut informé par le Ier et le VIIe corps qu'une bataille était imminente et qu'elle était, peut-être, déjà commencée. En même temps qu'il envoyait dans diverses directions des aides de camp chargés de transmettre l'ordre formel « de rompre le combat », il se portait, de sa personne, rapidement en avant. Mais quand, par suite des renseignements ultérieurs qui lui parvinrent pendant sa route, il reconnut toute la gravité de la lutte engagée, il donna à la brigade Rex, du VIIIe corps, l'ordre direct de se porter en avant (1). Le général de Goeben reçut l'ordre « de se mettre en mouvement, « avec le reste de son corps d'armée, de Bionville sur Varize, « dans la direction du champ de bataille ».

Déjà, avant que le général de Steinmetz ne prît ses dispositions, le commandant de la 2e division, général de Pritzelwitz, s'était adressé au colonel de Rex, pour réclamer son appui. Ce dernier avait sollicité de son général commandant l'autorisation nécessaire à cet effet ; mais le général de Goeben avait refusé d'accéder à sa demande ; il estimait, en effet, que le VIIIe corps formait la réserve de l'armée, et, par conséquent, devait rester à la disposition immédiate de son commandant en chef. Dans une autre situation, cette considération n'aurait peut-être pas empêché le général de Goeben d'entrer en ligne spontanément ; mais, dans le cas présent, il ne croyait pas devoir attribuer une importance bien sérieuse à une attaque entreprise à un moment si tardif de la journée, d'autant plus qu'il supposait que l'initiative en avait été prise par l'ennemi (2).

(1) L'autre brigade de la 16e division était encore partie, dans la nuit, pour exécuter un coup de main contre la place de Thionville.
(2) Ouvrage du grand état-major prussien, 1re partie, tome I, page 487.

Le général de Goeben lui-même observait de loin, de la hauteur de Plappecourt, la marche du combat. Il ne reçut qu'à 9 heures du soir l'ordre du général de Steinmetz, qui lui prescrivait de se porter en avant avec le reste de son corps d'armée. Considérant que le jour était très avancé, le général de Goeben crut qu'il était inutile d'alarmer ses troupes sans nécessité et de les fatiguer par une marche de nuit. Il leur donna donc simplement l'ordre de se tenir prêtes à marcher pour le jour suivant, et adressa un rapport en ce sens au général de Steinmetz, qui déclara approuver ses dispositions.

Le général de Steinmetz, ainsi que nous l'avons déjà dit, était arrivé sur le champ de bataille à 8 heures du soir. A ce moment, la lutte était encore opiniâtre sur quelques points, mais l'issue de la bataille ne pouvait plus être douteuse, car l'aile gauche française avait déjà, manifestement, commencé son mouvement de retraite. En recevant les rapports relatifs à la marche du combat, le commandant en chef de la première armée rendit pleine justice à la bravoure des troupes et à la direction habile du combat ; en revanche, il blâma ses chefs en sous-ordre de s'être engagés dans une lutte si sérieuse, sans ordre venu d'en haut, et sans avoir la perspective, en raison de la grande proximité des forts de Metz, d'utiliser une victoire (1).

Les troupes prussiennes se trouvaient, vers la fin de la bataille, fort séparées les unes des autres, en désordre et mélangées. Le général de Steinmetz admettait donc parfaitement l'éventualité suivante : c'est que les Français, en passant à l'offensive le lendemain, pourraient enfoncer les lignes prussiennes et les bousculer. Il prescrivit, en conséquence, de faire replier les troupes sur leurs bivouacs ; mais, par égard pour les blessés, et pour ne pas porter atteinte au sentiment de la victoire, qui animait les troupes, il permit de les laisser séjourner sur le champ de bataille pendant quelques heures.

En exécution de cet ordre, les troupes du 1er corps se mirent en retraite à une heure déjà avancée de la nuit. Dans le VIIe corps, le général de Zastrow, même avant d'avoir reçu l'ordre dont nous venons de parler, avait prescrit, de son côté, que, « pour ne

_____

(1) *Opérations de la première armée*, page 83.

« laisser aucun blessé entre les mains de l'ennemi, et pour
« affirmer l'honneur d'être resté maître du champ de bataille, le
« corps bivouaquerait l'arme au bras », pendant la nuit, sur le
théâtre de l'action, et ne se mettrait en retraite que le matin.
Comme l'ordre du général de Steinmetz (qui prescrivait de battre
en retraite encore pendant la nuit) ne parvint au général de Zastrow que dans la nuit, ce dernier s'en tint aux dispositions qu'il
avait définitivement arrêtées (1). Envisageant le cas d'une attaque
de la part de l'ennemi, le général de Manteuffel avait promis au
général de Zastrow son appui, au premier coup de canon.

La marche de la bataille du 14 prouve que les chefs français ne
se rendaient pas un compte exact de la grande importance que
présentait pour l'armée française la retraite exécutée sans délai
au delà de la Moselle, eu égard, surtout, au fait que des forces
prussiennes supérieures en nombre se rapprochaient de cette
rivière ; elle dénote, également, de leur part, un manque d'intelligence de la situation tactique.

La retraite des Français au delà de la Moselle commença fort
judicieusement par les ailes ; mais les cinq divisions françaises
qui s'attardaient encore au centre de la position qu'elles avaient
occupée, jusqu'à ce moment, depuis le commencement de la
bataille, ne s'étaient pas couvertes par des arrière-gardes. Il en
résulta que les Français furent immédiatement attaqués, sur tout
le front, par un adversaire qui leur était inférieur en nombre (2).

---

(1) Ouvrage du grand état-major prussien, 1re partie, tome I, page 488.
(2) D'après le cahier 11 des monographies publiées par le grand état-major
prussien, page 640, les forces engagées par les deux partis dans la bataille de
Colombey-Nouilly comprenaient dans leur ensemble :

Allemands.	Français.
50,100 fusils, 7,250 sabres, 204 pièces.	76,900 fusils, 7,300 sabres, 288 pièces (y compris 60 mitrailleuses).

Parmi ces forces, prirent part à la bataille décisive :

Allemands.	Français.
30,500 fusils, 130 sabres, 150 pièces.	50,700 fusils, 690 sabres, 206 pièces (y compris 48 mitrailleuses).

(*Annotation du traducteur allemand.*)

Une fois engagées dans la lutte, les divisions françaises demeurèrent sur leurs positions et perdirent ainsi un temps précieux pour la retraite ; d'autre part, elles ne surent pas saisir l'occasion de châtier, tout au moins, l'adversaire, en raison de la témérité de sa marche offensive. L'attitude inerte, observée par les Français, au point de vue tactique, attitude qui favorisa à un si haut degré les Prussiens, prouve, d'ailleurs, que les Français se rendaient réellement compte de l'inutilité de cette lutte, mais qu'ils ne purent pas prendre, en temps opportun, une résolution ferme.

Le commandant du 4ᵉ corps, tout particulièrement, opéra d'une manière qui n'était nullement en rapport avec la situation militaire du moment, en ramenant en arrière, sur le théâtre de la lutte, ses deux divisions qui avaient déjà franchi la Moselle. La mise en pratique du principe souvent invoqué par les Français, mais dont ils ne furent pas toujours absolument pénétrés (comme le montre l'exemple de Spicheren), à savoir qu'on doit « marcher au « canon », l'observation de ce principe, dis-je, leur rendit, en cette circonstance, un mauvais service. L'application d'un mode d'action, qui, le 6 août, à Wœrth, et surtout à Spicheren, aurait pu donner la victoire aux Français, constituait, le 14 août, à Metz, une lourde faute, eu égard à la nécessité urgente qui s'imposait de continuer la retraite derrière la Moselle, retraite qui se trouvait déjà en cours d'exécution. Les généraux français ne surent ni remplir convenablement leur mission stratégique, ni se procurer le succès, au point de vue tactique, succès qui, cependant, était possible ; et, cependant, ils avaient, ici comme partout, rempli pour le mieux leur devoir de soldat, comme le prouvent, notamment, la mort du commandant de leur 3ᵉ corps, général Decaen, et la blessure du maréchal Bazaine.

Vers la fin de la bataille, les Français s'étaient manifestement efforcés de réparer leurs fautes le mieux possible, en ramenant leurs troupes vers les points de passage de la Moselle. Ils abandonnèrent ainsi à l'adversaire une grande partie du champ de bataille ; mais, là où ils en eurent l'intention, particulièrement au centre, à Belle-Croix, ils s'étaient maintenus sur leurs positions.

Les pertes des deux côtés étaient considérables. Les Prussiens

évaluent leurs pertes à près de 5,000 hommes, dont 222 officiers ;
les Français estiment les leurs à 3,408 hommes et 200 officiers.
Le maréchal Bazaine lui-même fut, ainsi que nous l'avons déjà
dit, légèrement blessé ; le général Decaen reçut une blessure mor-
telle.

La bataille de Metz (Colombey-Nouilly), livrée le 14 août, est
de celles dont l'histoire dit « que les deux partis s'attribuèrent la
« victoire ». Les chefs prussiens invoquaient comme raison qu'ils
avaient pris possession d'une grande partie de la position occupée,
au début, par les Français, surtout aux ailes. Les Français, de
leur côté, soutenaient que, pendant toute la bataille, ils s'étaient
maintenus au centre de leurs positions, et que, de plus, les autres
parties du champ de bataille avaient été évacuées de nouveau
par les Prussiens, en partie dans la soirée, en partie dans la
matinée du jour suivant. L'empereur Napoléon félicita le maréchal Bazaine de sa victoire en ces termes : « Vous avez enfin
« rompu le charme (1). »

Les raisons invoquées des deux côtés sont évidemment des-
tinées à frapper l'intelligence du soldat. On a, parfois, besoin de
ces arguments et d'autres semblables, sans importance, pour
fortifier ou élever le moral des troupes ; mais des raisons de cette
nature ne peuvent pas résister à une critique bien sérieuse.

Il ne faut pas oublier que, de même que la guerre se fait, non
pas pour elle-même, mais en vue d'atteindre des buts politiques,
de même on ne livre pas des batailles, simplement pour combattre, mais pour arriver, grâce à leur influence, à atteindre les
buts stratégiques que l'on s'est proposés. De même que la guerre
n'est qu'un moyen au service de la politique de l'État, *de même
chaque combat isolé n'est qu'un moyen employé pour atteindre le
but de la guerre.*

Dans son étude la plus récente « *Stratégie* », au chapitre qui
traite du but du combat, le général allemand Blume s'exprime de
la manière suivante : « Un combat peut être projeté par l'un des
« deux partis, ou résulter d'une rencontre fortuite. Dans l'un
« comme dans l'autre cas, il peut tendre à deux fins différentes

_____

(1) Dans son ouvrage, le maréchal Bazaine lui-même admet, d'ailleurs, que
le combat du 14 n'a profité qu'aux Allemands. Mais était-ce bien là l'opinion du
maréchal, immédiatement après la bataille ?

« par leur ampleur ; tantôt nous nous proposons d'affaiblir, et, si
« possible, d'anéantir les forces opposées, tantôt seulement
« d'amener l'adversaire à agir d'une façon contraire à ses inté-
« rêts, ou, tout au moins, de contrecarrer son action, en ce qui
« pourrait nous être préjudiciable. Les combats de la première
« catégorie, nous les nommerons « des combats à mort », ceux
« de la deuxième : « des combats accessoires. »

Le combat du 14 août doit être, évidemment, rangé dans la
deuxième catégorie, car les Prussiens n'avaient, en réalité,
d'autre but que « d'amener l'adversaire à agir contrairement à
« ses intérêts ». Dans le combat du 14, la manière de procéder
des deux partis devait donc, dans l'ensemble comme dans le
détail, être appropriée à *l'importance stratégique* qu'il présentait.
Les Prussiens ne devaient avoir d'autre but stratégique, qui pût
justifier leur attaque du 14, que celui de retarder la retraite des
Français au delà de la Moselle. Les Français, de leur côté, étaient
en pleine exécution d'un mouvement stratégique, le passage de
cette rivière ; leur devoir, à ce moment, consistait, exclusivement,
à éviter tout ce qui pouvait entraver leur mouvement, et non pas
à céder à l'attrait du combat.

Si l'on se place à ce point de vue, on voit que les Prussiens
avaient plus d'avantages, en vue d'atteindre plus sûrement les
buts qu'ils se proposaient, à chercher à attirer derrière eux l'armée
française, ou, du moins, une partie de cette armée, qu'à rejeter
l'adversaire sur les points de passage dont ils disposaient sur la
rivière.

Ces considérations font voir combien les Prussiens ont tort de
se vanter, comme d'un succès, d'avoir pris possession d'une partie
du champ de bataille. Si les Français, sans interrompre le passage de la rivière, qu'ils avaient commencé par les ailes, s'étaient
également retirés plus rapidement, au centre, derrière les forts,
les Prussiens auraient pu, il est vrai, gagner, pour ainsi dire,
encore plus de terrain « dans le combat », mais, en réalité, ils
auraient échoué dans leur mission essentielle, qui consistait à
arrêter les Français, et, par suite, tous les sacrifices qu'ils auraient
subis à cet effet auraient été nuls et non avenus.

Inversement, si l'on applique ces conclusions au cas des Français, on voit qu'en tout cas ils n'avaient rien à gagner à se laisser
entraîner dans un combat sans but, et qu'ils couraient encore des

risques plus grands, en poursuivant l'adversaire, à supposer qu'ils eussent réussi à le repousser.

Il faut donc considérer comme parfaitement logiques les efforts tentés par les Prussiens pour arrêter, en prenant l'offensive, les Français qui battaient en retraite ; c'était une conséquence de la manière judicieuse dont ils appréciaient la situation militaire générale.

Mais, comme l'issue de ce combat, qui tourna à l'avantage des Prussiens, fut également, en partie, le résultat des fautes de l'adversaire, fautes qu'on ne doit pas escompter à l'avance, il y a lieu de poser la question suivante : Les calculs des Prussiens étaient-ils exacts, dans toutes les circonstances, et ne coururent-ils, de leur côté, aucun danger sérieux ? En un mot, durent-ils leurs succès au hasard, ou bien aux mesures judicieuses qu'ils adoptèrent ? Si les Français, — ainsi que nous l'avons déjà remarqué, — au lieu d'accepter le combat, s'étaient repliés derrière leurs forts, les Prussiens n'auraient pas atteint leur but ; il en aurait été de même si les Français n'avaient opposé aux Prussiens que des arrière-gardes, ou si, se contentant de résister simplement au centre, et ne se retirant que peu à peu, ils avaient continué à battre en retraite, sans perdre de temps, en repliant, tout d'abord, les troupes des ailes. Dans tous ces cas, les Prussiens n'auraient eu aucun succès à enregistrer ; en revanche, ils étaient sûrs de subir des pertes ; mais, faute d'oser, on ne peut rien entreprendre à la guerre.

Par contre, si les Français avaient mis à profit leur supériorité numérique, et s'ils avaient entrepris une attaque décisive avec toutes leurs forces, ils auraient battu et probablement écrasé les Prussiens. Mais, en raison de l'heure avancée de la journée, ils n'auraient plus été en mesure de mettre encore à profit leur victoire, le jour même de la bataille. Les Prussiens, de leur côté, auraient, en dépit de leur défaite tactique, ou, plus exactement, en raison même de cette défaite, remporté une grande victoire stratégique sur les Français, puisqu'ils auraient réussi à empêcher ces derniers d'exécuter leur passage de la Moselle.

Une défaite tactique des Prussiens ne pouvait, d'ailleurs, abstraction faite de l'heure avancée de la journée, entraîner des conséquences bien sérieuses pour eux, car ils n'avaient engagé au combat qu'une petite partie de leur infanterie ; et cette infan-

terie aurait, en outre, trouvé, en battant en retraite, un appui
sérieux dans la nombreuse artillerie prussienne, dont le tir était
excellent.

L'ouvrage du grand état-major prussien, dans ses considérations sur la bataille, rend, avant tout, pleine justice aux chefs en
sous-ordre pour la promptitude avec laquelle ils prirent leurs
résolutions et l'esprit de solidarité absolue dont ils firent preuve ;
c'est là, dit-il, deux qualités qui renferment en elles le germe de
résultats féconds ; toutefois, il ajoute (1) « qu'il ne faut pas se
« dissimuler pour cela que ce mode de batailles improvisées est
« de nature à entraîner maints dangers, et que, sous ce rapport
« aussi, un utile enseignement peut être tiré de la journée du
« 14 août ». Il fait ressortir, en outre, que les premières attaques
tentées par les Prussiens, avec de faibles forces et sur un front
très étendu, « déterminèrent dans la lutte des moments de crise
« réitérés ».

A cette occasion, je me permets de remarquer que la grande
extension que les Prussiens avaient donnée au front de leurs
attaques était une conséquence immédiate de la marche en avant
spontanée de leurs trois avant-gardes, et que, de plus, elle répondait parfaitement au but, qui était « d'arrêter l'adversaire ». Si
les attaques prussiennes avaient été exécutées avec des forces
plus considérables, c'est-à-dire avaient été plus concentrées, elles
se seraient aussi, indubitablement, heurtées à une résistance
plus violente de la part des Français, qui, à ce moment, ne manquaient pas de troupes ; les Français se seraient, dès lors, trouvés
en mesure d'envelopper l'adversaire avec celles de leurs unités
qui n'étaient pas attaquées de front, comme, d'ailleurs, une division du corps Ladmirault en avait l'intention. Ainsi enveloppés
par des forces supérieures, les Prussiens auraient acheté leur
succès stratégique au prix d'une défaite tactique trop sensible.
C'est précisément parce qu'ils donnèrent, dès les débuts, une
grande extension à leur front, qu'ils réussirent à maintenir l'adversaire sur tout son front et à parer, du même coup, à tout mouvement enveloppant. En admettant même que leurs lignes minces,
séparées les unes des autres, eussent été repoussées de front, un

(1) Ouvrage du grand état-major prussien, 1re partie, tome 1, page 491.

tel insuccès ne pouvait, en aucun cas, entraîner de trop graves conséquences pour eux.

En laissant de côté tous les principes et toutes les règles générales et d'un usage courant, et en envisageant la situation sans aucune prévention, on est obligé de convenir, en fin de compte, qu'étant données les circonstances de temps et de lieu, les Prussiens, au moment où ils apprirent la retraite des Français, n'avaient que deux partis à prendre : d'une part, ils pouvaient, sans perdre une minute, attaquer, avec leurs forces disponibles, quoique faibles, l'adversaire de front, sur toute la ligne, ou bien, au contraire, ils pouvaient — renoncer, d'une manière absolue, à l'attaquer.

Cette dernière solution une fois admise, on est obligé d'approuver le blâme que le général de Steinmetz infligea à ses subordonnés, en dépit de la victoire qu'ils avaient remportée. Ce n'est pas ainsi, toutefois, que procède l'ouvrage du grand état-major prussien ; le paragraphe cité plus haut paraît, sans doute, contenir un reproche, indirect il est vrai, à l'adresse des chefs en sous-ordre qui engagèrent l'attaque ; mais, si l'on s'en rapporte à d'autres passages de cet ouvrage, il est impossible d'adopter une telle interprétation. L'ouvrage du grand état-major prussien dit, notamment, en discutant les motifs qui portèrent le général von der Goltz à attaquer : « Toute tentative ayant pour objet d'in- « quiéter, le plus possible, les Français en retraite, et de ralentir « la manœuvre rétrograde qu'ils avaient en vue, semblait justi- « fiée par les principes généraux de la guerre, et même com- « mandée par la situation stratégique du moment (1). » Cette contradiction apparente que l'on trouve dans l'ouvrage du grand état-major prussien s'explique de la manière suivante : l'un des passages ne vise que les conditions défavorables que présentait, pour les Prussiens, la bataille du 14 août, tandis que les autres passages envisagent l'importance stratégique de cette bataille ; peut-être aussi l'ouvrage du grand état-major prussien n'adresse-t-il aux chefs en sous-ordre de la première armée ce reproche bénin, et, à vrai dire, indirect, que pour ne pas être obligé de prendre parti, d'une manière trop évidente, en faveur de ces derniers contre leur commandant en chef, le général de Steinmetz.

_____

(1) Ouvrage du grand état-major prussien, 1re partie, tome 1, page 450.

La preuve que l'ouvrage du grand état-major, — ou, ce qui revient au même, le commandement suprême prussien, — approuva complètement, en principe, la conduite des chefs en sous-ordre de la première armée dans la journée du 14 août, cette preuve, dis-je, résulte de la description magistrale que cet ouvrage fait de la situation militaire du moment et de l'importance de cette bataille. Nous ne pouvons donc omettre de citer ce passage (1) :

« Par la manière dont elle débuta et dont elle se poursuivit, la « bataille de Colombey-Nouilly doit être classée comme une « attaque improvisée, amenée par un sentiment logique, qui, « cependant, au point de vue de l'ensemble, ne laisse pas que « d'avoir aussi des inconvénients.

« Les victoires de Wissembourg, de Wœrth et de Spicheren, « connues des troupes, dont une partie y avait même concouru, « avaient provoqué dans toute l'armée allemande une pleine con- « fiance dans le succès. A plusieurs reprises, dans la marche de « la Sarre sur la Moselle, on était arrivé sur des positions évi- « demment préparées en vue d'être défendues, et que l'ennemi « avait abandonnées sans coup férir. Cette perpétuelle retraite, « sans arrêt ni résistance d'aucune sorte, suffisait déjà pour « donner à l'armée allemande une haute idée de sa supériorité et « un ardent désir de contraindre de nouveau l'adversaire à accep- « ter une lutte qu'il semblait redouter. A cela venait s'ajouter « encore, pour la première armée, un puissant mobile, le désir « bien naturel de faciliter la tâche de la deuxième armée qui, « comme on ne l'ignorait pas, devait franchir la Moselle moyenne, « pour aller s'opposer à toute nouvelle tentative de retraite de « l'ennemi. Or, le 14 août, la majeure partie de la deuxième « armée se trouvait encore sur la rive droite de la rivière ; pour « gagner le temps nécessaire à l'accomplissement de sa mission, « il fallait donc arrêter l'adversaire sous Metz et retarder le plus « possible le mouvement qu'il projetait vers l'ouest. En consé- « quence, quand, dans l'après-midi du 14, on s'aperçut que les « Français voulaient se replier derrière la Moselle, une certaine

(1) Ouvrage du grand état-major prussien, 1re partie, tome I, pages 490 et 491.

« impatience s'était emparée des troupes qui avaient dépassé la
« Nied. Regardant les premiers mouvements du corps voisin
« comme pouvant être déjà les préliminaires d'une affaire, chacun
« ne songea qu'à se porter le plus vivement possible aux côtés de
« l'autre, et c'est ainsi qu'une même tendance se retrouve dans
« les rapports des généraux de Manteuffel et von der Goltz : tous
« deux veulent pousser en avant, persuadés, chacun, que l'autre
« va s'engager. »

Pour en finir avec les considérations qui se rapportent à la
bataille du 14 août, j'insiste, encore une fois, sur l'importance
purement stratégique qu'elle présentait. Tout jugement porté sur
cette bataille doit, pour être juste, l'envisager au point de vue
stratégique.

En se plaçant au point de vue stratégique qu'elle présentait,
nous avons été obligés d'approuver les Prussiens, pour avoir
entrepris l'attaque, « quoique avec des forces trop faibles et sur
« un front trop étendu ».

Nous avons dû, en outre, blâmer la conduite du général Ladmirault, pour avoir, en vue de porter secours aux siens, marché
au canon, c'est-à-dire pour avoir agi précisément comme le
paraissait exiger le principe général observé en pareil cas.

Considérant, enfin, que les Français avaient l'intention de se
replier, aussi vite que possible, derrière la Moselle, nous avons
dû les blâmer d'avoir accepté, sans nécessité, un combat en avant
de Metz. Si, au contraire, les Français s'étaient décidés à rester
sous Metz, au lieu d'entreprendre la retraite sur Verdun, ils
auraient dû, dans tous les cas, profiter de l'occasion qui se présentait le 14 août, pour se jeter, avec une supériorité numérique
aussi forte que possible, et avec la plus grande énergie, sur
les Prussiens qui se portaient en avant, leur faire essuyer ainsi
le plus de pertes possibles et remporter un succès partiel,
qui aurait pu servir de point de départ à des succès plus importants.

C'est ainsi que l'exemple de la bataille du 14 août nous montre
combien *il est important pour les chefs, avant d'engager leurs
troupes au combat, de se faire une idée exacte de la situation, du
but à atteindre et des écueils à éviter.* En d'autres termes : les
chefs d'une armée doivent, avant toute autre chose, apprécier
l'importance stratégique de la lutte qu'ils veulent entreprendre. Il

ne suffit pas, pour cela, du coup d'œil d'une douzaine de chefs, dont le regard ne s'étend pas, à proprement parler, sur les flancs, au delà des ailes de leurs troupes, et, sur leur front, au delà de la portée de leurs pièces, et dont les conceptions vont, tout au plus, jusqu'à prévoir le cantonnement de leurs troupes pour la nuit la plus proche. Pour pouvoir apprécier, comme il convient, la situation militaire générale, il faut se rendre compte des exigences de la guerre, avoir l'œil ouvert, et posséder un horizon étendu. C'est ce coup d'œil étendu, qui caractérisait les chefs prussiens, dont l'activité trouva, dans la journée du 14 août, l'occasion de se faire jour.

En réalité, envisagée au point de vue de la présente étude, la conduite des chefs prussiens dans ce combat prouve clairement, avant tout, que l'horizon intellectuel des chefs en sous-ordre de la première armée s'étendait bien au delà des limites de la mission spéciale assignée à chacun d'eux, ainsi que des obligations de service que leur imposait la situation particulière dans laquelle ils se trouvaient placés. Aucun d'eux ne se contente d'une activité limitée au cadre étroit que comporte sa tâche de la journée ; aucun d'eux n'entend se considérer, ni lui ni l'unité qu'il commande, comme étant en dehors de l'organisme commun et vivace qui constitue la puissance militaire de sa patrie : chaque chef en sous-ordre se reconnaît comme membre actif de cette grande communauté, il la sent vivre en lui, lui tâte le pouls, et s'attache, avec un soin jaloux, à pourvoir à tous ses besoins ; sans hésitation, hardiment et rapidement, il sait prendre les meilleures résolutions et agir sous sa propre responsabilité.

Ces résolutions étaient basées, en ce qui concerne les chefs prussiens en sous-ordre, sur une appréciation très exacte de la situation militaire ; elles étaient le résultat d'une intelligence profonde des exigences qu'impose la guerre, et d'une éducation militaire judicieuse, qui n'étouffe chez l'élève, ni la spontanéité de la pensée, ni l'esprit d'initiative hardi, mais, au contraire, développe et fortifie les connaissances et les qualités de caractère de chacun.

Cette remarque ne se présente pas, ici, pour la première fois, sous une forme ou sous une autre ; elle a déjà trouvé sa place dans la discussion de la conduite des chefs allemands, à l'occasion des événements précédents ; nous aurons, dans la suite, encore à revenir souvent sur ce sujet. *L'insistance que nous mettons à faire ressortir ce principe nous paraît, également, tout à fait justifiée par la raison qu'on ne saurait trop souvent répéter une vérité qui n'est pas encore universellement reconnue, et dont l'importance n'est pas appréciée par tous à sa juste valeur.* Je ne veux pas parler, ici, d'une simple reconnaissance de la valeur de ce principe, reconnaissance qui s'affirme par de belles phrases dans les livres d'enseignement ou dans les ouvrages qui traitent des sciences militaires ; j'entends par là, au contraire, « une manifes-« tation effective de cet esprit d'initiative dans toutes les branches « de la vie pratique militaire ».

Nous allons encore énumérer une série de cas, qui firent ressortir, le 14 août, l'esprit d'initiative des chefs en sous-ordre prussiens.

Le général commandant le Ier corps, général de Manteuffel, s'était déjà rendu compte, dans le courant de la matinée, qu'il fallait, en tout cas, empêcher la retraite commencée par les Français en vue de franchir la Moselle ; c'est avec impatience qu'il attendait l'ordre de se porter en avant ; il tint, en conséquence, ses troupes prêtes à cet effet.

Le commandant de l'avant-garde du VIIe corps, général von der Goltz, apprend qu'on a remarqué qu'un mouvement se produisait dans le corps voisin ; il en conclut que ce dernier a l'intention de se porter à l'attaque, et il prend la résolution de tomber également sur l'adversaire. Dans d'autres circonstances, le général von der Goltz se serait, probablement, assuré, au préalable, de ce que signifiait le mouvement qu'on avait remarqué au Ier corps ; mais, dans le cas particulier, il était, évidemment, et cela avec juste raison, si pénétré de la nécessité de l'offensive, qu'il fut convaincu que le mouvement du Ier corps ne pouvait être qu'une marche en avant. Il n'hésita donc pas une seule minute à prendre son parti, sachant que, dans tous les cas, il pouvait compter sur l'appui des camarades.

C'est ainsi qu'à vrai dire, ni le général de Manteuffel, ni le général von der Goltz, ne prirent, directement, et en connaissance de cause, la responsabilité d'engager la lutte ; aucun d'eux ne doit être regardé, à proprement parler, comme le promoteur du combat ; mais tous les deux, pénétrés de cette pensée qu'il fallait arrêter l'adversaire, coûte que coûte, saisirent la première occasion, — pour ne pas dire le premier prétexte venu, — pour se porter à l'attaque, chacun de leur côté. La possibilité de saisir au vol une telle occasion, surtout eu égard à l'opinion émise par le général de Steinmetz « qu'il convenait de s'en tenir à la défen- « sive », avait une importance qui n'était pas à dédaigner.

Le général de Glümer, à la nouvelle de la marche en avant de la brigade Goltz appartenant à sa division, sollicita, il est vrai, de son général commandant, l'autorisation d'appuyer cette der- nière au moyen de son autre brigade ; mais, en même temps, il porta déjà en avant cette brigade, dans l'attente d'une réponse favorable à sa demande.

La division Kameke, obéissant à la première demande qui lui fut adressée par le général von der Goltz, se porta également en avant pour lui prêter son appui.

Le général commandant le VIIe corps, général de Zastrow, avait, il est vrai, le désir de ne pas contrevenir aux instructions du commandant en chef de l'armée, mais il plaçait, cependant, les exigences de la situation du moment bien au-dessus de ces instructions, qui ne pouvaient s'adapter à tous les cas.

Le général de Steinmetz avait, en réalité, émis l'avis qu'il y avait lieu de s'en tenir à la défensive et de n'attaquer en aucun cas, c'est-à-dire qu'il fallait s'abstenir d'engager le combat. Ces instructions du commandant en chef de la première armée étaient, sans aucun doute, très restrictives, et devaient être exécutées, tant que le combat n'était pas commencé. Mais, une fois la bataille engagée, — même par suite d'un incident quelconque, — il n'y avait plus qu'à agir suivant les circonstances, à rompre le combat, si la chose était encore possible, ou, dans le cas con- traire, à agir spontanément et conformément aux exigences de la situation nouvellement créée, situation que ne pouvaient pas pré- voir les instructions du commandant en chef. Pour prendre sa résolution dans ce sens, nous voyons le général de Zastrow accourir, de sa personne, sur le champ de bataille, mais, en même temps, donner au reste de son corps d'armée, à l'artillerie de corps et à la division Kameke, l'ordre de se rapprocher davantage du champ de bataille. Cet ordre ne parvint, ainsi que nous l'avons déjà dit, à la division Kameke qu'au moment où elle se portait déjà dans cette direction, que son chef lui avait fait prendre de sa propre initiative.

Le général de Steinmetz lui-même n'agit pas autrement. Il prit immédiatement ses dispositions pour continuer la bataille, dès qu'il se fut rendu compte du caractère de gravité qu'elle présentait.

Le commandant de la 18ᵉ division d'infanterie, général de Wrangel, accourut également, avec sa division, pour appuyer les troupes engagées. Le colonel d'Alvensleben et le commandant de l'avant-garde de la division Wrangel, colonel de Brandenstein, qui, tous deux, avaient déjà eu, auparavant, l'occasion d'échanger leurs vues sur la situation, avaient déjà fait ressortir au général de Wrangel la grande portée que pourrait avoir une attaque exécutée contre le flanc des Français engagés au combat devant Metz, et ils lui avaient indiqué exactement la direction dans laquelle il était à souhaiter que la marche en avant se produisît.

Enfin les deux divisions de cavalerie qui se trouvaient aux ailes de la première armée, c'est-à-dire la 1ʳᵉ et la 3ᵉ, prirent également part au combat, dans la mesure de leurs forces. La première de ces deux divisions entra en action, au début, toute seule, et, plus tard, de concert avec l'avant-garde de la 18ᵉ division ; la dernière prit position à l'aile droite du Iᵉʳ corps et s'engagea, avec son artillerie, au combat. Des détachements de la 1ʳᵉ division de cavalerie assurèrent, en outre, la liaison entre les troupes du général de Wrangel et le VIIᵉ corps.

Si le général commandant le VIIIᵉ corps, général de Goeben, ne donna pas immédiatement suite à la demande de secours qui lui fut adressée, ce ne fut pas seulement parce qu'il désirait se conformer aux instructions du général de Steinmetz, qui prescrivaient de s'en tenir à la défensive, mais encore, et surtout, parce que son corps formait la réserve de la première armée.

Une réserve doit rester entièrement à la disposition du commandant en chef, sans quoi il ne serait pas en mesure d'intervenir dans la marche du combat. C'est pour ce motif que le général de Goeben envoya prendre les ordres du commandant en chef de l'armée. Dans d'autres circonstances plus pressantes, le général aurait, probablement, agi sous sa propre responsabilité, sans attendre la décision du haut commandement ; mais, dans l'hypothèse que les Français étaient les agresseurs, il avait acquis la conviction que l'adversaire, en entreprenant une attaque à un moment si tardif de la journée, ne pouvait avoir, d'une manière générale, aucun projet bien sérieux, ou, du moins, ne pourrait plus obtenir, dans cette journée, aucun succès important. La preuve que le général de Goeben ne manqua pas d'initiative, mais agit en parfaite connaissance de cause et conformément à sa conviction, cette preuve, dis-je, nous est fournie par la résolution qu'il prit, lorsqu'il reçut du commandant en chef de l'armée l'ordre de se porter en avant, ordre qui lui parvint tardivement, vers 9 heures du soir : pour ne pas faire exécuter à ses troupes une marche de nuit inutile, et en vue de leur épargner la fatigue qui devait en résulter, il résolut, sous sa propre responsabilité, de rester sur place jusqu'au matin. Cette décision était parfaitement justifiée, car le général de Goeben s'était convaincu lui-même, du poste d'observation qu'il occupait sur la hauteur de Plappecourt, que la bataille était terminée pour cette journée. Et, dans le cas où la lutte aurait recommencé, réellement, dans la matinée du lendemain, il valait toujours mieux partir un peu plus tôt et amener au combat ses troupes fraîches et vigoureuses, que de les priver du sommeil qui leur était nécessaire, ainsi que des commodités du bivouac, en leur faisant exécuter une marche de nuit, qui, provisoirement, se trouvait sans but.

Le général commandant le VII⁰ corps agit également de la même manière, dans la circonstance suivante : — il avait reçu, à une heure assez avancée, du commandant en chef de l'armée, l'ordre « de se replier sur ses positions primitives »; — néanmoins, il resta, avec son corps d'armée, sur le champ de bataille, évitant ainsi une marche de nuit fatigante, ainsi que tous les dérangements et le désarroi, que devait entraîner une marche en retraite, exécutée dans l'obscurité par des troupes qui se trouvaient, en raison du combat violent qu'elles venaient de soutenir, dans un désordre et un mélange complets.

Bien que ces décisions, prises par les généraux de Zastrow et de Goeben, eussent modifié les dispositions du commandant en chef de l'armée « interprétées à la lettre », elles reçurent, néanmoins, son approbation, *parce que, dans l'armée allemande, on a l'habitude d'exécuter les ordres, en se conformant à leur esprit et à leur essence, et non pas uniquement au texte lui-même.* Lorsque le général de Steinmetz envoya au VIII⁰ corps l'ordre de se porter en avant, il voulait ainsi, en raison de la violence du combat,

constituer une réserve à proximité immédiate du lieu de l'engagement. L'appréciation du général de Goeben, qui estimait que la
réserve n'aurait plus aucune action sur ce point, du moment que
le combat avait pris fin, cette appréciation, dis-je, était donc tout
à fait fondée. Supposons que, dans l'armée prussienne, on eût
jugé nécessaire de tenir en tutelle les chefs en sous-ordre : dès
lors, que serait-il arrivé? Le général de Steinmetz aurait dû faire
suivre son premier ordre, aux termes duquel le VIIIe corps devait
se porter de Bionville sur Varize, d'un second ordre, prescrivant,
par modification au premier, à ce corps de rester à Bionville ; en
fin de compte, l'exécution à la lettre de chacun de ces ordres
aurait pu entraîner facilement un chassé-croisé sans but, pendant
la nuit, entre ces deux localités.

En donnant au VIIe corps l'ordre de se replier sur ses positions
primitives, le général de Steinmetz avait simplement l'intention
de dérober ce corps au danger qui, à son avis, résultait de sa
grande proximité de l'ennemi. Mais le général de Zastrow, qui se
trouvait en avant, savait, par suite de ses propres observations,
que l'ennemi s'était replié et qu'il n'y avait plus à parer aucun
danger ; il pouvait donc rester tranquillement sur place jusqu'au
point du jour. Mais, en admettant même que les Français se
fussent réellement décidés à attaquer le VIIe corps dans la nuit
avant qu'il eût quitté le champ de bataille, ce dernier aurait
trouvé un point d'appui dans les troupes fraîches de la 18e division, qui étaient arrivées sur ce point le 14 au soir, sans parler
même du soutien que le général de Manteuffel, qui disposait
encore de troupes fraîches et n'ayant pas encore été engagées au
combat, lui avait promis d'une manière formelle.

Envisagée au point de vue technique, la bataille du 14 août
permet de constater l'absence d'organisation d'une liaison durable
et régulière entre les colonnes prussiennes isolées. Les ordres et
les rapports arrivèrent trop tard ; les renseignements relatifs à la
situation des troupes voisines furent incomplets. Il ressort du
cours de la bataille que les troupes de la brigade Goltz et le corps
Manteuffel s'engagèrent au combat coude à coude, sans savoir au
juste ce qui se passait dans les troupes voisines. Le général von
der Goltz partit de cette hypothèse que le général de Manteuffel
se disposait à attaquer les Français en retraite, et ce dernier, de
son côté, crut que la brigade Goltz était attaquée par les Fran-

çais. Le général de Zastrow adressa, à 5 h. 30 du soir, de Colombey, le rapport inexact suivant : « L'ennemi a attaqué les avant-« postes du Iᵉʳ corps avec des forces supérieures (1) » ; et, enfin, l'ordre du général de Steinmetz, prescrivant de porter en avant le reste du VIIIᵉ corps de Bionville sur Varize (pour le rapprocher du champ de bataille), parvint au général de Goeben à une heure si tardive (9 heures du soir) qu'il ne fut plus possible, en raison de l'obscurité survenue, de l'exécuter.

La bataille du 14 août fournit une nouvelle preuve à l'appui de l'opinion déjà émise, lors des considérations relatives aux deux batailles du 6, savoir : *Que la grande initiative attribuée aux chefs en sous-ordre dispense, il est vrai, le commandement suprême, lorsqu'il prend ses dispositions, d'entrer dans les détails ; mais que, d'autre part, elle lui impose l'obligation nouvelle, et très importante, d'assurer la concordance entre les buts poursuivis et les opérations engagées.* L'unité de direction dans les opérations peut se trouver facilement compromise par suite de la coopération de plusieurs chefs en sous-ordre, indépendants les uns des autres, si chacun d'eux cherche à agir d'après ses propres idées, ou s'il est simplement obligé, par suite des circonstances, d'agir de cette manière.

Un moyen essentiel, pour parvenir à assurer cet accord entre les buts poursuivis et les opérations engagées, consiste à opérer de la manière suivante : non seulement les chefs qui se trouvent en situation d'avoir entre eux des rapports de subordonnés à supérieurs, mais encore les chefs qui n'ont pas entre eux ces rapports de dépendance, doivent, lorsqu'ils entrent en action, les uns à côté des autres, s'attacher à maintenir entre eux une liaison régulière, et à faire un échange constant et réciproque des renseignements qui leur parviennent. En outre, *les chefs supérieurs doivent, dans les périodes critiques d'une campagne, se rapprocher de leurs troupes les plus avancées.* Si le général de Zastrow lui-même, ou un officier désigné par lui, s'était trouvé à l'avant-garde, comme ce fut le cas pour le général de Manteuffel, il aurait pu facilement empêcher le général von der Goltz de prendre l'offensive, dans le cas où elle ne lui aurait pas paru nécessitée

---

(1) *Opérations de la première armée,* page 69.

par les circonstances. De même, également, le général de Stein-metz aurait pu très facilement faire prévaloir ses propres inten-tions, s'il s'était tenu, de sa personne, plus à proximité de ses troupes avancées (1). Le choix de la place qu'il devait occuper plus en avant aurait été d'autant plus d'accord avec la situation du moment, qu'envisagée par rapport au mouvement envelop-pant exécuté par la deuxième armée allemande, la mission essen-tielle de l'armée du général de Steinmetz consistait, provisoire-ment, à rester en observation, c'est-à-dire à voir si l'ennemi se replierait ou se porterait à l'attaque ; cette mission était claire-ment définie dans l'ordre du roi pour le 14 août.

Pour conclure, il nous faut encore aborder légèrement une question un peu délicate. Elle est restée réellement délicate, en son temps, pour le commandement suprême prussien, et même pour l'ouvrage du grand état-major prussien, qui la passe sous silence, de propos délibéré. Il ne faut pas s'en étonner, surtout si l'on remarque que ce dernier ouvrage aurait été obligé de prendre parti, dans ce cas, entre le supérieur et ses subordonnés, d'aborder la question de l'autorité du supérieur, et de se pro-noncer contre ce dernier ; il aurait ainsi, évidemment, agité la question de principe, qui est la base de toute action ordonnée à la guerre.

L'ouvrage du grand état-major prussien considère, d'une ma-nière très formelle, la bataille du 14 comme « une attaque impro-« visée, résultant d'un sentiment exact de la situation (2) ». C'est de ce sentiment qu'étaient pénétrés les généraux prussiens, lors-qu'ils engagèrent la bataille ; le général de Steinmetz, au con-traire, eut le tort, même après la fin de la lutte, et en présence du succès incontestable remporté par ses subordonnés, de leur expri-mer son mécontentement.

Au cours de ces considérations, nous avons déjà fait ressortir clairement le principe que les *chefs en sous-ordre doivent déve-lopper et compléter les ordres du supérieur ;* dans le cas présent,

_____

(1) Nous verrons que le général de Steinmetz, le 17 août, la veille de la bataille Gravelotte-Saint-Privat, agit de cette manière, lorsqu'on eut pris la résolution d'éviter l'engagement prématuré d'une bataille, le 17.

(2) Ouvrage du grand état-major prussien, 1ʳᵉ partie, tome 1, page 490.

alors qu'ils se trouvaient, tout à coup, en présence d'une situation complètement nouvelle, qui n'avait pas été prévue dans les ordres du commandant en chef, ils avaient le droit d'agir comme ses suppléants, et, dans une certaine mesure, en son nom, mais en se maintenant toujours dans les limites des vues qu'il cherchait effectivement à réaliser, ou, du moins, en se conformant « à leur « essence même ». C'est pour ce motif *qu'il aurait dû exister entre le commandant en chef et ses subordonnés une entente complète au sujet de la manière d'envisager et de résoudre les questions. Une pareille entente, dans chaque cas isolé, n'est pas du tout l'affaire du hasard ; elle résulte simplement, en premier lieu, d'éclaircissements suffisants fournis par le haut commandement au sujet des buts généraux et des projets qu'il a en vue, et, en second lieu, d'une interprétation judicieuse de la part des subordonnés.*

Il faut convenir que, dans ce cas, les chefs en sous-ordre mirent à exécution leurs propres idées et leurs plans particuliers, qui ne concordaient pas avec les vues du commandant en chef de l'armée. Mais un laisser-aller de cette nature signifie à peu près, tout simplement, que plusieurs chefs isolés firent des efforts désordonnés pour suppléer à l'absence d'une direction ferme, qui doit être l'expression des pensées et de la volonté d'un seul homme, le chef supérieur. Mais, s'il en est ainsi, on se demande, involontairement, ce qu'il faut faire dans un cas pareil, où l'on doit, d'une part, soutenir l'autorité du commandement suprême, et, d'autre part, donner raison aux chefs en sous-ordre ? Bien entendu, il ne s'agit pas, ici, de divergences d'opinions isolées, c'est-à-dire d'une divergence d'interprétation dans des questions isolées, mais seulement des cas où le chef suprême se retranche derrière ses subordonnés, lorsqu'il s'agit d'interpréter exactement et rationnellement la situation.

La réponse à cette question nous est fournie par les faits qui se sont passés dans le cours ultérieur de la campagne. Quelques jours seulement après le 14 août, le général de Steinmetz fut placé, avec son armée, sous les ordres du prince Frédéric-Charles, bien qu'à ce moment on procédât, du côté des Allemands, à la formation d'une nouvelle armée, qui reçut le titre d' « armée de « la Meuse ». Mais, après la reddition de Metz, le général de Stein-metz, l'ancien chef glorieux du Vᵉ corps prussien, qui, en 1866, avait remporté la victoire de Skalitz et frayé à l'armée prussienne le chemin de la Bohême, se démit de son commandement et disparut du théâtre des événements ; c'est à lui que s'appliquait le proverbe : « Tel brille au second rang, — qui s'éclipse au pre- « mier ».

CHAPITRE IX

L'enveloppement de Metz par la cavalerie allemande est l'objet d'une préparation insuffisante.

SOMMAIRE.

La situation des deux partis après la bataille du 14 août. — Les Allemands veulent savoir ce qui se passe de l'autre côté de Metz ; le moyen à employer à cet effet consistait à faire exécuter à leur cavalerie une reconnaissance d'ensemble au delà de la Moselle, à la condition qu'elle pût avoir lieu en temps opportun ; les Allemands avaient à leur disposition des masses de cavalerie importantes, pour mener à bien cette opération. — Dispositions du grand quartier général relatives à une reconnaissance sur la rive gauche de la Moselle ; les instructions sont incomplètes, ne sont pas données en temps opportun, et sont interprétées et appréciées d'une manière inexacte par les chefs allemands : la première armée ne fait rien, la deuxième armée fait peu de chose.

La bataille de Metz (Colombey-Nouilly), livrée le 14 août, marquait la fin de la première période de la guerre franco-allemande et préparait la période suivante.

L'armée française, qui était partie en guerre en obéissant au mot d'ordre : « A Berlin ! A Berlin ! », avait déjà dû rétrograder dans l'intérieur de son propre pays. La plus faible partie de celle-ci se rassemblait à Châlons ; l'autre, la plus forte, était en pleine retraite derrière la Moselle. L'armée du Rhin de l'empereur Napoléon avait déjà perdu même le droit de porter ce titre.

Les Français se trouvaient amèrement désabusés ; mais les Allemands étaient loin, eux aussi, d'avoir atteint le but qu'ils se proposaient.

Il est vrai que 5 divisions françaises avaient été battues à Wœrth et qu'elles avaient entraîné dans leur retraite 4 divisions et demie, encore intactes, appartenant aux 5e et 7e corps ; en revanche, le gros des forces françaises, l'armée du maréchal Bazaine, s'était dérobé, à peu près intact, derrière la Moselle. Seule, son avant-garde, le corps Frossard, avait essuyé, à For-

bach, une défaite qui, en dépit de pertes matérielles peu sensibles, avait, néanmoins, produit sur elle, au point de vue moral,
une impression très désavantageuse. Toutefois, cette impression
avait eu probablement pour résultat d'empêcher le gros des forces
françaises de se laisser aller à engager une action prématurée de
cette nature avec les forces allemandes, supérieures en nombre,
ainsi que cela avait eu lieu à Wœrth.

« Les fruits de la victoire du 14 ne peuvent être recueillis que
« de l'autre côté de Metz » ; c'est ainsi que s'exprimaient les
instructions expédiées le 15 août par le grand quartier général du
roi. C'est dans cette direction, derrière la Moselle, que se portaient
alors rapidement les troupes des armées allemandes et les pensées
de leurs chefs. C'est là que se trouvait le gros des forces de l'ennemi, — que déjà le mémoire du général de Moltke, en date de
l'année 1868, désignait comme le premier objectif d'opérations à
atteindre par les forces allemandes. Le moment approchait donc
où l'on pourrait mettre à exécution la pensée dominante du commandant en chef allemand : « couper les Français de leurs com-
« munications avec Paris et les rejeter vers le nord ». Le mouvement commencé après la bataille de Spicheren, qui tendait à ce
résultat, devait maintenant amener une solution décisive. Les
Allemands cherchèrent, en exécutant leur mouvement, à ne pas
perdre une minute ; mais le résultat final de leurs efforts dépendait, néanmoins, complètement de la situation dans laquelle se
trouvaient les Français.

Les Français, dans leur marche de Metz sur Verdun, avaient
deux routes à leur disposition : la première, celle du sud, passait
par Rezonville et Mars-la-Tour ; l'autre, celle du nord, par Doncourt et Conflans. Outre ces deux routes, il en existait encore une
troisième, qui passait plus au nord, par Briey, et se réunissait de
nouveau, à Étain, avec la route passant par Conflans.

Avant tout, il s'agissait de savoir si, d'une manière générale,
les Français entreprendraient la retraite en arrière de Metz, et,
dans le cas de l'affirmative, il se présentait une seconde question,
celle de savoir quelle route ils prendraient, et s'ils réussiraient à
exécuter leur retraite. Ces questions présentaient alors, pour les
deux partis, une importance capitale. Les Allemands devaient
donc, à tout prix, arriver à savoir ce qui se passait de l'autre côté
de la Moselle, sur les derrières de la place de Metz ; ils ne pou-

vaient obtenir ce résultat qu'en faisant exécuter, en temps opportun, des reconnaissances étendues à leur cavalerie.

La première et la deuxième armée allemande réunies disposaient de plus de 220 escadrons contre 116 escadrons que comptait
l'armée du maréchal Bazaine ; il faut ajouter encore que les escadrons allemands étaient à l'effectif de 125 chevaux, tandis que
les escadrons français n'en comptaient que 100 environ. En laissant de côté les régiments de cavalerie divisionnaires, les Allemands disposaient immédiatement, pour des opérations indépendantes, de 6 divisions de cavalerie (parmi elles se trouvaient la
division de cavalerie de la garde prussienne et la division de cavalerie royale saxonne), avec 136 escadrons et 36 pièces d'artillerie
à cheval ; cette dernière arme pouvait encore être renforcée, à
volonté, au moyen des artilleries de corps, qui comprenaient, en
outre, des batteries à cheval, dont la force totale était de plus de
100 pièces.

Les Allemands disposaient donc de moyens plus que suffisants
pour exécuter de grandes entreprises de cavalerie ; ils avaient,
également, devant eux tout le temps nécessaire pour la préparation d'opérations de cette nature, car la nécessité d'éclairer la
situation au delà de Metz n'était pas le fait du hasard et ne se
présentait pas inopinément ; elle était, au contraire, la conséquence inévitable du grand mouvement enveloppant qui avait
déjà commencé immédiatement après la bataille de Spicheren.
Examinons maintenant comment les Allemands mirent à profit la
période du 6 au 15 août, et quels étaient les moyens dont ils disposaient pour exécuter des reconnaissances au delà de la Moselle,
sur les derrières de la place de Metz.

Nous ne trouvons, pour la première fois, trace de dispositions
relatives à cette question que dans l'ordre du grand quartier
général, portant la date du 12 août, expédié à la première et à la
deuxième armée pour la journée du 13. En ce qui concernait la
première armée, cet ordre contenait, notamment, ce qui suit: « La
« cavalerie poussera des reconnaissances sur Metz, et franchira
« la Moselle en aval » ; d'autre part, les prescriptions qui concernaient la deuxième armée étaient ainsi conçues : « La cava-
« lerie fera des reconnaissances au delà de la Moselle. » L'ordre
adressé aux deux armées pour le jour suivant, le 14, contenait,
en outre, les dispositions ci-dessous : « La cavalerie des deux

« armées sera poussée en avant, aussi loin que possible, et cher-
« chera à inquiéter une retraite possible de l'ennemi sur la route
« de Metz à Verdun (1). » Enfin, avant même d'avoir reçu la nouvelle de la bataille qui avait eu lieu le 14, le grand quartier
général avait adressé aux deux armées, pour la journée du 15,
des instructions qui donnaient un jour de repos à la plupart des
corps, et contenaient également les dispositions suivantes, relatives à la cavalerie : « Le mouvement en avant ultérieur de la
« cavalerie, notamment de la 3e division de cavalerie, n'est pas
« limité (2). » On admettait donc, évidemment, que cette division
s'était déjà portée sur la rive gauche de la Moselle.

En réalité, le commandant en chef de la première armée ne
s'était pas rendu compte de la très grande et très sérieuse importance que présentaient tous ces ordres du grand quartier général.
En exécution du premier ordre, on se bornait à donner à la
3e division de cavalerie, qui se trouvait à l'aile droite de la première armée, les instructions suivantes pour la journée du 13 :
« La 3e division de cavalerie se portera jusqu'à Avancy, poussera
« en avant vers Metz et Vigy, et cherchera à jeter au delà de la
« Moselle des détachements, pour voir ce qui se passe sur la rive
« gauche (3). »

Il saute aux yeux, d'une part, que l'ordre du grand quartier
général ainsi conçu : « La cavalerie poussera des reconnaissances
« vers Metz et franchira la Moselle », revêt, ici, un caractère
absolument ferme, bien qu'il ne définisse qu'en termes généraux
la mission assignée à la cavalerie ; il est manifeste, d'autre part,
que cet ordre, dans la forme où il est transmis par le commandant en chef de la première armée à la 3e division de cavalerie,
présente un caractère restrictif, et que sa portée est tout à fait
atténuée par des expressions telles que celles-ci : La cavalerie
« essayera » et « de pousser des détachements en avant ».

Le grand quartier général s'en remet, visiblement, au commandant en chef de la première armée du soin de jeter en avant, au
delà de la Moselle, toute une division ou même deux divisions de
cavalerie. L'ordre du général de Steinmetz, au contraire, ne con-

---

(1) Voir chapitre VIII.
(2) *Opérations de la première armée*, page 87.
(3) *Opérations de la deuxième armée*, page 64.

tient aucune disposition obligeant la 3e division de cavalerie à agir ; et, d'ailleurs, en réalité, elle n'a presque rien fait, sous prétexte qu'elle n'avait pas de bateaux à sa disposition pour traverser la rivière. C'est ainsi que l'expression très logique de la volonté du commandement suprême resta lettre morte, — ainsi qu'il arrive dans une machine mal équilibrée, dont la force de traction est soumise à un frottement trop considérable.

Seule, une simple patrouille de la 3e division de cavalerie avait réussi à trouver un canot et à franchir la Moselle à Hauconcourt (sur la rive gauche de la Moselle), sans rencontrer l'ennemi sur cette rive. Elle apprit, grâce aux reconnaissances qu'elle exécuta, que, d'une manière générale, il n'y avait pas la moindre trace de troupes françaises sur la rive gauche de la Moselle, au nord de Metz. Mais les cavaliers allemands n'essayèrent même pas, en cette occasion, de détruire la voie ferrée de la rive gauche de la Moselle, qui relie Metz à Thionville et aussi à Châlons et Paris.

L'ouvrage du grand état-major prussien fait une remarque généreuse, pour expliquer l'inaction de la cavalerie de la première armée : « Les reconnaissances *importantes* (ce dernier mot « est souligné) que le grand quartier général avait prescrit « d'exécuter sur la rive gauche de la Moselle ne purent avoir « lieu, parce que tous les moyens de transport qui existaient sur « la rivière avaient été mis en sûreté par l'ennemi. » Il faut donc conclure de ceci, que le grand quartier général, en donnant ses ordres, avait compté sur les moyens de transport dont disposaient les habitants. Cependant la première armée possédait des pionniers et des équipages de ponts. En outre, il n'était, probablement, pas impossible de traverser à la nage la rivière, dont la largeur était de 150 à 200 pas ; enfin, il s'était formé, également, ainsi que le remarque l'ouvrage du grand état-major prussien, par suite de la sécheresse, des gués, et il faut admettre qu'ils étaient praticables, non seulement pour la cavalerie, mais même pour l'infanterie (1).

---

(1) Dans d'autres passages de l'ouvrage du grand état-major, on rencontre l'assertion suivante : c'est que les eaux de la rivière se trouvaient être, précisément à cette époque de l'année, très hautes, par suite des pluies persistantes survenues ; cependant, la relation officielle prussienne ne mentionne pas, ici, cette circonstance, lorsqu'elle cherche à expliquer pour quel motif la cavalerie n'a pas franchi la Moselle. Nous discuterons encore plus en détail cette question.

En examinant plus en détail la remarque de l'ouvrage du grand état-major prussien dont nous venons de parler, nous en arrivons à conclure que le grand quartier général, en donnant un ordre dont l'exécution dépendait du bon plaisir des Français, a commis une absurdité complète. Il faut donc considérer cette remarque simplement comme une réédition malheureuse de l'excuse invoquée par les chefs de la cavalerie placés sous les ordres du commandant en chef de la première armée, et on doit être convaincu que le grand quartier général a dû se contenter difficilement, à cette époque, d'une telle excuse; toutefois, sa propre conduite dans cette affaire n'est pas tout à fait exempte de reproches.

Déjà, immédiatement après la bataille de Spicheren, le commandant en chef de la première armée s'était signalé par un manque complet d'intelligence dans l'emploi des divisions de cavalerie indépendantes; la 3e division de cavalerie, de son côté, avait fait preuve, également, d'un manque absolu d'esprit d'entreprise. En ce qui concerne le commandant en chef de la première armée, nous avons déjà mentionné, dans le chapitre précédent, toute une série de rappels à l'ordre, que le grand quartier général dut lui adresser, et qui furent motivés, surtout, par l'inaction des deux divisions de cavalerie qui lui étaient affectées; cette dernière faute est manifestement caractérisée par la mauvaise grâce que mit la 3e division de cavalerie à quitter l'emplacement qu'elle occupait derrière la Sarre, à l'abri de tout danger, et par son refus de se porter à l'aile de la première armée, sous prétexte que le terrain était trop fortement boisé dans cette région (1).

Dans de telles circonstances, le grand quartier général aurait dû, tant pour assurer la préparation que l'exécution de la marche offensive de la cavalerie au delà de la Moselle, faire parvenir au commandant en chef de la première armée, assez à temps et sous la forme la plus précise, les ordres nécessaires. On ne devait pas perdre de vue, au grand quartier général, qu'il était tout au moins téméraire de compter que les chefs en sous-ordre (dans ce cas, le commandant en chef de l'armée) prépareraient eux-mêmes, à l'avance, l'exécution d'ordres qui ne leur étaient pas encore

(1) Pour être juste, il convient de remarquer que cette division, abstraction faite d'une batterie à cheval, ne comprenait que 2 régiments de cuirassiers et 4 régiments de uhlans.

parvenus et ne devaient acquérir toute leur efficacité, en vue des opérations futures, que dans le cas où ces opérations seraient imposées par la situation militaire du moment.

Il est on ne peut plus facile de justifier cette assertion. Nous avons déjà fait ressortir que, même à la suite du second ordre donné pour le 14 août, qui prescrivait, d'une manière suffisamment explicite, « d'inquiéter l'ennemi au delà de la Moselle, sur « la route de Verdun », non seulement la première armée ne fit rien, mais qu'elle ne paraît pas même avoir prescrit quoi que ce soit. Du moins l'ouvrage qui traite des *Opérations de la première armée dans la campagne de* 1870-71, en citant l'ordre donné à la 1re division de cavalerie pour le 14, savoir : « d'observer spéciale- « ment si les Français, partant de Metz, passeraient à l'offensive, « vers le sud, contre la deuxième armée », cet ouvrage, dis-je, ne fait nullement mention de dispositions quelconques se rapportant à la 3e division de cavalerie. De même, également, le 15, à la suite du troisième ordre expédié par le grand quartier général, il ne semble pas que l'on ait entrepris, ou même exécuté quoi que ce soit. Cette inaction provenait, sans doute, de ce qu'on n'avait pas songé, assez tôt, à organiser un passage sur la Moselle.

Il faut admettre que le commandant en chef de la première armée se trouva absorbé par la mission qui lui incombait directement de couvrir le flanc droit de la deuxième armée, chargée de l'enveloppement de la place de Metz. Cette préoccupation le hantait, sans doute, à un point tel qu'il n'avait pas prévu, au début, et qu'il perdit plus tard complètement de vue l'exécution des ordres donnés dans l'intérêt de l'ensemble des forces allemandes, en vue d'éclairer le mouvement enveloppant projeté au delà de la Moselle, alors qu'il ne disposait, d'une manière générale, que de quelques jours pour assurer l'exécution complète de ces ordres.

La manière d'opérer de la deuxième armée, sous ce rapport, fut, il est vrai, infiniment plus logique que celle de la première, mais, cependant, elle resta encore considérablement en deçà des exigences qu'imposait la situation militaire du moment.

Le prince Frédéric-Charles avait déjà, le 12 août, poussé en avant, vers la Moselle, la cavalerie du général de Rheinbaben (deux brigades de la 5e division de cavalerie). Ce dernier avait occupé Pont-à-Mousson le 13 au matin. La cavalerie n'éprouva, dans cette journée, sur la rive gauche de la Moselle, aucune résistance de la part des Français ; seules, les patrouilles avaient rencontré des chasseurs à cheval ennemis. Une entreprise exécutée sur les derrières de la place de Metz était, à ce moment, parfaitement possible ; mais le général de Rheinbaben pouvait se demander s'il était assez fort, avec ses 24 escadrons, pour remplir cette mission. L'ordre du grand quartier général pour le 14 avait indiqué, d'une manière tout à fait précise, que le but à atteindre consistait « à inquiéter l'ennemi sur la route de Verdun ». Il semble, toutefois, qu'en raison de cet ordre et de la situation militaire du moment, toutes les forces de cavalerie dont la deuxième armée pouvait se priver auraient dû se porter, dans le plus bref délai, — même le 14 août, — jusque sur les derrières de la place de Metz (la distance de Pont-à-Mousson jusqu'à ce point n'est que de 20 à 30 kilomètres). Dans ces conditions, il n'aurait pu lui échapper que, jusqu'au 14, et, même pendant cette journée, pas une seule subdivision de troupes françaises n'avait pris les routes allant de Metz à Verdun, et qu'il y avait lieu, en conséquence, d'en tirer la conclusion suivante : c'est que toute l'armée du maréchal Bazaine se trouvait encore à Metz. Mais la cavalerie prussienne n'a pas opéré cette découverte. Cette grande reconnaissance sur la rive gauche de la Moselle, telle que la projetait le commandement suprême des Allemands pour le 14, n'eut pas lieu, parce qu'elle n'avait pas été préparée en temps opportun, c'est-à-dire parce qu'on avait négligé de rassembler assez à temps, et de pousser au delà de la Moselle une grande masse de cavalerie qui fût en mesure de remplir cette mission.

En vue des opérations à exécuter, on avait à sa disposition, ainsi que nous l'avons déjà dit, dans la première et dans la deuxième armée allemande, 136 escadrons ; mais, sur ce nombre, au moment décisif, le 14 août, seuls, les 24 escadrons du général de Rheinbaben (1) s'étaient portés en avant au delà de Pont-à-Mousson, et s'étaient rapprochés des derrières de la position occupée par les Français sous Metz. Cette division de cavalerie se borna, dans le courant de la journée du 14, à éclairer une partie du terrain qui est situé au sud de la plus rapprochée

---

(1) Les brigades Barby et Redern. La brigade Brédow (12 escadrons) n'arriva dans cette journée qu'à Pont-à-Mousson (*Annotation du traducteur allemand*).

des trois routes menant de Metz à Verdun. Quant à la question de savoir si les Français se repliaient par cette route, ou par l'une des deux routes du nord, elle demeurait (dans cette journée) encore sans solution. La bataille du 14, elle-même, n'avait fourni aux Allemands que des renseignements incomplets sur la situation réelle des Français. La seule indication un peu précise qu'ils possédaient à ce sujet était qu'en avant de Metz, sur la rive droite de la Moselle, des forces françaises encore assez considérables avaient pris part au combat ; mais ils pouvaient n'avoir eu devant eux qu'une partie de la principale armée française, ou même simplement une forte arrière-garde. Les Allemands redoutaient cette dernière éventualité, car une retraite rapide leur paraissait être à l'avantage de l'adversaire.

On est autorisé à admettre que si les Allemands avaient pris, en temps opportun, leurs dispositions à cet effet, ils pouvaient porter en avant, au delà de la Moselle, avec une destination spéciale, environ 100 escadrons de la première et de la deuxième armée, pourvus d'une nombreuse artillerie à cheval, en vue d'éclairer le terrain sur les derrières de la place de Metz. Admettons même qu'ils n'eussent réussi qu'à lancer 80 escadrons au delà de la Moselle, il n'en est pas moins vrai que ces escadrons constituaient déjà ainsi une masse d'environ 10,000 chevaux. Après avoir détaché cette masse de cavalerie, les Allemands disposaient toujours, pour d'autres buts, d'une cavalerie supérieure en nombre à l'ensemble de la cavalerie de Bazaine.

La masse de cavalerie allemande détachée pour remplir cette mission, après avoir franchi la Moselle en amont, ainsi qu'en aval de la place de Metz, aurait déjà dû atteindre, le 14 août, les communications en arrière de cette place, et, soit les intercepter, soit du moins observer activement dans la direction de toutes les routes allant de Metz vers la Meuse.

Nous avons déjà fait ressortir qu'en ce qui concerne la première armée allemande, la reconnaissance prescrite n'avait, à peu près, donné aucun résultat. Comme l'unique excuse invoquée à ce sujet ne pouvait être que la difficulté du passage de la Moselle, cette question mérite que nous la traitions un peu plus en détail.

La rivière de la Moselle possédait des gués, qui étaient bien connus, également, des Allemands. Ils comptaient, par exemple,

sur un gué en amont de Thionville, pour exécuter le coup de main
qu'ils projetaient contre cette place, coup de main qui ne put
réussir, par suite de la vigilance des Français. La crue subite des
eaux de la Moselle ne se produisit que dans la nuit du 12 au
13 août (1). Après les pluies des jours précédents, on aurait pu,
jusqu'à un certain point, la prévoir. En tout cas, il semble que, le
12, il eût été encore possible d'utiliser les gués. On aurait pu
également, sans aucune difficulté, jeter un pont militaire sur la
rivière. Il faut remarquer, en effet, que les Français, même après
avoir perdu leur équipage de ponts, abandonné à Forbach, réussirent, cependant, à établir des ponts militaires sous Metz et à
commencer déjà à passer la Moselle, dans la nuit du 13 au
14 août; il semble donc que la première armée allemande était
tout aussi bien en mesure de transporter, jusqu'à ce moment, sur
l'autre rive, sa cavalerie, qui aurait ainsi encore pu donner la
main, le 14, en arrière de Metz, à la cavalerie de la deuxième
armée; celle-ci, de son côté, aurait dû accélérer sa marche en
avant, et faire son apparition en grandes masses, ce qui aurait
permis de fermer le cercle en arrière de la place.

C'est ainsi que pouvait et devait se présenter, dès le 14 août, la
situation, envisagée au point de vue des Allemands. Mais il n'en
fut pas ainsi. C'est pourquoi, considérée dans ses rapports avec
le principe de l'initiative des chefs en sous-ordre, qui forme la
base de cette étude, la question suivante acquiert de l'importance : Par la faute de qui l'entreprise dont nous venons de parler
eut-elle un résultat si défectueux pour les Allemands ?

Commençons par la division de cavalerie Rheinbaben, qui
occupa, le 13, Pont-à-Mousson, avec une force de 24 escadrons.
L'ordre donné par la deuxième armée pour le 14 prescrivait ce
qui suit (2) : « La 5e division de cavalerie se portera, demain, sur
« le plateau situé entre la Moselle et la Meuse, sur Thiaucourt, et
« poussera ses pointes en avant, dans la direction du nord, pour
« observer les routes de Metz—Verdun. Le point des Baraques, à
« l'est de Chambley, et le plateau au nord-ouest de Gorze donnent
« des vues sur ces routes. »

D'autre part, lorsque, dans la nuit, arriva l'ordre du roi pour la

(1) Bazaine, *Armée du Rhin*, page 48.
(2) *Opérations de la deuxième armée*, page 45.

journée du 14, dont nous avons déjà parlé, ordre qui prescrivait
« de pousser en avant la cavalerie, aussi loin que possible, et
« d'inquiéter une retraite possible de l'ennemi sur Verdun », on
n'avait, provisoirement, sous la main, pour assurer l'exécution de
cet ordre, que la division du général de Rheinbaben. Il n'en est
pas moins vrai qu'on pouvait et qu'on devait, dans tous les cas,
même le 14, essayer d'intercepter, au moyen de détachements
lancés à de grandes distances en avant, les communications sur
les deux routes principales qui allaient en ligne directe de Metz
à Verdun, par Rezonville—Mars-la-Tour et par Doncourt—Conflans. La distance de Pont-à-Mousson à Rezonville est d'environ
22 kilomètres, et celle de Pont-à-Mousson à Conflans d'environ
30 kilomètres ; Thiaucourt et Conflans se trouvent séparés par
une distance de 22 kilomètres. Si les détachements de la cavalerie
prussienne avaient atteint, dès le 14, ces deux routes, ils auraient
pu se convaincre que l'armée française ne les avait pas encore
prises, pour effectuer sa retraite ; il y avait donc lieu d'en conclure que, selon toute probabilité, l'ensemble des forces de cette
armée se trouvait encore à Metz, car il lui était impossible
d'exécuter sa retraite, en se bornant à prendre la route qui passait plus au nord, par Briey ; d'ailleurs, elle n'avait même pas
besoin d'utiliser cette dernière, puisqu'elle disposait des deux
routes directes, passant par Rezonville et Conflans.

On en arrive ainsi à conclure que la cavalerie allemande qui
était réellement disponible sur la rive gauche de la Moselle n'a
pas, à beaucoup près, rempli non plus sa mission avec l'énergie
et l'ampleur qu'exigeait impérieusement la situation stratégique
du moment. Nous n'avons pas à examiner plus longuement si,
dans ce cas, la faute revient à la cavalerie elle-même, qui a fait
preuve d'incurie, ou si, plutôt, il ne convient pas de s'en prendre
à l'insuffisance des ordres donnés par le haut commandement.
Toutefois, il est nécessaire de bien établir que l'ordre donné au
général de Rheinbaben pour le 14 août, ordre que nous avons
reproduit plus haut, limitait sa mission à une observation de la
route de Verdun qui se trouvait la plus rapprochée, observation
qui devait avoir lieu « de loin », des hauteurs des Baraques et de
Gorze.

Toutes ces considérations, relatives à ce qu'ont fait ou, plus
exactement, à ce qu'auraient dû faire les première et deuxième

armées, pour éclairer, en temps opportun, le terrain sur les derrières de Metz, ces considérations, dis-je, prouvent que les chefs
des deux armées auraient pu envisager, préparer et exécuter cette
reconnaissance d'une manière toute différente, en tenant compte
de l'importance qu'elle présentait : aussi la critique qui se rapporte à l'histoire militaire est-elle, jusqu'à un certain point,
autorisée à leur reprocher leur manque de prévoyance à cet
égard.

Je répète que c'est là un droit de la critique relative à l'histoire
militaire, car elle profite à l'art de la guerre, et un art quelconque
doit aspirer à réaliser l'idéal. Or, le commandant en chef, qui se
trouve au centre de l'activité pratique, ne doit pas, précisément,
attendre, et encore moins exiger que ses chefs en sous-ordre
prennent, eux-mêmes, l'initiative des idées et des actes qui
tendent à atteindre les buts élevés qu'il s'est assignés, buts qui
dépendent encore de l'avenir, et ne peuvent, en conséquence,
leur paraître bien définis. Il suffit qu'ils remplissent d'une manière
logique les missions qui leur ont été directement assignées, ainsi
que celles qui, en raison de la nature des choses, exigent d'eux
une résolution spontanée.

Le soin de définir les missions à remplir est, d'une manière
générale, uniquement du ressort du commandant en chef, qui en
supporte également toute la responsabilité. Dans le cas dont nous
venons de parler, cette responsabilité incombe au grand quartier
général, d'autant plus que la nature du mouvement entrepris, —
savoir, le passage de la Moselle, suivi de l'enveloppement de la
place de Metz, — paraissait nécessiter l'envoi, en temps opportun,
de fortes masses de cavalerie allemande sur les derrières de cette
place, soit pour en préparer l'investissement, jusqu'à ce que la
cavalerie pût être relevée par l'infanterie, soit pour assurer la
poursuite des Français en retraite. On ne peut s'empêcher de
faire observer que les dispositions du grand quartier général,
relatives à la reconnaissance du terrain sur la rive gauche de la
Moselle, ne furent pas prises en temps opportun, mais qu'elles
furent adoptées, au contraire, beaucoup trop tard, et que leur
caractère d'urgence ne fut pas suffisamment accentué : ces dispositions étaient plutôt des indications que des ordres fermes.

On pourrait objecter que si le haut commandement allemand
donna à ses dispositions un caractère général, ce fut intentionnel-

lement, dans le but de laisser une plus grande initiative aux chefs d'armée ; mais, dans ce cas, le principe, exact au fond, aurait été, si l'on peut s'exprimer ainsi, appliqué d'une manière trop abstraite, et, pour ainsi dire, académique. Or la guerre, envisagée dans son essence, présente le caractère d'une activité purement pratique ; elle impose l'obligation, dans chaque cas déterminé, de compter avec tous les facteurs qui influencent la situation militaire réelle. La manière de voir des chefs en sous-ordre, la connaissance qu'ils ont des faits, et leur intelligence ont également leur influence sur la situation militaire réelle. Il faut donc savoir donner des ordres tels que le principe de l'initiative des chefs en sous-ordre se traduise toujours, dans la pratique, par « une activité spontanée », et qu'il n'ait jamais pour conséquence « une « inaction indépendante ».

CHAPITRE X

L'activité des deux partis à Metz, le 15, et la bataille de Vionville-Mars-la-Tour, le 16 août.

SOMMAIRE

Dispositions prises par les Allemands pour le 15 août et leur activité dans cette journée. — La cavalerie allemande ne réussit pas à éclairer la situation au delà de la Moselle. — Ordre de l'armée donné par la deuxième armée et directives du grand quartier général pour le 16 août : différence essentielle dans la manière dont ces deux catégories d'ordres furent interprétées. — La véritable raison de l'incertitude des Allemands. — Dispositions prises par le maréchal Bazaine et positions occupées par les deux partis dans la nuit du 15 au 16 août. — Dispositions prises par les Français, le 16 au matin. — Prescriptions complémentaires données par les Allemands pour le 16. — Description du champ de bataille et coup d'œil préparatoire sur la bataille. — Description de la bataille du 16 août. — La situation critique des Allemands, dans le combat du 16 août, fut une conséquence des fautes commises par leur commandement suprême; les chefs en sous-ordre réussirent à conjurer le danger. — Conduite remarquable des chefs en sous-ordre allemands; inaction du IX° corps prussien; conduite énergique du colonel de Schœning. — L'activité du commandant en chef de la deuxième armée allemande dans la bataille du 16 et sa réelle importance.

Il fallait un certain temps pour que la nouvelle de la bataille du 14 août et de son résultat parvînt au grand quartier général et au commandant en chef de la deuxième armée allemande. La situation, qui se trouvait modifiée, et, en partie, éclaircie par la bataille, n'avait donc pu être prise en considération, en temps utile, lorsque les dispositions pour le 15 août furent adoptées. Il en résulta que ces dernières durent être encore complétées ou modifiées pendant la journée du 15, au fur et à mesure que la situation parvint à s'éclaircir, ce qui ne laissa pas que d'entraîner des retards inévitables.

Les premières dispositions adoptées pour le 15 avaient été élaborées le 14, vers le soir, c'est-à-dire déjà avant l'arrivée de renseignements sur la bataille de Metz (Colombey-Nouilly). L'ordre émanant du grand quartier général fut expédié le 14, à 6 heures du soir. Il était ainsi conçu :

« Les observations de la première armée vers Metz n'ont fourni,
« aujourd'hui, aucun renseignement certain sur la situation en
« avant de cette place. Il est donc toujours possible que la plus
« grande partie de l'armée ennemie se trouve encore en deçà de
« Metz.

« Considérant, en outre, qu'à la suite des marches forcées exé-
« cutées par les armées, un jour de repos est nécessaire, et que
« ce repos, pour une partie des corps d'armée, peut marcher de
« pair avec un développement du service de sécurité, en prévision
« d'opérations offensives possibles partant de Metz, Sa Majesté le
« roi ordonne ce qui suit (1) :

« Les têtes des IIIe, IXe, et XIIe corps resteront sur leurs em-
« placements demain ; ces corps se relieront entre eux et feront
« la soupe de bonne heure.

« La première armée restera également, avec les Ier et
« VIIe corps, sur ses emplacements actuels ; le VIIIe corps, à
« l'exception de la fraction détachée au delà de Boulay, vers
« Bazoncourt-Aube, se rapprochera de l'aile droite de la deuxième
« armée, en vue de se relier plus intimement avec elle, ce qui
« permettra, en même temps, de préparer la conversion à gauche
« de la première armée, qui deviendra nécessaire plus tard. Le
« mouvement en avant ultérieur de la cavalerie, notamment de
« la 3e division de cavalerie, n'est pas limité (2).

« Cependant, pour arriver à mieux éclairer la situation, il est
« absolument nécessaire de porter en avant des forces suffisantes
« sur la rive gauche de la Moselle vers les voies de communication
« de l'ennemi, Metz—Verdun. Pour remplir cette mission, la
« deuxième armée emploiera toute la cavalerie dont elle dispose
« sur la rive gauche de la Moselle, et la fera soutenir, dans la
« direction de Gorze et de Thiaucourt, par ceux de ses corps qui

---

(1) *Opérations de la première armée*, pages 87 et 88.
(2) Il s'agit, évidemment, ici, d'une marche en avant de la 3e division de
cavalerie au delà de la Moselle, car un mouvement en avant du front de l'armée
n'était pas possible, en partie, en raison de la proximité de la place de Metz, et
se trouvait, en partie, inutile, puisque les divisions d'infanterie disposaient
elles-mêmes de la cavalerie qui leur était nécessaire.

« franchiront la Moselle en premier lieu. Le IIIe corps doit donc
« également préparer, dès demain, un passage en aval de Pont-
« à-Mousson.

« Le IIe corps continuera sa marche dans la direction qu'il a
« suivie jusqu'ici. »

Le rapport du commandant en chef de la première armée sur la
bataille du 14 et sur les dispositions qu'il avait prises parvint au
grand quartier général dans la nuit du 14 au 15, à 2 heures du
matin. Le 15, à 6 heures du matin, ce dernier y répondit de la
manière suivante (1) :

« Sa Majesté ordonne à la première armée de se maintenir
« aujourd'hui sur le terrain conquis dans la bataille d'hier, en
« tant qu'il ne se trouvera pas dans la zone d'action de l'artillerie
« de la place. Le VIIIe corps se portera immédiatement en avant,
« pour appuyer le Ier et le VIIe. Le IXe corps, qui a déjà com-
« mencé à s'engager hier, se rapprochera du champ de bataille ».

Le roi Guillaume lui-même, accompagné de son état-major, se
rendit d'Herny sur le champ de bataille du jour précédent. Le
quartier-maître général, général de Podbielski, qui, de sa personne, avait pris les devants, s'était promptement convaincu que
l'ennemi ne pouvait plus se trouver en forces considérables à l'est
de Metz. Dès lors, il devenait essentiel que la première armée
passât aussi, et le plus promptement possible, sur la rive gauche
de la Moselle ; provisoirement, le général de Podbielski commençait donc par aviser le VIIIe corps d'avoir à se diriger sur Orny. Il
en résultait qu'en ce qui concernait le VIIIe corps, l'ordre donné,
tout d'abord, pour le 15 était, en réalité, rétabli.

Le roi Guillaume put se convaincre, personnellement, de la justesse de l'appréciation formulée par le général de Podbielski. Il
observa, avec son état-major, de la hauteur de Flanville, d'épais
nuages de poussière, qui s'élevaient au delà de Metz. Il était évident que les Français se trouvaient en pleine retraite. Mais il restait toujours à résoudre la question très essentielle suivante,
savoir : jusqu'à quel point les Français avaient déjà poussé leur

---

(1) Ouvrage du grand état-major prussien, 1re partie, tome I, page 496.

retraite. Était-ce la marche de leur avant-garde qui se trahissait par la poussière, ou bien étaient-ce déjà les dernières subdivisions qui quittaient Metz?

A 10 h. 45 du matin, l'ordre suivant fut donné de la hauteur de Flanville (1) :

« Sa Majesté le roi, après s'être elle-même convaincue qu'il n'y
« a plus, aujourd'hui, trace de l'ennemi en avant de Metz, estime
« que la marche en avant de la première armée n'est plus néces-
« saire (2). Le Ier et le VIIe corps sont directement avisés d'avoir
« à faire halte et de ne pousser en avant que de la cavalerie, pour
« observer la place et protéger les blessés. Le VIIIe corps, au cas
« où il serait déjà en marche, se dirigera sur Orny, où il recevra,
« également, directement des ordres. »

En conséquence, le général de Steinmetz pouvait remettre en vigueur les dispositions prises pour le 15, dispositions qui avaient pour but de pousser l'armée un peu vers la gauche, pour la maintenir à hauteur de la conversion progressive, ou, plus exactement, de la marche de flanc, exécutée par la deuxième armée, dont la première armée couvrait, en réalité, le flanc droit.

Les modifications apportées aux ordres ne s'accomplirent pas sans tiraillements. Le VIIIe corps s'était déjà mis en marche dans la direction de l'ouest, pour se rapprocher de Metz et du champ de bataille, lorsqu'il reçut l'ordre de marcher sur Orny (dans la direction du sud-ouest), en d'autres termes : de tourner la place de Metz. Au même moment, le IXe corps, qui n'avait, évidemment, reçu aucune communication relative aux modifications apportées aux instructions, se dirigeait, pour appuyer la première armée, vers Metz, c'est-à-dire vers le nord-ouest. Il arriva, dès lors, que les colonnes de marche des VIIIe et IXe corps se croisèrent, et que, par suite de l'arrêt qui en résulta, elles n'atteignirent qu'assez tard leurs buts de marche (3).

Le commandant en chef de la deuxième armée allemande n'avait

---

(1) *Opérations de la première armée*, page 89.
(2) Cette marche avait été prescrite dans l'ordre du 15 au matin, dont nous avons déjà parlé.
(3) Ouvrage du grand état-major prussien, 1re partie, tome I, page 409, et *Opérations de la première armée*, page 90.

reçu, dans le courant de la journée du 14, aucun renseignement important sur l'ennemi, et se trouvait également sans instructions du grand quartier général ; c'est pourquoi, à 6 heures du soir, il expédia un ordre de l'armée pour le 15, qui contenait essentiellement ce qui suit (1) :

« Le Xe corps se rassemblera sur la rive gauche de la Moselle « et assurera le service de sécurité dans la vallée de la Moselle « vers Metz.

« La garde se massera à Dieulouard et poussera son avant-« garde jusqu'aux Quatre-Vents (sur la rive gauche de la Moselle) ; « sa cavalerie, qui occupe Rogéville, se portera encore plus en « avant, en se maintenant en liaison avec la 5e division de cava-« lerie.

« Le IVe corps marchera sur Custines, poussant son avant-« garde et sa cavalerie sur Marbache, et il se reliera, vers la « gauche, avec la troisième armée.

« A l'aile droite de l'armée, le IIIe corps, avec la 6e division de « cavalerie, marchera, le 15, sur Cheminot (sur la Seille), en tant « que cette marche n'a pas été déjà exécutée le 14.

« Le IXe corps restera à Buchy, pour se trouver également sous « la main du commandant en chef, le 15, dans le cas d'une « bataille en deçà de la Moselle.

« Le IIe corps portera sa tête jusqu'à Han-sur-Nied.

« Le XIIe corps (royal saxon) atteindra, avec sa tête, Nomeny « (sur la Seille) et rapprochera sa queue jusqu'à hauteur de « Solgne. »

Conformément à cet ordre, la deuxième armée devait donc prendre pied sur la Moselle, de Pont-à-Mousson à Marbache, avec les trois corps qui se trouvaient en première ligne. En arrière de l'aile droite de ce front, deux autres corps, le IIIe et le XIIe, s'avan-cèrent jusqu'à la Seille, à proximité immédiate de Metz, pour pré-parer l'offensive au delà de la Moselle. Les deux autres corps de la deuxième armée pouvaient, en cas de nécessité, servir à appuyer la première armée.

Ce n'est qu'après l'expédition de ces ordres que le poste d'obser-

---

(1) *Opérations de la deuxième armée*, page 51.

vation placé au château de Mousson fit savoir, vers 8 h. 30 du
soir, que, depuis 7 heures du soir, on apercevait, à l'est de Metz,
un fort nuage de poussière, qui permettait de conclure qu'un
combat violent était engagé.

La 6ᵉ division de cavalerie avait déjà, à 5 heures de l'après-
midi, entendu la canonnade et détaché des patrouilles dans la
direction d'où elle se faisait entendre.

Le général commandant le IIIᵉ corps avait également entendu
la canonnade à Verny et rassemblé sa 5ᵉ division et l'artillerie de
corps, pour appuyer les troupes engagées au combat; c'est pour
ce motif, également, que, dans cette journée, la marche se termina
à Cheminot (1). Le général d'Alvensleben avait, probablement,
l'intention de ne se porter en avant, avec ses troupes rassemblées,
que le lendemain matin, car il admettait que, dans la journée
du 14, il ne pourrait plus, en aucun cas, atteindre le champ de
bataille.

L'ordre expédié par le grand quartier général aux deux armées,
le 14 au soir, ordre dont nous avons déjà parlé, ne parvint au
commandant en chef de la deuxième armée que dans la nuit. Il ne
différait des dispositions prises par la deuxième armée qu'en ce
qui concernait les trois corps de l'aile droite. Comme ces derniers
avaient déjà reçu cet ordre directement du grand quartier général,
la deuxième armée n'avait plus à prendre d'autres dispositions
ultérieures.

Le 15 au matin, le commandant en chef de cette dernière armée
reçut l'ordre suivant (2) :

« Hier soir, à la suite d'une affaire sérieuse, le Iᵉʳ et le
« VIIᵉ corps ont rejeté sur Metz des forces ennemies considé-
« rables. Des fractions de la 18ᵉ division ont pris part à l'action.
« Le IXᵉ corps appuiera, aujourd'hui, vers le champ de bataille.
« L'emploi du IIIᵉ corps demeure provisoirement réservé. Il est
« essentiel de pousser sur la route Metz—Verdun. »

En exécution de ce télégramme, le IIIᵉ corps reçut l'ordre de
ne pas continuer sa marche sur Cheminot, mais de faire halte là

_____

(1) *Opérations de la deuxième armée*, pages 51-52.
(2) Ouvrage du grand état-major prussien, 1ʳᵉ partie, tome I, page 501.

où il se trouvait, de manger la soupe, et d'attendre des ordres ultérieurs (1) du grand quartier général.

Mais, avant que cet ordre ne fût parvenu au IIIe corps, ce dernier avait déjà atteint Cheminot. L'ordre du prince Frédéric-Charles se croisa avec un rapport du général commandant d'Al vensleben, par lequel ce dernier faisait connaître qu'il avait l'intention de se porter, encore le 15, sur la Moselle, et, autant que possible, de la franchir. Le général d'Alvensleben avait été amené à prendre cette résolution en raison de l'issue de la bataille du jour précédent, car il estimait qu'il n'y avait plus à redouter une attaque de l'adversaire sur la rive droite de la Moselle. Le prince Frédéric-Charles, dans sa réponse au général, approuva pleinement sa manière de voir, mais, s'en tenant aux instructions formelles du grand quartier général, il maintint l'ordre qui lui prescrivait de s'arrêter provisoirement. Cet ordre parvint au IIIe corps, alors qu'il était déjà en train de se porter sur la Seille ; les troupes de ce corps bivouaquèrent alors, savoir: une division à Cheminot, l'autre à Pommérieux.

Sur ces entrefaites, par suite de la reconnaissance personnelle du roi, les vues du grand quartier général s'étaient complètement modifiées, de sorte qu'à 11 heures du matin, le télégramme suivant fut adressé, de la hauteur de Flanville, au prince Frédéric-Charles (2) : « Les Français ont été complètement rejetés sur « Metz, et il est probable qu'actuellement ils sont déjà en pleine « retraite sur Verdun. Les trois corps de droite (IIIe, IXe et XIIe) « sont désormais à l'entière disposition du commandant en chef. « Le XIIe est déjà en marche sur Nomeny. »

En exécution de ce télégramme, le IIIe corps fut invité « à « reprendre son mouvement vers la Moselle ». Ses deux divisions se remirent en marche à 5 heures du soir, en majeure partie sans avoir achevé leur repas. Elles franchirent la Moselle, en partie sur un pont fixe, qui n'avait pas été détruit par les Français, en partie sur un pont de bateaux. Mais le matériel disponible pour établir ce dernier pont ne pouvait servir, par suite de la hauteur des eaux, qu'à organiser une passerelle, de sorte qu'une grande

---

(1) *Opérations de la deuxième armée,* page 55.
(2) Ouvrage du grand état-major prussien, 1re partie, tome I, page 502.

partie de la cavalerie, l'artillerie et les trains de la 6ᵉ division
d'infanterie, effectuèrent leur passage en faisant un détour par
Pont-à-Mousson. Il était près d'une heure du matin, quand les
troupes du IIIᵉ corps atteignirent leurs bivouacs sur la rive
gauche de la Moselle, après avoir poussé en avant, aussi bien
dans la vallée de la Moselle que plus à gauche, dans la direction
de Gorze, un bataillon et un escadron vers Metz (1).

Toutes ces particularités sont mentionnées ici, pour montrer
combien il eût été préférable, dans ce cas, pour les troupes du
IIIᵉ corps, de ne pas empêcher, le 15 août, le général d'Alvensleben d'agir d'après ses propres inspirations. Les troupes auraient,
dans ce dernier cas, atteint de meilleure heure leurs buts de
marche et auraient pu manger la soupe ; d'autre part, le retard
apporté à la prise de possession du passage de la Moselle pouvait permettre à l'ennemi de barrer, sur ce point, la route aux
Prussiens, ou, tout au moins, en raison de la destruction du pont,
retarder considérablement leur passage. Or, ainsi que nous le
verrons dans le cours de la bataille du 16, il s'agissait, avant tout,
pour les Allemands, d'accélérer le plus possible leur passage de la
Moselle et leur marche en avant sur la rive gauche de cette
rivière.

Le général d'Alvensleben s'était trouvé à proximité du champ
de bataille du 14 ; en conséquence, se trouvant renseigné plus tôt
et plus exactement que le grand quartier général au sujet de
l'issue du combat, il avait pu, également, prendre, en temps plus
opportun, les dispositions qu'exigeait la situation. Cet exemple
montre clairement que l'importance numérique, de plus en plus
grande, des armées actuelles, et les fronts considérables sur lesquels se déroulent les opérations, imposent la nécessité absolue
de faire une large place à l'initiative intelligente des chefs en
sous-ordre.

Les autres mouvements de troupes que devait opérer la deuxième
armée s'effectuèrent le 15, conformément aux ordres donnés. Les
renseignements envoyés par la cavalerie au commandant en chef
de la deuxième armée dans le cours de la journée du 15 n'avaient
pas encore éclairci la situation du côté de l'ennemi. Les *Opéra-*

---

(1) Ouvrage du grand état-major prussien, 1ʳᵉ partie, tome I, page 502.

lions de la deuxième armée mentionnent les reconnaissances de cavalerie suivantes et leurs résultats (1) :

Deux forts détachements de la 6ᵉ division de cavalerie (comprenant trois escadrons et deux pièces) se portèrent en avant, sur la rive droite de la Moselle, entre la Moselle et la Seille, vers Metz, et remarquèrent que le fort de Saint-Privat, qui se trouvait encore en construction, ainsi qu'un camp établi en arrière de ce fort, avaient été abandonnés par les Français. La cavalerie prussienne pénétra jusque dans les faubourgs de Metz, Montigny et le Sablon, et trouva, sur ces points, des approvisionnements de subsistances, qui étaient sans protection. Elle ne fit prisonniers que quatre soldats français.

Les rapports de la cavalerie qui éclairait le terrain sur la rive gauche de la Moselle (entre Pont-à-Mousson, Gorze et Metz) rendaient compte que, dans la nuit, on avait entendu le roulement de nombreuses voitures dans les environs de Metz, sur la route de Verdun. A Gravelotte, une patrouille se heurtait, pendant la nuit, à des avant-postes français, et entendait un bruit provenant de troupes en marche.

Le général de Rheinbaben avait reçu l'ordre de se porter en avant, avec sa division de cavalerie, le 15, de Thiaucourt sur Fresnes (au nord-ouest de Thiaucourt et à une distance d'environ 30 kilomètres de cette localité), et de s'avancer, à partir de ce point, dans la direction de l'est, en suivant la route de Verdun à Metz. Le général prit ses dispositions en conséquence, se porta en avant avec plusieurs détachements, suivis de fortes réserves, vers la route de Verdun, et se rabattit déjà en avant de Fresnes sur cette dernière route. La division se heurta, en cette circonstance, en différents endroits, à une fraction assez nombreuse de la cavalerie française, qui appartenait à la division Forton. Il en résulta, en fin de compte, dans les environs de Tronville (à Mars-la-Tour) un combat d'artillerie, pendant lequel les différents détachements de la division Rheinbaben, attirés par la canonnade, arrivèrent à se trouver, dès lors, de nouveau réunis.

A une heure de l'après-midi, le général de Rheinbaben adressa le rapport suivant : « Arrivé aujourd'hui, à midi, à Tronville, je

_____

(1) *Opérations de la deuxième armée,* pages 60-64.

« me suis heurté à de la cavalerie ennemie et à une artillerie
« supérieure en nombre, qui se replient actuellement vers Metz.
« La cavalerie légère vient de se rapprocher encore davantage de
« Metz. La brigade Brédow ne tardera pas, également, selon
« toutes prévisions, à me suivre. J'ai l'intention de rester à
« Tronville, ou en avant, vers Metz. Je ne suis pas encore relié
« avec la première armée. »

Pour arriver à établir cette liaison, la division Rheinbaben,
partant de cette hypothèse que la cavalerie de la première armée
avait également franchi la Moselle, savoir en aval (au nord) de
Metz, détacha un escadron de uhlans, de la brigade Brédow, qui
atteignit à Jarny la route du nord, allant de Metz à Verdun par
Doncourt et Conflans. Cet escadron constata que Jarny était
occupé par un bataillon d'infanterie et un fort détachement de
cavalerie de l'adversaire, — c'était une partie de la division de
cavalerie du Barail. — L'escadron prussien battit, dès lors, en
retraite, tomba, à Mars-la-Tour, dans une embuscade de chasseurs
d'Afrique français et essuya quelques pertes.

La division Rheinbaben prit position, pour la nuit, par brigades,
face à Metz, à Suzémont, sur la route Metz—Verdun, et, au sud de
cette route, à Puxieux et Xonville, presque sous les yeux de
l'adversaire. Les éclaireurs français voltigeaient si hardiment
autour des avant-postes prussiens et les harcelaient à un tel point
qu'à plusieurs reprises on dut faire avancer des escadrons com-
pacts pour les repousser. La brigade Barby, qui était constamment inquiétée, dans ses campements de Puxieux, par les carabines à longue portée de la cavalerie française, fut, dès lors,
obligée de lever ses bivouacs et de les reporter plus en arrière
dans une localité plus sûre (1). Ces exemples prouvent, une fois
de plus, clairement, combien l'armement de la cavalerie prussienne était défectueux à cette époque.

Nous arrivons maintenant à la question de savoir jusqu'à quel
point les Allemands avaient réussi à se procurer des renseignements sur la situation de l'ennemi, dans le courant de la journée
du 15 août.

Dans le chapitre précédent, nous avons déjà discuté en détail

(1) Ouvrage du grand état-major prussien, 1re partie, tome 1, page 509.

la question de savoir comment les Allemands auraient dû préparer, au moyen de leur cavalerie, le mouvement enveloppant
qu'ils avaient l'intention d'exécuter au sud de Metz. Il était évident que, même à la suite des ordres donnés par le grand quartier général, depuis le 12 et le 13 jusque pendant la nuit du 14 au
15, ordres qui, en général, furent trop tardifs, non seulement on
n'avait rien fait de particulier pour arriver à éclairer la situation,
mais on n'avait pas même essayé de faire une tentative quelconque dans ce sens.

Le 15, la 6e division de cavalerie, opérant sur la rive droite de
la Moselle, avait reconnu que les Français se trouvaient en pleine
retraite en arrière de la place de Metz, et avait ainsi rempli la
mission qui lui avait été assignée. La 5e division de cavalerie
Rheinbaben avait reçu pour mission de chercher à savoir où se
trouvait l'armée du maréchal Bazaine, qui avait passé de la rive
droite sur la rive gauche de la Moselle. Cette mission pouvait être
remplie, soit en prenant directement le contact de l'adversaire
sur toute la ligne, ou, plus simplement et plus sûrement, en sur-
veillant les routes que les Français devaient, selon toute apparence, suivre dans leur retraite, en quittant Metz. La 5e division
de cavalerie, qui s'était laissé distraire de sa mission en exécutant des opérations tactiques, avait simplement cherché à prendre
le contact direct de l'ennemi, ce qui fut cause qu'elle n'atteignit
pas, à beaucoup près, le résultat désiré. Dès lors, la question de
savoir où se trouvait l'armée du maréchal Bazaine était, non seulement demeurée sans solution, mais n'avait pas même été, évidemment, comprise par la cavalerie allemande, du moins au
point de vue de toutes les conséquences importantes qui en décou-
laient.

La 5e division de cavalerie avait, dans le courant de la journée,
pris position directement sur la ligne de retraite du sud des Français. Sur la route située plus au nord, elle avait poussé en avant
un escadron sur Jarny, en lui donnant spécialement pour mission
de chercher à se relier avec la cavalerie de la première armée,
qu'elle supposait avoir atteint ce point, tandis qu'en réalité cette
dernière n'avait pas du tout franchi la Moselle. Cet escadron revint
de Jarny, probablement sans avoir reconnu la route qui allait de
Metz à Verdun, reconnaissance qui avait pour but d'arriver à
savoir si les Français l'avaient suivie dans leur retraite et quelles

forces ils y avaient engagées. La 5e division de cavalerie ne paraît pas avoir fait d'autres tentatives, en vue de reconnaître les lignes de retraite probables de l'ennemi, bien que, cependant, la brigade qu'elle avait à l'aile gauche fût bivouaquée à Suzémont, localité distante seulement d'environ 10 kilomètres de Conflans (sur la route du centre), et d'environ 21 kilomètres de Briey, c'est-à-dire de celle des routes de retraite allant sur Verdun qui se trouvait le plus au nord.

Il résulte des considérations ci-dessus, d'une part, que la division Rheinbaben n'a pas apprécié, comme il l'eût fallu, toute l'importance des obligations qui lui incombaient, et, d'autre part, que le commandant en chef de l'armée a, évidemment, commis, personnellement, la faute de ne pas lui avoir donné des instructions précises, et d'avoir négligé de la rappeler vigoureusement à l'ordre.

———

Les renseignements insuffisants qui étaient parvenus, dans le courant de la journée du 15, au commandant en chef de la deuxième armée allemande l'avaient simplement fortifié, d'une manière générale, dans sa conviction que l'adversaire avait commencé sa retraite en partant de Metz. Tout le reste demeurait abandonné à ses propres combinaisons.

Les calculs du commandant en chef de la deuxième armée conduisaient à admettre que les Français avaient commencé leur retraite, dans la nuit du 14 au 15, par les trois routes allant de Metz à Verdun, avec trois corps d'armée, qui devaient être suivis, le 15, du reste de l'armée. Si l'on voulait donc atteindre l'ennemi en deçà de Verdun, il était urgent de se hâter.

Conformément à cette manière d'envisager la situation, les corps d'armée maintenus provisoirement en arrière au commencement de la journée du 15 avaient, ainsi que nous l'avons déjà remarqué, été portés en avant et avaient aussi atteint exactement, le 15, les buts de marche qui leur étaient assignés. A 7 heures du soir, le commandant en chef de la deuxième armée expédia l'ordre suivant de l'armée pour le 16 août :

« Dans la soirée d'hier, des fractions de la première armée et
« de la 18e division d'infanterie ont attaqué l'ennemi en avant de
« Metz et l'ont refoulé dans cette place.

« L'armée française a commencé sa retraite vers la Meuse. En
« conséquence, la deuxième armée va suivre, sans arrêt, l'adver-
« saire dans la direction de cette rivière.

« Le IIIe corps, conformément aux dispositions déjà adoptées,
« franchira la Moselle en aval de Pont-à-Mousson, pour gagner,
« demain, par Novéant-sur-Moselle et Gorze, la grande route de
« Metz à Verdun, soit à Mars-la-Tour, soit à Vionville. Son quar-
« tier général fera en sorte de s'établir à Mars-la-Tour. La 6e divi-
« sion de cavalerie pourra prendre les devants par Prégny et
« Thiaucourt, pour se porter de Pagny vers la route en question.
« Si les trains ne peuvent effectuer leur passage par le pont sus-
« pendu, ils pourront, jusqu'à demain à 7 heures du matin,
« — mais pas plus tard, — passer par le pont en pierre de Pont-
« à-Mousson, et, à partir de ce point, prendre la route de Novéant,
« qui suit le cours de la Moselle en aval. Le pont de campagne
« du IIIe corps restera réservé, jusqu'à nouvel ordre, en prenant
« les mesures de sécurité habituelles, au IXe corps, c'est-à-dire
« servira à cerner Metz.

« Le Xe corps, qui, précédé par la 5e division de cavalerie,
« marche, en partie, dès aujourd'hui, sur Thiaucourt, continuera,
« demain, son mouvement par la route de Verdun, à peu près jus-
« qu'à Saint-Hilaire-Maizeray, et ramènera à lui, le plus promp-
« tement possible, les fractions qui se trouvent encore en arrière
« à Pont-à-Mousson et dans la vallée de la Moselle. Le quartier
« général s'établira, s'il est possible, à Saint-Hilaire. La cavalerie
« reconnaîtra au delà d'Haudiomont et de Vigneulles.

« Le XIIe corps (royal saxon) marchera, demain, de Nomeny
« sur Pont-à-Mousson, poussera son avant-garde jusqu'à Régnié-
« ville-en-Haye, et fera serrer sa queue jusqu'à Pont-à-Mousson,
« où le corps cantonnera en masse, et où s'établira le quartier
« général. La division de cavalerie se portera dans la direction
« de la Meuse, vers Vigneulles, et, au sud, jusqu'à Buxerulles;
« elle se reliera, à droite, avec la 5e division de cavalerie, et, à
« gauche, avec la division de cavalerie de la garde.

« Le XIIe corps pourra passer la Moselle à Pont-à-Mousson, à
« partir de 7 heures du matin, sur le pont en pierre, et même plus
« tôt sur le pont militaire.

« La garde poussera, demain, son avant-garde jusqu'à Rambu-
« court; son gros et le quartier général (qui suivront la route de

« Villers-en-Haye et Rogéville) cantonneront dans les environs
« de Bernécourt. La cavalerie, qui sera poussée en avant, se
« reliera, à droite, par Buxerulles, avec la division de cavalerie
« royale saxonne.

« Le IVᵉ corps poussera son avant-garde de Marbache à Jaillon
« par Saizerais. La queue du corps d'armée serrera sur Marbache ;
« le quartier général cantonnera à Saizerais. On cherchera à se
« mettre en communication, dans la direction de Nancy, avec la
« droite de la troisième armée.

« Le IXᵉ corps se portera, demain, dans les environs de Sille-
« gny, où sera le quartier général ; il franchira, après-demain, la
« Moselle à Novéant sur le pont de campagne jeté par le IIIᵉ corps,
« et suivra ce dernier dans la direction de Gorze (1).

« Le IIᵉ corps amènera, demain, sa tête de colonne à Buchy,
« près de Solgne, et fera serrer son infanterie en masse le plus
« possible, sous la réserve que cette localité sera occupée par le
« grand quartier général de Sa Majesté le roi, qui se trouve, en
« ce moment, à Herny, pour commencer, le jour suivant, le pas-
« sage de la Moselle à Pont-à-Mousson. Quartier général : Buchy.

« Les divisions de cavalerie qui précèdent l'armée devront, à
« mesure qu'elles s'avanceront, reconnaître les débouchés et les
« passages sur la Meuse. La 5ᵉ division de cavalerie reconnaîtra,
« pour les Xᵉ, IIIᵉ, et IXᵉ corps, les passages de Dieue-sur-Meuse
« et de Génicourt ; la division de cavalerie royale saxonne recon-
« naîtra, pour le XIIᵉ corps, le passage de Bannoncourt ; enfin, la
« division de cavalerie de la garde reconnaîtra, pour la garde, les
« passages de Saint-Mihiel, Pont-sur-Meuse et Commercy. Les
« rapports me seront adressés le plus tôt possible.

« Mon quartier général restera demain à Pont-à-Mousson.

« En raison des fortes marches que la situation militaire exige,
« je m'en remets aux corps du soin de former, avec les hommes
« qui seront incapables de faire les marches ultérieures, des com-
« pagnies de marche, en y affectant les officiers et sous-officiers
« nécessaires, de les laisser en arrière comme troupes de gar-
« nison dans les principales localités de la ligne de marche, et

---

(1) Le commandant en chef de la deuxième armée ignorait donc qu'en outre
du pont de campagne, le IIIᵉ corps utilisait également, pour son passage, le pont
fixe qu'il avait découvert auparavant.

« d'en rendre compte à l'inspection générale d'étapes, — qui se
« trouve, pour le moment, à Delme, et sera, à partir du 17, à
« Pont-à-Mousson (1).

« L'inspection générale d'étapes sera chargée alors de mettre
« en marche ces troupes de garnison et de les faire rejoindre. On
« laissera également en arrière, dans ces garnisons, les chevaux
« incapables de marcher, avec les cavaliers qui les soignent. »

Le Général de cavalerie,

« Signé : Frédéric-Charles. »

A 6 h. 30 du soir, le général de Moltke adressa, pour la journée
du 16 août, aux commandants en chef de la première et de
la deuxième armée des instructions qui peuvent se résumer
ainsi (2) :

« Aussi longtemps que l'on ne sera pas fixé sur la force des
« troupes ennemies laissées à Metz, la première armée main-
« tiendra, aux environs de Courcelles, un corps qui devra être
« relevé, le plus promptement possible, par les troupes venant de
« Sarrelouis, sous le commandement du général de Kummer. Les
« deux autres corps de la première armée prendront position, le
« 16, sur la ligne Arry—Pommérieux, entre Seille et Moselle. Un
« pont sera immédiatement établi sur cette dernière rivière, si le
« IIIᵉ corps ne l'a déjà fait. On compte recevoir incessamment
« des renseignements sur les mouvements effectués par la
« deuxième armée dans la journée du 15 ; quant aux nouvelles
« dispositions à prendre, il y aura lieu de se baser, en général,
« sur les considérations suivantes :

« L'avantage obtenu, dans la soirée d'hier, par le Iᵉʳ et le
« VIIᵉ corps, ainsi que par des fractions de la 18ᵉ division, s'est
« produit dans des conditions qui excluent toute idée de le pour-
« suivre. Ce n'est que par une vigoureuse offensive de la deuxième
« armée contre les routes de Metz à Verdun, par Fresnes et par
« Étain, que l'on peut recueillir les fruits de cette victoire. Le
« commandant en chef de la deuxième armée demeure chargé de

---

(1) *Opérations de la deuxième armée*, pages 66-69.
(2) Ouvrage du grand état-major prussien, 1ʳᵉ partie, tome I, pages 512-513.

« conduire cette opération, d'après sa propre inspiration, et avec
« tous les moyens dont il dispose.

« La troisième armée a atteint, aujourd'hui, avec ses têtes de
« colonnes, la ligne Nancy—Dombasle—Bayon ; sa cavalerie bat
« le pays dans la direction de Toul et plus au sud.

« Le grand quartier général de Sa Majesté le roi sera établi à
« Pont-à-Mousson, demain, à partir de 5 heures du soir. »

Ces directives, données par le grand quartier général, le 15, à
6 h. 30 du soir, ne parvinrent au commandant en chef de la
deuxième armée qu'à 10 h. 30, et au commandant en chef de la
première armée qu'à 11 heures du soir. Ce dernier ordonna, en
exécution de ces instructions, pour le 16, de continuer la marche
de flanc commencée à proximité de la place de Metz.

Le VIII⁰ corps devait marcher en tête et atteindre Arry sur la
Moselle, localité située à un peu plus de 20 kilomètres au sud de
Metz.

Le VII⁰ corps devait suivre dans la même direction et continuer
sa marche jusque dans les environs de Pommérieux sur la Seille,
à environ 18 kilomètres de Metz.

La 1ʳᵉ division de cavalerie devait, pour couvrir latéralement
cette marche de front, se porter sur Failly (à proximité du passage de Corny sur la Moselle) et relever la 6ᵉ division, qui,
jusque-là, avait formé, sur ce point, la ligne d'observation vers
Metz.

Le Iᵉʳ corps Manteuffel devait se porter à la station du chemin
de fer de Courcelles et couvrir les grands magasins formés en ce
point, jusqu'à ce qu'il fût relevé par le corps de troupes du
général de Kummer, qui arrivait, le 15, à Sarrelouis. Le Iᵉʳ corps
devait, aussitôt après, suivre les autres au delà de la Moselle.

La 3ᵉ division de cavalerie devait, provisoirement, assurer, le
16, la liaison entre le Iᵉʳ corps et les autres corps de la première
armée.

En ce qui concerne la deuxième armée, le prince Frédéric-
Charles avait déjà fait part, à 11 heures du matin, au grand quartier général, de ses intentions pour le 16, et, comme il était resté,
à partir de ce moment, provisoirement, sans instructions, il avait
expédié, à 7 heures du soir, son ordre de l'armée pour le 16, ordre
que nous avons reproduit plus haut. Les directives du grand quar-

tier général, mentionnées ci-dessus, ne parvinrent qu'à 10 h. 30 du soir au commandant en chef de la deuxième armée ; comme les mouvements déjà ordonnés par ce dernier concordaient avec ceux que prescrivaient les directives, « il n'était pas nécessaire de « prendre de nouvelles dispositions à cet effet » ; c'est là, du moins, la remarque que fait à ce sujet l'ouvrage intitulé *Les opérations de la deuxième armée.*

Mais il est presque impossible d'approuver cette manière de voir. Les directives expédiées par le grand quartier général du roi indiquent comme but à atteindre une offensive vigoureuse, avec toutes les forces disponibles, dans la direction du nord-ouest, sur Fresnes et Étain ; elles tendent ainsi à couper à l'ennemi la retraite sur les routes qui vont de Metz à Verdun. Il était évident que c'était répondre à la pensée principale du général de Moltke que de marcher en avant, aussi rapidement que possible, dans la direction générale prescrite, Fresnes—Étain, avec toutes les forces disponibles de la deuxième armée. L'ordre de l'armée du prince Frédéric-Charles, au contraire, ne prescrivait qu'à deux de ses corps d'armée de se diriger, dans la journée du 16, à peu près dans la direction du nord-ouest, savoir le IIIe sur Gorze, le Xe sur Fresnes. En outre, ces deux corps se seraient trouvés, en vertu de l'ordre de l'armée, séparés l'un de l'autre, le 16 au soir, par une distance d'environ 20 kilomètres, sans avoir derrière eux un appui quelconque, puisque le IXe corps ne devait, conformément au même ordre, atteindre Mars-la-Tours que le 17. Tous les autres corps de la deuxième armée avaient reçu l'ordre de se porter directement vers la Meuse, au sud de Verdun, de telle sorte que le corps de l'aile gauche aurait atteint la Meuse à environ 40 kilomètres en amont (au sud de Verdun).

Rompant avec la réserve qui lui est habituelle, la relation officielle prussienne insiste, cependant, sur cette divergence dans la manière d'apprécier la situation, qui se faisait sentir en haut lieu, cédant, probablement, en cela, au désir de ne pas faire peser sur le grand quartier général la responsabilité de la situation dangereuse qui se présentait le 16, situation qui était une conséquence directe des dispositions prises par le commandant en chef de la deuxième armée.

Le prince Frédéric-Charles avait pris pour base des mesures qu'il avait adoptées pour le 16 l'hypothèse d'une attitude de l'adversaire qui répondît le mieux à la situation (telle qu'il l'envisageait). Dès le 13, l'occupation des principaux passages de la **Moselle** paraissait laisser prévoir, d'une manière suffisamment claire, le mouvement enveloppant des Allemands, qui constituait un véritable danger pour l'armée française. Or, il fallait bien admettre que, dès que les Français se rendraient compte de la gravité de leur situation, ils feraient tous leurs efforts pour échapper au danger dont ils étaient menacés, s'ils venaient à perdre leur ligne de retraite sur Châlons et Paris. Comme, d'autre part, ils n'avaient aucune chance d'infliger une défaite aux forces allemandes, supérieures en nombre, il ne leur restait donc d'autre parti à prendre que celui de se replier, le plus rapidement possible, pour venir prendre position derrière la Meuse. Telles furent les considérations qui amenèrent le prince Frédéric-Charles à supposer que les Français avaient déjà commencé leur retraite avant le 15, tout au moins avec un corps d'armée, par les trois routes de retraite dont ils disposaient, et que, le 15, au plus tard, le reste de l'armée du maréchal Bazaine avait dû suivre le mouvement.

En partant de cette hypothèse, le prince ne pouvait évidemment pas espérer atteindre encore l'armée française en deçà de la Meuse. Il résolut, en conséquence, de ne pousser en avant, le 16, dans la direction du nord, que deux corps d'armée, qui, en cas de nécessité, pouvaient être encore appuyés, le 17, par un troisième corps, le IXᵉ, de se porter, en revanche, avec ses quatre autres corps, vers la Meuse, en suivant une direction parallèle à celle des Français, et de tenter de devancer l'adversaire, pour arriver ainsi à lui couper la retraite au delà de cette rivière.

Le général de Moltke, au contraire, estimait que les Français n'avaient pas pu s'éloigner à une distance aussi considérable de Metz, et, par suite, il considérait comme tout à fait possible d'arriver à les joindre encore en deçà de la Meuse. Les faits lui donnèrent raison et se prononcèrent contre l'hypothèse admise par le prince Frédéric-Charles. Mais faut-il en conclure que l'appréciation du premier de ces deux généraux était la vraie dans toutes les circonstances et que celle du prince était fausse ? Pas le moins du monde. Les appréciations de ces deux chefs reposaient sur des conjectures. Aucun d'eux n'avait donc, à proprement parler, raison ; en revanche, tous deux (quoique à un degré différent) avaient commis une faute, par le fait qu'ils n'avaient pas songé, en temps opportun, à se renseigner clairement sur la situation au delà de Metz, en utilisant, à cet effet, les moyens, en nombre plus que suffisant, qu'ils avaient à leur disposition.

Ainsi que nous l'avons déjà dit, Metz était relié à Verdun par deux grandes routes, de 60 kilomètres de longueur ; de ces deux routes, celle du sud passe par Mars-la-Tour, celle du nord par Doncourt et Étain. En outre, l'armée française pouvait, pour accélérer sa retraite, utiliser encore une troisième route passant plus au nord, en faisant un détour par Briey. De Briey, une route conduit à Étain (dans la direction de Verdun) et vers tout un réseau de chemins qui vont dans la direction de l'ouest, en passant au nord et près de Verdun.

Le maréchal Bazaine avait l'intention de n'utiliser, dans sa retraite sur Verdun, que les deux routes du sud (par Mars-la-Tour et Doncourt), et il laissa complètement de côté la route qui, étant donnée la situation du moment, constituait la ligne de retraite la moins dangereuse, celle de Briey, qu'il aurait pu, tout au moins, assigner aux trains. Pour justifier cette résolution, le maréchal Bazaine allègue les raisons suivantes :

1° Les difficultés considérables de terrain que présentaient les environs de Briey ;

2° L'opinion qu'il avait qu'en limitant la zone de marche aux deux routes du sud, l'armée se trouverait plus concentrée, et en mesure de faire front dans toutes les directions;

3° Les renseignements qu'il possédait sur la présence à Briey d'un corps de cavalerie ennemi, fort de 20,000 hommes, présence qui semblait être confirmée par le bruit répandu au sujet du mouvement tournant exécuté par les deux armées allemandes en aval, c'est-à-dire au nord de Metz (1).

On ne sait pas de quelles difficultés de terrain le maréchal voulait parler. Il ne pouvait être question de considérations topographiques, et, d'ailleurs, la route de Briey elle-même, empierrée, était tout aussi bonne que les deux autres.

Sans doute, par le fait qu'on n'utilisait que deux routes, les

_____

(1) Hoffbauer, *L'artillerie allemande dans les batailles de Metz*, 2ᵉ partie, page 13.

colonnes de marche se trouvaient plus rapprochées les unes des autres ; mais, d'autre part, elles occupaient ainsi une plus grande longueur, surtout en raison de la présence des trains, qu'il eût été préférable, d'une manière générale, de faire passer par la route la plus éloignée de l'adversaire, c'est-à-dire par Briey.

Quant au bruit répandu au sujet de la présence à Briey d'un corps de cavalerie allemande, fort d'environ 20,000 hommes, bruit qui, en réalité, constituait l'unique préoccupation des Français pour leur point le plus faible, il fait ressortir très clairement la faute grave que commit le général de Steinmetz, en négligeant d'envoyer un détachement quelconque de cavalerie au delà de la Moselle, en aval de Metz. D'autre part, tout en admettant, également, volontiers, qu'une rumeur de cette nature, absolument dénuée de fondement, pût se propager au milieu de la population française terrifiée, on ne s'explique pas, néanmoins, très bien comment un pareil bruit put avoir pour effet d'influencer les décisions du maréchal Bazaine, surtout si l'on songe qu'il lui était facile, en raison de la distance de Metz à Briey, qui n'est que de 20 kilomètres, de se procurer des renseignements certains à ce sujet.

Le dispositif adopté par les deux armées ennemies, dans la nuit du 15 au 16 août, affectait une forme toute particulière. Elles faisaient toutes deux face à l'ouest et occupaient presque un front tel, que l'espace compris entre l'aile gauche française et le IIIe corps prussien, qui formait l'aile droite allemande, se trouvait être beaucoup plus faible que la distance qui séparait ce dernier des corps d'armée allemands les plus rapprochés de lui, et cela aussi bien dans le sens de la largeur que de la profondeur. En outre, les forces françaises se trouvaient concentrées sur un espace assez faible, tandis qu'en se portant en avant, les Allemands étaient arrivés, nécessairement, à étendre considérablement leur front. La dispersion des forces allemandes qui en résulta devait encore s'accroître, par suite des mouvements prescrits à la deuxième armée allemande pour la journée du 16.

L'armée du maréchal Bazaine, qui, le 14 et le 15, avait commencé à battre en retraite de Metz sur Verdun, se trouvait rassemblée dans la nuit du 15 au 16 août, ayant poussé ses échelons les plus avancés à une distance d'environ 15 kilomètres de Metz, et occupant, avec son gros (10 divisions 3/4 d'infanterie), qui faisait face à Verdun, un front d'une étendue d'environ 5 kilomètres et une profondeur de 3 kilomètres, entre Doncourt et Vionville. L'aile droite du dispositif français était constituée par le 3e corps, qui se trouvait alors sous le commandement du maréchal Le Bœuf (3 divisions d'infanterie); l'aile gauche était formée par le 2e corps Frossard (2 divisions 1/2 d'infanterie) (1); au centre se trouvait le 6e corps Canrobert (3 divisions 1/4 d'infanterie); derrière le centre, à Gravelotte, se trouvait la garde impériale, sous le général Bourbaki (2 divisions d'infanterie); c'est cette dernière localité qu'occupaient également l'empereur Napoléon et le maréchal Bazaine.

Le 4e corps Ladmirault (3 divisions) et la division Metman du 3e corps, dont la marche avait été retardée par le combat du 14 et l'encombrement par les trains des voies d'accès de la vallée de la Moselle, étaient restés, le 15, en arrière du gros de l'armée française. Parmi ces troupes, la division Lorencez, du 4e corps, se trouvait à une distance d'environ 6 kilomètres en arrière de la garde; quant aux deux autres divisions de ce corps, elles étaient à 5 ou 6 kilomètres seulement de Metz. Ces divisions auraient pu, cependant, en cas de rencontre avec les Allemands, le 16, arriver encore, toutes les quatre, sur le théâtre de l'action, pour appuyer les corps qui se trouvaient en avant d'elles.

Du côté des Allemands, la 5e division de cavalerie bivouaquait par brigades, dans la nuit du 15 au 16, un peu au sud de la route Metz—Mars-la-Tour—Verdun, faisant face à Metz, et presque sous les yeux de la division de cavalerie de réserve française Forton. Plus en arrière, sur la Moselle, au sud de Metz et de l'armée française, se trouvaient, en première ligne, quatre corps de la deuxième armée allemande, séparés les uns des autres, occupant un front total de 25 à 30 kilomètres, et disposés de telle sorte qu'ils présentaient le flanc droit à l'adversaire; le IIIe corps, qui était le plus rapproché des Français, avait ses divisions à Novéant et à Pagny, sur la rive gauche de la Moselle, à une distance de 6 à 8 kilomètres seulement de la brigade Lapasset du corps Frossard, placé à l'aile gauche française.

---

(1) La division Laveaucoupet, de ce corps, était restée en arrière, pour renforcer la garnison de Metz, et la brigade Lapasset, du 5e corps, avait pris sa place.

A une distance de 10 à 12 kilomètres au sud du IIIe corps, à Pont-à-Mousson, se trouvaient les troupes du Xe corps et le commandant en chef de la deuxième armée allemande ; plus loin, sur la Moselle, à une distance d'environ 7 à 12-14 kilomètres de Pont-à-Mousson, se trouvaient : la garde prussienne à Dieulouard, et le IVe corps à Marbache ; le XIIe corps, enfin, campait, en deuxième ligne, à Nomeny, sur la Seille, à une distance d'environ 15 kilomètres de Pont-à-Mousson.

Comme avant-garde commune à tous ces corps, on avait poussé en avant du front de la deuxième armée, vers Thiaucourt (à environ 18 kilomètres de Pont-à-Mousson), la 19e division Schwartz-koppen avec la brigade de dragons de la garde.

Les deux autres brigades de la division de cavalerie de la garde se trouvaient plus à gauche, en avant du front de la garde et du IVe corps. Une partie de la brigade de uhlans de la garde avait fait, dans le courant de la journée du 15, une nouvelle tentative pour amener la place de Toul à se rendre.

Les deux autres divisions de cavalerie de la deuxième armée, la 6e et la division royale saxonne, se trouvaient encore, ainsi que les deux divisions de cavalerie de la première armée, sur la rive droite de la Moselle ; de ces deux divisions, seule la 6e division de cavalerie devait franchir, le 16, la Moselle, pour appuyer les opérations actives du IIIe corps.

Se conformant à la direction de marche qui lui avait été assignée pour le 16, ce dernier corps devait, dès la première heure de cette journée, se porter, par Gorze, directement contre le 2e corps français. Il devait, dès lors, en résulter inévitablement une lutte inégale entre le IIIe corps prussien et toute l'armée française.

En examinant les emplacements qu'occupaient, pendant la nuit du 15 au 16, les corps d'armée allemands, ainsi que les directions de marche, qui leur avaient été assignées pour le 16, et avaient été réglées sans tenir compte de l'éventualité d'une rencontre importante avec l'adversaire à proximité de Metz, on voit clairement que le IIIe corps ne pouvait compter avec certitude, le 16, que sur l'appui du Xe corps ; car, bien que les directions de marche que suivaient ces deux corps fussent un peu divergentes, il n'en était pas moins vrai que le Xe corps se portait, comme le IIIe, dans la direction générale du nord-ouest.

Le corps qui se trouvait ensuite le plus rapproché, le IXe, avait bivouaqué derrière le IIIe corps, sur la rive droite de la Seille, à Verny, et ne devait, conformément à l'ordre de l'armée, exécuter, le 16, qu'un mouvement en avant tout à fait insignifiant jusqu'à Sillegny. De ce point jusqu'à la région où devait se produire, dans la même journée, une rencontre avec les Français, on n'avait pas moins de 20 kilomètres à parcourir, et il fallait, en outre, franchir la Moselle.

A environ 7 kilomètres derrière le IXe corps, faisant face à Metz, se trouvait le VIIIe corps de la première armée, formé en échelons du nord au sud, sur une profondeur d'environ 6 kilomètres. Mais, comme ce corps avait reçu, comme direction de marche, pour le 16, la localité d'Arry sur la Moselle, à proximité du point de passage du IIIe corps, le VIIIe corps pouvait, en réalité, porter secours, plus rapidement que le IXe, aux troupes allemandes qui se trouvaient de l'autre côté de la Moselle.

Il en résultait que le IIIe corps, au cas où il aurait à soutenir la lutte, le 16, pouvait recevoir, outre l'appui du Xe corps, celui de certaines fractions des VIIIe et IXe corps ; mais, quant à la question de savoir si ce dernier corps pourrait encore entrer en ligne, en temps opportun, elle dépendait complètement de l'habileté des chefs en sous-ordre, ainsi que des diverses éventualités qui pouvaient se produire.

Dans la nuit du 15 au 16 août, la cavalerie de la deuxième armée allemande avait observé de nombreux feux de bivouac français à l'ouest de Metz. Les rapports relatifs à cet incident parvinrent, le 16, à 10 heures du matin, au commandant en chef de la deuxième armée ; mais ce dernier n'y vit qu'une confirmation de la retraite des Français partant de Metz ; il persista donc dans son hypothèse que le gros de l'armée française se trouvait déjà plus en avant, et que l'on ne pouvait, désormais, avoir affaire, à proximité de Metz, qu'à des subdivisions insignifiantes, restées en arrière. En conséquence, on n'apporta aucune modification aux dispositions qu'on avait prises, et on procéda à la rédaction de l'ordre de l'armée pour le 17, en s'en tenant à l'idée de continuer la marche en avant vers la Meuse (1).

---

(1) Cet ordre de l'armée, expédié le 16, à midi, prescrivait, en substance, que

Les autres chefs allemands ne partageaient pas, cependant, la tranquillité du commandant en chef de la deuxième armée, ni la conviction qu'il avait que les instructions pour le 16, alors en voie d'exécution, répondaient aux nécessités de la situation.

D'une part, le général de Moltke avait, le matin, à la première heure, dépêché au IXe corps un officier d'état-major, porteur d'une lettre ouverte, qui contenait l'ordre de franchir la Moselle, autant que possible encore dans la même journée (le 16), à Arry (environ 20 kilomètres de Rezonville, où, dans cette journée, s'engagea le combat) ; de plus, ce corps devait, au cas où il rencontrerait des troupes de la première armée, prendre le pas sur elles.

D'autre part, le général commandant le Xe corps, général de Voigts-Rhetz, tout en exécutant la marche qui lui avait été prescrite sur Fresnes, s'était rendu compte qu'il était urgent d'éclairer plus complètement la situation sur son flanc droit ; dans ce but, il ordonnait à la 5e division de cavalerie d'exécuter une forte reconnaissance, à laquelle se joignait également le chef d'état-major du Xe corps. Pour renforcer cette division, il fit avancer deux batteries montées de l'artillerie de corps et le détachement Lyncker (une fraction de la 37e brigade d'infanterie) ; ce dernier détachement avait, jusqu'à l'arrivée du IIIe corps, protégé le passage de la Moselle à Novéant. En outre, dans le même but, le reste de la 37e brigade, sous les ordres du commandant de la brigade, colonel Lehmann, avait été également appelé de Thiaucourt. Ces dispositions ont eu une influence considérable sur le développement de la bataille du 16, car les subdivisions de la 37e brigade furent les premières troupes qui vinrent au secours du IIIe corps.

Le premier rapport expédié par le général d'Alvensleben, écrit

---

« la deuxième armée continuerait, le 17, son mouvement en avant vers la « Meuse ». Les quatre corps de l'aile gauche de l'armée (le XIIe, le IIe, la garde et le IVe corps) reçurent des instructions précises, relatives à la marche du 17. En ce qui concernait le Xe corps, il était dit « que les mouvements de « ce corps étaient subordonnés à la direction de retraite suivie par l'ennemi ». Le général commandant le Xe corps, général de Voigts-Rhetz, devait, dans le cas où il s'engagerait au combat, avoir également à sa disposition le IIIe et le IXe corps. Enfin cet ordre donnait à entendre qu'on ne devait plus s'attendre à une rencontre avec les Français, et désignait le Xe corps pour franchir la Meuse en aval, c'est-à-dire au nord de Verdun.

à 10 h. 30 du matin, au sud de Vionville, parvint vers midi au commandant en chef de la deuxième armée allemande ; il était ainsi conçu :

« Des camps ennemis se trouvent à Vionville et Rezonville ;
« l'aile gauche du IIIe corps se porte en avant sur Jarny, pour
« marcher éventuellement sur Conflans. La 5e division de cava-
« lerie est à Mars-la-Tour ; la 6e à Rezonville. » Il ajoutait que
« l'ennemi était en pleine retraite vers le nord. » Cette erreur provenait de la direction de retraite suivie par les troupes françaises
avancées, qui voulaient se réunir à leur gros.

L'aide de camp qui avait apporté ce rapport écrivit, sous la
dictée, la réponse suivante :

« Tant que l'ennemi battra en retraite en avant du IIIe corps,
« ce corps devra le poursuivre vivement, en engageant, tout
« d'abord, son aile gauche. Il s'entendra toujours avec le
« X^e corps.
« Le IXe corps, qui sera, demain à midi, à Mars-la-Tour, devra
« couvrir le flanc droit vers Metz, et, d'une manière générale,
« appuyer les troupes engagées, s'il est nécessaire ».

Comme but de l'ensemble de l'opération, le prince prescrivait
au IIIe corps de rejeter l'adversaire dans la direction du nord.

Le général commandant le IXe corps, général de Manstein,
recevait, par l'intermédiaire de l'officier qu'il avait détaché au
quartier général de l'armée pour y prendre les ordres, le renseignement suivant : « Le IIIe corps poursuit, depuis 10 heures du
« matin, des masses de troupes ennemies, qui paraissent se
« replier dans la direction du nord. » Le prince ajoutait encore :
« Il est important que le IXe corps occupe bientôt Mars-la-Tour,
« et couvre, dès aujourd'hui, le flanc droit du IIIe corps vers
« Metz, tandis que, d'une manière générale, il se tiendra prêt à
« appuyer ce dernier corps (1). »

Cet ordre laisse déjà percer une certaine inquiétude relative
au IIIe corps, inquiétude qui contraste avec la tranquillité dont le
commandant en chef continuait à faire preuve, en travaillant à la

---

(1) *Opérations de la deuxième armée*, page 71.

rédaction de l'ordre pour le 17, ainsi qu'avec le contenu du dernier ordre que nous avons déjà reproduit. Il semble, à vrai dire, qu'à cette époque, il n'y avait pas encore d'entente complète sur la manière d'envisager la situation militaire.

Le champ de bataille du 16 août s'étend des deux côtés de la route principale du sud, de Metz à Verdun, sur laquelle se trouvent, en partant de l'est, les localités de Gravelotte, Rezonville et Mars-la-Tour. Il est limité : à l'est, par le ruisseau de la Mance, qui coule à l'est de Gravelotte, dans la direction du sud ; à l'ouest, par le ruisseau de l'Yron, qui coule à l'ouest de Mars-la-Tour, dans la direction du nord. La largeur totale du secteur compris entre ces deux cours d'eau est de 13 kilomètres ; ce terrain a la forme d'un plateau traversé par des ruisseaux et légèrement vallonné ; seuls, les cours d'eau dont nous venons de parler, qui limitent le champ de bataille, coulent dans des ravins profondément encaissés et à pentes abruptes.

Le IIIᵉ corps prussien, qui se trouvait à Gorze, avait à sa disposition, pour marcher vers le nord, dans la direction du champ de bataille, deux routes : l'une à l'est, allant directement sur Rezonville, l'autre sur Flavigny et Vionville. De ces deux routes, celle de l'est traverse, à proximité de Gorze, un terrain boisé assez étendu, qui, s'élargissant peu à peu, arrive, vers l'est, jusqu'à la vallée de la Moselle. Par son saillant nord-ouest, il se rapproche presque jusqu'à 2 kilomètres de Rezonville, et passe au sud de Gravelotte, à une distance de 1 à 2 kilomètres, pour se rapprocher ensuite, également, de cette localité, du côté de l'est, par une bande de terrain boisé, qui s'avance en pointe, en suivant le cours de la Mance.

Gravelotte domine tout le terrain environnant ; en revanche, les localités de Rezonville, Vionville et Mars-la-Tour se trouvent dans des dépressions de terrain ; il en est de même du village de Flavigny, qui est situé à 1 kilomètre au sud-est de Vionville, et qui a joué un rôle si important dans la bataille du 16, ainsi que du village de Tronville, situé à 2 kilomètres à peine au sud-ouest de cette dernière localité. Un peu à l'ouest de Vionville, partant de la route qui va sur Mars-la-Tour, s'étend, vers le nord, un bois étroit, de près de 2 kilomètres de longueur, ou, plus exactement, un épais bocage, qui est traversé, en partie, par des marais, et se trouve bordé, au nord et au nord-est, par un ravin assez profond. Cette bande de terrain boisé, connue sous le nom de — bois de Tronville, — devait jouer un rôle important dans la bataille du 16. Le long de la lisière nord des bois de Tronville, s'étend l'ancienne voie romaine, qui, bordée, sur le côté nord, par de petits bois, conduit dans la direction de l'est, sur Gravelotte.

En général, le terrain vallonné, mais complètement découvert, qui constituait le champ de bataille, favorisait l'entrée en ligne vigoureuse des trois armes et leur permettait de jouer un rôle efficace.

D'une part, les Français pouvaient entraver considérablement le déploiement des colonnes allemandes, au moment où elles déboucheraient des bois qui limitaient au sud le champ de bataille ; mais, d'autre part, ces bois limitaient l'horizon des Français et devaient les empêcher de se rendre compte de la force des Allemands, au cas où ils se porteraient à l'attaque des Français.

Envisagée dans ses grandes lignes, la bataille du 16 août se déroula de la manière suivante :

La 5e division de cavalerie prussienne, qui, venant de l'ouest, s'avançait, dans la matinée, par Mars-la-Tour, ouvrit inopinément le feu, avec son artillerie, sur les camps de la division de cavalerie française Forton et du 2e corps Frossard. Au même moment, la 6e division de cavalerie, qui venait de la direction du sud, de Gorze, se heurtait également à ces subdivisions de l'armée française.

La cavalerie française se déroba à cette surprise par une retraite rapide, tandis que l'infanterie se déployait en vue du combat et se portait à la rencontre des Prussiens. Mais, à ce moment déjà, la 5e division d'infanterie prussienne, venant de Gorze, parut sur les lieux et engagea la lutte avec les Français, en faisant face au nord. Un peu plus tard, la 6e division d'infanterie prussienne se portait à gauche de la 5e ; elle avait été déjà devancée rapidement par l'artillerie divisionnaire et l'artillerie de corps. Les Prussiens profitèrent de l'inaction de l'adversaire pour s'emparer des localités de Vionville et de Flavigny, ainsi que des bois de Tronville. Vers 2 heures de l'après-midi, leur 6e division d'infanterie s'était déployée à l'est de Vionville, des deux côtés de la route Metz—

Verdun, face à l'est, et avait ainsi barré directement la ligne de
retraite du sud des Français ; à sa droite se trouvait la 5ᵉ division
d'infanterie, dont l'aile droite, un peu repliée en avant, garnissait
la lisière du bois, en faisant face au nord.

Malgré ces succès, la situation du IIIᵉ corps prussien Alvensleben, dont les subdivisions se trouvaient disséminées sur une
longue ligne, était devenue extrêmement critique. Les premières
troupes qui accoururent à son secours furent les détachements
Lehmann et Lyncker, du Xᵉ corps ; peu à peu, le reste de ce dernier corps se rapprocha également de l'aile gauche et entra en
ligne sur ce point, tandis que l'aile droite du IIIᵉ corps recevait
l'appui de subdivisions des VIIIᵉ et IXᵉ corps, dont la force totale
équivalait à peu près à une division d'infanterie.

Sur ces entrefaites, une attaque dirigée par les Allemands
contre l'aile gauche de l'armée française était repoussée ; d'autre
part, les Français avaient, en opérant par leur droite, poussé en
avant leur front, à un point tel qu'il se trouvait être parallèle à la
route de Verdun ; néanmoins, les Allemands se maintinrent,
malgré tout, jusqu'à la nuit, sur le terrain qu'ils avaient occupé
au début, à Vionville et à Mars-la-Tour, au sud de la route Metz—
Verdun.

L'attitude dépourvue d'énergie que les Français adoptèrent à
leur aile droite, où il leur était facile d'envelopper les forces allemandes, s'explique par la crainte qui hantait le maréchal Bazaine
de se trouver séparé de Metz, au cas où sa propre aile gauche eût
été enveloppée. C'est pour ce motif, également, que le maréchal avait immobilisé, de ce côté, à Gravelotte, ses principales
réserves.

———————

Le 15 au soir, le maréchal Bazaine avait adressé à son armée
l'ordre suivant pour le 16 :

« Demain matin, à 4 heures, on mangera la soupe. A 4 h. 30,
« les troupes se tiendront prêtes à partir, les chevaux sellés et
« les tentes roulées. Le 2ᵉ et le 6ᵉ corps auront probablement
« devant eux 30,000 hommes de l'ennemi et doivent s'attendre,
« demain, à une attaque. »

Cet ordre fait voir qu'à ce moment déjà, le maréchal Bazaine était très suffisamment instruit de la grande proximité de l'ennemi.

L'empereur Napoléon quitta l'armée le 16 au matin, à la première heure, pour se rendre de Gravelotte à Paris ; jusqu'à Doncourt (sur celle des routes allant à Verdun qui se trouve le plus au nord), il fut escorté par la brigade de cavalerie de la garde de France, et, au delà de ce point, par la brigade de cavalerie Margueritte de la 2ᵉ division de réserve du Barail.

Les troupes de la colonne de gauche française, qui se trouvaient sur la route du sud, avaient déjà levé leurs bivouacs le matin, à la première heure, et se tenaient prêtes à partir ; par contre, trois (1) divisions de la colonne de droite étaient, ainsi que nous l'avons dit, séparées des autres troupes par les trains, qui encombraient les chemins ; ces divisions étaient, par suite, restées encore en arrière dans la vallée de la Moselle.

Dans ces circonstances, et eu égard à la possibilité d'une bataille, le maréchal Le Bœuf, qui commandait alors le 3ᵉ corps, et se trouvait être le général le plus ancien de la colonne de droite, proposa de différer le départ, jusqu'à ce que les troupes restées en arrière se fussent rapprochées. Le maréchal Bazaine approuva cette proposition et adressa aux troupes de la colonne de gauche un nouvel ordre, qui prescrivait, notamment, ce qui suit : « Dès que les patrouilles auront établi que l'ennemi ne se « trouve pas en forces considérables à proximité, les tentes pour-« ront être de nouveau dressées... Nous ne partirons, probable-« ment, que dans l'après-midi, dès que j'aurai appris que le « 3ᵉ corps tout entier et le 4ᵉ corps sont arrivés à notre hau-« teur (2). »

La colonne française de gauche s'était, en conséquence, mise de nouveau au repos, et, dans la colonne de droite, des officiers d'état-major étaient occupés à mettre de l'ordre dans les trains et à dégager les routes, pour assurer le passage des troupes, lorsqu'à 9 heures du matin, la canonnade annonça que les Alle-

---

(1) La division Lorencez, du 4ᵉ corps, qui, parmi les subdivisions de l'armée restées en arrière, se trouvait la plus rapprochée du champ de bataille, semble ne pas entrer ici en ligne de compte (*Annotation du traducteur allemand*).

(2) Ces données sont empruntées aux ouvrages de Derrécagaix (*Tactique*, page 206) et de Bazaine, page 57.

mands se portaient à l'attaque du corps Frossard, qui formait l'aile gauche.

La 5e division de cavalerie prussienne Rheinbaben avait quitté ses bivouacs à 6 heures du matin, pour exécuter la reconnaissance renforcée vers Metz qui lui était prescrite. La mission d'éclairer le terrain en première ligne avait été confiée à la brigade de hussards Redern ; cette brigade, à laquelle on avait affecté 4 batteries à cheval, se rassembla dans le fond de Puxieux (au sud de Mars-la-Tour) et dirigea sa marche, à 8 h. 30 du matin, sur Vionville, en passant près de Tronville. En arrière, à gauche, formant échelon, s'avançait la brigade Brédow, sur la route de Suzémont à Mars-la-Tour, tandis que la brigade Barbey suivait, en réserve, derrière la brigade Redern.

Les avant-postes avaient fait connaître qu'à l'ouest de Vionville, près de cette localité, se trouvait un camp de cavalerie française, où l'on était occupé à faire la soupe, et où régnait, d'ailleurs, l'inaction la plus complète. L'insouciance des Français (division de cavalerie Forton) fut poussée si loin qu'une batterie allemande à cheval, arrivant complètement à l'improviste, put ouvrir, à 1800 mètres, son feu contre la brigade de dragons Murat, et, en particulier, contre quelques escadrons, qui se portaient, en toute sécurité, à la rencontre des Allemands, pour conduire leurs chevaux à l'abreuvoir (1).

Les premiers obus lancés par les Allemands suffirent à jeter la panique dans les voitures à bagages, qui refluèrent, dans un désordre insensé, sur les campements du corps Frossard. Elles furent suivies par la brigade de dragons Murat dans le désordre le plus complet. Seuls, une batterie à cheval française et un escadron (probablement de la division Valabrègue du 2e corps) cherchèrent, pendant quelques instants, à protéger cette retraite. Le désarroi des dragons ne s'était pas, cependant, communiqué à la brigade de cuirassiers de la division Forton ; cette dernière se déploya en bon ordre, et appuya alors dans la direction du nord, vers le bois qui longeait la voie romaine. La division de cavalerie Valabrègue, c'est-à-dire toute la cavalerie du 2e corps français, qui avait pris position à son aile droite, suivit l'exemple des cuirassiers.

(1) Derrécagaix, *Tactique*, page 211.

L'accès des camps d'infanterie du corps Frossard, établis au sud de Rezonville, se trouvait donc complètement ouvert (1). Trois batteries à cheval de la brigade Redern, venant de l'ouest, commencèrent à canonner ces camps, tandis que, venant du sud, la batterie de l'avant-garde de la 6e division de cavalerie, qui marchait en tête du IIIe corps prussien, appuya leur feu (2).

L'apparition des Allemands ne surprit pas complètement le général Frossard, bien qu'il ne comptât pas les voir arriver si vite, ni dans cette direction. Déjà dans la matinée, de bonne heure, le général avait été avisé qu'une avant-garde prussienne s'avançait par Gorze et paraissait suivre une direction de marche parallèle à celle des Français. Mais, comme on avait poussé en avant, au sud, vers Gorze, la brigade d'infanterie Lapasset, et à l'ouest, en avant du front du corps d'armée, la division de cavalerie Forton, le général Frossard était parfaitement autorisé à se croire à l'abri de toute surprise.

Les deux divisions de cavalerie prussiennes, — la 5e, sous le général de Rheinbaben, et la 6e, sous le duc de Mecklembourg, soit, au total, 55 escadrons avec 36 pièces, — enveloppaient, à ce moment, les positions des Français, par l'ouest et par le sud, en formant un vaste arc de cercle, qui s'étendait de Mars-la-Tour au bois des Ognons (entre Gravelotte et Gorze), en passant par Tronville. L'infanterie française qui occupait les camps canonnés prit rapidement les armes, et, se déployant, en forme d'éventail, sous le feu de l'artillerie de l'ennemi, se porta à la rencontre de la cavalerie allemande. Le général Frossard porta en avant la division Bataille, dans la direction du sud-ouest, sur Buxières, et

---

(1) Le général Forton, dans le rapport très circonstancié qu'il adressa au maréchal Bazaine, cherche à prouver que sa division « n'a été nullement sur- « prise ». Il mentionne toutes les mesures de sécurité qu'il a prises, et fait res- sortir « qu'il s'est tout à fait conformé aux prescriptions du chapitre VIII du « *Règlement sur le service en campagne* ». Il n'en est pas moins vrai qu'il con- firme le fait suivant, savoir qu'il a permis à l'ennemi de canonner sans combat son bivouac, et qu'une partie de ses cavaliers (de la brigade Murat) s'est repliée en désordre jusqu'à Gravelotte ; « une grande partie de ceux-ci se retrouva, « d'ailleurs (d'après l'affirmation du général Forton), réunie à la division, « encore dans le courant de la matinée ». Il résulte aussi, clairement, de ce rapport, que la brigade de cuirassiers, par suite de l'attaque des Allemands, ne parvint pas à faire boire ses chevaux. (Bazaine, *Armée du Rhin*, pages 278 à 289.)

(2) Ouvrage du grand état-major prussien, 1re partie, tome I, pages 523-524.

lui prescrivit d'occuper Flavigny et Vionville ; au sud, dans la direction de Gorze, se déploya la division Vergé, et, à sa gauche, la brigade Lapasset.

Dans le corps du maréchal Canrobert, qui avait également pris les armes, la division Lafont de Villiers se porta en avant, avec un régiment de la division Bisson, pour former échelon en arrière de la droite du corps Frossard ; plus à droite encore, à Saint-Marcel, la division Tixier servit à assurer la liaison avec le corps du maréchal Le Bœuf ; enfin la division Levassor-Sorval était en position au nord-est de Rezonville, faisant face à la route, ayant pour mission de couvrir le flanc gauche de l'armée française. Dans le même but, le maréchal Bazaine avait fait prendre position à la garde sur la ligne Malmaison—Gravelotte (selon toute probabilité jusqu'au bois des Ognons), face au sud.

Le maréchal Le Bœuf reçut l'ordre de se porter en avant, à droite du corps Canrobert. Quant au commandant du 4e corps, général Ladmirault, qui s'était porté sur Doncourt, le maréchal Bazaine comptait qu'il marcherait, de lui-même, dans la direction de la canonnade (1).

Le feu violent d'artillerie et de mousqueterie des Français obligea l'artillerie et la cavalerie allemandes à se replier plus en arrière, et à chercher une protection dans les dépressions du sol ; seule, une batterie à cheval prussienne, dont la position, entre Mars-la-Tour et Tronville, était particulièrement favorisée par le terrain, continua le feu de cette position.

Telle était la situation, vers 10 heures du matin, lorsqu'aux deux ailes extrêmes de la ligne formée par la cavalerie allemande, les têtes du IIIe corps prussien, venant de Gorze et de Tronville, firent leur apparition. Nous avons déjà dit que ce corps n'avait terminé son passage de la Moselle que dans la nuit du 15 au 16, et qu'il avait fait halte dans la vallée de la Moselle, après avoir poussé en avant des avant-gardes, dans la direction de Gorze et d'Onville. La 6e division de cavalerie, qui lui était affectée, était restée, jusque-là, en observation sur la rive droite de la Moselle, vers Metz, et avait été relevée, dans le courant de la journée du 15, par des fractions de la 1re division de cavalerie.

_____

(1) Frossard, pages 85-86. — Derrécagaix, *Tactique*, page 213.

Le commandant en chef de la deuxième armée allemande avait prescrit, dans son ordre de l'armée pour le 16, dont nous avons donné plus haut le texte, que « le IIIe corps devait atteindre, par « Gorze, la route Metz—Verdun à Mars-la-Tour. » En conséquence, le général d'Alvensleben avait pris les dispositions suivantes :

« 1° La 6e division d'infanterie marchera, à 5 heures du matin, « par Onville, sur Mars-la-Tour, et sera suivie par l'artillerie de « corps (colonne de gauche) ;

« 2° La 6e division de cavalerie devra avoir passé, à 5 h. 30 du « matin, le pont de Novéant, et marchera, par Gorze, sur Vion- « ville ; elle sera suivie alors par la 5e division d'infanterie « (colonne de droite). »

Le passage de la 6e division de cavalerie par le pont suspendu de Corny, qui dut être exécuté à pied et à la file indienne, causa à cette division un retard tel, qu'elle ne put commencer sa marche, à partir de la Moselle, qu'à 7 h. 30 du matin ; il en résulta, également, un retard pour le départ de la 5e division d'infanterie (1).

Les troupes du IIIe corps, qui avaient eu très peu de repos pendant la nuit, et avaient dû attendre, dans la matinée, assez longtemps, sous les armes, que la 6e division de cavalerie eût pris les devants, durent gravir, sous une chaleur étouffante, des ravins étroits. Précédant la colonne de droite (5e division d'infanterie), la brigade de cavalerie Rauch se porta en avant, par Gorze ; à sa gauche marchait la brigade Grüter (toutes deux de la 6e division de cavalerie). Lorsque la première de ces deux brigades put être aperçue sur les hauteurs au nord de Gorze, elle essuya un violent feu d'infanterie, qui partait du bois de Vionville, et lui causa des pertes si sensibles, qu'elle fut obligée de redescendre jusqu'au bas des pentes. La brigade Grüter, sur ces entrefaites, repoussant devant elles les éclaireurs français, avait pris sa direction sur Flavigny, au sud-est de Vionville ; nous avons déjà dit que sa batterie à cheval ouvrit, presque en même temps que les batteries de la division Rheinbaben, son feu sur les camps français qui se trouvaient à l'est de Vionville.

---

(1) On ne voit pas bien pourquoi la 6e division de cavalerie, au lieu de faire usage du pont de Novéant, prévu dans l'ordre de l'armée, utilisa le pont suspendu de Corny.

Le général commandant le IIIe corps, général d'Alvensleben, avait marché avec la 6e division Buddenbrock, et s'était alors porté en avant sur les hauteurs de Buxières, pour reconnaître le terrain. De ce point, il avait aperçu quelques camps français à Vionville, et en avait conclu à la présence, de ce côté, de forces ennemies importantes. Il n'en résolut pas moins d'attaquer, parce qu'il considérait comme indispensable d'arrêter, dans toutes les circonstances, la retraite de l'adversaire.

A ce moment (pendant la première marche en avant de la 5e division de cavalerie), arriva un rapport du général de Rheinbaben, faisant connaître qu'il se portait en avant, avec sa division, sur Vionville, et se tenait à la disposition du général d'Alvensleben. Il s'était chargé également de prévenir le Xe corps.

Le général d'Alvensleben porta, tout d'abord, en avant, sous la protection de deux escadrons, l'artillerie de sa colonne de gauche, formée par la 6e division d'infanterie, pour la faire entrer en ligne dans le combat engagé par la cavalerie. En même temps, il donnait également à l'artillerie de corps, qui marchait derrière cette division, l'ordre de se porter en avant. Le commandant de l'artillerie du corps d'armée, général de Bülow, prit lui-même, rapidement, les devants, pour se porter sur le champ de bataille. L'artillerie de la 6e division d'infanterie, qui suivait au trot, arriva sur ce point, juste assez tôt pour pouvoir prendre part, en tirant des positions qui lui furent assignées par le général de Bülow, au combat d'artillerie engagé contre l'adversaire, qui se déployait pour se porter à l'attaque.

La tête de colonne de la 5e division d'infanterie Stülpnagel avait atteint Gorze, vers 9 heures du matin. En ce point, on apprit que l'ennemi, partant des environs de Rezonville, se portait en avant. Le commandant de la division crut, au début, qu'il pourrait, avec son avant-garde, rejeter les Français sur son flanc, vers Rezonville, et continuer alors sa marche sur Flavigny. Mais, sur ces entrefaites, il acquit bientôt la conviction qu'il avait affaire à des forces ennemies considérables.

Les deux escadrons de dragons qui précédaient la division furent, au moment où ils débouchèrent sur le plateau, accueillis par le feu de l'ennemi avec une violence telle, qu'ils durent, de même que la brigade Rauch, se replier sur une position abritée.

La 9e brigade d'infanterie, sous le général de Dœring, s'était dirigée à droite sur Rezonville, et s'était heurtée, dans le bois, à une si violente résistance, que ce n'est qu'en combattant pas à pas, qu'elle put arriver, peu à peu, à atteindre la lisière opposée de la forêt. Sur ce point, la batterie Stœphasius prit position, sous un feu d'infanterie d'une excessive violence, et subit, au premier moment, de telles pertes, qu'elle n'avait plus que trois pièces capables de lutter, pour se garantir du feu des lignes de tirailleurs françaises, qui ne se trouvaient qu'à une distance de 600 à 800 mètres; c'est sous un feu pareil, que les autres batteries de la 5e division prenaient alors également position.

Sur le terrain découvert qui se trouvait battu par le feu de l'artillerie prussienne, à gauche de la brigade Dœring, l'autre brigade de la 5e division s'engagea au combat, après avoir quitté l'emplacement qu'elle occupait en arrière de la brigade Dœring. Les Français se replièrent alors, peu à peu, sur leur position principale, non sans infliger aux Prussiens des pertes considérables. A l'aile droite de la 5e division, dans le bois, se livrait toujours un combat violent, dans lequel, vers 11 heures du matin, le général de Dœring tomba mortellement blessé.

La situation de la 5e division, dont les unités étaient très disséminées, était devenue très grave, en présence des forces considérables des Français, lorsque le détachement Lyncker vint à son secours, précisément au moment voulu.

Ce détachement (2 bataillons, 2 escadrons et 6 pièces) avait déjà été poussé en avant, le 13, dans la direction de Metz, sur Novéant, après l'arrivée du Xe corps à Pont-à-Mousson. Le 16, le détachement devait « se porter sur Chambley » (au sud de Mars-la-Tour), pour servir, sur ce point, conjointement avec le reste de la 37e brigade d'infanterie, de soutien à la 5e division de cavalerie. Lorsque le colonel de Lyncker entendit, à Gorze, la canonnade engagée vers la droite, il prit cette direction avec son détachement, et se mit ensuite à la disposition du général de Stülpnagel. Il s'intercala entre les brigades de la 5e division d'infanterie, qui se trouvaient disséminées par suite du combat; sa batterie porta l'artillerie de la division à l'effectif de 30 pièces.

Vers 9 h. 30 du matin, le général d'Alvensleben crut remarquer que les Français battaient en retraite devant la 5e division d'infanterie. Il donna, en conséquence, à la 6e division d'infanterie l'ordre de se porter en avant, par Mars-la-Tour, sur Jarny, pour barrer, sur ce point, la route à l'adversaire (1).

Mais, sur ces entrefaites, la lutte avait déjà pris une autre tournure. Vers 10 heures, la division de cavalerie Rheinbaben, ainsi que nous l'avons déjà dit, avait dû céder à la poussée des Français, pour chercher en arrière un abri contre le feu. L'artillerie allemande (les batteries à cheval et les batteries de la 6e division d'infanterie), qui se trouvait elle-même violemment canonnée par les batteries françaises, sans être appuyée par les autres armes, fut obligée de se défendre contre l'attaque exécutée par l'infanterie française. La situation des Allemands, sur cette partie du champ de bataille, n'était pas sans danger, lorsque, vers 10 h. 30, de nouvelles batteries accoururent au secours de celles qui étaient engagées. C'étaient, en première ligne, les deux batteries à cheval de l'artillerie de corps du IIIe corps, qui étaient suivies par une fraction plus importante de ces dernières batteries, venant d'Onville (2). La distance d'Onville à la position occupée par l'artillerie, qui est de 8 à 15 kilomètres, fut parcourue, dans ce cas, tout entière au trot.

Une forte ligne d'artillerie se trouvait alors déployée, formant un arc de cercle concave, dirigé du nord au sud-est, jusqu'à l'aile gauche de la 5e division d'infanterie. Elle prit la place des régiments de la 5e division de cavalerie, et, en partie également, de ceux de la 6e, régiments qui s'étaient reportés en arrière pour s'abriter, appuya réellement par son feu la 5e division d'infanterie Stülpnagel, engagée au combat, et protégea la marche d'approche de la 6e division d'infanterie.

Lorsque cette dernière eut atteint, dans sa marche sur Jarny, les hauteurs de Tronville, il était déjà évident que la marche en avant vers le nord ne répondait plus aux nécessités de la situation, et qu'il était urgent, au contraire, de faire entrer en ligne cette division beaucoup plus à l'est. Cette dernière direction fut alors également assignée à la division par son général commandant. Le commandant de la 6e division d'infanterie, général de Buddenbrock, se porta en avant, de sa personne, pour reconnaître

---

(1) Ouvrage du grand état-major prussien, 1re partie, tome I, page 536.
(2) Ouvrage du grand état-major prussien, 1re partie, tome I, pages 536-537.

la position française à Vionville et à Flavigny, et acquit alors la
conviction que ces deux points étaient fortement occupés. Il
résolut, en conséquence, d'engager, tout d'abord, à l'attaque
toutes les forces dont il disposait. Dans ce but, la division, qui
avait déjà pris, à Puxieux (encore dans l'ancienne direction de
marche), la formation de combat, par régiments échelonnés,
conversa à droite, par brigades, à 10 h. 30 du matin, et commença
à se porter en avant, des deux côtés de la route Mars-la-Tour—
Vionville, vers l'est.

L'attaque de la division Buddenbrock se dirigea, tout d'abord,
contre les villages de Vionville et de Flavigny (cette dernière localité est située au sud-est de Vionville, c'est-à-dire un peu plus en
arrière), qui étaient occupés par des fractions de la brigade française Pouget de la division Bataille. La 6e division, dans sa marche
en avant, entraîna avec elles les batteries et les régiments de la
5e division de cavalerie (Rheinbaben), qui avaient été, auparavant, repoussés par les Français, ainsi que la batterie adjointe
au détachement du colonel Lehmann, qui avait pris rapidement
les devants.

A 11 h. 30, le village de Vionville, qui, jusque-là, avait été violemment canonné par l'artillerie, fut attaqué par les têtes de
colonne de la 12e brigade d'infanterie, qui l'enveloppèrent de trois
côtés, et s'en emparèrent ; dans cette affaire, le commandant de
la brigade, colonel de Bismarck, tombait blessé. Le 12e bataillon
de chasseurs à pied français, qui avait défendu cette localité, se
replia sur Flavigny.

C'est à peu près à ce moment, que les dernières batteries de
l'artillerie de corps du IIIe corps entrèrent en ligne, pour appuyer
la 6e division d'infanterie ; il en résulta que, vers midi, du côté de
l'ouest, 16 batteries allemandes (faisant face à Metz), et, du côté
du sud, 5 autres batteries, exécutaient un tir concentrique contre
la position française, et, en particulier, contre celle du corps
Frossard.

Malgré ces succès remportés au début, la situation du IIIe corps
prussien demeurait toujours très grave, parce que ses unités se
trouvaient déjà disséminées sur un front très étendu, et qu'il était
obligé d'étendre toujours davantage son aile gauche, vers le nord,
pour faire face au corps Canrobert, qui se déployait de ce côté, et
dont l'artillerie tenait sous un feu violent le village de Vionville,

que les Allemands avaient enlevé. Cette localité pouvait facilement être reprise par les Français, tant que ces derniers demeuraient maîtres du village de Flavigny, situé à proximité. En conséquence, c'est contre ce dernier village que les troupes allemandes dirigèrent également leurs derniers efforts.

Tout d'abord, l'attaque se porta, sous le feu le plus violent, contre la hauteur qui est située immédiatement en avant de Vionville et qui domine Flavigny du côté du nord.

Après un combat douteux, dans lequel toutes les fractions de troupes prussiennes engagées arrivèrent à être mélangées, les Allemands parvinrent à s'établir sur la hauteur en question. Le village de Flavigny, qui était canonné avec efficacité, de divers côtés, par l'artillerie allemande et se trouvait en feu, fut alors évacué par l'infanterie française (1).

Après leur première attaque contre la cavalerie allemande, les Français avaient, jusqu'à midi, en général, adopté une attitude passive dans le secteur ouest de leur front, comme pour ménager leurs forces, et ils durent, en conséquence, sous la poussée résolue des Allemands, reculer pas à pas. Dans la partie sud de leur front, où ils occupaient un terrain vallonné, il est vrai, mais cependant découvert, qui n'offrait aucune position défensive bien marquée, ils subirent de grandes pertes, par suite du feu de l'artillerie allemande ; pour se donner de l'air, ils entreprirent, à maintes reprises, et en différents points, des contre-attaques, mais sans ensemble, et, par suite également, sans succès, de sorte qu'en raison de la résistance vigoureuse des Prussiens, ils perdirent progressivement un peu de terrain.

Sur ces entrefaites, la division Vergé, qui était opposée à la 5ᵉ division prussienne Stülpnagel, et faisait face au sud, avait été obligée de tirer de la réserve la brigade Valazé, et de la déployer à droite de la brigade Jolivet, engagée au combat. Lorsque la brigade Valazé commença, également, à plier devant l'assaut que lui livra la (10ᵉ) brigade prussienne Schwerin, le général Bataille, qui, avec une brigade établie à Vionville et à Flavigny, face à

_____

(1) Consulter également, à ce sujet, le cahier 18 des monographies publiées par le grand état-major prussien. (Le général commandant le IIIᵉ corps à Spicheren et Vionville, Berlin 1895), pages 601 et suivantes. (*Annotation du traducteur allemand*).

l'ouest, se trouvait opposé à la (6e) division prussienne Buddenbrock, porta sa réserve, la brigade Fauvart-Bastoul, au secours de la brigade Valazé. Mais, en même temps, cette brigade se trouva exposée à un feu de flanc efficace des batteries de la division Buddenbrock. Le général Bataille, et, également après lui, le général Valazé, furent blessés ; les deux brigades commencèrent à plier et prirent la fuite dans la direction de Rezonville.

Cet accident se produisit presque en même temps (un peu avant midi) que la perte de Vionville et de Flavigny, à la suite de laquelle tout le front ouest de la position française commença également à fléchir et s'enfuit en arrière vers Rezonville.

Le chef d'état-major du IIIe corps prussien, colonel de Voigts-Rhetz, fit charger l'infanterie française, qui se repliait de Vionville, par deux escadrons, empruntés aux troupes chargées de couvrir les batteries qui avaient pris position sur ce point ; cependant les Français repoussèrent cette attaque hardie, et, dans cette affaire, les escadrons allemands perdirent 70 chevaux. Cette charge était, selon toute apparence, destinée à servir de prélude aux grandes attaques de cavalerie, qui donnent à la journée de Mars-la-Tour et de Vionville un caractère spécial, différent de celui de toutes les batailles de l'époque moderne.

Pour arrêter la marche en avant des Allemands de Vionville vers Rezonville, ce qu'il n'était pas possible d'obtenir avec l'infanterie, qui se trouvait en pleine retraite, le maréchal Bazaine et le général Frossard eurent recours à la cavalerie, dont le 3e régiment de lanciers et le régiment de cuirassiers de la garde se trouvaient immédiatement à leur portée. Le premier de ces deux régiments se replia de nouveau, peu de temps après, devant le feu de l'infanterie prussienne ; le dernier, au contraire, qui fut lancé en avant au delà des emplacements des bivouacs occupés dans la matinée, exécuta son attaque avec hardiesse et résolution, bien qu'il fût arrêté, à diverses reprises, par les débris des camps qui se trouvaient encore debout. Néanmoins, cette attaque, qui eut lieu à midi 30, fut repoussée. Les cinq escadrons français, qui s'étaient précipités à la charge à travers les subdivisions de l'infanterie prussienne, perdirent environ la moitié de leur effectif (1).

_____

(1) Ouvrage du grand état-major prussien, 1re partie, tome I, pages 551-552, et Frossard, page 89. D'après Derrécagaix, les cuirassiers perdirent 22 officiers

Le chef d'état-major du Xe corps prussien, lieutenant-colonel de Caprivi, s'était aperçu de l'approche des cuirassiers français, et il engagea dans une contre-attaque la brigade de hussards Redern. L'un de ces régiments de hussards se jeta sur les cuirassiers, qui se trouvaient déjà fort en désordre, par suite des pertes extraordinaires qu'ils avaient subies, tandis que l'autre se mit à la poursuite des débris de l'infanterie française, qui battaient en retraite sur Rezonville. C'est à cette occasion, que les hussards découvrirent une batterie de la garde française, que le maréchal Bazaine venait d'amener en personne, pour appuyer la charge des cuirassiers, et à laquelle il avait fait prendre position. Le maréchal, entraîné dans la fuite de son état-major et des attelages des pièces d'artillerie, courut, personnellement, un grand danger. Son état-major s'était trouvé séparé de lui et ne put le rejoindre que plus tard, de sorte que le général Frossard dut, provisoirement, lui venir en aide avec ses cavaliers d'ordonnance : circonstance qui a pu exercer une certaine influence sur la direction de la bataille. D'autre part, les hussards allemands, menacés de différents côtés, durent se mettre en retraite, sans pouvoir emmener les pièces qu'ils avaient prises.

Presque en même temps que se produisaient les événements que nous venons de rapporter, c'est-à-dire vers une heure de l'après-midi, lorsque l'infanterie française se repliait, en toute hâte, sur Rezonville, le général d'Alvensleben donna à la 6e division de cavalerie l'ordre de se porter sur Rezonville, « car l'infanterie française se trouvait en désordre (1) ».

Mais il était évident que la possibilité d'une attaque en grandes masses n'avait pas été envisagée assez tôt par les chefs de la cavalerie eux-mêmes ; on avait attendu des ordres venant d'en haut, et on ne put pas alors saisir, en temps opportun, le moment favorable pour exécuter une attaque, car, entre le moment où fut donné l'ordre du général d'Alvensleben et celui où il fut exécuté, il s'était écoulé un certain temps, pendant lequel la situation s'était considérablement modifiée.

---

sur 47, et 208 hommes seulement sur 651. Cet écrivain militaire n'indique pas le chiffre des pertes en chevaux ; mais il est probable qu'il faut s'en rapporter, à ce sujet, aux indications de l'ouvrage du grand état-major prussien.

(1) Kühler, *La cavalerie dans la bataille de Vionville-Mars-la-Tour*, page 20.

En vue de relever les subdivisions de l'infanterie française, qui battaient en retraite dans le plus grand désordre, les troupes fraîches de la division de grenadiers de la garde, notamment, firent leur apparition sur le champ de bataille, et se portèrent, de leur côté, à l'attaque en ordre serré.

La 6e division de cavalerie prussienne (20 escadrons) ne trouva pas, dans sa marche en avant, l'espace nécessaire pour se déployer. Après avoir exécuté, sous le feu de mousqueterie et d'artillerie des Français, quelques mouvements « comme sur la « place d'exercice », elle battit de nouveau en retraite, sans avoir obtenu d'autre résultat que d'avoir dégagé un escadron de hussards de la brigade Redern, qui se trouvait vivement poursuivi par les Français. Elle n'avait pas réussi à exécuter une charge proprement dite, et les pertes de la 6e division de cavalerie étaient peu importantes.

Cette marche en avant, exécutée par la cavalerie, qui, en apparence, n'avait produit aucun résultat, avait eu, cependant, son utilité, ainsi que le fait ressortir l'ouvrage du grand état-major prussien, car elle avait fourni à l'artillerie l'occasion, vivement désirée, de s'établir plus en avant (1). Il semble, toutefois, par le fait que la ligne de combat des Français s'était mise en retraite, que l'artillerie prussienne n'avait, à vrai dire, aucune difficulté particulière à vaincre pour se porter en avant. Et, bien que le feu des Français se trouvât, en réalité, reporté, en partie, sur la cavalerie du duc de Mecklembourg, la brave artillerie allemande avait, néanmoins, suffisamment prouvé qu'elle n'avait pas besoin qu'on lui facilitât sa tâche d'une manière aussi mesquine; elle tenait seulement, ainsi qu'il ressort du cours de la bataille, à ce que la cavalerie ne gênât pas son champ de tir, à moins d'y être absolument obligée (2). Tout ceci prouve simplement que l'attaque projetée par la 6e division de cavalerie prussienne arriva trop tard et échoua complètement, et cela, pour avoir été insuffisamment préparée; cet insuccès confirme, en même temps, cette vérité déjà ancienne, savoir que *les chefs de cavalerie doivent arriver à saisir eux-mêmes le moment favorable pour attaquer, et,*

---

(1) Ouvrage du grand état-major prussien, 1re partie, tome I, page 556.
(2) Dans l'ouvrage de Kähler, page 21, il est dit que le général de Buddenbrock adressa une demande de cette nature à la cavalerie.

par une reconnaissance soigneuse du terrain et de la situation du combat, se tenir prêts à faire face à cette éventualité. Dans la circonstance présente, aucun de ces principes ne fut, évidemment, observé.

Les deux divisions du corps Frossard qui avaient battu en retraite, se reformèrent en ordre, en arrière de Rezonville; elles furent relevées par la division de grenadiers de la garde impériale. La brigade Lapasset continua le combat.

Par suite de l'occupation du village de Flavigny, le front du III⁰ corps prussien, qui, jusque-là, formait un arc de cercle, s'était resserré.

Les Allemands avaient, à ce moment, atteint leur but principal, du moins dans la mesure de leurs forces : car, parmi les routes allant de Metz vers la Meuse (sur Verdun), ils avaient barré à l'armée française celle qui se trouvait le plus au sud, et, par suite, était la plus courte, et ils avaient amené cette armée à engager une lutte si opiniâtre, qu'il devait en résulter, pour sa retraite ultérieure, un retard considérable. Les Allemands n'avaient plus, dès lors, qu'à observer une attitude purement défensive : ils étaient absolument obligés de se maintenir sur les positions dont ils s'étaient emparés dans la matinée, sans, pour cela, s'exposer à une défaite; — cette tâche, eu égard à l'immense supériorité numérique des Français, était loin d'être facile.

Toute l'artillerie du III⁰ corps prussien se trouvait déjà engagé dans un violent combat; la pénurie de munitions s'était déjà fait sentir, à maintes reprises, à un tel point que plusieurs batteries avaient été obligées de limiter leur feu, ou même avaient été, momentanément, réduites au silence, jusqu'à ce qu'elles eussent reçu des munitions fraîches. Dans plusieurs batteries, on avait été obligé, d'une manière courante, de remplacer des pièces devenues inutilisables par de nouvelles. Les pertes de l'artillerie en hommes et en chevaux étaient considérables; beaucoup d'officiers étaient tombés. Les pertes avaient été causées principalement par le feu de l'infanterie française.

Toute l'infanterie du III⁰ corps s'était déployée sur une seule ligne de combat. Il ne restait plus, comme réserve, que la cavalerie, savoir : la 5⁰ division de cavalerie Rheinbaben, qui se trouvait rassemblée derrière le centre de la 6⁰ division d'infanterie, à l'ouest de Vionville, et la 6⁰ division de cavalerie, sous le duc de

Mecklembourg, qui avait pris position au sud de Vionville, derrière l'aile droite de la division d'infanterie dont nous venons de parler.

Cependant, à ce moment, débouchait de Tronville le détachement (3 bataillons 1/2), du colonel Lehmann, commandant la 37e brigade d'infanterie; ce détachement, qui appartenait au Xe corps, avait déjà envoyé sur le champ de bataille, en avant de l'infanterie, sa batterie avec 1 escadron 1/2. Le colonel Lehmann avait reçu, pour le 16, l'ordre « de se porter sur Chambley » (où le détachement Lyncker, appartenant à sa brigade, devait se joindre à lui), « et de servir, sur ce point, de soutien à la « division de cavalerie Rheinbalen, lors de la reconnaissance « renforcée qu'elle devait exécuter sur Metz ». Arrivé à Chambley, le colonel Lehmann avait continué sa marche dans la direction de la canonnade, et était arrivé, un peu avant midi, à Tronville, où il se mettait à la disposition du général d'Alvensleben. Le détachement Lyncker s'était, ainsi que nous l'avons dit plus haut, déjà rapproché, précédemment, de la 5e division d'infanterie, qui se trouvait immédiatement à proximité de lui.

A ce moment, dans la partie est du champ de bataille, au combat violent qui s'était livré jusque-là, avait succédé une certaine accalmie, qui n'était interrompue que par le feu constant de l'artillerie. Les Prussiens (la 5e division d'infanterie et le détachement Lyncker) avaient déjà complètement engagé toutes leurs forces et ne pouvaient plus songer à faire de nouveaux progrès en avant. D'autre part, le maréchal Bazaine, inquiet pour ses communications avec Metz, accumulait de fortes masses de troupes de réserve à Gravelotte, sans songer qu'il aurait pu protéger ses communications, de la manière la plus efficace (en admettant qu'il conçût de l'inquiétude à ce sujet), en faisant exécuter à son aile gauche une contre-attaque énergique dans la direction de Pont-à-Mousson.

En revanche, les Français déployèrent peu à peu, à leur aile droite, de fortes masses de troupes, probablement dans l'intention d'exécuter un mouvement enveloppant contre l'aile gauche des Allemands et d'écraser leurs forces relativement faibles. Ce furent les divisions du 6e corps français Canrobert, qui s'engagèrent au combat sur ce point, et qui furent suivies par des fractions du 3e corps Le Bœuf.

On ne peut s'empêcher de remarquer que tout mouvement offensif exécuté par les Français leur assurait, en raison de leur grande supériorité numérique, un succès certain, pour peu qu'il fût exécuté avec une intelligence réfléchie et aussi avec ténacité. Dans ces conditions, les Allemands devaient être inévitablement battus.

Le général d'Alvensleben se rendait compte de la gravité de sa situation. Pour donner à son aile gauche un repos suffisant, il fit porter en avant, vers les bois de Tronville (au nord-ouest de Vionville), le détachement Lehmann, et donna à la division de cavalerie Rheinbaben l'ordre de protéger, avec deux brigades, l'aile gauche de la ligne de bataille allemande et de mettre la 3e brigade à sa disposition personnelle.

Pendant que l'infanterie française se déployait en vue du combat, le feu des batteries françaises, établies sur la voie romaine, croissait en intensité, entre une heure et deux heures. Il est probable que les Français préparaient une attaque décisive contre l'aile gauche du IIIe corps prussien. Pour s'opposer à cette attaque, le général d'Alvensleben, qui n'avait déjà plus, d'ailleurs, à sa disposition aucune réserve, donna à la brigade de cavalerie Brédow l'ordre de se porter à l'attaque, à l'est des bois de Tronville. Le chef d'état-major du IIIe corps, colonel de Voigts-Rhetz, remit, en personne, cet ordre au général de Brédow et lui indiqua la direction à prendre le long des bois de Tronville.

Le général de Brédow n'était, probablement, renseigné que d'une manière insuffisante sur la situation générale du combat; il ne savait pas même que c'était de l'infanterie prussienne qu'il apercevait dans les bois de Tronville. S'imaginant que c'était de l'infanterie française, il envoya même en avant un escadron de chacun de ses deux régiments (1), directement vers les bois de Tronville, de manière à pouvoir, sous la protection de ces deux escadrons, « voués à une mort certaine et marqués par le destin », se porter à l'attaque (2), beaucoup plus à droite, avec les six

---

(1) Le 3e régiment appartenant à cette brigade avait été détaché pour protéger le flanc gauche de la position prussienne.

Ouvrage du grand état-major prussien, 1re partie, tome I, page 564.

(2) Kähler, page 27 (*Annotation du traducteur allemand*).

autres. Utilisant habilement une légère dépression de terrain, qui se trouvait au nord de Vionville, le général de Brédow exécuta, à l'abri, un mouvement de flanc vers le nord, puis il opéra, vers la droite, une conversion de front par régiments (à droite, le 16e régiment de uhlans; à gauche, le 7e régiment de cuirassiers), et apparut, complètement à l'improviste, à une distance d'environ 1200 mètres de la ligne la plus avancée de l'infanterie française, contre laquelle il se porta alors à l'attaque.

Les cavaliers allemands traversèrent, dans leur charge héroïque, les lignes d'infanterie françaises, et sabrèrent les servants (1) des pièces et les attelages des batteries; sans s'arrêter, ils poursuivirent leur charge, au sud de la voie romaine, dans la direction de l'est, à peu près jusqu'à hauteur de l'emplacement occupé par les divisions de cavalerie françaises Forton et Valabrègue, dont une partie importante s'opposa alors à la marche des escadrons allemands. Épuisée par cette attaque de plus de 2 kilomètres de longueur, entourée de tous côtés, et se trouvant mélangée avec une foule de cavaliers ennemis, avec lesquels s'engagèrent de violents combats isolés, la brigade Brédow battit rapidement en retraite. De son côté, la cavalerie française ne la poursuivit pas bien loin, mais, au contraire, se replia en arrière, pour se soustraire au feu de sa propre infanterie et de son artillerie, qui, se trouvant dans l'impossibilité de distinguer amis et ennemis, avait fait feu sur les masses de cavaliers qui prenaient la fuite dans la direction de l'ouest.

Les restes des six escadrons du général de Brédow se rassemblèrent à Flavigny. Ils ne comptaient plus, à peine, que la moitié de leur effectif. Pour recueillir la brigade Brédow, le général de Redern avait, sur ces entrefaites, porté en avant un régiment de hussards, entre Vionville et Flavigny.

La brillante attaque de la brigade Brédow avait occupé, pour quelque temps, la division d'infanterie française Lafont de Villiers du 6e corps, ainsi que son artillerie, et causé quelques pertes aux Français, particulièrement aux servants des pièces. En revanche, elle avait procuré à la cavalerie française, en général, et, en

---

(1) Il ressort du rapport du général Forton (Bazaine, *L'armée du Rhin,* pages 289-292) que c'étaient les deux batteries de sa division.

particulier, à la brigade Murat, qui, dans les débuts de la bataille, avait si peu songé à opposer de la résistance à l'ennemi, l'occasion de remporter un facile succès.

Contrairement aux assertions des écrivains historiques allemands, il est fort douteux que l'attaque de la brigade Brédow ait procuré aux Prussiens des avantages essentiels, au point de vue de la marche générale de la bataille. L'ouvrage du grand état-major prussien allègue bien, il est vrai, que cette attaque eut pour résultat « d'arrêter le mouvement en avant du 6ᵉ corps « français, alors en voie d'exécution » (à vrai dire, il ne s'agissait, ici, que d'une division de ce corps!), et « d'empêcher les Français « d'exécuter, après cette attaque, encore dans cette journée, une « seule contre-attaque nouvelle, en partant de Rezonville » ; — mais cette assertion ne prouve rien. Car, en premier lieu, l'activité déployée par les Français fut, en général, très faible; en second lieu, si l'on admet qu'ils avaient l'intention de déployer et d'étendre davantage leur aile droite, dans le but d'arriver à envelopper l'aile gauche allemande, il faut bien convenir qu'ils n'avaient, dès lors, absolument aucune raison d'entreprendre une attaque de front prématurée (1).

En outre, il est plus que hardi de prétendre que l'attaque entreprise par quelques escadrons, qui traversèrent les lignes françaises avec une rapidité pareille à celle d'un ouragan, et furent même, en fin de compte, réduits, comme effectif, de moitié, a pu exercer une influence sensible sur l'issue de la bataille. Les héroïques escadrons du général de Brédow ont certainement donné tout ce que l'on pouvait attendre d'eux ; il n'est donc pas nécessaire d'enjoliver l'action d'éclat qu'ils ont accomplie, en lui attribuant une influence extraordinaire. Des exagérations de cette nature, qui sont considérées par des enthousiastes trop confiants comme des dogmes, ont pour résultat de créer facilement, en quelque sorte, de soi-disant « modèles », dont l'imitation ne peut qu'entraîner, à l'avenir, les désillusions les plus amères.

---

(1) Derrécagaix, *Tactique*, page 220, affirme qu'après que la brigade Brédow se fût repliée à la suite de son attaque, le maréchal Canrobert a eu l'intention de passer à l'offensive dans la direction de Vionville, mais que c'est le maréchal Bazaine qui, craignant pour son flanc gauche, l'a empêché de donner suite à son projet.

Quoi qu'il en soit, en se plaçant au point de vue des considérations envisagées dans cette étude, il y a lieu d'insister encore sur ce fait que l'initiative de l'attaque de la brigade Brédow, ainsi que de la marche en avant de la 6e division de cavalerie, qui eut lieu quelque temps auparavant, ne doit pas être attribuée au besoin d'activité qu'éprouvaient les chefs de cavalerie intéressés, mais que l'honneur en revient, au contraire, au chef qui exerçait, à ce moment, le commandement en chef sur le champ de bataille.

L'exécution de l'attaque et le choix de l'objectif qu'elle avait en vue furent combinés alors par le général de Brédow, en toute indépendance, et conformément aux nécessités de la situation; sans hésiter, il mena l'attaque de la manière la plus résolue. En battant en retraite, la brigade Brédow trouva l'appui d'un bon camarade dans le général de Redern, qui, pour recueillir ses débris, porta en avant un régiment de hussards.

Enfin il y a encore lieu de rappeler que le général de Brédow, du point qu'il occupait derrière Tronville, n'avait pas déjà songé, avant l'attaque, à se renseigner sur ce qu'il y avait, à proprement parler, dans les bois de Tronville, qui se trouvaient en avant de son front, bois que longeait, — dans tous les cas, soit à droite, soit à gauche, — l'unique chemin par lequel il pouvait porter sa brigade à l'attaque. Cette omission fut cause que le général de Brédow affaiblit les forces dont il disposait pour l'attaque, de deux escadrons, qu'il dut pousser en avant, en vue de se couvrir dans la direction des bois de Tronville.

Après 3 heures de l'après-midi, des forces importantes françaises s'étaient déployées en face de l'aile gauche allemande, qui occupait les bois de Tronville ; c'étaient : deux divisions du 3e corps Le Bœuf et une division du 4e corps Ladmirault. Sous le feu violent et la poussée des Français, les Allemands furent obligés, en essuyant de grandes pertes, d'évacuer les bois de Tronville et de replier complètement leur aile gauche, de sorte que le front de cette dernière, qui, jusque-là, avait fait face à l'est, se trouvait maintenant dirigé vers le nord, parallèlement à la route.

Tronville, qui devenait alors le point d'appui de l'extrême gauche, fut organisé, en toute hâte, en vue de la défensive. Les Allemands n'avaient, sur ce point important, que quelques bataillons déjà fortement éclaircis, alors qu'à ce moment, ils devaient s'attendre à une attaque décisive des Français. Le général d'Alvensleben, à l'exception des restes de son infanterie, ne pouvait plus, à ce moment, opposer à l'adversaire que son artillerie, toujours forte, il est vrai, mais qui avait souffert, à plusieurs reprises déjà, du manque de munitions, ainsi que les attaques intrépides de sa brave cavalerie. Mais ces forces ne paraissaient pas être suffisantes pour continuer la lutte ; il en résultait donc que la situation, du côté des Allemands, entre 3 et 4 heures de l'après-midi, était devenue extrêmement périlleuse. Mais, ici encore, ainsi que dans tous les autres combats de cette guerre, des renforts allemands se rapprochaient déjà, pour intervenir dans la lutte, sur le point menacé.

Parmi les troupes du Xe corps prussien, la 37e brigade d'infanterie (les détachements Lehmann et Lyncker) avait, ainsi que nous l'avons dit plus haut, déjà pris part à la lutte engagée par le IIIe corps.

A ce moment, à 3 h. 30 de l'après-midi, la tête de la 20e division d'infanterie (Kraatz), venant du sud, atteignait à Tronville le champ de bataille, tandis que le reste de la 19e division (Schwartzkoppen), la 38e brigade d'infanterie (Wedell), venant de la direction de l'ouest, était arrivée, à ce moment, jusqu'à Suzémont et Hannonville-au-Passage, mais n'avait pas encore, par conséquent, atteint Mars-la-Tour. Une partie de la brigade de dragons de la garde (5 escadrons), qui avait été adjointe au général de Schwartzkoppen avec une batterie à cheval, avait déjà pris rapidement les devants, avant 3 heures, et était arrivée à l'aile gauche allemande. Entre 3 et 4 heures de l'après-midi, une brigade de la 16e division du VIIIe corps était déjà, également, parvenue jusqu'à Gorze (2 à 3 kilomètres du champ de bataille) ; elle était suivie par un régiment du IXe corps. Les autres troupes de ce dernier corps se trouvaient encore sur l'autre rive de la Moselle.

Enfin, à 4 heures, le commandant en chef de l'armée, prince Frédéric-Charles, arriva également sur la partie du champ de bataille où se trouvait engagée la 5e division d'infanterie, et prit la direction du combat.

J'arrive maintenant à la description des circonstances qui accompagnèrent la marche de ces renforts, ainsi qu'à l'activité déployée par le commandant en chef de la deuxième armée. Je traiterai, tout d'abord, cette deuxième question.

Au quartier général de la deuxième armée, à Pont-à-Mousson,
on s'était occupé tranquillement, jusqu'à 2 heures de l'après-midi,
de la rédaction des ordres à donner pour le jour suivant. Le rapport du général d'Alvensleben, arrivé à 10 h. 30 du matin, faisait
connaître, il est vrai, qu'il avait rencontré l'ennemi, et « que ce
« dernier (au moment de l'expédition du rapport) était en retraite
« vers le nord » ; mais on n'avait plus reçu, probablement, aucun
autre renseignement au quartier général ; c'est donc aussi pour
cette raison qu'on n'avait pas pris de dispositions spéciales ; seul,
le IX⁰ corps avait, ainsi que nous l'avons déjà dit, reçu des
instructions lui enjoignant d'exécuter, le plus vite possible, encore
dans cette journée, le mouvement en avant sur Mars-la-Tour,
mouvement qui, à proprement parler, ne lui était prescrit que
pour le jour suivant. Ce n'est qu'à 2 heures de l'après-midi que
cette tranquillité fut troublée par le rapport du commandant de
la 20⁰ division, général de Kraatz, rapport expédié de Thiaucourt
(probablement vers midi) ; dans son rapport, le général de Kraatz
faisait connaître que le III⁰ corps était chaudement engagé, et
que lui-même se portait, en toute hâte, à son secours avec sa
division (1).

Le prince Frédéric-Charles, qui était, d'ailleurs, déjà décidé à
se rendre, dans l'après-midi, auprès du III⁰ corps, monta à cheval,
vers 3 h. 30, et se porta, à franc-étrier, avec son état-major, par
Gorze, dans la direction du champ de bataille. Après avoir, ainsi
que le rapportent *Les opérations de la deuxième armée*, parcouru
une distance de 25 kilomètres en 55 minutes, il arrivait sur la
position de combat de la 5⁰ division. Les troupes prussiennes, sur
le champ de bataille, comme déjà, pendant la route, celles qui se
trouvaient à perte de vue, à pied et en voiture, et dans les trains
remplis de blessés du III⁰ corps, saluèrent leur chef bien-aimé
avec une joie indescriptible, comme si elles avaient eu la certitude de la victoire (2).

---

(1) Ouvrage du grand état-major prussien, 1ʳᵉ partie, tome I, page 584.
(2) Ouvrage du grand état-major prussien, 1ʳᵉ partie, tome I, page 584. Le
prince Frédéric-Charles avait passé dix ans à la tête de ce corps. Un pareil lien,
solide, intime, n'est réellement possible que dans une armée telle que l'armée
prussienne de cette époque ; son corps d'officiers, qui n'était pas soumis à des
changements continuels, encadrait des fractions de troupes qui, en cas de guerre,
se complétaient au moyen d'hommes ayant déjà servi, en temps de paix, dans
les mêmes régiments.

Les Prussiens se maintenaient encore, à ce moment, à leur aile droite, sur les mêmes positions qu'ils avaient occupées, lors du premier assaut qu'ils avaient donné à l'ennemi vers une heure de l'après-midi. Un terrain découvert séparait, de ce côté, les deux adversaires, et rendait à l'un comme à l'autre la marche de front difficile, pour ne pas dire — impossible, ce qui, d'ailleurs, étant donné le but que cherchaient à atteindre les Allemands, n'avait pas d'importance pour eux. Après avoir porté, à leur aile droite, l'effectif de leur artillerie au nombre de 100 pièces, au moyen de 4 batteries du X⁰ corps et de 3 du VIII⁰, qui étaient arrivées entre 2 et 3 heures de l'après-midi, les Allemands s'opposèrent, exclusivement au moyen de l'artillerie, et cela de la manière la plus efficace, aux contre-attaques isolées entreprises par l'adversaire vers 4 heures. Mais les Prussiens furent également repoussés, toutes les fois que des subdivisions nouvellement arrivées s'élancèrent à l'assaut avec trop d'impatience. Étant donnée la tournure que prenait la situation, il ne pouvait plus se produire, jusqu'au soir, aucun événement décisif dans la partie est du champ de bataille, en dépit des masses de troupes que le maréchal Bazaine avait accumulées autour de Gravelotte (1), ainsi que des renforts provenant des VIII⁰ et IX⁰ corps, qui, du côté des Allemands, se rapprochaient, par Gorze, du théâtre de l'action.

D'après les directives du grand quartier général pour le 16 août, directives dont nous avons parlé plus haut, deux corps de la première armée allemande (le VII⁰ et le VIII⁰) devaient se porter sur la ligne Sillegny (sur la Seille) —Arry (sur la Moselle), face à Metz, et établir, près de cette dernière localité, un pont sur la Moselle, dans le cas où le III⁰ corps n'en aurait pas déjà jeté un sur cette rivière. Le commandant en chef de la deuxième armée avait ordonné, de son côté, que le IX⁰ corps ne ferait, dans cette journée, que la très petite marche d'Herny à Sillegny, pour franchir alors, le jour suivant, le 17, la Moselle à Novéant, et suivre le III⁰ corps sur Gorze.

_____

(1) Sur ce point se trouvaient, au début : la garde, qui fut remplacée plus tard par deux divisions du corps Frossard, et, en outre, la division Levassor du 6⁰ corps ; les divisions Metman et Lorencez (du 3⁰ et du 4⁰ corps), qui étaient demeurées en arrière, se rapprochèrent également, plus tard, de ce point. Cette dernière division atteignit les environs de Doncourt assez tard dans la soirée (*Annotation du traducteur allemand*).

De cette manière, le IXe corps aurait pris place, dans la nuit du 16 au 17, directement derrière les deux corps de la première armée dont nous venons de parler, c'est-à-dire sur leur flanc droit, dans le cas où ces deux corps eussent fait front vers Metz, en vue de couvrir la marche de flanc de la deuxième armée. Cependant, le général de Moltke, inquiet, probablement, au sujet de la position isolée du IIIe corps, qui devait se porter en avant, le 16, sur les derrières de la place de Metz, fit parvenir d'Herny, à 7 h. 15 du matin, par un officier d'état-major, au IXe corps l'ordre direct suivant (sous pli ouvert) :

« Le IXe corps franchira, aujourd'hui, si possible, la Moselle,
« sur le pont préparé par le IIIe corps, ou, en tout cas, se rappro-
« chera très près de cette rivière. Par suite, la première armée
« reçoit l'ordre de laisser passer ce corps, et de modifier, en con-
« séquence, les emplacements des bivouacs du VIIIe corps. »

La 16e division Barnekow (du VIIIe corps), forte d'une brigade seulement (Rex), — car l'autre n'était pas encore de retour de l'entreprise qu'elle avait tentée, sans succès, contre la place de Thionville, — avait, le 15, exécuté une marche de onze heures, était repartie, le 16, à 6 heures du matin, et avait atteint, à midi, le village d'Arry sur la Moselle. A ce moment, un violent feu d'artillerie se faisait entendre dans la direction du nord-ouest, et les nuages de fumée, qui s'élevaient dans le lointain, au delà de Gorze, faisaient supposer qu'un combat violent se livrait dans cette région. On apprenait que le IIIe corps se trouvait engagé, entre Gorze et Rezonville, dans un combat opiniâtre contre un adversaire supérieur en nombre, et que déjà le manque de muni-tions se faisait sentir.

A la suite des demandes de secours réitérées qui lui étaient adressées par la 5e division, le général de Barnekow rendait compte de la situation au général commandant, et recevait l'ordre de se rendre à l'invitation de la 5e division et de s'engager au combat d'après sa propre inspiration. En conséquence, le général de Barnekow se portait en avant, avec les troupes disponibles de sa division, sur le champ de bataille. Ainsi que nous l'avons déjà dit, cette division était suivie, quelque temps après, par l'un des régiments de la 18e division du IXe corps.

La 15e division du VIIIe corps s'était déjà croisée, à 9 heures du matin, à Chérisey, avec les colonnes de marche du IXe corps, et, se conformant à l'ordre du général de Moltke, mentionné ci-dessus, avait fait halte.

Le général de Wrangel, commandant la 18ᵉ division, qui, de cette manière, était arrivé à se trouver directement derrière la division Barnekow, avait reçu, de son général commandant, de Manstein, pour le 16, l'ordre formel « de n'effectuer aucun dépla-« cement de troupes sans son ordre » (c'est-à-dire sans l'ordre du général de Manstein). Néanmoins, le général de Wrangel, sur la proposition du général commandant le VIIIᵉ corps, général de Goeben, consentit à mettre à la disposition du général de Bar-nekow le 11ᵉ régiment d'infanterie, qui marchait en tête de sa division. C'est ainsi, du moins, que le fait est rapporté dans les *Opérations de la première armée.*

Il résulte, au contraire, des indications de l'ouvrage du grand état-major prussien (1) que le 11ᵉ régiment avait reçu simplement l'ordre d'occuper et de couvrir le passage de la Moselle à Corny, et que le commandant de ce régiment, colonel de Schœning, en raison du combat violent engagé en avant de Gorze, estima que la manière la plus sûre de couvrir le passage consistait à se porter dans la direction du champ de bataille. D'après cette version, on ne voit pas bien si le colonel de Schœning a reçu l'ordre ou sim-plement l'autorisation de se joindre aux troupes du VIIIᵉ corps, ou bien s'il a agi sous sa propre responsabilité (2). D'ailleurs, le

---

(1) Ouvrage du grand état-major prussien, 1ʳᵉ partie, tome I, page 604.

(2) Le 11ᵉ régiment avait reçu, du général de Wrangel, l'ordre de continuer sa marche sur Corny, en vue de couvrir le pont situé en ce point; l'ordre ajou-tait que le colonel de Schœning aurait à se tenir à la disposition du plus ancien officier du VIIIᵉ corps, qui exerçait le commandement dans cette région. Le général de Wrangel avait été amené à donner cet ordre par la raison suivante : peu de temps après son arrivée, vers midi, à son cantonnement de Lorry, le général de Goeben l'avait avisé qu'un combat des plus sérieux était engagé à Mars-la-Tour et qu'il avait l'intention d'intervenir dans l'action, comme troupe de soutien.

Après avoir rendu compte à son commandant de corps, général de Manstein, qui cantonnait à Sillegny, à une distance de 6 kilomètres, des dispositions qu'il venait de prendre de sa propre initiative, le général de Wrangel se porta, lui-même, en vue de mieux s'orienter, sur les hauteurs d'Arry, d'où il pensait pou-voir embrasser de l'œil le champ de bataille. Mais, à peine était-il arrivé en ce point, qu'il reçut, du général de Manstein, l'ordre écrit de faire rétrograder immé-diatement le régiment Schœning, et de se rendre, de sa personne, à Sillegny. Le général de Wrangel fit parvenir cet ordre écrit, par un officier d'ordonnance, an colonel de Schœning; celui-ci, d'autre part, s'était déjà porté, avec son régi-

colonel de Schœning, alors qu'il se trouvait déjà sur la rive gauche de la Moselle, derrière la brigade Rex, avait reçu, à 6 heures du soir, l'ordre de rentrer dans ses bivouacs (sans doute à Corny) ; mais, au moment même où il recevait cet ordre, le colonel avait déjà été, également, auparavant, invité à se porter au secours de la brigade Rex ; dans ces conditions, il dut supposer que l'ordre qui prescrivait à son régiment de se replier en arrière avait été donné à un moment ou l'on ignorait encore complètement qu'un violent combat était engagé avec l'ennemi ; dès lors, le colonel de Schœning n'eut plus, ainsi que l'indique l'ouvrage du grand état-major prussien (1), un seul instant d'hésitation sur ce que le devoir lui commandait. Il accourut au secours des troupes engagées dans la lutte, et trouva, bientôt après, à la tête de son régiment, une mort héroïque.

Parmi les autres troupes du IX⁰ corps, seule, une brigade de la (25⁰) division du grand-duché de Hesse (4 bataillons, 4 escadrons et 3 batteries), après avoir passé péniblement la Moselle sur un pont suspendu, étroit et chancelant, qui se trouvait entre Corny et Novéant, trouva encore l'occasion de s'engager, sur le soir, dans le combat sous bois qui se livrait à l'extrême droite de la ligne de bataille allemande. Les 3 batteries appartenant à cette brigade avaient pris rapidement les devants de leur infanterie, sous la protection de la cavalerie, et s'étaient réunies aux batteries de la 5⁰ division d'infanterie prussienne. C'est ainsi que le IX⁰ corps, abstraction faite de ces batteries et du régiment Schœning, qui avait pris part, pour ainsi dire volontairement, au combat, n'avait pas, en réalité, fourni au III⁰ corps tout l'appui qu'il lui devait, et qui, de plus, lui était extrêmement nécessaire (2).

---

ment, dans la direction du champ de bataille, obéissant en cela à une invitation directe, qui lui fut adressée par le VIII⁰ corps ; en même temps, le général de Wrangel se rendait, en toute hâte, auprès du général de Manstein. Celui-ci le blâma alors d'avoir agi de sa propre initiative, et d'avoir pris des dispositions qui allaient à l'encontre de l'ordre du corps d'armée qui lui avait été adressé. (Cette annotation a été ajoutée à la 2⁰ édition de la traduction allemande, avec l'autorisation de l'auteur.)

(1) Ouvrage du grand état-major prussien, 1ʳᵉ partie, tome I, page 606.

(2) Consulter à ce sujet le cahier 18 des monographies publiées par le grand état-major prussien, pages 577 et 578, ainsi que les numéros 28 et 38 du *Militär-Wochenblatt* de 1894 (*Annotation du traducteur allemand*).

L'ouvrage du grand état-major prussien (1) allègue que le général commandant le IXᵉ corps, général de Manstein, n'avait pas, au début, l'intention de porter, le 16, ses troupes, déjà passablement fatiguées par leurs marches précédentes, à une distance plus grande en avant qu'il ne lui avait été prescrit. C'est peut-être pour cette raison qu'il avait cru devoir lancer l'ordre du corps d'armée qui prescrivait de n'exécuter, dans le courant de la journée du 16, aucun mouvement, sans ordre spécial du général commandant. Ce n'est que lorsqu'il fut informé, à 3 heures de l'après-midi, du désir qu'avait le grand quartier général de voir le IXᵉ corps exécuter, le 16, autant que possible, la marche qui ne lui était prescrite que pour le 17, que le général de Manstein donna à ses troupes l'ordre de franchir la Moselle à Arry et à Corny.

Le commandant de la 25ᵉ division, prince Louis de Hesse, avait, ainsi que le mentionne l'ouvrage du grand état-major prussien (2), déjà reçu, précédemment, communication des intentions du grand quartier général, et il avait pris, en conséquence, toutes ses dispositions pour passer la Moselle.

On peut, en outre, conclure des indications fournies par les *Opérations de la première armée* (3), que le commandant de l'autre division (18ᵉ) du IXᵉ corps, général de Wrangel, avait déjà reçu, à midi, ou un peu plus tard, une communication relative au combat qui se livrait au nord de Gorze, ainsi qu'à la marche en avant du VIIIᵉ corps, qui se portait au secours des subdivisions engagées dans la lutte. A l'inverse des autres chefs allemands, qui, en toute circonstance, faisaient preuve de leur esprit de résolution habituel, ces deux commandants de division n'osèrent pas, cependant, prendre sur eux de devancer les ordres de leur général commandant (4).

Le prince Frédéric-Charles avait déjà, peu de temps après 4 heures, acquis la conviction que son aile droite ne pourrait plus parvenir, dans cette journée, à remporter un succès décisif sur les Français. Il résolut donc de prendre l'offensive avec son aile

---

(1) Ouvrage du grand état-major prussien, 1ʳᵉ partie, tome I, page 608.
(2) Ouvrage du grand état-major prussien, 1ʳᵒ partie, tome I, page 608.
(3) *Opérations de la première armée*, page 102.
(4) Voir l'annotation (2) de la page 326 et l'annotation (2) de la page 327.

gauche, qui, à ce moment, se trouvait renforcée par des troupes fraîches de la colonne du général de Kraatz, du Xe corps (1). C'est dans ce but que le prince, qui, sur ces entrefaites, s'était porté à Flavigny, envoya, vers 5 heures de l'après-midi, au général de Kraatz, l'ordre « de se porter en avant, avec toutes les « forces dont il disposait, et tambours battant, contre l'aile droite « ennemie. »

Le général de Kraatz disposait, à ce moment, en tout, de plus de 8 bataillons, dont quelques-uns se trouvaient déjà engagés au combat dans les bois de Tronville. En conséquence, le général rendit compte de sa situation et promit d'attaquer, « dès qu'il « aurait rassemblé des forces suffisantes (2). » Il faut admettre qu'en prenant cette résolution, le général de Kraatz tenait compte, également, de la supériorité numérique de l'adversaire, qu'il pouvait plus facilement constater que le prince Frédéric-Charles lui-même.

J'arrive maintenant à l'activité déployée par le Xe corps prussien.

Le général commandant ce corps, général de Voigts-Rhetz, n'avait pas, évidemment, partagé la manière de voir, un peu optimiste, du commandant en chef de la deuxième armée, qui considérait comme étant sans danger la marche en avant du IIIe corps, sur les derrières de Metz, vers Vionville et Mars-la-Tour. Lorsqu'il ordonna à la 5e division de cavalerie, placée sous ses ordres, d'exécuter, dans la matinée du 16, une reconnaissance renforcée, par Mars-la-Tour, vers Metz, il avait pris soin de la faire appuyer par l'artillerie à cheval et la brigade Lehmann (6 bataillons, 4 escadrons, 12 pièces), et il avait détaché, dans cette direction, son chef d'état-major, le lieutenant-colonel de Caprivi, pour suivre le cours des événements.

Le général de Voigts-Rhetz accompagna, de sa personne, la colonne du général de Schwartzkoppen (7 bataillons, 1 escadron, 12 pièces), qui s'était mise en marche, le matin, à la première heure, de Thiaucourt sur Saint-Hilaire, point vers lequel la

---

(1) Les circonstances détaillées, relatives à l'apparition du général de Kraatz (qui avait reçu, comme but de marche, le village de Thiaucourt) sur le champ de bataille, seront l'objet d'une discussion ultérieure.

(2) *Opérations de la deuxième armée*, page 91.

brigade de dragons de la garde (7 escadrons et une batterie à cheval), affectée au Xe corps, avait pris les devants. Vers la droite, dans la direction qu'avait prise la 5e division de cavalerie, on entendait une faible canonnade. Le général de Voigts-Rhetz se porta immédiatement en avant, dans cette direction, avec un escadron, et reçut, chemin faisant, le rapport du lieutenant-colonel de Caprivi sur le combat engagé par la division Rheinbaben, ainsi qu'une communication du colonel Lehmann, lui faisant connaître qu'il se portait en avant, avec sa brigade (détachements Lehmann et Lyncker), dans la direction du combat. Arrivé à Tronville, le général de Voigts-Rhetz trouva tout le IIIe corps engagé dans une lutte des plus sérieuses. Il envoya immédiatement à ses colonnes l'ordre de se rapprocher rapidement du champ de bataille.

Sur ces entrefaites, la colonne principale du Xe corps, la 20e division d'infanterie, sous le général de Kraatz, avec l'artillerie de corps (12 bataillons, 4 escadrons et 8 batteries), avait atteint, à 11 h. 1/2 du matin, le but de marche qui lui était assigné, Thiaucourt. Une communication du lieutenant-colonel de Caprivi, qui lui parvint en ce point, et lui faisait connaître qu'un combat était engagé, confirma le général de Kraatz dans sa résolution de marcher au canon, qu'on avait déjà entendu, chemin faisant. Sa colonne, qui accélérait, autant que possible, sa marche, se porta directement sur Tronville.

En vue de reconnaître le terrain et de se renseigner sur la situation du combat, le général de Kraatz avait envoyé en avant un officier d'état-major; il se porta lui-même en avant sur Flavigny. Comme, au centre de la ligne de bataille du IIIe corps, le besoin de soutien paraissait se faire particulièrement sentir, il dirigea un régiment et 4 batteries sur ce point, à l'aile gauche de la 5e division d'infanterie. Sur ces entrefaites, le commandant de l'artillerie de corps, colonel von der Goltz, avait obtenu du général de Kraatz l'autorisation de se porter rapidement en avant avec 2 batteries, qui devaient être couvertes par un régiment de dragons. Mais l'on ne put trouver ce dernier régiment, car il s'était déjà porté précédemment en avant, et avait fait sa jonction avec la division de cavalerie Rheinbaben. C'est ainsi que le colonel von der Goltz se porta en avant avec son artillerie, sans soutien, et se mit en batterie à Tronville, sur une position qui lui fut assignée par l'officier d'état-major dont nous avons déjà parlé.

Le gros de la 20ᵉ division, au fur et à mesure de son entrée en ligne (à l'exception de 4 bataillons, qui furent maintenus en arrière, en réserve, à Tronville), fut porté en avant, pour reprendre aux Français les bois de Tronville, opération qui fut également couronnée de succès, vers 5 heures de l'après-midi. Il en résultait que, sur ce point, la situation était redevenue ce qu'elle avait été avant l'entrée en ligne des corps français Canrobert et Le Bœuf. Quant à engager une offensive ultérieure décisive, en se conformant à l'esprit des ordres du prince Frédéric-Charles, il ne pouvait, pour le moment, en être question.

Ce résultat, en réalité très favorable aux Allemands, obtenu à leur aile gauche, ne doit pas, d'ailleurs, être attribué uniquement à l'entrée en ligne de quelques bataillons frais, quelle que soit la bravoure qu'ils aient déployée au combat. La cause réelle de ce succès provient, surtout, de ce que les Français observèrent, en général, une attitude complètement passive. Leurs chefs, dépourvus de tout esprit d'initiative, étaient habitués à attendre des ordres d'en haut, c'est-à-dire, dans ce cas, du maréchal Bazaine. Mais Bazaine, lui-même, dans la crainte constante d'être coupé de Metz, se préoccupait davantage d'assurer la sécurité de son aile gauche que de ce qui se passait à son aile droite ; c'est pour ce motif, également, qu'il maintenait en arrière de fortes réserves à Gravelotte. D'autre part, le commandant du 4ᵉ corps, général Ladmirault, qui s'était engagé à l'aile droite de la ligne de bataille française, fit preuve d'irrésolution dans ses opérations, et cela, selon toute apparence, parce qu'il avait été informé que « de fortes masses allemandes », marchant d'Hannonville par Ville-sur-Yron, s'avançaient contre son flanc droit. Ce renseignement se rapportait à la colonne du général de Schwartzkoppen, c'est-à-dire de la 19ᵉ demi-division (5 bataillons 1/2 de la 38ᵉ brigade et 12 pièces), en avant de laquelle se trouvait la brigade de dragons de la garde (6 escadrons) avec une batterie à cheval (1).

La colonne du général de Schwartzkoppen, qui, au début, s'était mise en marche sur Saint-Hilaire, avait déjà atteint cette localité avant midi. Pendant la marche, les patrouilles avaient

---

(1) Les autres troupes de cette colonne étaient restées en arrière à Saint-Hilaire. Un escadron de dragons de la garde avait suivi le général commandant, comme escorte.

entendu, d'une manière peu distincte, il est vrai, la canonnade, et, comme elle continuait à se faire entendre, le commandant de la brigade de dragons, général comte Brandenbourg, se porta en avant, avec le consentement du général de Schwartzkoppen, avec un régiment et la batterie, dans la direction de Mars-la-Tour.

Le général de Schwartzkoppen lui-même ne considérait pas, tout d'abord, comme indispensable de s'écarter, avec sa demi-division, de la direction nord-ouest, qu'il avait ordre de suivre, pour appuyer vers l'est, car il admettait qu'il était de son devoir de continuer la marche en avant dans la direction d'Étain, pour barrer la route à l'armée française en retraite. Il croyait que, seule, l'arrière-garde de cette armée se trouvait engagée au combat, et il estimait, en conséquence, que le IIIe corps, soutenu par l'autre brigade de sa division, était assez fort pour venir à bout de cette arrière-garde. Enfin, il savait également que le général commandant se trouvait sur le champ de bataille, et il résolut d'attendre ses ordres. C'est pour toutes ces raisons, que le général de Schwartzkoppen résolut de s'arrêter à Saint-Hilaire et de faire éclairer, provisoirement, le terrain dans la direction d'Étain.

Il venait à peine de faire prendre position à ses troupes et de placer ses avant-postes, lorsque, peu de temps après-midi, il reçut du général commandant un ordre qui l'invitait à porter ses troupes en avant, « pour soutenir le IIIe corps, dans les environs de Cham- « bley ». Sur ces entrefaites, le général de Schwartzkoppen apprit que la 37e brigade se trouvait chaudement engagée au nord de Tronville (nord de Chambley), et il prit, en conséquence, sa direction, non pas sur Chambley (c'est-à-dire plus à droite), mais sur la grande route, vers Mars-la-Tour (un peu au nord de Tronville) ; en suivant cette dernière direction, il devait arriver, soit à l'aile gauche de la 37e brigade d'infanterie, soit, dans le cas où l'ennemi aurait, sur ces entrefaites, pris l'offensive, tomber sur le flanc de l'adversaire. A 3 h. 30 de l'après-midi, la demi-division Schwartz-koppen arriva à Suzémont et à Hannonville. La direction de marche très habilement choisie par cette dernière demi-division causa une très grande émotion aux Français, dont les chefs parais-saient chercher des raisons pour justifier leur irrésolution et leur manque d'activité.

Chemin faisant, le général de Schwartzkoppen reçut, du général

de Voigts-Rhetz, un nouvel ordre, expédié de la hauteur de Tronville à 3 h. 30 ; cet ordre avisait le général de Schwartzkoppen
que la situation du combat se présentait sous un jour très défavorable, et, le prévenant que son flanc gauche était couvert par
une division de cavalerie, lui prescrivait de se porter à l'attaque
de l'aile droite ennemie. Mais, lorsque ce général atteignit le
champ de bataille, vers 5 heures de l'après-midi, la situation
s'était de nouveau un peu améliorée pour les Allemands ; leur aile
gauche s'était portée en avant et avait réoccupé les bois de
Tronville.

Le général de Schwartzkoppen résolut, immédiatement, de
tirer parti de cette situation favorable et de se porter, de son côté,
à gauche des bois de Tronville, dans la direction de Bruville, pour
attaquer l'aile droite française. La brigade de dragons de la garde
fut invitée à se porter sur Ville-sur-Yron, en passant à l'ouest et à
proximité de Mars-la-Tour ; elle devait, ensuite, agissant de
concert avec la division de cavalerie, qui, d'après la communication du général de Voigts-Rhetz, devait opérer de ce côté, protéger le flanc de sa propre infanterie, et tomber sur celui de
l'ennemi. Le général commandant, de Voigts-Rhetz, qui arriva à
ce moment, approuva ces dispositions.

Mais, en réalité, à ce moment, d'une part, la 5e division de
cavalerie, qui était à Tronville, c'est-à-dire à droite de la demi-
division Schwartzkoppen, ne se trouvait pas en mesure de couvrir
l'aile gauche de cette dernière ; d'autre part, la brigade de dragons
de la garde, subordonnée à la 5e division de cavalerie, ne pouvait,
pas plus que cette dernière, remplir cette mission, car elle fut
maintenue en arrière, à Mars-la-Tour, par un ordre du général
commandant, qui lui prescrivait « d'assurer la protection des
« batteries engagées au feu sur ce point ». Seule, la batterie à
cheval de la garde avait, sous la protection d'un escadron de
dragons, pris la direction qui lui avait été primitivement assignée,
et constituait alors l'unique troupe assurant la sécurité du flanc
extérieur de la demi-division Schwartzkoppen.

Telle était la situation du combat, lorsque le général
de Schwartzkoppen porta en avant, après les avoir formés sur
deux lignes, en vue de l'attaque décisive, les 5 bataillons disponibles de la 38e brigade (Wedell) et 2 compagnies de pionniers.
Cette attaque téméraire, ainsi que beaucoup d'autres opérations

des Allemands dans cette journée, ne peut s'expliquer que par ce fait qu'ils croyaient absolument n'avoir devant eux qu'une partie, seulement, de l'armée du maréchal Bazaine, c'est-à-dire son arrière-garde.

L'attaque de la brigade Wedell, au lieu d'atteindre l'ennemi de flanc, se heurta directement contre le front de la division Grenier, du 4ᵉ corps français, qui, en outre, avait en avant d'elle un ravin, dont les pentes tombaient, en certains points, absolument à pic. Sans tenir compte des fortes pertes qu'ils subissaient, les bataillons prussiens, qui se trouvaient déjà presque en désordre, sur une seule ligne de tirailleurs étendue, se portèrent à l'assaut des pentes du ravin, qui leur étaient opposées ; mais ils se heurtèrent, tout à coup, de ce côté, à une distance de 150 à 100 pas, et, même sur certains points, à 30 pas à peine, à la ligne du combat des Français. Il en résulta, des deux côtés, un feu meurtrier ; à ce moment, à l'aile droite de la division Grenier, arrivèrent, au pas gymnastique, des subdivisions de la division de Cissey, du même corps, qui se jetèrent sur les Prussiens déjà fortement ébranlés. « Ce combat inégal ne dure que quelques minutes ; puis les débris « de la brigade Wedell remontent les pentes du ravin », et se mettent en retraite, sous un feu exécuté à très courte distance, « qui leur cause des pertes équivalent presque à une destruction « complète (1). »

Presque tous les officiers étaient tombés morts ou blessés. Parmi les chefs supérieurs, le général de Wedel, lui-même, était légèrement blessé ; un commandant de régiment était tué ; d'autres avaient eu leurs chevaux tués sous eux. Le colonel de Cranach, le seul qui fût encore monté, ramena en arrière, un drapeau à la main, les débris de la brigade vers la route (Metz—Mars-la-Tour). Après une marche presque ininterrompue de 45 kilomètres et le combat violent qui l'avait suivie, les troupes se trouvaient épuisées ; plus de 300 hommes n'eurent plus la force de remonter les pentes opposées du ravin et furent faits prisonniers (2).

---

(1) D'après les indications du grand état-major prussien, ces troupes perdirent 60 p. 100 de leur effectif.

(2) Le colonel Canonge, dans son *Histoire militaire contemporaine*, tome II, page 119, écrit ce qui suit à ce sujet : Les Allemands ne sont pas, dit-il, en droit d'affirmer, ainsi qu'ils le font dans une note de leur relation officielle, que si la 38ᵉ brigade a perdu autant de prisonniers, c'est que nous avons ramassé

Trois batteries, qui s'étaient portées en avant, avec la brigade Wedell, jusqu'à proximité du ravin, restèrent, tout d'abord, sur leur position, qui était devenue dangereuse, et cherchèrent à protéger, au prix des plus grands sacrifices et des plus fortes pertes, la retraite de leur infanterie. Quelques pièces n'avaient plus comme attelages que deux chevaux; tous les commandants de batterie et le commandant de l'artillerie de corps, colonel von der Goltz, qui se trouvaient auprès des batteries, perdirent leurs chevaux. Les batteries se replièrent ensuite par échelons (1).

L'attaque de la brigade Wedell avait fait sortir brusquement les Français de leur inaction. Ils se mirent à la poursuite des Prussiens en retraite, tandis que de grandes masses de cavalerie françaises (du moins c'est ce qu'il semblait aux Allemands), menaçaient, à tout moment, de se jeter sur l'aile gauche allemande fortement ébranlée. Les débris de la brigade Wedell, qui battaient en retraite, et l'artillerie qui les protégeait, couraient le plus grand danger. Il était, à ce moment, presque 6 heures du soir.

Il s'agissait maintenant, tout d'abord, pour les Allemands, d'arrêter, coûte que coûte, la poursuite des Français. Cette mission fut confiée au 1er régiment de dragons de la garde. Après un déploiement, que le terrain rendait très difficile, trois escadrons de ce régiment (le 4e était resté en arrière en réserve), se précipitèrent en masse, avec impétuosité, à l'attaque de l'aile droite de l'infanterie française, qui se portait en avant. L'attaque se heurta surtout au 13e d'infanterie de ligne, de la division Grenier, qui fut obligé de se grouper autour de son drapeau, et offrit ainsi aux batteries allemandes un but avantageux. A droite des dragons, 2 escadrons de cuirassiers s'étaient portés en avant, pour les appuyer, mais ils ne purent mener à bonne fin leur attaque, en raison du feu violent de l'ennemi.

La charge décisive des dragons leur avait coûté très cher : ils

---

des hommes qui, après l'échec, ont été « hors d'état de remonter l'escarpement « du ravin », au fond duquel un petit affluent du ruisseau de Ville-sur-Yron coule parallèlement à la route Vionville—Mars-la-Tour. Si la rive droite est escarpée, il n'en est pas ainsi de la rive gauche, ainsi qu'il est facile de s'en assurer sur le terrain même. A vrai dire, l'expression de ravin, dont les Allemands abusent tant, n'est pas exacte ; dans le pays, on emploie celle de cuve, qui est très juste (*Annotation du traducteur français*).

(2) Hoffbauer, *L'artillerie allemande dans les batailles sous Metz*, 2e partie, pages 63-64.

avaient perdu 12 officiers d'état-major et supérieurs, un tiers de leurs hommes et deux tiers de leurs chevaux. Le commandant du régiment, colonel d'Auerswald, blessé mortellement, exprima ses remerciements à son régiment et remit, en poussant un « hoch » (vivat) en l'honneur du roi, le commandement du régiment au capitaine prince de Hohenzollern (1). Il mourut quelques jours plus tard.

L'attaque du régiment de dragons de la garde avait complètement atteint son but; les Français cédèrent encore, cette fois, à la première influence du dehors, mirent fin à leur poursuite, et battirent en retraite. Les débris de la brigade Wedell se sauvèrent dans la direction de Tronville; leurs batteries se replièrent sur une position située sur la route de Metz, où, en combinant leur action avec d'autres batteries, elles permirent à l'aile gauche de la ligne de bataille des Allemands, qui commençait à fléchir, de faire une nouvelle halte.

Un autre combat important, auquel prit part exclusivement la cavalerie, se livra immédiatement après, dans la partie la plus occidentale du champ de bataille, en avant du flanc gauche des Allemands et du flanc droit des Français. Le théâtre de cette lutte était formé par un mouvement de terrain long, très élevé, et d'un peu plus d'un kilomètre de largeur; ce terrain est limité par deux ruisseaux, qui coulent vers le nord, dans des vallées profondément encaissées et présentant, sur certains points, la forme de ravins. Le moins important de ces deux ruisseaux, celui de l'est, prend naissance à Mars-la-Tour, et, passant près de la ferme de Grizières, coule dans la direction de Jarny; celui de l'ouest, qui porte le nom d'Yron, et atteint déjà la largeur d'une petite rivière, rencontre, dans son cours, Hannonville (sur la route Metz—Verdun), et, plus loin, Ville-sur-Yron et Conflans. La partie de ce secteur sur laquelle eut lieu le combat est complètement découverte, et s'étend, sur une longueur de 3 à 4 kilomètres, de la route Metz—Verdun jusqu'à un bois qui limite la plaine découverte, au nord de la ferme de la Grange (près de Ville-sur-Yron).

La rencontre de grandes masses de cavaliers sur cette position fut provoquée, du côté des Allemands, par les efforts parfaitement

---

(1) Kähler, page 43.

logiques que faisait le général commandant le Xe corps, général
de Voigts-Rhetz, pour protéger, autant que possible, l'aile gauche
de la ligne de bataille allemande, dans la situation critique où elle
se trouvait, et, du côté des Français, par les craintes, non fondées,
qu'inspiraient au commandant du corps de l'aile droite, général
Ladmirault, des « masses énormes » qui paraissaient menacer
son flanc droit.

Le général Ladmirault aperçut un moyen de salut dans une
attaque de cavalerie dirigée sur Mars-la-Tour. Il avait, dans ce
but, à sa disposition immédiate, la division Legrand (3 régiments),
la brigade de la garde de France (2 régiments) et 1 régiment de
chasseurs d'Afrique, de la division de cavalerie de réserve
du Barail, qui, d'ailleurs, prévint les ordres du général Ladmirault,
devança les autres régiments de la cavalerie française et parut en
première ligne sur le théâtre de l'action. 29 escadrons français,
en tout, disposant d'un effectif de près de 3,000 chevaux, prirent
part à ce combat de cavalerie (1). L'idée d'une charge de cavalerie
provenait, évidemment, des Français, et ils avaient déjà pris, en
conséquence, leurs dispositions, au moment où la brigade prussienne Wedell, arrivant du sud, venait d'atteindre Mars-la-Tour,
et se préparait à exécuter sa fatale attaque. Mais la charge proprement dite de la cavalerie française se produisit beaucoup trop
tard, et seulement après l'échec de l'attaque de la brigade Wedell.
En outre, la marche en avant de la cavalerie française ne
paraissait pas présenter le caractère d'une poussée spontanée,
résolue « en avant », mais elle fut provoquée, au contraire, par
l'entrée en ligne, hardie et vigoureuse, de la batterie à cheval de

---

(1) Le général Ladmirault s'est exprimé, devant la commission d'enquête
parlementaire, de la manière suivante, à ce sujet : « J'étais arrivé, personnelle-
« ment, à midi, à Bruville, avec la division de cavalerie Legrand, à laquelle un
« repos avait été accordé sur ce point, parce qu'elle était debout depuis 4 heures
« du matin. A 5 heures, arriva la brigade de cavalerie de la garde de France
« (lanciers et hussards), qui, dans la matinée, avait escorté l'Empereur. Je
« m'adressai à la cavalerie et lui dis : Des masses énormes me menacent vers
« la droite ; nos pièces de 12 tiennent tête à leur artillerie ; mais l'adversaire
« se renforce à chaque instant, et, quoique l'infanterie ne soit pas encore des-
« cendue des hauteurs de Tronville, on voit des tirailleurs dans la direction de
« Mars-la-Tour. Ce serait le moment de faire une charge ; débarrassez-moi de
« ces masses, et ma droite sera sauvée. — Les officiers qui commandaient ces
« troupes étaient pleins d'enthousiasme ; c'étaient les généraux du Barail, de
« France et Legrand. » (Bazaine, *Épisodes de la guerre*, pages 85 et 86.)

la garde prussienne, qui, sous la protection d'un escadron de dragons de la garde, affecté à la demi-division Schwartzkoppen, était entrée en action sur ce point.

Ainsi que nous l'avons déjà dit, cette demi-division avait l'intention, en s'approchant de Mars-la-Tour, de se couvrir vers la gauche, en poussant en avant 5 escadrons de la brigade de dragons de la garde, avec une batterie à cheval, sur la hauteur de Ville-sur-Yron. Mais, sur ces entrefaites, le général commandant le Xᵉ corps, supposant à tort que le flanc extérieur de la demi-division Schwartzkoppen était couvert par la 5ᵉ division de cavalerie, avait donné à l'un des régiments de dragons de la garde une autre destination, de sorte que, de ce côté (à l'est de Ville-sur-Yron), il ne restait plus, en tout, que l'une des batteries à cheval de la garde et 1 escadron.

A ce moment, se trouvaient, derrière la ferme de Grizières, le régiment de chasseurs d'Afrique français dont nous avons déjà parlé, ainsi que les 3 régiments de la division Legrand, et, plus loin, vers Bruville, la brigade de la garde de France. La division de cavalerie Clérembault (forte de 20 escadrons), envoyée en avant, de ce côté, par le maréchal Le Bœuf, se trouvait encore plus loin, à Bruville.

La batterie de la garde allemande (von der Planitz) dont nous avons déjà parlé avait obtenu l'autorisation de se porter plus en avant; favorisée par le ravin qui se trouvait devant elle, elle se mit en batterie en face de la ferme de Grizières, et ouvrit, vers 4 h. 30 de l'après-midi, un feu de flanc contre la cavalerie française, qui se trouvait à proximité immédiate, sans s'inquiéter beaucoup de la supériorité des forces ennemies.

En présence de cette situation, le régiment de chasseurs d'Afrique français, après avoir franchi le ravin, se porta à l'attaque de la batterie von der Planitz, qui, obligée de battre en retraite rapidement sur Mars-la-Tour, ne dut son salut qu'à la contre-attaque exécutée, avec le plus grand dévouement, par l'escadron qui lui servait de soutien. Les chasseurs français repoussèrent les dragons de la garde et se précipitèrent alors, complètement débandés, et mêlés avec les Prussiens, en raison du combat corps à corps qu'ils venaient de livrer, dans la direction du sud, au delà de Mars-la-Tour. Mais, à ce moment, accourait déjà, également, sous le commandement du colonel de Brauchitsch, le 13ᵉ régiment de dragons, qui se trouvait en tête de la 5e division de cavalerie prussienne ; il recueillit au passage l'escadron de dragons de la garde et mit en fuite les chasseurs français. Dès lors, au moment où des masses importantes de cavaliers français firent leur apparition, le régiment se reporta de nouveau en arrière, pour se rassembler.

Cet accident servit de prélude au grand combat de cavalerie auquel prirent part, du côté des Allemands, 22 escadrons avec environ 3,000 chevaux, soit, des deux côtés, des forces à peu près équivalentes. Un examen détaillé de ce combat de cavalerie, très fertile en enseignements, sortirait du cadre de cette étude ; remarquons seulement que, du côté des Français, l'unité de direction fit absolument défaut.

Autant la cavalerie française avait tardé à se décider à passer à l'attaque, autant elle agit d'une manière inconsidérée, quoique brave, pendant la charge elle-même. Sans attendre l'arrivée de la division Clérembault, ni même celle de la brigade de la garde de France, le général Legrand se lança à l'attaque, — entre 6 et 7 heures, — et fut repoussé. La brigade de France, qui se porta en avant immédiatement après, sans pouvoir arriver complètement à se former en bataille, fut impuissante à rétablir le combat ; dès lors, après une mêlée (de 6,000 cavaliers) qui dura une demi-heure, mêlée que l'écrivain militaire français Bonie compare à un tourbillon dévastateur et meurtrier, les Français s'enfuirent derrière le ravin de la ferme de Grizières, et entraînèrent avec eux la brigade de tête Bruchard, de la division Clérembault, qui, à ce moment seulement, arrivait sur le théâtre de l'action (1).

Envisagé au point de vue des Allemands, ce combat nous offre l'exemple d'une vigoureuse coopération de toutes les fractions, en vue d'atteindre le but poursuivi ; c'est avec une grande activité et avec un succès complet qu'un escadron de dragons de la garde s'engagea au combat ; cet escadron avait été envoyé en avant par la demi-division Schwartzkoppen, pour éclairer le terrain sur le flanc gauche.

Les Allemands étaient restés maîtres du champ de bataille. Toutefois, à ce moment, les masses de cavaliers allemands

---

(1) D'après certaines sources françaises, ce furent des signaux mal compris, qui, en sonnant le rassemblement, provoquèrent cet accident.

essuyaient, non seulement le feu de la cavalerie française, qui s'était jetée, en partie, sur le bois limitant le plateau au nord, mais encore des feux d'infanterie et d'artillerie, venant de la direction de l'est; il en résulta que les masses de cavaliers allemands, après s'être rassemblées, se virent obligées de battre en retraite sur Mars-la-Tour. Sur ces entrefaites, la brigade de dragons Maubranches, de la division Clérembault, avait enfin réussi à faire son apparition au delà du ravin, sur le plateau. Ces dragons repoussèrent les cavaliers allemands restés en arrière ou dispersés, se maintinrent sur la partie nord du champ de bataille, et suivirent, en l'observant, la retraite des Allemands. C'est ainsi que se termina le combat.

Le général Legrand et deux commandants de régiment prussiens avaient trouvé, à la tête de leurs escadrons, une mort glorieuse. Le général de brigade français Montaigu, blessé, avait été fait prisonnier.

Les deux partis avaient, en apparence, atteint leur but, et tous deux s'attribuèrent la victoire : les Allemands, parce qu'ils conservèrent la haute main dans le combat lui-même ; les Français, parce qu'après la retraite des Allemands, ils restèrent en possession du champ de bataille. Cependant, en réalité, non seulement la victoire tactique, mais aussi la victoire stratégique appartient aux Allemands.

Pour ces derniers, qui, dans la bataille du 16, étaient de beaucoup les plus faibles, et n'avaient, en réalité, d'autre mission que d'arrêter la marche de l'armée française, c'était obtenir un succès suffisant que d'arriver à se maintenir, d'une manière générale, sur le champ de bataille. C'est pour ce motif qu'après la défaite de la brigade Wedell, ils avaient cherché à arrêter l'adversaire, en engageant leurs masses de cavalerie. Quant aux Français qui étaient en train de battre en retraite sur Verdun, ils avaient l'obligation absolue, au contraire, d'infliger, à tout prix, une défaite à l'adversaire, en prenant vigoureusement l'offensive, particulièrement contre l'aile droite allemande; ils ne devaient donc, en aucun cas, se contenter simplement de repousser l'ennemi.

L'inaction des Français permit aux débris de la brigade Wedell de se rassembler derrière Tronville et de se remettre à peu près en ordre. Les troupes de la division Kraatz, dont une partie avait occupé les bois de Tronville, tandis que l'autre était restée en réserve en arrière de ces bois, et qui avaient été entraînées dans la retraite de la brigade voisine Wedell, se reportèrent de nouveau en avant et reprirent leurs anciennes positions. La ligne de combat des Allemands, sur cette partie du champ de bataille, avait de nouveau repris une contenance ferme (1).

La nuit commençait à arriver, et les Allemands avaient acquis la conviction d'avoir, dans la mesure de leurs forces, accompli, d'une manière satisfaisante, la tâche qui leur incombait dans cette journée. Envisagée au point de vue tactique, la bataille était, il est vrai, demeurée indécise ; mais il n'en est pas moins vrai que les Allemands avaient arrêté, toute une journée, l'armée du maréchal Bazaine, et lui avaient coupé complètement l'une des lignes de retraite qu'elle avait choisie. Dès lors, pour arriver à se frayer un chemin, en vue d'assurer sa retraite ultérieure, il ne restait plus au maréchal Bazaine d'autre parti à prendre que de remporter, le jour suivant, une victoire sur les fractions de l'armée allemande, qui se trouvaient, à ce moment, considérablement renforcées. Il en résultait, en fin de compte, que la journée du 16 août s'était terminée, pour les Allemands, par une victoire stratégique incontestable. On avait donc tout lieu de se contenter de ce succès. Et, cependant, ce n'était pas l'avis du commandant en chef de la deuxième armée allemande, prince Frédéric-Charles.

Ce dernier observait le cours de la bataille, de la hauteur de Flavigny, d'où l'on pouvait suivre les péripéties du combat aux deux ailes. Comme, vers 7 heures du soir, le feu engagé à l'aile droite allemande croissait visiblement en intensité, le prince en conclut que les troupes fraîches du IX⁰ corps, qu'il attendait avec impatience, venaient d'entrer en ligne de ce côté. Il résolut, en

---

(1) L'ouvrage du grand état-major prussien (1ʳᵉ partie, tome I, page 601) affirme qu'un officier détaché par le général de Kraatz avait, par suite d'une confusion de personne, reçut l'ordre qui prescrivait « à la division de se rassembler à Tronville », c'est-à-dire, par conséquent, de battre en retraite. En exécution de cet ordre, les bois de Tronville furent évacués par la plus grande partie des subdivisions de la division Kraatz, qui les occupaient. Mais, lorsque le général de Kraatz apprit, immédiatement après, que les Français ne mettaient pas à profit le succès qu'ils venaient de remporter sur la brigade Wedell, il reporta ses troupes en avant, pour leur faire réoccuper leurs anciennes positions, prévenant ainsi, en cette circonstance, les ordres du commandement supérieur (Consulter également le cahier 18 des monographies publiées par le grand état-major prussien, pages 584 et 585). (*Annotation du traducteur allemand.*)

conséquence, de porter encore à l'adversaire, avant la tombée de la nuit, avec son aile gauche, un dernier coup, dans la direction de Rezonville. A cette attaque devaient coopérer, également, les grandes masses d'artillerie engagées au combat à Vionville, et la 6e division de cavalerie, que le prince, en dépit des crises dangereuses du combat, avait continué à tenir en réserve derrière Flavigny.

Les moyens que le prince Frédéric-Charles comptait employer, pour exécuter cette attaque, se trouvaient, cependant, loin d'être suffisants. Après l'échec de l'attaque de la brigade Wedell, si l'infanterie du Xe corps avait réussi à se maintenir dans les bois de Tronville, ainsi que, d'une manière générale, sur les positions qui se trouvaient à l'aile gauche allemande, c'était uniquement grâce à l'inaction des Français. Les batteries allemandes engagées au combat manquaient de munitions et de chevaux. Quant à la 6e division de cavalerie, seule, elle ne pouvait pas amener un grand résultat, car elle était en selle depuis 3 heures du matin.

Le prince Frédéric-Charles comptait, néanmoins, sur l'impression morale que devait produire une pareille attaque brusquée, entreprise encore au crépuscule, et sur le désarroi qu'elle devait causer dans les rangs de l'ennemi. Il désirait que le dernier coup donné dans cette journée partit des Allemands, pour bien montrer à l'adversaire que leurs forces et leur énergie n'étaient pas encore épuisées. Il donna, en conséquence, ses ordres pour la marche en avant sur Rezonville (1).

L'exécution de cette attaque eut lieu au crépuscule, et, en partie, dans l'obscurité. 8 batteries accompagnèrent la marche en avant; parmi elles, 6 avaient déjà pris part au combat, tandis que 2 autres de la (25e) division, du grand-duché de Hesse, appartenant au IXe corps, venaient d'arriver, tout récemment, sur le champ de bataille. A gauche de l'artillerie, au nord de la route Metz—Verdun, quelques bataillons de la 6e division d'infanterie, qui avaient déjà été fort éprouvés, se joignirent également au mouvement en avant.

Le but immédiat de l'attaque était la ligne de hauteurs découverte, située au sud de Rezonville, qui avait été disputée, avec

---

(1) Ouvrage du grand état-major prussien, 1re partie, tome I, pages 609-610. *Opérations de la deuxième armée*, pages 99 et 100.

tant d'acharnement, au cours de la bataille. L'aile gauche de la ligne d'artillerie allemande, qui se portait en avant, fut bientôt réduite au silence par le feu violent de l'infanterie française ; en revanche, les batteries de l'aile droite des Allemands couronnèrent réellement, vers 8 heures du soir, les hauteurs en question. Ces batteries furent immédiatement en butte à un feu concentrique, meurtrier, exécuté par l'infanterie ennemie, pendant que le général Bourbaki dirigeait contre elles le feu de 54 pièces de l'artillerie de la garde. Les batteries allemandes furent obligées de se replier sur leurs anciennes positions. Pendant ces combats, elles s'étaient exposées au feu, à courte distance, de l'infanterie française, au point qu'elles durent se défendre contre cette dernière, à une distance de 600 et même 150 pas (1).

La marche en avant de la 6e division de cavalerie contre Rezonville eut lieu, en partie, alors que le crépuscule était déjà très prononcé, en partie presque en pleine obscurité, de sorte qu'il était difficile, ou même impossible, de distinguer les buts d'attaque. Ce n'est que grâce aux éclairs produits par les coups de canon, qu'on arrivait à distinguer ses propres troupes de celles de l'ennemi. L'attaque de la division se fit dans l'ordre suivant :

A l'aile droite, la brigade Grüter (13 escadrons) se porta en avant ; elle essuya un feu d'infanterie si violent, qu'elle fut obligée de rétrograder. En réalité, seul, un régiment de cette brigade se porta à l'attaque (contre l'infanterie) ; dans cette charge, son chef fut blessé mortellement. L'autre brigade, sous le colonel de Schmidt (12 escadrons), se porta plus à gauche, et se trouva immédiatement en butte au feu de ses propres bataillons, appartenant à la 6e division d'infanterie, qui se croyaient menacés par l'infanterie ennemie et faisaient feu de tous côtés. Néanmoins, une partie de la brigade Schmidt attaqua l'infanterie française, traversa ses lignes de tirailleurs et quelques subdivisions à rangs serrés ; mais elle fut alors obligée de se replier sous le feu de l'ennemi, qui partait de toutes les directions ; dans cette affaire, le colonel de Schmidt était blessé.

A 10 heures du soir, le feu avait cessé sur tous les points, et la

---

(1) Hoffbauer : *L'artillerie allemande dans les batailles sous Metz*, 2e partie, pages 79-80.

nuit fraîche, qui succédait à la chaleur du jour, couvrit de ses ombres le champ de bataille ensanglanté, sur lequel plus de 30,000 hommes étaient tombés.

Les pertes des Allemands s'élevaient à 16,000 hommes, dont 700 officiers. Les Français perdirent près de 17,000 hommes, ainsi que plus de 800 officiers. La cavalerie allemande, forte de 10,780 hommes, avait perdu 1425 hommes et 1837 chevaux (1). La consommation extraordinaire de munitions qui fut faite par l'artillerie allemande (près de 20,000 projectiles) prouve que cette arme a, dans cette bataille, encore plus que dans les autres, supporté une grande partie du poids de la lutte; aussi ses pertes furent-elles considérables. L'artillerie allemande perdit 25 officiers, 685 hommes et 998 chevaux (2).

Les Allemands portent l'effectif de celles de leurs troupes qui prirent part à la bataille à un peu plus de 67,000 hommes avec 222 pièces; les forces françaises engagées s'élevèrent à 138,000 hommes avec 476 pièces (y compris les mitrailleuses).

Remarquons que les Prussiens, réunis à tous les autres États allemands confédérés, disposaient, incontestablement, depuis le commencement de la guerre, de la supériorité numérique sur le théâtre des opérations; ils devaient, dès lors, avoir exclusivement à cœur de conserver cette supériorité numérique, même dans les batailles isolées. A vrai dire, il ne leur était pas absolument impossible de satisfaire à ce desideratum. Néanmoins, il se produisit ce fait, qu'à Mars-la-Tour les Allemands ne purent opposer que 67,000 hommes à toute l'armée du maréchal Bazaine, dont l'effectif total, d'après les indications du maréchal lui-même, peut être évalué à 130,000 ou 135,000 hommes (3).

---

(1) Kähler, page 69 (D'après le cahier 11 des monographies publiées par le grand état-major prussien, la cavalerie allemande perdit 104 officiers et 1303 hommes). (*Annotation du traducteur allemand.*)

(2) Hoffbauer, *L'artillerie allemande dans les batailles sous Metz*, 2° partie, pages 81-111-115 (Dans le cahier 11 des monographies publiées par le grand état-major prussien, page 664, il est dit que les pertes s'élevèrent à 39 officiers et 681 hommes). (*Annotation du traducteur allemand.*)

(3) C'est l'effectif indiqué dans l'ouvrage de Bazaine (*Episodes*, etc., page 60), effectif basé sur les forces d'infanterie, de cavalerie et d'artillerie, défalcation faite des pertes approximatives éprouvées le 14, et de la division Laveaucoupet,

Les Allemands s'étaient trouvés ainsi, en cette circonstance, dans une situation tout à fait inattendue et très mauvaise. Comment cela put-il se faire ? Il ne faut en chercher la raison, ni dans l'habilité des mouvements exécutés par l'adversaire, ni dans un accident extraordinaire, que les Allemands ne pouvaient pas faire entrer en ligne de compte dans leurs prévisions, mais bien, en dernière analyse, dans les fautes commises par ces derniers.

On ne saurait nullement, en réalité, prétendre que cette situation fut amenée par l'habileté que déployèrent les chefs français dans leurs opérations. Les Allemands savaient, en outre, parfaitement, que toute l'armée française se trouvait, peu de temps auparavant, rassemblée sous Metz, et qu'un jour à peine avant la bataille de Mars-la-Tour, des forces françaises assez importantes s'étaient battues, le 14, jusque dans la nuit, sur la rive droite de la Moselle. La présence de l'armée française, le 16 août, encore à proximité de Metz, sur la rive gauche de la Moselle, était donc un facteur qu'il fallait, tout au moins, faire entrer en ligne de

---

laissée en arrière pour renforcer la garnison de Metz. L'ouvrage intitulé *Les opérations de la deuxième armée* estime que l'effectif avec lequel l'armée française se présenta sur le champ de bataille s'élevait à 125,000 hommes. Derrécagaix porte l'effectif des Français à 136,000 hommes et celui des Allemands à 94,000, en prenant pour base de ces derniers nombres l'effectif des rationnaires. Mais, en s'en rapportant à d'autres indications, données par cet auteur (2e partie, page 33), il faudrait admettre que les forces des Français s'élevèrent à 152,000 hommes. D'après le cahier 11 des monographies publiées par le grand état-major prussien, page 656, les forces totales ci-dessous furent engagées, de part et d'autre, dans la bataille de Vionville-Mars-la-Tour :

Allemands.	*Français.*
52,000 fusils, 10,900 sabres, 228 pièces.	D'après *L'armée du Rhin*, par Bazaine, défalcation faite de l'escorte de l'Empereur et des divisions Metman et Lorencez : 99,100 fusils, 14,300 sabres, 486 pièces (y compris 54 mitrailleuses).

Parmi ces forces, prirent part au combat décisif :

Allemands.	*Français.*
47,100 fusils, 8,300 sabres, 222 pièces.	83,600 fusils, 8,000 sabres, 432 pièces (y compris 48 mitrailleuses).

(Annotation du traducteur allemand.)

compte dans les éventualités possibles, et que les Allemands ne devaient pas, en tout cas, perdre de vue.

Il ne reste donc plus qu'à admettre que la situation critique dans laquelle se trouvèrent les Allemands, pendant la bataille de Mars-la-Tour, a été la conséquence immédiate des fautes commises par leur commandement suprême. C'est ce qui résulte, d'une manière suffisamment claire, des aveux qu'on trouve, quoique avec diverses réserves, dans l'ouvrage du grand état-major prussien (1).

La faute est imputable à l'opinion préconçue que s'était faite le commandement suprême des Allemands, en général, et en particulier, le commandant en chef de la deuxième armée, opinion qui tendait à admettre que l'armée française du maréchal Bazaine, engagée dans la retraite, avait déjà parcouru, jusqu'au 16, une grande étendue de terrain en arrière de Metz; le commandant en chef de la deuxième armée estimait que cette étendue allait jusqu'à deux jours de marche (2). L'ouvrage intitulé *Les opérations de la deuxième armée,* dans le but de justifier la manière de voir du commandant en chef de cette armée, développe cette pensée, que l'empereur Napoléon lui-même avait insérée en tête de son ordre de l'armée, en date du 4 août, savoir « qu'il faut « toujours supposer à ses ennemis les projets les plus raison-« nables ».

Dans le cas présent, le commandant en chef de la deuxième armée attribuait à la direction suprême des Français la résolution la plus judicieuse, qui consistait à exécuter, le plus vite possible, la retraite, en partant de Metz (3). Pénétré complètement de cette idée préconçue, on ne voulait pas admettre que l'adversaire pût prendre une autre résolution, tout aussi logique que celle qu'on lui attribuait, et qu'il tentât, notamment, de battre séparément les fractions de la deuxième armée allemande, au moment critique où elles exécutaient le passage de la Moselle, en vue de la place de Metz.

---

(1) Ouvrage du grand état-major prussien, 1re partie, tome II, pages 877 à 884.
(2) *Opérations de la deuxième armée,* page 72.
(3) Dans l'ordre adressé à la deuxième armée allemande pour le 17, on admettait comme probable que le maréchal Bazaine réussirait à battre en retraite derrière la Meuse, sans combat (*Opérations de la deuxième armée,* pages 73-74).

Les Français pouvaient s'être dissimulés, à dessein, sous les murs de Metz (sur la rive gauche de la Moselle), ou encore, comme c'était le cas en réalité, avoir retardé leur départ. La bataille livrée sur la rive droite de la Moselle, le 14, confirmait, d'une manière suffisamment claire, cette dernière éventualité.

Mais le projet le plus raisonnable que puisse adopter mon adversaire sera toujours celui qui se trouve être le plus dangereux pour moi. Le projet le plus dangereux pour la deuxième armée allemande consistait à essayer de la battre séparément. L'ouvrage du grand état-major prussien envisage, également, dans un autre passage, cette éventualité, lorsqu'il dit expressément que, le 16 août, « une attaque décisive et puissante, exécutée par « l'armée française presque réunie » (contre la fraction de la deuxième armée, qui, selon toute prévision, pouvait, seule, avoir passé sur la rive gauche de la Moselle), « aurait été, évidemment, « le moyen le plus sûr à employer pour assurer la retraite ulté- « rieure derrière la Meuse ».

L'ouvrage du grand état-major émet ainsi, d'une part, l'avis que le maréchal Bazaine aurait dû commencer son mouvement de retraite le plus vite possible, et, d'autre part, cet ouvrage incline à penser, en un autre passage, que le maréchal devait, avant tout, en cette circonstance, chercher à infliger une défaite à la fraction de l'armée allemande qui se trouvait la plus rapprochée de lui.

Il faut admettre que cette contradiction, qu'on rencontre dans l'ouvrage du grand état-major prussien, n'est nullement fortuite. Les écrivains historiques allemands évitent, à dessein, d'effleurer la question relative aux « véritables motifs » de la faute commise par le commandant en chef de la deuxième armée. La raison immédiate de cette faute était, évidemment, l'ignorance dans laquelle on se trouvait au sujet de la situation à l'ouest de Metz. A la guerre, on commet souvent des fautes, parce qu'on est mal renseigné ; mais la question essentielle est de savoir si, dans le cas présent, cette ignorance, dans laquelle on se trouvait, était inévitable, ou bien s'il convient d'en faire remonter l'origine à la négligence des Allemands ou aux fautes qu'ils avaient commises. Nous avons discuté suffisamment, dans le chapitre précédent, la véritable raison pour laquelle le commandement suprême des Allemands fut mal renseigné, et, comme conséquence, commit les fautes que nous avons signalées. Cette insuffisance d'orientation provenait de ce fait que les Allemands ne surent pas utiliser leur nombreuse et remarquable cavalerie, pour exécuter, en temps opportun, une reconnaissance au delà de la Moselle, jusque sur les derrières de la place de Metz.

La responsabilité de cette négligence était imputable, ainsi que nous l'avons vu, aux commandants en chef des deux armées, aussi bien qu'au grand quartier général. Les conséquences défavorables des fautes commises se firent jour dans la bataille extrêmement téméraire, qui fut livrée, le 16, à Mars-la-Tour. Ces conséquences furent conjurées de nouveau, en cette circonstance, par l'énergie et l'habileté des chefs en sous-ordre, ainsi que par la conduite extraordinairement dévouée des troupes, qui, dans ce cas, comme dans beaucoup d'autres, du côté des Allemands comme du côté des Français, expièrent et expieront également, à l'avenir, au prix de leur sang, les fautes de ceux auxquels, pourtant, revient, en définitive, toute la gloire du succès.

Dans ce qui suit, j'examine encore une fois, en peu de mots, comment les fautes commises par le haut commandement, dans cette bataille, furent, une fois de plus, réparées par les chefs en sous-ordre allemands.

Lorsque le général d'Alvensleben se heurta, d'une manière si inattendue, aux Français, il ne témoigna aucune appréhension, bien que l'adversaire montrât des forces beaucoup plus considérables que celles qu'on lui avait supposées au début de l'action, autant, du moins, qu'on pouvait en juger (1). Loin d'avoir à constater ici l'irrésolution dont les chefs font facilement preuve dans de pareils cas, sous prétexte qu'ils attendent des ordres, nous voyons, au contraire, les troupes du IIIe corps passer à l'attaque avec le plus grand esprit de résolution.

Seule, cette offensive immédiate, impétueuse (appuyée par le tir tout à fait efficace de l'artillerie), a pu permettre aux Prussiens d'achever avec succès leur déploiement périlleux, au débouché de

---

(1) La brigade d'infanterie Dœring s'engagea, peu de temps après 9 heures, au combat ; elle fut suivie du reste de la division.

la forêt, en présence de l'adversaire, et de s'emparer de vive force d'une position de défense, sur laquelle ils réussirent ensuite à se maintenir, en face de toute l'armée du maréchal Bazaine. Il est évident qu'après cette première rencontre, tout à fait inattendue pour les Allemands, la lutte était devenue inévitable. En adoptant une attitude passive, le corps Alvensleben courait le risque d'être battu; d'autre part, il s'exposait à un danger encore plus grave, en se mettant prématurément en retraite, car, dans ce dernier cas, il pouvait arriver, d'après le cours naturel des choses, qu'il fût poursuivi par des forces françaises supérieures en nombre. Quant à la question de savoir si cette dernière éventualité (une poursuite par les Français) se serait réellement produite, il est difficile de se prononcer à ce sujet; en tout cas, le général d'Alvensleben avait le devoir d'envisager la possibilité d'une attaque provenant de l'ennemi. D'autre part, il était autorisé à compter sur l'appui du Xe corps et d'autres fractions de troupes, qui s'étaient déjà portées en avant jusqu'à la Moselle.

Il résulte, en outre, de la description des événements qui précédèrent la bataille, que le général commandant le Xe corps, général de Voigts-Rhetz, avait déjà pris, au préalable, des mesures énergiques, pour se renseigner exactement sur la situation près de Metz. Il renforça la (5e) division de cavalerie Rheinbaben, placée sous ses ordres, par des batteries à cheval empruntées à l'artillerie de corps, et tint tout prêts, comme troupe de soutien, pour cette division, les détachements Lehmann et Lyncker. Il donna à la division de cavalerie ainsi renforcée l'ordre de se porter en avant, pour éclairer le terrain vers Metz. Le chef d'état-major devait accompagner la division. Peu de temps après, le général de Voigts-Rhetz se porta, également, de sa personne, le 16, à proximité de la 5e division de cavalerie.

La lutte une fois engagée, le général de Rheinbaben se mit immédiatement à la disposition du général d'Avensleben.

Les colonels Lehmann et Lyncker abandonnèrent la direction de marche qui leur avait été prescrite, et accoururent sur le champ de bataille. Ils furent les premiers à fournir aux troupes du IIIe corps, qui allaient succomber dans une lutte inégale, l'appui qui leur était absolument indispensable.

La décision prise par ces deux chefs était parfaitement motivée par les circonstances. Venant de deux points différents, ils avaient été mis en marche sur Chambley, pour servir, sur ce point, de soutien à la cavalerie, qui s'était portée en avant pour éclairer le terrain vers Metz. Il tombait sous le sens que, du moment qu'une lutte des plus sérieuses se trouvait engagée, la mission d'éclairer le terrain avait déjà pris fin; il s'agissait donc, pour les deux chefs de détachement, de se proposer un autre but; il leur sembla, dès lors, qu'ils ne pouvaient mieux faire que d'appuyer, de leur propre initiative, sans attendre un ordre, ni même une indication quelconque de l'autorité supérieure, les troupes du IIIe corps, engagées au combat.

Dès que le commandant de la 20e division d'infanterie (avec l'artillerie de corps du Xe corps), général de Kraatz, qui venait d'atteindre le but assigné à sa marche, Thiaucourt, fut informé qu'une lutte des plus sérieuses était engagée, il continua sa marche dans la direction du champ de bataille, et, en même temps, envoya en avant un officier d'état-major, chargé de se renseigner sur la situation du combat, et, en outre, une partie de l'artillerie de corps. Puis il se porta lui-même en avant, pour voir sur quel point il était le plus urgent d'amener des secours, et il appuya, de sa propre initiative, avec une partie de ses troupes, le centre du IIIe corps ; en même temps il dirigeait le reste de sa division sur l'aile gauche menacée.

Le commandant de la 19e division d'infanterie, général de Schwartzkoppen, qui dirigeait vers Fresnes l'une de ses brigades, formant, avec la brigade de dragons de la garde, l'avant-garde du Xe corps, autorisa le commandant de la brigade de dragons à se porter rapidement en avant, dans la direction de la canonnade, avec un régiment et la batterie à cheval. Mais, comme il n'était pas fixé lui-même sur le point où sa présence était le plus nécessaire, il continua à se porter dans la direction du nord-ouest, pour couper à l'adversaire sa ligne de retraite, à Fresnes, ou pour le suivre, à partir de ce point, dans le cas où, ainsi qu'il le croyait, ce dernier aurait déjà réussi à exécuter sa retraite avec le gros de ses forces. Comme le général de Schwartz-koppen savait que le général commandant s'était déjà porté en avant, dans la direction d'où le feu d'artillerie était signalé, il admit que ce dernier, en cas de nécessité, ferait, tout d'abord, appel à son concours.

A Saint-Hilaire, le général de Schwartzkoppen reçut, du général de Voigts-Rhetz, l'ordre de se porter dans la direction de l'est, sur Chambley ; mais, bientôt après, il fut également informé qu'au nord de cette localité un violent combat était engagé. C'est pourquoi il résolut de se porter en avant, non pas sur Chambley, direction qui l'amenait à renforcer l'aile gauche, fortement menacée par les Français, mais d'appuyer un peu plus au nord, pour attaquer directement le flanc droit de l'adversaire. Ce mouvement de la demi-division Schwartzkoppen fut suivi, il est vrai, d'un insuccès tactique complet, mais il n'en eut pas moins une importance prépondérante, au point de vue de l'issue favorable de la bataille ; il causa, notamment, une inquiétude extrême, — on pourrait presque dire insensée, — au commandant du corps de l'aile droite française, général Ladmirault, et empêcha l'ennemi d'exécuter une attaque des plus dangereuses pour les Allemands.

Le commandant de la 16ᵉ division du VIIIᵉ corps, général de Barnekow, fit preuve d'une aussi grande initiative, en se portant en avant au combat, avec la brigade qu'il avait à sa disposition, après avoir dépassé la localité d'Arry sur la Moselle, qui lui avait été assignée comme but de marche, et après avoir traversé cette rivière elle-même (à Novéant). Il agit ainsi sur la proposition du chef d'état-major de son corps, colonel de Witzendorff, et avec la pleine approbation du général commandant, de Goeben ; l'exemple de la division Barnekow fut suivi également par le régiment de tête de la 18ᵉ division du IXᵉ corps.

Parmi les fractions de ce dernier corps d'armée, seule, une brigade de la (25ᵉ) division du grand-duché de Hesse s'engagea encore, assez tard, dans la soirée, au combat.

Ces hésitations, qui, d'ailleurs, ne sont pas habituelles aux Allemands, dont firent preuve, dans cette journée, les troupes du IXᵉ corps, furent, dans ce cas, la conséquence de l'ordre ferme donné par le général de Manstein, qui prescrivait, en raison de la grande fatigue des troupes résultant des marches précédentes, de ne pas dépasser, le 16, les points qui leur étaient assignés (1).

_____

(1) On sait que ce général n'approuva pas également la conduite du général de Wrangel (voir le renvoi (2) de la page 326) et lui fit donner l'ordre de ramener en arrière le régiment Schœning. Mais le général de Wrangel ne se hâta pas de mettre cet ordre à exécution. Le colonel de Schœning ne reçut ce dernier ordre qu'assez tard, et, non seulement ne battit pas en retraite, mais

Il y a lieu de mentionner, tout particulièrement, l'initiative dont fit preuve le commandant du régiment de tête de la 18e division, colonel de Schœning. Il avait reçu, de son commandant de division, général de Wrangel, l'ordre d'occuper le passage de la Moselle à Corny, qui avait été abandonné par la division Barnekow, cette division s'étant portée en avant dans la direction du champ de bataille. Ainsi que le mentionne l'ouvrage du grand état-major prussien, le colonel de Schœning estima que le procédé le plus efficace, pour assurer la protection de ce passage, qui lui avait été confiée, consistait à se porter en avant sur le champ de bataille (1). En conséquence, lorsque, d'une part, un ordre du général de Wrangel le rappela en arrière, tandis que, d'autre part, le IIIe corps lui demandait, avec insistance, de se porter en avant, pour l'appuyer, il n'eut pas, d'après les propres termes de l'ouvrage du grand état-major, « la moindre hésitation au sujet de la ques-« tion de savoir où le devoir l'appelait ». En recevant l'ordre de rétrograder, le colonel de Schœning pouvait supposer, avec raison, que son supérieur, au moment où il lui donnait cet ordre, ignorait la situation périlleuse dans laquelle se trouvait le corps Alvensleben ; dans ces conditions, le colonel de Schœning estima qu'il devait régler sa conduite d'après les circonstances, telles qu'elles se présentaient réellement.

L'ouvrage du grand état-major prussien, toujours prudent et extrèmement réservé dans les jugements qu'il émet, ne se prononce pas sur la raison qui motiva la conduite hésitante des chefs du IXe corps ; en revanche, l'approbation qu'il témoigne, en peu de mots, il est vrai, mais, néanmoins, de la manière la plus explicite, au colonel de Schœning, en raison de la virile résolution qu'il prit, constitue, par le fait, une désapprobation manifeste de la conduite des chefs qui, dans cet instant critique, ne furent pas à la hauteur de leur mission (2).

La présente étude n'a pour but, dans sa partie critique, que de servir la cause de l'enseignement, et non de faire la critique des

---

se porta, au contraire, rapidement en avant pour prendre part au combat. (Annotation de l'auteur russe, destinée à être insérée dans la 2e édition de la traduction allemande.)

(1) Voir le renvoi (2) page 326.

(2) Voir le renvoi (2) page 327 (*Annotation du traducteur allemand*).

actes isolés, ainsi que des personnalités ; un blâme direct est d'autant moins justifié qu'on connaît très peu toutes les particularités et les mobiles réels des actes exécutés. En revanche, on peut parfaitement admettre les hypothèses relatives à ces actes, du moins en tant qu'elles peuvent être motivées et profiter uniquement au but que se propose l'enseignement. On est donc en droit d'affirmer que si le colonel de Schœning, en dépit de l'ordre qui le rappelait en arrière, se décida à s'engager rapidement au combat, sa détermination fut motivée par ce fait qu'il se trouvait plus rapproché du théâtre des événements, et, par suite, pouvait embrasser et apprécier la situation réelle beaucoup mieux que ses supérieurs.

Involontairement, on est amené à se poser la question suivante : Qui pouvait empêcher les chefs du colonel de Schœning de se mettre dans la même situation que lui, c'est-à-dire de se rendre, de leur personne, sur le champ de bataille, ou, du moins, de confier cette mission à l'un de leurs officiers, ainsi que le firent, à diverses reprises, les autres chefs allemands ?

Il nous est impossible de répondre à ces questions, du moins en ce qui a trait aux personnalités, et cela d'autant plus que, peut-être, des motifs importants (mais qui nous sont inconnus) ont fait sentir, dans certains cas, leur influence. A cette occasion, rappelons, toutefois, incidemment, que les manifestations isolées et heureuses de l'esprit d'initiative, qui ne sont, peut-être, en définitive, qu'une conséquence de conseils étrangers et d'une influence extérieure, ne peuvent jamais remplacer cette *initiative, passée à l'état de seconde nature, qui repose sur un travail intellectuel uniforme, intense et constant.* Sans ce travail intellectuel, qui, de son côté, a pour base une connaissance approfondie des choses, en d'autres termes, sans un jugement qui se prononce en parfaite connaissance de cause, chaque chef en sous-ordre agira d'après son caractère, mais non d'après les circonstances réelles. L'un aura toujours une tendance à s'emporter et à aller de l'avant, l'autre — à rester en arrière ; l'un recherchera le combat avec l'adversaire, tandis que l'autre préférera l'inaction, moins pour éviter une rencontre avec l'ennemi, que pour se soustraire à la critique de ses supérieurs.

Il faut considérer, également, que l'initiative réelle ne peut être remplacée par des principes généraux, et, pour ainsi dire, des règles, comme, par exemple, l'obligation de « marcher au canon », et d'autres formules de même nature, et cela, tout d'abord, parce qu'il n'y a aucune règle sans exception. C'était, par exemple, une situation exceptionnelle que celle dans laquelle le général Ladmirault, commandant le 4e corps français, se trouvait le 14 août : tandis qu'il ramenait en arrière au combat, tout à fait inutilement, ses deux divisions, en leur faisant repasser la Moselle, la situation exigeait tout le contraire, c'est-à-dire la retraite la plus rapide au delà de cette rivière. Si ce commandant de corps avait possédé l'esprit d'initiative réel, guidé par le jugement, et s'il n'avait pas obéi simplement à la règle constante, qui prescrit de marcher au canon, il aurait pu s'engager au combat beaucoup plus tôt, le 16, à Mars-la-Tour, et se serait trouvé parfaitement en mesure d'attaquer l'aile gauche allemande, en l'enveloppant, et de lui infliger une défaite, avant qu'elle n'eût pu être appuyée par les Allemands.

En revanche, si le général d'Alvensleben ne s'était pas, dès le 15, porté en avant, sous sa propre responsabilité, jusqu'à la Moselle, et n'avait pas franchi cette rivière, il n'aurait pu atteindre l'ennemi, dès les premières heures de la matinée du 16. De même, le général de Voigts-Rhetz n'aurait pas pu entrer en ligne, en temps opportun, à l'ouest de la Moselle, s'il n'avait pas pris si rapidement possession du passage de Pont-à-Mousson, et devancé ainsi les ordres du commandement supérieur. Enfin les troupes du général de Goeben (de la division Barnekow) ne seraient plus, également, arrivées assez tôt pour appuyer le corps Alvensleben, si le général de Goeben, se conformant, le 14, à l'ordre du général de Steinmetz, qui lui était parvenu tardivement, s'était porté en avant, encore dans la nuit, sur le champ de bataille, et avait ainsi privé ses troupes du repos qui leur était absolument nécessaire, surtout en prévision des efforts qu'elles pouvaient avoir à faire le 15.

Après avoir discuté la conduite des chefs en sous-ordre, il nous reste encore à examiner quelle influence le commandant en chef de la deuxième armée allemande a exercé sur le cours de la bataille, le 16 août, en laissant de côté, bien entendu, la faute provenant du plan initial, faute qui eut pour conséquence de placer les troupes allemandes et les chefs en sous-ordre dans la situation la plus grave, à Mars-la-Tour.

Il ressort du cours de la bataille que l'influence du commandant en chef sur l'issue finale de l'action a été presque tout à fait nulle, comme ce fut le cas, d'ailleurs, à Wœrth. Là, comme ici, les dispositions du commandement supérieur furent déjà devancées, en partie, par les chefs en sous-ordre, ou bien elles ne se trouvaient plus, en partie, susceptibles d'exécution. Dans les deux cas, c'est aux chefs en sous-ordre qu'incomba, encore une fois, la mission de réparer les fautes du haut commandement. Au reste, la présence du prince Frédéric-Charles, abstraction faite de l'impression favorable qu'elle produisit sur les troupes, a donné à la bataille du 16 un caractère spécial, qui mérite de fixer l'attention ; il faut citer, notamment, à ce point de vue, l'essai que tenta le prince, en exécutant, presque déjà dans l'obscurité, une dernière attaque, dans laquelle il engagea ses dernières ressources, et où les trois armes firent preuve de la plus extrême énergie, « de sorte que le « dernier coup d'épée, dans la lutte de cette journée, fut donné « par les Allemands ».

En dépit de l'inégalité évidente des forces, le prince Frédéric-Charles conserva, jusqu'au dernier moment, l'espoir de battre l'armée française. Il ne lui suffisait pas de s'être maintenu sur le champ de bataille. Après avoir obtenu le plus grand succès stratégique qui fût possible, il voulut, également, à tout prix, remporter encore une victoire tactique complète. Ses efforts, que la situation du moment rendit impuissants, n'en font pas moins ressortir l'opinion logique que les Allemands s'étaient faite de l'importance que présentait l'issue de tout combat, une fois qu'il était engagé ; les Français, au contraire, traitaient cette question très à la légère.

Cette dernière attaque exécutée par les Allemands fut condamnée à l'insuccès, et, en l'envisageant froidement, on est, peut-être, autorisé à blâmer une entreprise dont les moyens d'exécution n'étaient pas en rapport avec le but poursuivi ; mais un vaillant cœur de soldat ne peut que lui donner son approbation. Ce fut un brillant éclair *d'une volonté virile et d'une puissance d'action énergique,* bien que cet éclair n'ait pas atteint son but. La vive lueur qu'il projette éclaire, pour ainsi dire, le côté intime des événements qui se déroulèrent dans les limites de l'horizon en feu du 16 août ; elle met bien en relief les véritables causes de la victoire remportée, du moins au point de vue stratégique, par les Allemands, malgré leur infériorité numérique, sur les Français supérieurs en nombre. Dans cette circonstance, à Mars-la-Tour, on put mettre en parallèle le faible zèle déployé par les camarades de combat du maréchal Bazaine avec la persévérance courageuse et intelligente des chefs en sous-ordre allemands; en cette occasion, ce fut l'énergie de fer du prince Frédéric-Charles qui l'emporta sur la demi-volonté du maréchal français.

CHAPITRE XI

Le commandement de l'armée du Rhin par l'empereur Napoléon III et le maréchal Bazaine, et la conduite des chefs français dans la bataille du 16 août.

SOMMAIRE

Les Français laissèrent échapper le 16 août une victoire certaine ; il faut en attribuer la cause, en partie, au commandement précédent de l'empereur Napoléon III. — Coup d'œil rétrospectif jeté sur ce commandement. Parallèle entre le commandement de l'empereur Napoléon III et celui de l'empereur Guillaume. Le commandement n'a été transmis que nominalement au maréchal Bazaine. Intervention de l'Empereur. Ce dernier insiste sur la retraite dans la direction de Verdun, mais il n'a pris aucune disposition préparatoire pour assurer le passage de la Moselle à Metz. Négligences irrémédiables commises pendant la durée du commandement de l'empereur Napoléon. — Les relations de commandement en désordre dans l'armée du maréchal Bazaine, et l'idée absolument fausse que les chefs français se faisaient de leurs droits et de leurs devoirs, sont les vraies causes de l'insuccès du passage de la Moselle à Metz. « Lourde tâche stratégique », bien caractéristique, léguée par l'ancien chef d'état-major de l'armée du Rhin au nouveau commandant en chef. — Les chefs français se conformèrent, dans la bataille du 16, aux règles d'un usage courant, en marchant au canon et en se soutenant réciproquement. Pour vaincre, il leur manqua l'art de se rendre compte de la situation militaire et de l'importance stratégique de la bataille. Parallèle entre les chefs français et allemands. A Mars-la-Tour, les propriétés négatives, habituelles, du système français furent mises de nouveau en lumière. La victoire resta à celui qui la méritait.

Il faut avouer que, dans la période de la campagne que nous avons envisagée jusqu'ici, le destin s'était plu à favoriser tout particulièrement les Français.

A Wœrth, les Allemands n'avaient pas su faire un usage judicieux de leur supériorité numérique ; leurs attaques ne s'étaient pas produites au moment voulu, ni avec tout l'ensemble nécessaire, ce qui avait accru les chances de succès des Français.

La situation qui se présentait aux Français, dans la bataille de Spicheren, leur promettait incontestablement la victoire, si la présence de l'ennemi avait simplement exercé une certaine force d'attraction sur leurs chefs (du corps de Bazaine).

Le 16 août, enfin, à Mars-la-Tour, il semble que les chefs français n'avaient qu'à se conformer aux exigences les plus simples : tout se trouvait déjà préparé en leur faveur, même à défaut de leurs efforts et de leurs talents ; leurs fautes et leurs négligences elles-mêmes auraient dû contribuer à leurs succès. Le sort voulait encore, une dernière fois, mettre à l'épreuve l'habileté des chefs français.

L'armée du maréchal Bazaine se trouvait très concentrée, directement en avant du flanc droit du front des Allemands, dont les corps d'armée se trouvaient séparés les uns des autres par plusieurs jours de marche. Elle pouvait donc, le 16, s'engager contre les Allemands avec un effectif double du leur (1). Une situation telle que, seuls, de grands chefs d'armée pouvaient la procurer à leurs troupes, par des opérations géniales et à la suite d'efforts extraordinaires, se présentait, dans ce cas, au maréchal Bazaine, pour ainsi dire d'elle-même, sans qu'il y fût pour rien. En outre, les Allemands, qui se trouvaient inférieurs en nombre, eurent la hardiesse de provoquer directement au combat les Français, qui disposaient de la supériorité numérique. Et, cependant, la victoire n'échut pas en partage à la vaillante armée française ; bien au contraire, — la journée de Mars-la-Tour la rapprocha davantage de la catastrophe qui la menaçait.

Les causes de cette particularité, pénible pour les Français, sont d'une nature très variée et ne proviennent pas simplement des fautes commises le jour même de la bataille. D'autre part, ces fautes incombent moins aux personnalités isolées qu'à l'ensemble du système du commandement des Français. Enfin l'issue de la bataille du 16 doit également être attribuée à l'influence

_____

(1) Sur le point attaqué directement par les Allemands, se trouvaient 3 corps français : la garde, le 2° et le 6° corps, formant un effectif total de 7 divisions 3/4 d'infanterie. Immédiatement en arrière, se trouvait le corps Le Bœuf avec 3 divisions d'infanterie. Sur les quatre autres divisions, deux seulement arrivèrent trop tard. Les Français pouvaient donc mettre en ligne, au commencement de la bataille, 10 divisions 3/4 d'infanterie contre les deux divisions du IIIᵉ corps prussien ; mais, vers la fin de la bataille, 12 divisions 3/4 françaises se trouvaient opposées aux forces allemandes, qui comprenaient, en tout, environ 5 divisions ; il faut, cependant, remarquer que chaque division allemande était un peu plus forte qu'une division française.

qu'a exercée sur elle la situation militaire générale, peu digne
d'envie, telle qu'elle avait été transmise au maréchal Bazaine par
l'empereur Napoléon, dont le commandement proprement dit ne
prit fin qu'au moment où se faisait entendre la canonnade qui
servit de prélude à la journée sanglante de Mars-la-Tour. C'est
sur ce commandement que nous voulons, maintenant, jeter un
coup d'œil rapide.

L'empereur Napoléon III avait commencé la guerre, surtout
parce qu'il ne savait plus comment, en admettant que les choses
suivissent leur cours normal, il parviendrait à se tirer de la situation, extrêmement difficile, que lui avait créée le mécontentement
général, qui ne faisait que croître dans le pays. Il se rendit à
l'armée, parce qu'il ne jugeait plus sa présence possible à Paris,
et qu'il espérait acquérir de la gloire personnelle par des succès,
même insignifiants, remportés au début.

Cependant l'état d'esprit de l'Empereur était d'une nature telle,
qu'il ne lui permettait pas de commander en personne une armée.
Louis-Napoléon était loin d'être l'homme qui s'était révélé, onze
ans plus tôt, à Magenta et à Solférino ; on pouvait en dire autant
de ses généraux. Or il importe de considérer, avant toutes choses,
qu'il avait affaire, à cette époque, à un tout autre adversaire,
remarquable par son opiniâtreté.

L'opinion publique, elle-même, avec laquelle, — qu'elle eût
raison ou non, — le chef de l'État français était obligé de compter,
vit, avec un déplaisir marqué, l'Empereur prendre le commandement de l'armée.

L'ouvrage du grand état-major prussien, ou, ce qui revient au
même, le feld-maréchal comte de Moltke, fait la remarque suivante au sujet de la prise de commandement de l'armée par
l'empereur Napoléon (1). « Le monarque qui a à sa disposition
« toutes les ressources de l'État ne peut être tout à fait à sa place
« à la tête de l'armée de campagne, que s'il est en mesure d'être
« réellement le chef de ses armées et de prendre lui-même la
« lourde responsabilité de tous les événements d'une campagne.

---

(1) Ouvrage du grand état-major prussien, 1re partie, tome 1, page 445.

« S'il ne remplit pas ces conditions, sa présence doit fatalement
« exercer une influence qui a pour effet de paralyser toujours
« l'armée. »

En émettant ce jugement, l'ouvrage du grand état-major prussien paraît oublier une particularité, ou, plutôt, ne fait que
l'effleurer, et cela avec intention, c'est que le chef suprême des
forces militaires allemandes, dans cette campagne, le roi Guillaume, n'était pas un chef d'armée de la taille de Pierre le Grand,
de Frédéric le Grand ou de Napoléon Ier, et que le véritable chef
des armées allemandes, c'est-à-dire la force motrice dont l'action se faisait sentir sur le théâtre de la guerre, était tout simplement le général de Moltke, qui se cachait derrière le titre modeste
de « chef d'état-major général de l'armée ». Cependant, il faut
convenir que le roi Guillaume était suffisamment à hauteur des
exigences principales auxquelles doit satisfaire un chef d'armée :
il assuma, personnellement, la responsabilité pleine et entière de
tout ce qui pouvait arriver, tandis qu'il laissa au général de
Moltke le soin de prendre les dispositions nécessaires.

C'est ainsi que le roi et le général de Moltke offraient, grâce à
la réunion, pour ainsi dire, de leurs facultés, l'apparence d'un
chef d'armée, mais non pas, toutefois, le type d'un chef d'armée
complet, à la façon de Gneisenau et de Blücher. Le général de
Moltke apporta dans cette réunion son profond jugement, ses
connaissances militaires étendues et la prudence innée du vrai
chef d'armée ; en revanche, le roi y apporta l'expérience du chef
qui a commandé longtemps, en temps de paix comme en temps
de guerre, l'autorité du chef souverain et la droiture du soldat,
au meilleur sens du mot.

« De tous les accidents heureux du destin, à la guerre, celui
« qui est le plus rare (dit le général Leer) est un chef de génie. »
Certes, le roi Guillaume ne peut être comparé à l'homme de génie
qu'était Pierre le Grand, si ce n'est au point de vue du sentiment
du devoir, qui dominait chez lui, et de l'abnégation dont il fit
preuve, en se considérant comme le premier serviteur de la
patrie ; cependant, le roi Guillaume a, je le répète, accompli, de
concert avec ses généraux, des actions d'éclat, qui peuvent être
comparées à celles que nous devons au génie d'un Pierre le
Grand, d'un Frédéric ou d'un Napoléon Ier.

Quels étaient, au contraire, les généraux sur lesquels pouvait

s'appuyer l'empereur Napoléon III? Au lieu d'un Roon et d'un
Moltke, — il n'avait que le maréchal Le Bœuf! Le roi Guillaume
décupla ses propres forces intellectuelles, en les réunissant à
celles de ses généraux ; l'empereur Napoléon, au contraire, a eu
le talent de laisser annihiler son intelligence, qui dépassait
incontestablement le niveau moyen, par la médiocrité intellectuelle de ses subordonnés.

C'est pour ce motif que les Allemands purent assurer la direction de leurs troupes, facilement et sans conflit. Comment, au
contraire, les choses se passèrent-elles du côté des Français?

L'empereur Napoléon III s'était, personnellement, réservé le
commandement de l'armée. Cependant, il ne l'avait pas pris
immédiatement, mais en avait investi, tout d'abord, le maréchal
Bazaine.

Ce dernier qui, jusque-là, avait commandé la garde impériale,
avait été, dès les débuts de la mobilisation, nommé commandant
du 3e corps, dont l'état-major se trouvait à Metz ; en même temps,
l'Empereur avait fait connaître, personnellement, au maréchal
qu'il lui réservait un autre commandement plus élevé. Dans la
lettre par laquelle le maréchal Le Bœuf (alors ministre de la
guerre) annonçait, le 15 juillet, au maréchal Bazaine sa nomination comme commandant du 3e corps, il ajoutait (1) : « Jusqu'à
« l'arrivée de l'Empereur, MM. les généraux Ladmirault et
« de Failly, commandant respectivement le 4e et le 5e corps,
« avec leurs états-majors à Thionville et Bitche, ainsi que le
« 2e corps, commandé par M. le général Frossard, seront sous
« vos ordres ». Immédiatement après, le 16, le maréchal Le Bœuf
informait le maréchal Bazaine que ce dernier, « jusqu'au jour où
« l'Empereur serait rendu à l'armée, prendrait le commandement
« de tous les corps qui allaient se concentrer sur la frontière
« nord-est; avis de cette disposition était donné aux comman-
« dants des sept corps de l'armée du Rhin et du corps de la
« garde (2) ».

Par la première de ces deux lettres, le maréchal Bazaine ne
recevait que le commandement des fractions de l'armée qui se
trouvaient rassemblées dans les environs de Metz, tandis que, par

(1) Bazaine, *Armée du Rhin*, page 17.
(2) Bazaine, *Armée du Rhin*, page 18.

la deuxième lettre, le commandement en chef de toute l'armée de campagne lui était conféré. Cette modification décisive, survenue dans l'espace de moins de deux jours, prouve avec quelle incertitude et quel manque de précision le commandement suprême des Français avait examiné et préparé, même sur le papier, tout ce qui avait trait à la guerre.

Le maréchal Bazaine conserva le commandement en chef, qui, en réalité, demeura seulement nominal, pendant la mobilisation, dont les progrès étaient très lents, et pendant la concentration des forces françaises, et le remit encore, avant la fin de ces deux opérations, le 26 juillet, à l'arrivée à Metz du chef d'état-major de l'armée, maréchal Le Bœuf, entre les mains de ce dernier. Cependant, il reçut déjà, de nouveau, le 30 juillet, de l'Empereur, le commandement en chef des corps qui devaient exécuter la reconnaissance offensive vers la Sarre. A cet effet, le maréchal Bazaine reçut des prescriptions très détaillées, descendant même jusqu'à des minuties, qui auraient dû être abandonnées, avec plus de raison, à la propre inspiration des organes d'exécution (1).

En exécution de ces prescriptions, le 1er août, un équipage de ponts (sans attelage), destiné à la construction de ponts sur la Sarre, fut transporté par chemin de fer de Metz à Forbach, où, d'ailleurs, il tomba plus tard, ainsi qu'on le sait, entre les mains des Allemands. Cette mesure paraissait être, provisoirement, tout à fait inutile, car le maréchal Bazaine, après une conférence avec les commandants du 4e et du 5e corps, conférence à laquelle avaient pris part, également, les commandants de l'artillerie et des troupes du génie, en était arrivé à conclure qu'il n'y avait pas lieu de franchir la Sarre, mais qu'il suffisait, au contraire, d'occuper les hauteurs de la rive gauche de cette rivière, d'où l'on commandait Sarrebruck et le nœud de voies ferrées Trèves—Mannheim et Mayence—Metz.

Il y a lieu de remarquer que le maréchal Bazaine, auquel on avait prescrit toutes les dispositions de détail, même les plus minimes, relatives à l'exécution du mouvement en question, en arriva, dans la conférence dont nous venons de parler, à prendre la résolution d'esquiver le but essentiel de l'entreprise

---

(1) Bazaine (*Campagne de l'armée du Rhin*); *Épisodes de la guerre*, pages 11-12.

qui lui était confiée. Ce but consistait à occuper Sarrebruck
et quelques autres passages de la Sarre ; mais le maréchal
Bazaine, au contraire, résolut de s'en tenir à une simple reconnaissance.

Ce commandement momentané du maréchal prit fin le 2 août,
jour du combat de Sarrebruck.

Le 5, dans l'après-midi, il reçut de l'Empereur, qui s'attardait
encore à Metz, l'ordre suivant :

« Le 2ᵉ et le 4ᵉ corps sont, en ce qui concerne les opérations
« militaires, placés sous les ordres immédiats du maréchal (1). »

Comme, de minute en minute, on devait s'attendre à une rencontre avec l'adversaire, cette mesure avait pour but d'assurer
une plus grande unité de direction dans la conduite des opérations. Cependant on ne donna pas au maréchal Bazaine un état-
major spécial ; bien plus, on n'y songea même pas. Le maréchal
conserva le commandant immédiat de son 3ᵉ corps et passa même
une partie de la journée de la bataille de Spicheren (pendant
laquelle il joua un rôle très peu enviable) aux avant-postes de
son corps d'armée.

Il est nécessaire de faire remarquer, à cette occasion, que la
formation prise par le 3ᵉ corps, le 6 août, formation dispersée et
peu propre à assurer un appui efficace au général Frossard, fut la
conséquence d'un ordre trop détaillé de l'Empereur, expédié dans
la soirée qui précéda la nomination du maréchal au commandement en chef de l'armée. C'est ainsi que l'empereur Napoléon,
d'une part, confiait au maréchal Bazaine le commandement de
trois corps d'armée, tandis que, d'autre part, il enlevait à ce
même maréchal le droit de disposer des divisions appartenant à
son propre corps, au point qu'il prescrivait nominalement à ces
dernières les mouvements qu'elles avaient à exécuter.

Après les événements du 6 août, le corps de la garde impériale,
qui, au début, avait constitué une réserve indépendante pour
l'armée du maréchal, fut placé sous ses ordres, au même titre que

---

(1) Le général Frossard donne, dans son ouvrage, page 16, le texte de l'ordre
qui lui fut adressé : « Metz, 5 août, 1 heure après-midi. — Par ordre de l'Em-
« pereur, à partir d'aujourd'hui, les 2ᵉ, 3ᵉ et 4ᵉ corps sont, en ce qui concerne
« les opérations militaires, placés sous les ordres du maréchal Bazaine ; les 1ᵉʳ,
« 5ᵉ et 7ᵉ corps, sous les ordres du maréchal Mac-Mahon. »

les autres corps. Malgré cela, le maréchal Bazaine était extrêmement limité dans l'exercice du commandement de ces quatre
corps, qui lui avait été, cependant, conféré officiellement ; ces
entraves provenaient, d'une part, de l'intervention continuelle
de l'Empereur et du maréchal Le Bœuf, et, d'autre part, de
ce que les commandants de corps ne relevaient de son autorité
que dans une certaine mesure ; cette dernière particularité avait,
d'ailleurs, pour conséquence que les commandants de corps ne
savaient ni à qui ils devaient obéir, ni de quel chef ils devaient
suivre les instructions. Le commandement de l'armée française,
dans la période du 5 au 12 août, se présenta, en général, sous
une forme très caractéristique : d'une part, tous les corps de
l'armée de Metz étaient nominalement placés sous les ordres du
maréchal Bazaine ; mais, d'autre part, l'Empereur et le maréchal
Le Bœuf ne se contentaient pas simplement d'intervenir dans
les mesures prises par le maréchal, ils réglaient encore, directement et à son insu, l'emploi des troupes. Un exemple à
l'appui de cette assertion nous est fourni par le cas que nous
avons déjà mentionné précédemment, savoir que l'Empereur, le
7 août, rappela à Metz, sans en prévenir Bazaine, le corps Ladmirault, que le maréchal avait fait entrer en ligne de compte
dans ses dispositions.

Même, pour accorder, le 9, aux troupes épuisées le repos qui
leur était strictement nécessaire, il fallut l'autorisation du maréchal Le Bœuf, bien que Bazaine fût nommé, par un ordre de
l'Empereur, en date de ce jour, au commandement en chef des
2e, 3e et 4e corps, et qu'il eût cédé le commandement du 3e corps
au général Decaen (1). Le nouveau titre conféré au maréchal
Bazaine n'avait rien changé à l'essence même des choses, et
n'avait en rien contribué à affermir les relations du commandement.

En réalité, il existait, à cette époque, dans l'armée française,
non seulement un double, mais, à proprement parler, un triple
commandement en chef. Dans une lettre, en date du 12 août,
adressée au maréchal Bazaine, l'Empereur s'exprime de la
manière suivante : « Lorsqu'au commencement de la guerre, je

(1) Bazaine. *Armée du Rhin*, page 275.

« créai plusieurs corps d'armée, dont quelques-uns étaient des-
« tinés à opérer loin de moi, je nommai le maréchal Le Bœuf
« major général (chef d'état-major), afin qu'il y eût de l'unité
« dans la direction des opérations militaires. » Mais, du moment
que le maréchal Le Bœuf (et non l'Empereur) était chargé d'assurer, à proprement parler, l'unité de direction des opérations,
ce maréchal n'était plus un simple chef d'état-major, ayant pour
fonctions de préparer l'exécution détaillée des projets du commandant en chef, c'est-à-dire de l'Empereur ; il devenait, par le
fait même, le commandant en chef direct de toute l'armée du
Rhin (1).

Quoi qu'il en soit, l'Empereur, soit, en partie, pour dégager sa
responsabilité, dans le cas d'insuccès ultérieurs, soit, en partie,
sous la pression de l'opinion publique, qui s'était fait jour dans
les délibérations du Corps législatif des 10, 11 et 12 août, prit la
résolution de résilier définitivement son commandement et de le
transmettre au maréchal Bazaine. Cette décision avait été prise
dès le 8 août, mais l'exécution en avait été différée, évidemment
dans l'espoir d'un succès (2).

La nomination du maréchal Bazaine « au commandement en
« chef de l'armée du Rhin » eut lieu le 12 août ; il était, de plus,
avisé « d'avoir à prendre immédiatement possession de son com-
« mandement ». Comme chef d'état-major, il recevait le général
Jarras, qui, jusque-là, avait appartenu à l'état-major du maréchal
Le Bœuf. Les fonctions de major général furent supprimées (3).

---

(1) Bazaine, *Épisodes de la guerre*, page 48. On ne peut s'empêcher de remarquer, à cette occasion, que l'empereur Napoléon, en accordant au maréchal Le
Bœuf une position aussi influente, fait retomber, par le fait même, la plus grande
partie de la responsabilité sur lui.

(2) A cette question se rapporte une lettre de Piétri à l'impératrice Eugénie
(Bazaine, *Épisodes de la guerre*, page 50), en date du 8 août, c'est à dire immédiatement après les défaites de Forbach et de Wœrth ; elle est ainsi conçue :
« N'écoutant que mon dévouement, j'ai demandé à l'Empereur s'il se sentait
« assez de forces physiques pour supporter les fatigues d'une campagne active,
« pour passer les journées à cheval, et les nuits au bivouac. Il est convenu avec
« moi qu'il ne le pouvait pas ; je lui dis alors qu'il valait mieux aller à Paris
« réorganiser une autre armée et soutenir l'élan national, avec le maréchal Le
« Bœuf comme ministre de la guerre, et laisser le commandement en chef de
« l'armée au maréchal Bazaine, qui en a la confiance, et auquel on attribue le
« pouvoir de tout réparer. S'il y avait encore un insuccès, l'Empereur n'en aurait
« plus la responsabilité entière. Tel est l'avis de tous ses amis. »

(3) Bazaine, *Épisodes de la guerre*, page 48.

Le maréchal Bazaine affirme que, contrairement à l'usage qui veut que le commandant en chef choisisse lui-même son chef d'état-major, le général Jarras fut investi de ces fonctions, sans qu'il (Bazaine) eût été consulté à ce sujet. Le maréchal fut, évidemment, mécontent de cette nomination. Les relations qui en résultèrent entre ces deux hommes ne pouvaient qu'exercer une influence défavorable sur le cours des opérations, et cela d'autant plus que le maréchal prenait son commandement à un moment très critique.

Nous laissons de côté la question de savoir si le maréchal possédait, d'une manière générale, les qualités et les capacités que réclamait de lui le haut commandement auquel il était appelé, et si, étant données les circonstances, peu enviables, dans lesquelles il le prenait, il était encore en mesure d'améliorer la situation. Il y a lieu, en tout cas, de faire nettement ressortir le seul fait suivant : c'est que, dans les quelques jours, si importants, qui s'écoulèrent jusqu'à la bataille de Mars-la-Tour, le nouveau commandant en chef de l'armée française n'eut ni la liberté de ses résolutions, ni celle de ses actes. L'empereur Napoléon restreignait la liberté d'action du maréchal, non seulement par ses conseils et ses instructions, mais encore par des ordres directs, se rapportant à des détails, pour le règlement desquels on doit, d'ailleurs, toujours s'en remettre à l'appréciation du chef intéressé (1). En même temps que l'Empereur se démettait de son commandement, il liait les mains au maréchal, en lui donnant l'ordre de ramener l'armée derrière la Moselle sur Verdun, et il insistait sur la nécessité d'exécuter la retraite le plus promptement possible, ainsi qu'il ressort, notamment, des lettres suivantes.

Le 12 au soir, l'Empereur écrivait au maréchal :

« Plus je pense à la position qu'occupe l'armée, plus je la
« trouve critique ; car, si une partie était forcée, et que l'on se
« retirât en désordre, les forts n'empêcheraient pas la plus épou-
« vantable confusion. Voyez ce qu'il y a à faire, et, si nous ne
« sommes pas attaqués demain, prenez une résolution. »

_____

(1) C'est ainsi, par exemple, que l'Empereur prescrivit au maréchal, à la date du 14, de faire relever, par la division Laveaucoupet, du 2ᵉ corps, la division (Lafont de Villiers), du 6ᵉ corps, qui était désignée pour renforcer la garnison de Metz (Bazaine, *Campagne de l'armée du Rhin. Épisodes,* page 61).

Le maréchal Bazaine répondit le jour suivant :

« J'ai reçu l'ordre de Votre Majesté, qui me prescrit d'accélérer
« le passage sur la rive gauche de la Moselle ; mais le général
« Coffinières, qui se trouve en ce moment près de moi, déclare
« que les ponts, malgré tous les efforts, seront à peine terminés
« demain matin. D'autre part, l'intendant déclare que les troupes
« ne peuvent pas être pourvues aussi vite de ce qui leur est le
« plus nécessaire. Néanmoins, je donne l'ordre de reconnaître les
« routes et les embranchements, et de se tenir prêt à commencer
« le mouvement, demain, à la première heure. »

En réponse à cette lettre, l'Empereur écrivit, le même jour, le
13, au maréchal :

« Le mouvement projeté (la retraite derrière la Moselle) doit
« être exécuté sans perdre une minute. »

A 9 h. 30 du soir, le maréchal répondit :

« L'ennemi paraissant se rapprocher de nous, et vouloir sur-
« veiller nos mouvements, de telle façon que le passage sur la
« rive gauche de la Moselle pourrait entraîner un combat défavo-
« rable pour nous, il est préférable, soit de l'attendre dans nos
« lignes, soit d'aller à lui par un mouvement général d'offensive.
« Je vais tâcher d'avoir des renseignements sur les positions qu'il
« occupe, et sur l'étendue de son front ; j'ordonnerai alors les
« mouvements que l'on devra exécuter, mouvements dont je ren-
« drai compte à Votre Majesté. »

L'Empereur répondit encore, le même jour, à 11 heures du
soir :

« La dépêche que je vous envoie de l'impératrice montre bien
« l'importance que l'ennemi attache à ce que nous ne passions
« pas sur la rive gauche ; il faut donc tout faire pour cela. Si
« vous croyez devoir faire un mouvement offensif, qu'il ne vous
« entraîne pas, en tout cas, de manière à ne pouvoir opérer votre
« passage. Quant aux distributions, on pourra les faire sur la rive
« gauche, en restant lié avec le chemin de fer (1). »

_____

(1) L'échange de lettres mentionné ci-dessus est emprunté à l'ouvrage de
Bazaine (*Épisodes de la guerre de 1870*, pages 62-63) et à celui de Derrécagaix
(2º partie, pages 41-42).

Cet échange de lettres prouve que les vues du maréchal Bazaine ne concordaient pas complètement avec celles de l'Empereur.

On admettait bien qu'étant données les circonstances, une retraite, aussi rapide que possible (quoique exécutée, tout d'abord, simplement jusque derrière la Moselle), était inévitable ; et, cependant, tant que l'Empereur se trouva à la tête de l'armée, on n'avait pas songé à faire, en temps opportun, les préparatifs nécessaires à l'exécution de ce mouvement. L'idée de la retraite au delà de la Moselle, à Metz, avait pris naissance dans le cerveau de l'Empereur et de celui des personnalités de son entourage immédiat, dès le 7 août, sous la première impression de la double défaite de Wœrth et de Spicheren. Puis, plus tard, sans aucun doute, on en revint au projet d'engager une action en avant de Metz ; mais une telle bataille n'excluait pas la possibilité d'être obligé, après l'avoir livrée, de passer sur l'autre rive. Dans l'un comme dans l'autre cas, et même dans le troisième cas qui pouvait se présenter, si les Français, notamment, sans se replier au delà de Metz, voulaient se servir de cette place elle-même, comme point d'appui pour leurs opérations, la nécessité urgente s'imposait d'établir, en toute hâte, des ponts à Metz, et des rampes d'accès conduisant à ces ponts, pour être en mesure de pouvoir passer rapidement, en tout temps, sur l'autre rive.

Sur ces entrefaites, l'équipage de ponts transporté le 1er août à Forbach, où la nécessité ne s'en faisait pas sentir, était tombé aux mains de l'ennemi. Comme on n'avait pas prévu son remplacement par un matériel de ponts convenable, on fut obligé d'établir, à la hâte, à Metz, des ponts de chevalets, qui, alors, par suite de la crue subite des eaux dans la nuit du 12 au 13 août, furent de nouveau entraînés par la violence du courant (1). On aurait pu, d'ailleurs, prévoir cette crue des eaux ; elle était la conséquence des pluies des jours précédents.

L'état-major du maréchal Le Bœuf négligea également de faire reconnaître, en temps opportun, les chemins à suivre par les

_____

(1) Il n'y avait pas le moindre doute que des ponts ordinaires de pontons et de bateaux auraient résisté à la crue de la Moselle, ou, au pis aller, auraient été déplacés sans avaries, et auraient pu, dès que la crue rapide des eaux aurait pris fin, être rapidement rétablis.

colonnes, pour accéder aux ponts, et, à partir de ce point, les routes qui conduisaient sur l'autre rive vers la Meuse.

De plus, on n'avait pris aucune disposition pour mettre hors de service les ponts sur la Moselle, par lesquels l'ennemi pouvait envelopper, soit en amont, soit en aval de Metz, l'armée française concentrée autour de cette place; ils ne furent ni détruits, ni organisés défensivement, ni même, en général, surveillés. Seul, le commandant de la place de Thionville avait, en aval de Metz, fait éloigner les canots de la rivière, ce qui empêcha, ainsi que nous l'avons déjà dit, les détachements de cavalerie de la première armée allemande de passer sur la rive gauche de la Moselle. En revanche, les Allemands trouvèrent intacts les ponts fixes situés en amont de Metz, et les utilisèrent pour passer cette rivière.

Enfin, on n'avait rien fait pour protéger les voies ferrées les plus rapprochées, et, par suite, les plus menacées, qui, à ce moment, présentaient la plus grande importance pour l'armée française. Il faut citer, entre autres, avant tout, la voie ferrée qui suit la rive gauche de la Moselle et met en communication Metz avec le centre de la France, — vers le nord, par Thionville, et, vers le sud, par Toul. La direction donnée à cette voie ferrée, — qui suivait exactement la rive gauche de la Moselle, — avait été, évidemment imposée par des considérations stratégiques; la rivière la protégeait contre les entreprises soudaines d'un ennemi venant de l'est (comme ce fut réellement le cas, en cette circonstance) et sa défense immédiate devait marcher à peu près de front avec la protection des passages de la Moselle, savoir: pour ceux qui étaient situés en amont de Metz, jusqu'à une distance de deux jours de marche, et pour ceux qui se trouvaient en aval de cette place, jusqu'à un jour de marche. La section de cette voie ferrée qui présentait la plus grande importance pour les Français était la ligne Metz—Toul, qui reliait, par le chemin le plus court, Metz et Châlons. La défense de ce secteur, jointe à celle de la partie correspondante de la rivière, ne présentait pas une grande difficulté; on aurait pu, par exemple, utiliser les échelons les plus avancés du corps Canrobert, qui auraient ainsi protégé le transport des échelons suivants de leur corps d'armée et assuré leur arrivée à Metz. Sans aucun doute, les détachements de cavaliers allemands n'auraient pas réussi à interrompre aussi rapidement les communications que procurait cette voie ferrée;

si les passages de la Moselle et le chemin de fer de Toul avaient été défendus par les Français. De plus, 9 bataillons, 13 batteries et toute la division de cavalerie du 6e corps ne se seraient pas trouvés alors coupés de l'armée de Metz, ainsi que cela eut lieu en réalité.

En adoptant des dispositions judicieuses, on aurait donc pu, sans avoir besoin de diminuer les effectifs que présentait, en réalité, le corps Canrobert, lors de sa concentration sur Metz, faire prendre position à des détachements spéciaux, en vue de couvrir la voie ferrée et de protéger les passages de la Moselle, donner l'ordre à ces détachements de détruire tous les ponts, et retarder ainsi le passage de la Moselle par les Allemands, ne fût-ce que de deux jours (1). Et quel temps n'eût-on pas gagné, si l'on avait exécuté, en temps opportun, les ponts sous Metz, en leur donnant une plus grande solidité, et si l'on avait même fait régner un ordre plus complet au moment du passage ? L'armée française pouvait, de cette manière, gagner facilement trois à quatre jours pour sa retraite et se replier librement derrière la Meuse.

En général, l'opération qui consiste à battre en retraite au delà d'une rivière est la plus simple qu'on puisse imaginer (ce qui ne veut pas dire qu'elle soit toujours facile). Tout d'abord, il faut se préoccuper d'assurer la sécurité des abords du passage ; dans le cas présent, on pouvait arriver à ce résultat, principalement en s'appuyant sur la place de Metz ; en outre, il faut établir les passages eux-mêmes, c'est-à-dire les ponts et les rampes d'accès qui y mènent, et, enfin, — couvrir, autant que possible, des deux côtés, une certaine étendue du cours de la rivière, pour empêcher, pendant un certain temps, les mouvements enveloppants que l'ennemi peut être tenté d'entreprendre.

Nous avons déjà fait remarquer que le commandement suprême des Français avait entre les mains tous les moyens nécessaires pour s'acquitter convenablement de la mission que lui imposait la situation militaire ; et, cependant, l'exécution de l'opération en question fut des plus défectueuses. Si un élève du cours supérieur

_____

(1) La partie de la Moselle située en aval de la place de Metz jusqu'à Thionville, où l'on ne rencontrait aucun pont, pouvait être défendue par un détachement spécial, ou même par une partie de la cavalerie de réserve.

d'une école de guerre (1) avait résolu, sur le papier, le problème qui consistait à assurer la retraite au delà de la Moselle, par les procédés que l'armée française employa, en réalité, pour l'exécuter, son travail aurait été déclaré insuffisant. Était-il possible d'admettre que la direction de l'armée française de cette époque ne fût même pas à la hauteur de la classe selecta (1ʳᵉ classe) du corps des cadets ? Une telle hypothèse est inadmissible, mais, alors, comment les choses ont-elles pu se passer ainsi ?

C'est qu'avant tout, *en ce qui concerne l'activité nécessaire à la guerre, comme, d'ailleurs, en toute autre circonstance, ce n'est pas la science, mais la puissance d'action qui tranche les questions.* « La puissance d'action » à la guerre, abstraction faite de l'expérience que donne la pratique, exige, principalement, qu'on envisage, dans l'examen approfondi de toutes les circonstances qui constituent une situation militaire quelconque, non seulement les obligations immédiates qu'elle impose momentanément, mais encore les éventualités de l'avenir (2). Cependant il existe des limites pour l'esprit humain, comme pour les forces physiques.

Un seul homme, fût-il des mieux doués, n'est pas en mesure de faire mouvoir tous les rouages de la machine que représente la direction d'une grande armée ; or, le cours des événements qui se présentent à la guerre n'attend pas ; il impose, au contraire, des devoirs toujours nouveaux, qui se succèdent sans interruption. C'est pour ce motif que le travail de géant que représente la direction d'une armée, à la guerre, exige absolument une division du travail, et par suite, *une organisation du commandement de l'armée* réglée en conséquence ; en outre, il faut assigner à chaque individualité isolée un travail proportionné à ses forces, simple, autant que possible, et dont il devient absolument « responsable ».

Une organisation du commandement de l'armée, convenable, fonctionnant avec précision, ressemble au système nerveux d'un corps sain, qui travaille facilement et sans gêne. Si, au contraire, le système nerveux est défectueux et travaille d'une manière irrégulière, le plus fort organisme est condamné à l'affaiblissement et

---

(1) Les écoles de guerre russes comportent un cours de deux ans (*Annotation du traducteur allemand*).

(2) C'est ainsi, par exemple, que le commandement suprême des Français aurait dû s'occuper, « en temps opportun », de la construction de ponts à Metz.

ne se trouve plus capable d'aucun travail efficace. C'est dans une situation de cette nature que se trouvait l'armée française, par suite de la mauvaise organisation de son haut commandement.

L'armée, dite du Rhin, de l'empereur Napoléon III, était, en réalité, répartie en deux groupes, dont l'un (Mac-Mahon) se concentra en Alsace, et l'autre (Bazaine... etc...) en Lorraine. Chacun de ces groupes devait naturellement posséder son chef particulier, avec l'état-major correspondant et les autorités administratives nécessaires.

Le chef suprême, commun à ces deux groupes, qui, dans le cas présent, était l'Empereur lui-même avec son état-major, avait le devoir de faire concourir à un but unique les opérations des deux groupes en question, et de se préoccuper de tout ce qui ne rentrait pas dans les attributions des deux chefs de groupe. Cependant le fractionnement réel de l'armée du Rhin en deux groupes ne fut officiellement reconnu que la veille de la double défaite de Wœrth et de Spicheren (1). On conçoit, dès lors, que les deux nouveaux chefs d'armée (les maréchaux Bazaine et Mac-Mahon) n'étaient plus en mesure, avant le combat, de prendre des dispositions indépendantes ou d'y apporter les modifications nécessaires. En outre, on n'avait pas du tout, ainsi que nous l'avons déjà dit, constitué d'états-majors spéciaux pour les deux nouveaux groupes de l'armée du Rhin ; de plus, l'Empereur et le maréchal Le Bœuf, qui étaient intervenus, jusqu'à ce moment, dans toutes les particularités et les détails les plus infimes ayant trait aux dispositions relatives à l'armée de Metz, et cela au détriment de l'ensemble, continuaient à exercer le commandement réel de cette armée, qui n'avait été remis au maréchal Bazaine que d'une manière pour ainsi dire nominale.

C'est ainsi que les choses continuèrent à se passer, également, après la nomination officielle du maréchal Bazaine, comme « commandant en chef de l'armée du Rhin », nomination qui eut lieu à la date du 12 août. On continuait, notamment, suivant en cela les errements habituels, à s'occuper d'affaires étrangères à la situation militaire, tandis qu'on perdait de vue les obligations

---

(1) L'ordre qui plaçait les 2e, 3e et 4e corps sous les ordres du maréchal Bazaine, et les 1er, 5e et 7e sous ceux du maréchal Mac-Mahon ne fut expédié que le 5 août.

proprement dites, et des plus importantes, qu'imposait cette situation. On peut citer à l'appui de cette assertion les exemples
suivants :

Il résulte d'une discussion précédente qu'on n'avait nullement
préparé, en temps opportun, les mesures de sécurité qui s'impo-
saient, pour que la retraite de l'armée de Metz sur la rive gauche
de la Moselle pût s'exécuter librement; on n'avait pas prévu
davantage, en temps et lieu, les dispositions à prendre pour
continuer la retraite vers la Meuse. On n'avait construit aucun
pont et on ne s'était pas préoccupé d'aménager de bonnes rampes
d'accès menant aux emplacements de ces ponts; on avait laissé
trop longtemps sur la rive droite de la Moselle les trains et les
bagages.

De même, on n'avait nullement songé à établir une liaison
quelconque entre les opérations des armées des maréchaux
Bazaine et Mac-Mahon. Non seulement l'Empereur n'avait rien
fait pour arrêter la retraite trop précipitée, — pour ne pas dire
la fuite, — du maréchal Mac-Mahon jusqu'à Châlons, mais il avait
encore pris des dispositions telles qu'elles autorisaient, en quelque
sorte, les corps de Failly et Félix Douay à participer à cette fuite
du maréchal, bien que, de toutes ces troupes, seule, une division
de ce dernier corps eût pris part à la défaite du corps Mac-Mahon
à Wœrth. C'est ainsi que, pour avoir négligé d'intervenir en cette
circonstance, le commandement suprême des Français fut cause
que 4 divisions 1/2 d'infanterie, intactes, avec toute la cavalerie
et l'artillerie de deux corps, furent entraînées à une grande
distance en arrière, sur Châlons, alors qu'on aurait pu les utiliser
pour renforcer l'armée du maréchal Bazaine, ou, tout au moins,
couvrir son flanc droit. Pour remplir la première de ces deux
missions, dont nous venons de parler, le corps de Failly était tout
indiqué, car ce corps dut exécuter une grande marche circulaire
devant le front de l'armée de Bazaine, comme s'il eût voulu se
tenir éloigné du lieu où se préparaient les batailles décisives.

De plus, la place de Metz n'était pas du tout prête à subir un
siège. Les parcs d'artillerie de l'armée étaient restés en arrière, à
Nancy, et avaient été coupés de l'armée de Metz, de telle sorte
que cette dernière souffrit bientôt du manque de munitions.

Enfin le commandement suprême des Français n'avait rien fait
pour se procurer, en rassemblant continuellement des renseigne-

ments sur l'ennemi et en les examinant soigneusement, une connaissance tout au moins approximative de la force et des mouvements de l'adversaire. Si l'on avait pris cette précaution, il n'aurait pas pu se produire ce fait singulier, que les bruits les plus aventureux étaient admis, sans contrôle, par le commandement suprême des Français. C'est ainsi que ce dernier prit, par exemple, tout à fait au sérieux le bruit répandu que l'armée du prince Frédéric-Charles exécutait un mouvement tournant au nord de Metz, en passant près de Thionville, pour donner la main à l'armée du prince royal de Prusse, sur les derrières de cette place, à Verdun (1). A ce moment, c'est-à-dire le 13 août, l'armée du prince Frédéric-Charles exécutait son mouvement enveloppant du côté directement opposé, par le sud, tandis que ses troupes avancées s'emparaient déjà, dans cette journée, des principaux passages de la Moselle en amont du Metz. D'ailleurs, en ce qui concernait l'armée du prince royal, il aurait fallu qu'elle eût des ailes pour pouvoir exécuter réellement le mouvement qu'on lui attribuait.

Ce n'est qu'en admettant cette complète et constante ignorance des mouvements de l'adversaire, qu'on peut s'expliquer le phénomène, extrêmement rare, qui se produisit dans la bataille du 16. Dans cette bataille, les Français n'avaient en face d'eux que de faibles forces ennemies, en comparaison des leurs ; néanmoins, le maréchal Bazaine et le général Ladmirault conçurent, au même moment, les craintes les plus sérieuses, — l'un pour l'aile gauche de la ligne de bataille française, — l'autre pour l'aile droite de cette ligne. Il en résulta que le premier, s'en tenant à une défense passive, massa de fortes réserves à Gravelotte, tandis que le général Ladmirault, au lieu de se porter lui-même en avant contre l'aile de l'ennemi, pour l'envelopper, mit son salut dans la cavalerie, en présence « des masses énormes de l'ennemi », masses qui n'existaient que dans son imagination.

Tels furent les résultats du commandement de l'empereur Napoléon. Aux fautes provenant du manque d'organisation et de l'activité mal comprise du commandement suprême des Français se joignirent, du moins autant que cela était possible, les grossières

(1) Bazaine, *Épisodes de la guerre*, page 63.

négligences commises par le maréchal Le Bœuf, qui, dès le 8 août, pouvait savoir que la fin rapide de sa puissance était imminente.

D'une manière générale, la période de quatorze jours pendant laquelle l'empereur Napoléon III exerça le commandement de l'armée du Rhin fut caractérisée par le manque absolu de toute espèce d'organisation régulière. Au lieu d'adopter des règles et des dispositions organiques en rapport avec la situation, envisagée en elle-même, on n'eut recours, dans le cas particulier, pour la solution des questions capitales, qu'à des subterfuges basés sur la ruse ; on chercha ainsi à faire tout son possible pour s'attribuer, personnellement, tout succès éventuel, en rejetant la responsabilité des insuccès sur les autres. Ajoutons à cela que le haut commandement français ignorait absolument les dangers menaçants qu'entraînait toute atteinte portée aux bases sur lesquelles repose, en général, toute organisation fondamentale, et, en particulier, l'organisation militaire. On peut, en conséquence, affirmer hardiment que la courte période pendant laquelle l'empereur Napoléon a exercé le commandement (indépendamment de toutes les autres fautes et des circonstances isolées défavorables qui se produisirent) a été la cause fondamentale de l'écrasement, presque sans exemple dans l'histoire, de la vaillante armée française.

Le nouveau commandant en chef de l'armée française, le maréchal Bazaine, quoique n'étant investi, en réalité, que d'un commandement nominal, ne put pas, tout d'abord, se faire à l'idée d'une retraite sur Verdun. Il résulte de l'échange de lettres avec l'Empereur, dont nous avons parlé plus haut, qu'il s'en tenait toujours, le 13 août, aux plans d'attaque qu'il avait, d'ailleurs, déjà soumis, précédemment, à l'Empereur, le 9, lorsque l'armée se trouvait encore sur la Nied. Autant qu'on peut en juger d'après les renseignements qu'on possède sur cette question, le maréchal Bazaine avait l'intention d'atteindre Nancy et Frouard, de se réunir, sur ce point, au maréchal Mac-Mahon, et, prenant comme ligne d'opérations la voie ferrée Paris—Châlons—Strasbourg, d'occuper la position de la forêt de Haye, qui, à son avis, était très forte. Pour atteindre cette position, le maréchal Bazaine (si l'on peut s'en rapporter à ses indications) était prêt, le 13, à rompre l'armée allemande par son centre, en engageant une vigoureuse offensive sur la rive droite de la Moselle (1).

Sans vouloir discuter la question de savoir jusqu'à quel point ce projet était exécutable, nous pensons qu'il n'est, peut-être, pas sans intérêt d'examiner, en passant, la valeur du reproche qu'on adressa, à cette époque, au maréchal Bazaine, qui, disait-on, « en « exécutant ce mouvement, s'exposait à découvrir Paris ». Le maréchal va au-devant de ce reproche, et cela avec juste raison, en faisant ressortir que « Paris, en sa qualité de place fortifiée, « devait pourvoir à sa défense personnelle ; quant à l'armée, « elle devait conserver la liberté de ses mouvements ». Il semble que le maréchal fait allusion, ici, à l'occupation d'une position de flanc, opposée à une marche en avant des Allemands sur Paris. Il suffit de se rappeler simplement quelle émotion et quel danger réel l'armée de la Loire, qui ne comprenait, cependant, que des fractions de troupes peu éprouvées et de nouvelle formation, causa aux Allemands, pendant le siège de Paris, qui suivit la période que nous envisageons, pour comprendre combien était juste la manière de voir du maréchal, et jusqu'à quel point cet ancien fusilier du 37e régiment d'infanterie de ligne l'emportait, au point de vue de la rectitude du jugement, sur d'autres chefs français (2).

D'ailleurs, le maréchal Bazaine, lui-même, cédait, à l'influence du demi-savoir des autres, lorsqu'il projetait de rompre l'armée allemande (sur la rive droite de la Moselle) pour occuper la fameuse et forte position de la forêt de Haye, qu'il avait déjà appris à apprécier longtemps avant la guerre, et qui avait paru lui plaire (3).

Mais il n'était possible de faire « une trouée » dans l'armée allemande, qui s'avançait victorieusement, qu'en gagnant une

---

(1) Bazaine, *Épisodes de la guerre,* page 44 à 62.

(2) Dans son ouvrage (*Épisodes,* etc.) Bazaine signe comme « ancien fusilier « du 37e régiment de ligne et ancien maréchal de France ».

(3) Ceci est une nouvelle preuve que les recherches entreprises, en temps de paix, au point de vue stratégique, en tant qu'elles poursuivent des buts patriotiques et ne servent pas seulement à l'instruction, ne sont pas complètement sans danger pour des hommes qui ne possèdent pas une base sûre, au point de vue scientifique, ni un jugement indépendant.

bataille, ou, plus exactement, en remportant toute une série de
victoires. Car, à la guerre, toute bataille décisive importante crée
une nouvelle situation, tout à fait différente de la précédente.
Après leurs défaites de Wœrth et de Spicheren, les Français pouvaient, provisoirement, limiter leurs désirs et leurs efforts à
l'occupation d'une position déterminée, comme celle de la forêt
de Haye, par exemple. Les Français, supposés vainqueurs, au
contraire, après avoir rompu, c'est-à-dire « battu » l'armée allemande, auraient également acquis le droit d'utiliser complètement leur victoire, en prenant vigoureusement l'offensive, tandis
qu'ils pouvaient alors abandonner aux Allemands le soin de chercher de fortes positions.

Les paroles du maréchal Bazaine confirment simplement une
observation que nous avons déjà faite : Les chefs français de cette
époque méconnaissaient l'importance décisive du combat à la
guerre, et, sans tenir compte de la situation militaire concrète,
attribuaient aux points dits stratégiques et aux fortes positions
qu'ils avaient choisies, une valeur toute particulière, presque
mystérieuse.

Quelles qu'aient pu être, d'ailleurs, les vues et les convictions
du maréchal, elles n'avaient aucune importance pratique, dès lors
que l'Empereur prescrivait d'exécuter la retraite dans la direction
de Paris, opération dont il ne voulait pas du tout se charger lui-
même. Louis-Napoléon, se plaçant à un point de vue purement
dynastique, considérait Paris comme un ennemi encore plus dangereux que les Allemands, car Paris était prêt à renverser les
Bonaparte du trône de France ; les Allemands, au contraire,
n'avaient à cela aucun intérêt ; bien plus, ils devaient souhaiter
— le contraire.

S'il avait été laissé libre de ses mouvements, le maréchal
Bazaine aurait pu, le 14, grâce à une contre-attaque résolue,
opposée aux attaques des Allemands (von der Goltz et Manteuffel),
remporter du moins un succès tactique certain. En réalité, les
Français négligèrent, dans cette journée, d'une part (probablement par suite de l'influence de l'Empereur), de saisir l'occasion
de punir les Allemands de leur attaque — réellement téméraire ;
— d'autre part, ils ne surent pas davantage se dérober à un
combat, qui leur fit, en outre, perdre un temps si précieux.

Sans être convaincu de l'inopportunité de ses projets d'attaque, le maréchal Bazaine n'en ordonna pas moins, le 13, la retraite au delà de la Moselle.

Pour apprécier, comme il convient, les dispositions relatives à cette opération, dispositions qui eurent pour conséquence un grand désordre au moment du passage, il faut, tout d'abord, rappeler ce qui suit.

Le nouveau commandant en chef de l'armée du Rhin n'avait pris possession de son commandement que le 13 août. Sous la pression de l'Empereur, il s'était encore vu forcé, dans la même journée, de donner les ordres pour la retraite au delà de la Moselle, bien que, personnellement, il s'en tint toujours, à ce qu'il affirme, à l'idée d'attaquer les Allemands.

La retraite de l'armée française, inférieure en forces, au delà de la Moselle, s'exécuta, en toute hâte, sous l'empire de la nécessité, et fut couverte seulement par les forts de Metz, qui n'étaient pas encore terminés, et ne se trouvaient pas complètement armés : dans ces conditions, cette opération n'était pas, à beaucoup près, d'une exécution facile, surtout en présence de l'adversaire, supérieur en nombre et victorieux. Elle exigeait une réflexion mûre et calme et une préparation qui répondît aux nécessités de la situation. *Si, jamais, à la guerre, il se présenta une occasion où le commandement supérieur avait à intervenir dans les dispositions de détail, c'était, certes, dans un cas comme celui-ci*, où de grosses unités de l'armée, resserrées sur un étroit espace, doivent être transportées avec leurs trains au delà de défilés (routes et ponts), et se trouver placées, dans l'ordre de marche prescrit, sur les routes qui leur ont été assignées pour la retraite(1).

Cependant l'état-major de l'armée du Rhin, qui, depuis le com-

---

(1) Derrécagaix, dont l'ouvrage (2ᵉ partie, pages 31 à 44) est utilisé ici, estime que la force de l'armée qu'il s'agissait de mettre en marche s'élevait à plus de 152,000 hommes. La profondeur de marche de l'armée, sur une seule colonne, avec tous ses trains, en supposant que l'infanterie et la cavalerie marchent par quatre et les voitures par deux, est, d'après Derrécagaix, de 152 kilomètres. La longueur d'une telle colonne est donc tout à fait extraordinaire. Même en admettant qu'on la fractionne en deux colonnes, la profondeur de marche de chacune de ces deux colonnes comporte encore plus de deux jours de marche ; il n'y a donc pas le moindre doute que les Français, dans tous les cas, auraient dû sacrifier la plus grande partie de leurs trains et les laisser en arrière à Metz. Une partie de ces trains pouvait prendre la route du nord passant par Briey.

mencement de la campagne, était toujours resté à Metz, parait n'avoir pris aucune disposition pour assurer le passage éventuel de l'armée d'une rive à l'autre, à Metz ; il ne s'est pas même préoccupé, en général, de cette question, bien que le passage de la Moselle fût déjà décidé, à la date du 7 août.

Le maréchal Bazaine, en prenant le commandement de l'armée, n'était même pas dans les meilleurs termes avec son nouveau chef d'état-major, le général Jarras. Tandis que ce dernier se trouvait avec l'état-major à Metz, le maréchal restait au milieu des troupes à Borny. Il ne faut pas oublier que le maréchal Bazaine n'avait pas approuvé la nomination du général Jarras aux fonctions de chef d'état-major ; il aurait, en effet, préféré voir nommer à ce poste le général Manèque, chef d'état-major du 3e corps, qui avait été avec lui au Mexique.

Il fallait des circonstances aussi irrégulières que celles où se trouvait le commandement suprême des Français, pour qu'il pût arriver qu'au lieu d'un projet soumis par le général Jarras à l'approbation du maréchal, relativement à l'exécution du passage de la Moselle, ce fût précisément le cas contraire qui se présentât : le commandant en chef fut obligé, en effet, d'expédier les ordres nécessaires, en partie directement aux troupes, en partie à son chef d'état-major. De plus, la lettre du maréchal, adressée à ce dernier, autant qu'on peut en juger, ne fut pas considérée, par l'état-major de l'armée, comme devant servir de base aux ordres à expédier en conséquence ; elle fut interprétée, au contraire, comme un ordre définitif, destiné à être adressé directement aux troupes et aux trains.

Cette lettre, qui se trouve citée dans l'ouvrage de Derrécagaix (1), est ainsi conçue :

« 13 août.

« Le général Jarras s'assurera, avec le concours du général « Coffinières (commandant de Metz), que les artères principales « de Metz conduisant aux deux ponts de la ville seront libres dans « l'après-midi pour le passage des bagages de la garde et du « 3e corps, ainsi que de la réserve d'artillerie du général Canu.

(1) Voir Derrécagaix (2e partie, pages 31 à 33). (*Annotation du traducteur français.*)

« Ces bagages et convois devront se garer au Ban-Saint-Martin,
« (sur la rive gauche de la Moselle en face de Metz); à cet effet,
« le général Jarras donnera l'ordre aux divisions Forton et
« du Barail (divisions de cavalerie indépendante) de quitter leur
« camp à 1 heure de l'après-midi. Leurs bagages resteront au
« Ban-Saint-Martin, pour prendre place dans le convoi, de sorte
« que les divisions soient aussi légères que possible.

« La division Forton suivra la route de Verdun par Mars-la-
« Tour; la division du Barail, celle de Verdun par Doncourt et
« Conflans; elles s'éclaireront en avant et sur le flanc découvert,
« et se relieront entre elles. Elles s'établiront toutes les deux à
« Gravelotte, s'il y a assez d'eau; dans le cas contraire, l'une serait
« à Gravelotte, l'autre à Rezonville. Elles échelonneront 2 ou
« 3 escadrons en avant, sur la droite et sur la gauche, de manière
« à bien couvrir le terrain et à permettre aux troupes de débou-
« cher plus tard.

« Le général Jarras préviendra également les parcs de tous les
« corps de se mettre en mouvement, quand l'on saura que les
« convois des 2e et 4e corps commencent leur mouvement. Ces
« parcs se placeront sur le même emplacement que les convois de
« leur corps d'armée, mais en tête de ces convois. On devra, à cet
« effet, faire reconnaître ces emplacements à l'avance, pour voir
« s'ils sont suffisants; dans le cas contraire, les parcs devraient
« suivre les mouvements des troupes.

« Des ordres ont été expédiés ce matin, de très bonne heure,
« aux 2e et 4e corps. Ils vont être adressés à la garde et au 3e corps.
« Le général Jarras devra prévenir le 6e corps.

« Le 2e et le 6e corps placeront leurs convois entre Longeville et
« Moulin-les-Metz (au sud-ouest du Ban-Saint-Martin). Le 4e placera
« le sien à gauche de ses ponts, vers la Maison-de-Planches (au
« nord du Ban-Saint-Martin). Le 3e corps, la garde et la réserve du
« général Canu placeront leurs convois au Ban-Saint-Martin.

« Le 2e et le 6e corps suivront la route de Verdun par Mars-la-
« Tour, Harville, Manheulles; le 4e et le 3e corps s'avanceront par
« Conflans, Étain; la garde suivra le 3e corps, ou exécutera les
« ordres qui lui seront donnés par l'Empereur (1).

------

(1) En réalité la garde marcha derrière le 2e corps.

« Le mouvement des troupes ne commencera vraisemblable-
« ment que dans la soirée, au clair de la lune ; si cela est possible,
« il commencera dans l'après-midi.

« Le général Jarras est prié d'envoyer un officier à Borny,
« pour faire dire à M. le Maréchal si le Ban-Saint-Martin sera
« libre vers deux heures, et si les artères de la ville seront
« dégagées pour laisser passer les bagages du 3ᵉ corps et de la
« garde.

« Dès que M. le Maréchal aura reçu les rapports de ses recon-
« naissances, s'il n'y a rien de convenu, il ira prendre les ordres
« de l'Empereur à Metz. Mais il ne peut savoir à quelle heure cela
« lui sera possible. »

Derrécagaix considère cette lettre comme « un ordre », aux
termes duquel « toute l'armée devait marcher en une seule
« colonne, dans le défilé que forme la route de Metz à Gravelotte,
« sur une longueur de 13 kilomètres ». En s'en tenant à cette
lettre, il semblerait, à première vue, que la responsabilité du
désordre avec lequel se fit le passage de la Moselle, où l'on vit les
masses formées par les troupes et les trains resserrées sur une
seule route (Metz—Gravelotte), incombe à l'auteur de l'ordre en
question, c'est-à-dire au maréchal Bazaine.

Cependant un juge impartial, qui possède une opinion saine
sur les conditions fondamentales que doit remplir un ordre donné
en conformité du but à atteindre, se ralliera difficilement à cette
opinion.

Dans la lettre du maréchal (en admettant qu'elle n'ait pas été
complétée par d'autres dispositions dans le même sens, dispositions dont Derrécagaix, en tout cas, ne fait pas mention), il n'est
dit nulle part que les troupes, en partant de leurs points de
passage, devaient s'engager toutes sur « une seule » route, et,
notamment, sur celle qui passe par Gravelotte. Il est dit, au
contraire, dans un des passages de cette lettre : « La division
« Forton suivra la route de Verdun qui passe par Mars-la-Tour ;
« la division du Barail suivra la route de Verdun qui passe par
« Doncourt et Conflans » ; en un autre passage, il est dit : « Le
« 2ᵉ et le 6ᵉ corps suivront la route de Verdun par Mars-la-Tour ;
« le 4ᵉ et le 3ᵉ corps s'avanceront par Conflans ». Les deux
passages reproduits ci-dessus font simplement mention, d'une

manière très claire, et probablement avec intention, des points
qui se trouvent déjà au delà de la bifurcation des routes partant
de Gravelotte.

Le maréchal Bazaine ne dit pas un mot au sujet de la manière
dont les troupes doivent atteindre ces points, situés sur les deux
grandes routes de Verdun : cette circonstance constituait une très
grande lacune dans « un ordre complet, qui devait être adressé
« directement aux troupes ». Toutefois, on ne serait nullement
fondé à en conclure qu'une armée dont la marche ultérieure a été
réglée en deux colonnes devait être, auparavant, resserrée en une
seule colonne, alors surtout qu'on avait à sa disposition, dans le
cas présent, cinq ponts et quatre chemins, suffisamment praticables, qui conduisaient des ponts vers les deux routes de Gravelotte à Verdun. Enfin la situation même des ponts, qui étaient
établis à une assez grande distance les uns des autres, indiquait,
également, que les différentes colonnes devaient s'engager sur des
chemins distincts partant de ces ponts.

Mais il est beaucoup plus important de faire remarquer que la
lettre du commandant en chef au chef d'état-major ne peut pas
du tout être considérée comme « un ordre complet destiné aux
« troupes ». Elle ne peut en rien servir de base (suffisamment
détaillée dans ce cas) pour les dispositions à prendre, en conséquence, par l'état-major. Ce dernier n'en est que plus coupable d'avoir obligé le commandant en chef à entreprendre lui-
même, en partie, un travail dont l'exécution et la responsabilité
incombaient uniquement et personnellement à son propre état-
major (1).

Quoi qu'il en soit, il était tout au moins du devoir de l'état-
major de l'armée du Rhin de compléter suffisamment les ordres
du commandant en chef, pour que toutes ces dispositions réunies
pussent remplir l'office d'un ordre ordinaire, détaillé et complet,

_____

(1) Derrécagaix prétend, il est vrai, que le maréchal Bazaine a voulu absolument faire marcher toutes les troupes sur une seule route ; mais il ne donne pas
de preuves à l'appui de cette assertion. Ce dernier point ne présente pas, d'ailleurs, une grande importance, au point de vue des considérations que nous envisageons dans cette étude. Il nous suffit de constater que, ou bien l'état-major du
maréchal ne fut pas à la hauteur de ses obligations, ou le maréchal ne sut pas
utiliser son état-major.

tel que l'exigeait la nature du mouvement de retraite entrepris par une grande armée au delà d'une rivière, à proximité de l'ennemi.

On peut bien admettre que, dans tout état-major bien organisé, non seulement le chef de cet état-major, mais encore le plus ancien officier d'état-major de la section intéressée n'aurait pas dû prendre une minute de repos, avant d'avoir arrêté, d'une manière satisfaisante, toutes les dispositions relatives au passage de la rivière. Mais ce ne fut pas le cas pour l'état-major de l'armée du Rhin.

Si nous avons approfondi, d'une manière aussi complète, cette question, c'est qu'en premier lieu, elle met en relief le caractère spécial que présentaient les vues et les rapports de service des chefs français (nous en reparlerons encore) ; c'est qu'en second lieu, le succès de toutes les opérations militaires dépend, d'une manière tout à fait essentielle, de la disposition et de l'exécution, plus ou moins réussies, de « détails et de minuties » de cette nature.

« A la guerre, tout est très simple » dit Clausewitz. Peut-être, en interprétant à la lettre ce principe, un dilettante ou un rapporteur militaire, pour lequel la guerre n'est qu'une question de mots, serait tenté de se considérer comme un général en chef accompli. Mais le philosophe de génie que nous venons de citer complète immédiatement sa pensée ainsi qu'il suit : « Mais les « choses les plus simples — sont extrêmement difficiles. »

Il compare, en outre, les opérations militaires « au mouvement « dans un élément qui le rend très pénible ».

La connaissance exacte et l'appréciation des obstacles et des difficultés que présente chaque situation, ainsi que l'emploi, en temps opportun, de moyens judicieux pour les aplanir, constitue presque complètement l'essence même de la science militaire pratique. Un seul homme, quel que soit son génie, est dans l'impossibilité absolue de mener à bien cette tâche, s'il n'a pas, pour le seconder, un état-major bien organisé, qui puisse le compléter, pour ainsi dire, au point de vue physique et intellectuel. C'est ainsi que l'ont compris et le comprennent encore les Allemands. Les Français ne l'entendaient pas ainsi, comme le prouve l'histoire des dispositions qui ont précédé le passage de la Moselle, le 14 et le 15 août.

Voyons maintenant comment la retraite de l'armée française s'exécuta.

L'échelon de tête de la colonne de gauche de l'armée, formé du 2e corps (Frossard), attendit, le 14 août, que les trains eussent passé, et ne commença sa marche que peu à peu, dans l'espace de temps compris entre 10 heures du matin et 2 heures de l'après-midi. Toutefois, par suite de l'encombrement des chemins, résultant de ce que les trains étaient enchevêtrés les uns dans les autres, il ne parvint, dans cette journée, que jusqu'à Rozérieulles (environ 7 kilomètres de Metz), où la brigade Lapasset, qui marchait à la queue de l'infanterie, n'arriva qu'à 11 heures du soir ; la division de cavalerie du corps d'armée ne put rejoindre que dans la matinée du 15. Il en résulta que le 6e corps et la garde, qui devaient suivre le 2e corps, n'atteignirent que le 15 la route de Gravelotte—Mars-la-Tour, qui leur avait été assignée, bien que ces deux corps eussent commencé leur marche dès le 14. Par suite d'un malentendu, le corps Frossard ne se porta, le 15, qu'à quelques kilomètres en avant, et arriva à Rezonville (1).

Le 3e et le 4e corps, qui furent arrêtés par la bataille du 14, ne commencèrent que le 15 à passer la Moselle ; par suite de l'encombrement de la route Metz—Gravelotte, seule, la division Lorencez du 4e corps utilisa la route directe de Gravelotte, et parvint jusqu'à Rozérieulles (et Lessy) ; le général Ladmirault porta les autres troupes de son corps plus à droite, et les fit bivouaquer sur la route de Briey, au Sansonnet, non loin de Metz. Le 16, le général Ladmirault continua, tout d'abord, sa marche par la route de Briey, qui passe par Sainte-Marie-aux-Chênes, puis il se porta alors sur Doncourt, où sa tête arriva à midi 30.

Le 3e corps chercha un chemin par Plappeville ; ses troupes arrivèrent à hauteur de la garde, en partie le 15, en partie seulement dans la nuit du 16, et même dans la matinée de cette journée ; seule, la division (Metman) du 3e corps resta, du 15 au 16 août, encore à Metz.

Pendant ce mouvement, Derrécagaix estime que quelques-uns des corps d'armée français perdirent de dix à vingt heures, et même plus, par suite de l'encombrement des routes. Il en résulta,

(1) Frossard, pages 80-81.

naturellement, pour les troupes une fatigue extraordinaire, complètement inutile, qui ne pouvait manquer d'exercer son influence sur leur moral. La mauvaise humeur des gradés subalternes devait, jusqu'à un certain point, se communiquer également à leurs chefs.

L'écrivain militaire dont nous avons déjà parlé (Derrécagaix), s'appuyant sur des calculs exacts, estime que « toute « l'armée » du maréchal Bazaine pouvait, grâce à des dispositions plus judicieuses, se trouver complètement rassemblée, sans difficultés, le 15 au soir, sur le plateau situé à l'ouest de Metz, occupant les deux routes choisies pour la retraite sur Verdun. Cette considération aurait dû encourager les chefs français à s'engager plus hardiment le 16 et aurait pu changer le sort de la journée.

La mauvaise exécution de la retraite des Français au delà de la Moselle nous amène à étudier de près la question relative à la délimitation des devoirs qui incombent, d'une part, au commandement supérieur, et, d'autre part, aux chefs en sous-ordre.

Il n'y a pas le moindre doute que, dans le cas présent, toutes les dispositions relatives au passage, y compris le transport de chaque fraction de troupes sur la route qu'elle avait à prendre, incombaient directement au commandant en chef de l'armée et à son état-major. Il n'y aurait pas même lieu d'insister, tant soit peu, à ce sujet, si l'ancien commandant en chef de l'armée française, le maréchal Bazaine, et son chef d'état-major, le général Jarras, n'avaient exprimé, à ce point de vue, une opinion très étrange, mais en même temps des plus caractéristiques. Nous citons encore une fois les faits :

La division de tête Lorencez du 4e corps se porte en avant, le 15 août, de Metz sur la route de Gravelotte ; la route paraît si encombrée par les voitures, que le commandant du corps, général Ladmirault, prend, avec les autres fractions de son corps, la route de Briey, qu'il quitte alors de nouveau, le 16, de manière à atteindre le but de marche qui lui était assigné pour cette journée, Doncourt. Pendant cette marche, le corps Ladmirault réussit à s'engager dans la bataille du 16, encore avant 5 heures de l'après-midi (1).

_____

(1) Il aurait pu s'engager plus tôt dans la bataille, s'il avait déjà quitté la route avant d'arriver à Doncourt, localité que la tête de son corps atteignit déjà entre midi et une heure.

Tout ceci est très simple ; le général Ladmirault fit preuve, en cette circonstance, dans ses dispositions, d'une initiative qui tendait à parer, autant que possible, aux conséquences de la nonchalance sans bornes de l'état-major de l'armée française. Et, cependant, le maréchal Bazaine n'était pas encore arrivé, treize ans plus tard, à discerner quels avaient été, en cette occasion, les vrais coupables, savoir : le maréchal Le Bœuf, qui avait négligé de prendre assez à temps les mesures préparatoires indispensables, ou bien le général Jarras, lui-même, qui n'avait pas su profiter du dernier moment, pour assurer, dans la mesure de ses forces, le maintien de l'ordre nécessaire pendant l'exécution du passage de la Moselle, opération qui, d'ailleurs, s'effectua déjà dans les circonstances stratégiques les plus critiques.

Si l'on s'en rapporte aux déclarations des généraux Ladmirault et Jarras, déclarations qu'on trouve reproduites par le maréchal Bazaine, ainsi qu'aux remarques personnelles de ce dernier (1), on en arrive à conclure formellement que les troupes françaises n'ont reçu aucun ordre leur indiquant le chemin que chacune des colonnes, après avoir effectué son passage, avait à prendre, pour atteindre la route de Verdun qui leur était assignée. Les chemins n'avaient pas même été reconnus par l'état-major de l'armée. Il n'y a donc pas lieu de s'étonner que chacune des colonnes, après avoir passé la Moselle, ait cherché un chemin à sa convenance.

Mais, au lieu de faire retomber la responsabilité de la faute commise sur son état-major, le maréchal Bazaine accuse le général Ladmirault. A l'appui de l'assertion qu'il émet, le maréchal reproduit une déclaration du général Jarras devant la commission d'enquête parlementaire, déclaration par laquelle ce dernier allègue que ce n'était pas son rôle, mais bien le rôle des états-majors des corps isolés, de préparer le passage dans ses détails. Néanmoins le général Jarras a également reconnu que le 4º corps, en raison de l'encombrement des routes directes, fut « obligé » de prendre un chemin de traverse.

Il est impossible d'admettre que cette déclaration du général Jarras soit simplement une excuse invoquée après coup ; il y a lieu, plutôt, de supposer qu'il croyait que l'activité, ou plus exac-

---

(1) Bazaine, *Épisodes*, pages 71-88.

tement l'inaction, dont il fit preuve à cette époque, était parfaitement justifiée.

D'autre part, le maréchal Bazaine, en tolérant, d'une manière ou de l'autre, le désordre qui se produisit au moment du passage de la Moselle, n'a pas fait ce que son devoir le plus strict lui commandait, ce qui ne l'empêche pas de reprocher au général Ladmirault d'avoir pris, de sa propre initiative, les dispositions nécessaires pour réparer les négligences commises par le commandement suprème des Français (c'est-à-dire par le maréchal Bazaine lui-même). Il est évident que la confusion qui se produisit au moment du passage de la rivière par les Français était la conséquence immédiate du désarroi qui régnait dans les idées de leurs chefs.

Ce même maréchal, qui était partisan de l'idée d'une complète centralisation du commandement en chef, et n'exigeait de ses subordonnés qu'une obéissance aveugle, cet homme s'étonne tout à coup, dans d'autres circonstances, de les voir manquer d'habileté et d'initiative. Tel fut, par exemple, le cas, lors du combat du 13 août (1).

Ainsi que nous l'avons déjà dit, les divisions de cavalerie de réserve françaises Forton et du Barail surveillaient, le 15, les routes de Metz à Verdun, savoir, la première de ces deux divisions : la route de gauche, passant par Mars-la-Tour; la dernière de ces deux divisions : la route de droite passant par Doncourt; en même temps, la division Forton se heurtait, à Tronville, à une partie de la division de cavalerie allemande Rheinbaben, qui venait de se porter en avant; il en résultait, dès lors, un combat d'artillerie. Le commandant du corps de tête de la colonne de marche française de gauche, général Frossard, venant de Gravelotte, accourut, de sa personne, sur les lieux; en même temps, quelques escadrons de dragons de sa division de cavalerie (Valabrègue), qui venaient d'arriver après une marche de nuit, se mirent en mouvement dans la direction du combat. Le général Forton rendit compte au général Frossard qu'il ne pouvait pas se maintenir à Mars-la-Tour, et, par conséquent, se repliait en arrière.

Le général Frossard ne donne pas, dans son rapport, son avis

(1) Bazaine, *Épisodes de la guerre*, pages 75-76.

au sujet de l'opportunité de cette décision du général Forton ; mais, pour justifier, en quelque sorte, sa non-intervention dans le cas présent, il se borne à déclarer que « la division Forton « n'avait pas été placée sous ses ordres », et « qu'elle avait reçu ses « instructions directement du quartier général de l'armée (1) ». Ces quelques mots de Frossard mettent en lumière, sans réserve, la nature bien caractéristique des relations qui existaient entre les autorités françaises pourvues d'un commandement.

Le maréchal Bazaine, s'appuyant sur ce dernier incident, blâme, et cela avec raison, ses subordonnés de n'avoir pas fait le nécessaire dans la journée du 15 août, en montrant que les 5,000 cavaliers français (divisions Forton, du Barail et Valabrègue), presque tous armés de carabines Chassepot à longue portée, auraient dû refouler les fractions de la cavalerie prussienne et dégager ainsi sa route de marche. « A quoi pensaient donc les « commandants de corps d'armée ? », s'écrie le maréchal Bazaine ! Il s'adresse ensuite directement à Frossard, pour lui reprocher son « inaction ».

C'est ainsi que, d'une part, le maréchal prétendait tenir ses subordonnés en lisière, et se croyait, d'autre part, en droit d'exiger d'eux une initiative vigoureuse. *Mais l'initiative audacieuse ne naît pas spontanément au moment voulu ; elle découle, au contraire, de tout un système de commandement, qui a su équilibrer, d'une manière intelligente, les droits et les devoirs des chefs, à tous les degrés de la hiérarchie, ainsi que leurs rapports réciproques, et faire leur éducation dès le temps de paix.*

Il n'est pas douteux que les chefs allemands, placés dans les mêmes circonstances, auraient agi tout autrement, le 15. Pour en finir avec les preuves qui viennent à l'appui de cette assertion, rappelons simplement que, par exemple, le jour suivant, et à peu près sur le même emplacement, le général de Rheinbaben se mit, avec sa division, à la disposition immédiate du général d'Alvensleben, qui, de son côté, sut également tirer profit de cet avantage. Il serait tout au moins illogique de vouloir exiger que les chefs français de cette époque aient agi avec autant de spontanéité et

---

(1) Frossard, page 82. D'après le rapport du général Forton, mentionné par Bazaine (*Épisodes...* etc., page 75), ce dernier s'était replié avec l'approbation du général Frossard.

fait preuve, dans les opérations, d'autant d'initiative que les chefs allemands. Les chefs français opérèrent en se conformant au système qui était en vigueur dans leur armée (1).

Quiconque est impartial ne pourra pas s'arrêter à l'idée que des généraux français étaient incapables de s'acquitter d'une tâche aussi simple que celle qui leur incombait dans le combat du 15 août (refouler des fractions de cavalerie ennemie). Il faut plutôt admettre *qu'ils ne se croyaient pas en droit de prendre des dispositions de leur propre initiative.* Car si, par exception, l'un ou l'autre s'était décidé à agir sous sa propre responsabilité, il ne pouvait pas, en raison du système de centralisation qui régnait dans l'armée française, compter être soutenu par l'initiative audacieuse de ses camarades. Il est arrivé plus d'une fois que certains généraux français n'ont pas bougé, bien que chacun, en particulier, après avoir apprécié exactement la situation, eût parfaitement reconnu la nécessité d'une action commune.

Toutes ces considérations n'ont pour but que de répondre à la question abordée par le maréchal Bazaine; mais, pour en revenir encore une fois à la situation qui se présentait à la date du 15 août, il y a lieu de se poser la question suivante : n'y avait-il pas avantage pour les Français à s'interdire une offensive énergique, qui eût révélé aux Allemands la présence de forces importantes sur ce point?

Avant son départ, qui eut lieu, enfin, le 16 au matin, l'empereur Napoléon ne manqua pas d'entraver encore une dernière fois l'esprit d'entreprise du maréchal et de déprimer son courage, qualités qui, d'ailleurs, n'étaient pas très développées chez ce dernier. Il donna au nouveau commandant en chef pour instructions « d'observer la plus grande prudence et de ne rien abandonner au « hasard », en vue de ne pas décourager les puissances qui, dès l'ouverture des hostilités, avaient paru se rapprocher de la France. Il l'informa, en outre, qu'il attendait une réponse aux lettres qu'il avait adressées à l'empereur d'Autriche et au roi d'Italie, et

---

(1) Il y a lieu de remarquer ici que les deux divisions de cavalerie qui furent envoyées en avant au delà de la Moselle, avec la même destination, de même que les autres troupes qui les suivirent, auraient dû être, certainement, placées sous les ordres d'un chef commun. Le maréchal Bazaine négligea donc, dans ce cas, de s'acquitter d'un devoir qui lui incombait directement.

« qu'il ne fallait rien compromettre par suite de précipitation,
« mais surtout éviter de nouvelles défaites ».

L'Empereur signala encore son activité, au moment de son
départ de l'armée, en transmettant au maréchal Bazaine un renseignement complètement faux au sujet de la soi-disant apparition
de troupes prussiennes à Briey, sur celles des trois routes allant
de Metz à Verdun qui se trouvait située le plus au nord ; c'était,
en réalité, la seule route qui fût encore complètement à l'abri du
danger (1).

Le canon grondait déjà quand l'Empereur quitta son armée,
qu'il laissait dans une situation très peu enviable. Le mouvement
enveloppant des Allemands approchait déjà de son dénouement ;
il fallait, à tout prix, à l'armée française une victoire tactique,
pour échapper encore à l'étreinte de l'adversaire ; mais il n'était
nullement dans les intentions des compagnons et des élèves de
Louis-Napoléon de donner un coup d'épée hardi.

Veut-on savoir qu'elles étaient, en ces heures critiques, les
idées qui hantaient le principal auxiliaire et le conseiller de
l'Empereur, le maréchal Le Bœuf ? On n'a qu'à lire ce qui suit :

Ce dernier, après avoir résilié les fonctions de major général,
qui lui étaient à charge, pour prendre le commandement du
3º corps, transmit, le 15 août, en présence de l'Empereur, au
maréchal Bazaine les indications suivantes, qui constituaient une
sorte d'héritage stratégique :

« Monsieur le Maréchal, nos défaites actuelles ont trois causes :
« la surprise, la dispersion de nos troupes et notre infériorité
« numérique.

« *La surprise :* Il faut ici exiger que les chefs soient un peu
« moins insouciants et fassent preuve de plus de vigilance aux
« avant-postes (2). Un système complet d'espionnage, bien payé

---

(1) Bazaine, *Épisodes de la guerre*, pages 71 et 63.
(2) Remarquons également ici que les Français n'avaient été « surpris », jusque-
là, qu'à Wissembourg ; à Spicheren, le 14 août, sous Metz, c'étaient, au contraire,
les Allemands qui avaient été surpris, puisqu'ils s'étaient heurtés à des forces
françaises beaucoup plus nombreuses qu'ils ne s'y attendaient. Enfin, à Wœrth,
le maréchal Mac-Mahon savait très bien qu'il avait en face de lui des forces
ennemies supérieures en nombre ; car, dans l'ordre qu'il adressa à ses troupes,
il le leur avait annoncé lui-même.

« et surveillé, doit être organisé en permanence. Les Prussiens
« entretiennent partout un réseau d'espionnage mobile ; nous
« devons faire aussi bien et même mieux qu'eux. »

« *La dispersion des forces :* Wissembourg, Reichshoffen, For-
« bach, sont des preuves suffisantes à cet effet. Napoléon Iᵉʳ
« opérait en engageant de grandes masses. A Sadowa, les Prus-
« siens n'avaient pas d'autre tactique ; ils opèrent actuellement de
« même contre nous ».

« *Notre infériorité numérique :* Elle crève les yeux. 800,000
« hommes contre 250,000. Dans la prochaine bataille (car, si nous
« nous rassemblons, l'adversaire se rassemble également), l'adver-
« saire engagera contre nous 300,000 et même 400,000 hommes.

« *Notre courage* ne redoute pas l'inégalité des forces ; l'art de
« la guerre doit nous permettre de nous tirer d'affaire. A cet effet,
« il est nécessaire :

« 1º De réunir autant de forces que possible ;

« 2º De n'opposer à la première attaque de l'adversaire qu'une
« partie de nos forces (parce que c'est ainsi que les Allemands
« opèrent également), et de réserver l'autre partie pour la lutte
« décisive sur le champ de bataille. Mais ces deux parties doivent
« rester en contact l'une avec l'autre et former un tout complet,
« pour pouvoir s'engager promptement.

« S'il était possible de les (les Allemands) amener à engager au
« combat les deux masses de leur armée, de les maintenir et de
« les user (1), autant que possible, au moyen de notre première
« armée, une attaque exécutée par notre deuxième armée (qui,
« ainsi que nous l'avons déjà dit, resterait en contact avec la
« première) contre la deuxième masse d'armée des Prussiens, déjà
« affaiblie, compléterait la victoire. Songez constamment à ceci,
« c'est que les Prussiens, dans la prochaine bataille, ont l'inten-
« tion d'agir avec leurs masses, pour faire tourner, d'une manière
« décisive, le sort de la lutte à leur avantage (2).

« Monsieur le Maréchal ! ne peut-il pas arriver que les Prus-

---

(1) Les mots « et de les user » sont écrits de la main même de l'Empereur,
ainsi que le remarque Bazaine dans son ouvrage.

(2) Dès le jour suivant, le 16, c'est le cas contraire qui se produisit : les
Allemands engagèrent au combat leurs forces inférieures en nombre contre les
Français, qui disposaient de la supériorité numérique.

« siens réunissent des masses énormes, en vue de la prochaine
« bataille, en même temps qu'ils déploieraient sur un seul front,
« successivement, coup sur coup, mais à des moments très rappro-
« chés l'un de l'autre, leurs armées, savoir : l'armée du nord,
« celle du centre et celle du sud (prince Frédéric-Charles, général
« de Steinmetz et prince royal)?

« Il faut compter qu'ils engageront au combat un grand nombre
« de pièces, etc., etc., et songer que nous avons laissé notre
« armée, à Frœschwiller, manquer d'artillerie et de munitions.
« Victorieuse à midi, elle fut vaincue cinq heures plus tard ».

Comme conclusion, le maréchal Le Bœuf ajoutait encore « une
« considération tout à fait théorique, savoir « que l'armée fran-
« çaise devait remplacer le service de sept ans par l'organisation
« du service d'un an, qui lui donnerait un effectif de 200,000
« hommes, et par l'organisation d'une garde nationale mobile,
« qui lui procurerait un million d'hommes ». Enfin il faisait
également le dénombrement de l'ensemble des forces des États
allemands.

Pour apprécier comme il convient ces annotations du maréchal
Le Bœuf, il ne faut pas oublier que, jusqu'au début de la campagne,
il fut ministre de la guerre en France, et que, précisément un
mois auparavant, il avait joint sa voix à celle de la grande majorité des députés français, en leur donnant l'assurance que la
guerre tournerait à l'avantage des Français, et en ajoutant que la
France était « plus que prête à la guerre » (« nous sommes archi-
« prêts »), et que tout était en état, « jusqu'au dernier bouton de
« guêtre ». Il faut, en outre, songer qu'une grande partie de la
responsabilité de toutes les défaites éprouvées jusque-là incombe
à ce maréchal, en sa qualité de premier auxiliaire de l'empereur
Napoléon, pendant toute la période où il exerça le commandement
de l'armée du Rhin.

On ne peut pas même simplement comprendre, ni savoir de
quoi il y a lieu de s'étonner davantage, dans le cas présent, ou de
la naïveté dont semble faire preuve l'ancien ministre de la guerre,
devenu major général, en s'accusant, personnellement, quoique
indirectement, lorsqu'il mentionne les défaites survenues jusque-
là, ou des phrases creuses qu'il débite, lorsqu'il donne des instructions pour l'avenir, ou de son ignorance grossière, et pour ainsi

dire choquante, en ce qui concerne l'adversaire (1), ou, enfin, de l'innocence du maréchal Bazaine, qui prend tout ce fatras complètement au sérieux, sans esquisser ni une raillerie, ni un mouvement de mécontentement. Ces conseils du maréchal Le Bœuf, donnés dans un pareil moment et au milieu d'une situation si critique, ressemblent presque à une mauvaise plaisanterie.

On éprouve, en vérité, un sentiment d'oppression et d'effroi à la pensée que l'honneur d'une vaillante armée et l'histoire d'un grand peuple ont pu se trouver entre les mains de pareils pseudo-stratèges, capables de composer ou de prendre au sérieux des factums de la nature de celui du chef d'état-major de l'armée du Rhin.

———————

Pour la nuit du 15 au 16 août, le maréchal Bazaine avait établi son quartier général à la maison de poste, près de Gravelotte ; c'est dans cette dernière localité que l'Empereur s'était logé, pour en partir, le 16, à la première heure, et se diriger sur Verdun.

Dans la nuit, le maréchal reçut l'intendant général Wolf, envoyé par l'Empereur pour s'informer de la direction que prendrait l'armée, le 16 au matin. Le maréchal répondit : « La direc-
« tion de marche de l'armée ne sera fixée définitivement que ce
« matin, quand nous saurons les intentions de l'ennemi, que l'on
« signale sur notre flanc gauche. Si j'avais tout mon monde
» réuni, je serais disposé à me jeter sur lui, pour le refouler vers
« Pont-à-Mousson. Dans le cas contraire, nous devons aller sur
« Verdun, qui deviendra notre nouvelle base d'opérations, restant
« prêts à donner la main à Metz, au besoin » (2).

———————

(1) A la date du 15 août, le maréchal Le Bœuf désigne encore l'armée du général de Steinmetz sous la dénomination d'armée du centre, celle du prince Frédéric-Charles sous le titre d'armée du nord, comme si le prince s'avançait à droite du général de Steinmetz, alors que l'armée du prince s'était déjà déployée. le 8, à gauche et à côté de celle du général de Steinmetz ; depuis ce moment, le prince s'était porté en avant, en conservant ce dispositif, et avait déjà occupé, le 14, les passages de la Moselle au sud de Metz. Les Français ne s'étaient-ils donc pas au moins aperçus, dans les journées sanglantes du 6 et du 14 août, qu'ils avaient en affaire à l'armée du général de Steinmetz ? Et si, d'après leur manière de voir, ce dernier se trouvait au centre, et le prince Frédéric-Charles au nord de Steinmetz, qu'était donc devenu le prince, à leur avis, puisque le général de Steinmetz s'était battu, le 14, en faisant face à l'ouest, en avant des forts de Metz ?

(2) Bazaine, *Épisodes de la guerre*, page 77.

Évidemment cette réponse signifiait, en substance, que le maréchal ne pouvait pas, jusqu'à plus amples renseignements, donner une réponse ferme. Il serait donc injuste de vouloir critiquer ses paroles ; mais, comme ces paroles, — ou, pour mieux dire, ainsi qu'il y a lieu de le supposer, d'autres paroles, exprimant, toutefois, la pensée réelle du maréchal Bazaine à ce moment, — sont répétées treize ans plus tard, la critique est pleinement autorisée à les considérer comme l'expression de la conviction, ou du moins comme une confirmation des vues du maréchal.

Tout d'abord, la complète passivité qui se manifeste dans le cours de ses pensées saute aux yeux. Il ne peut encore prendre aucune résolution déterminée, parce qu'il ne connaît pas « les « intentions de l'adversaire, qui s'est montré sur son flanc gauche ». On devait penser que, seule, la présence des Allemands au sud de Metz suffisait déjà pour indiquer clairement, d'une manière générale, leur intention d'entraver la retraite de l'armée française. On ne pouvait, sans aucun doute, connaître ces intentions d'une manière plus ferme et plus exacte qu'à la suite de leurs opérations ultérieures, le 16, opérations qu'on devait, en conséquence, attendre, d'après l'avis de Bazaine.

On voit que le maréchal laissait *à priori* le bénéfice de l'initiative à l'ennemi. C'est en se conformant à cette manière de voir, qu'il agit effectivement dans la bataille suivante, le 16, lorsque, par crainte d'être coupé de Metz, il rassembla des masses de réserves à son aile gauche.

Il résulte de ses propres paroles qu'il avait l'intention de s'en tenir à la défensive à son aile gauche et d'attaquer avec l'aile droite. A cet effet, le 3e et le 4e corps devaient exécuter une conversion à gauche, pour rejeter les Allemands, autant que possible, dans les défilés de Gorze et de Chambley et dans la vallée de la Moselle. Le maréchal déclare qu'il a indiqué personnellement à la subdivision de tête du 3e corps cette direction (sur Mars-la-Tour), mais que les échelons qui se trouvaient en arrière de ce corps ne se rapprochèrent que très lentement, et qu'une division n'arriva que dans la nuit à Gravelotte (1).

_____

(1) C'était la division Metman, qui avait passé la nuit du 15 au 16 à Metz, tandis que les trois autres divisions du 3e corps se trouvaient, le 16 au matin, déjà beaucoup plus à l'ouest, à proximité du 6e corps, et que les troupes de la

Mais il est difficile d'admettre que les ordres relatifs à ces mouvement aient pu être donnés, en réalité, par le maréchal, avec
toute l'étendue qu'ils comportaient. Lui-même, il ne nie pas, dans
son ouvrage, qu'il n'a pas pu du tout se relier, pendant toute la
journée du 16 août, avec le commandant du 4ᵉ corps, général
Ladmirault, et il blâme ce dernier de ne lui avoir rendu aucun
compte de ses mouvements dans le cours de la journée (1).

Il ressort de ces considérations qu'en réalité, c'est uniquement
de sa propre initiative, que le général Ladmirault s'est placé à
l'aile droite française.

En ce qui concerne le corps Le Bœuf, le rapport du maréchal
Bazaine sur la bataille du 16 est en contradiction avec les indications qu'il donne, treize ans plus tard, dans son ouvrage. Si l'on s'en
tient à son rapport (2), on voit que le maréchal n'a conçu qu'au
commencement de la bataille l'idée d'envelopper l'aile gauche des
Allemands au moyen du corps Le Bœuf, tandis que, plus tard, il
modifia complètement sa manière de voir et donna au maréchal Le
Bœuf l'ordre « de se maintenir énergiquement sur ses positions
« avec la division Nayral, de se relier avec le 6ᵉ corps par la
« division Aymard, et de diriger la division Montaudon sur Grave-
« lotte ». Il résulte donc de cet ordre que toutes les dispositions
du maréchal Bazaine présentaient essentiellement le caractère
d'une défense passive ; il n'y est pas du tout question d'offensive.

Mais, en admettant même que le maréchal eût réellement l'intention de passer résolument à l'offensive, dans ce cas, le plan
qu'il s'était fait était trop compliqué, et son exécution aurait exigé
un temps trop long.

D'après ce plan, le rôle défensif incombait à l'aile gauche, tandis
que l'aile droite devait exécuter l'attaque. Cette dernière devait,
en conséquence, être renforcée, autant que possible, d'abord en
raison de son rôle offensif, et aussi parce qu'en même temps
qu'elle devait attaquer, elle avait à exécuter un mouvement enveloppant, qui exigeait qu'on prolongeât le plus possible l'aile en

---

garde étaient à une distance d'au plus 4 kilomètres de Rezonville et de 11 à 15 kilomètres de Mars-la-Tour (Bazaine, *Épisodes de la guerre*, page 83).

(1) Bazaine, *Épisodes de la guerre*, page 84.

(2) Rapport du maréchal Bazaine (*Bataille de Rezonville*), Bruxelles 1870,
pages 8 à 11.

question. Comme le maréchal n'avait pas encore pris ses dispositions, pour pouvoir exécuter la retraite sur Verdun, librement et
sans entraves, il voulait, naturellement, maintenir encore, provisoirement, ses communications ouvertes avec Metz; et c'est pour
ce motif, également, qu'il considéra comme indispensable de renforcer son aile gauche, en lui donnant, en même temps, une
extension de plus en plus grande vers Metz. C'est ainsi que la
pensée exprimée par le maréchal devait le conduire à étendre
démesurément son front et à disséminer ses forces.

Cependant il n'y avait rien de plus simple que de réunir les
deux opérations que le maréchal avait en vue, l'opération active
et l'opération passive, en une seule attaque résolue, exécutée par
l'aile gauche, renforcée, au préalable, comme il convenait. Une
offensive entreprise par l'aile gauche française était le meilleur
moyen d'assurer les communications avec Metz; elle coupait les
Allemands de leurs communications au delà de la Moselle, et
interdisait les passages de cette rivière aux renforts qui se rapprochaient de la rive gauche. La réunion du gros des forces françaises
à l'aile gauche procurait, en outre, aux Français l'avantage de
favoriser l'unité de direction de l'attaque, grâce à la présence sur
ce point du commandant en chef de l'armée lui-même. Ce dernier
n'avait alors, en se conformant simplement à la marche du
combat, qu'à soutenir son aile gauche avec les troupes qui se
trouvaient, en nombre plus que suffisant, à sa disposition. Enfin,
comme le combat principal devait se livrer directement sous les
yeux du maréchal, pour le mener à bien, il n'était pas nécessaire
d'exiger une grande habileté de la part des chefs en sous-ordre,
et il ne pouvait nullement être question d'assurer la convergence
des efforts, convergence que, dans les batailles dites de rencontre,
on ne parvient, d'ailleurs, à réaliser qu'avec beaucoup de peine
et de perte de temps. La grande lutte du 16 août fut une bataille
de cette nature, qui se produisit, pour les deux partis, d'une
manière tout à fait inattendue. Les Allemands, du moins, n'avaient
pas prévu que le combat prendrait une telle extension, et les
Français n'y étaient nullement préparés. Cependant la supériorité
numérique de ces derniers était si grande, que le succès leur était
incontestablement assuré, s'ils avaient attaqué résolument dans
une direction quelconque.

Bien que les renseignements relatifs à l'activité déployée par les chefs français, le 16 août, soient très rares, ils permettent, toutefois, de reconnaître que les commandants de division du corps Frossard, dès l'apparition des Allemands, prirent immédiatement les mesures nécessaires pour les combattre.

Le corps Canrobert se déploya également et appuya le 2e corps.

Le commandant du 4e corps, général Ladmirault, s'était porté rapidement en avant de son infanterie, et arriva, vers midi, avec sa cavalerie, derrière l'aile droite du dispositif français, à Bruville. Sur ce point, la brigade de cavalerie de la garde de France et un régiment de chasseurs d'Afrique de la division du Barail se mirent à sa disposition, tandis que le maréchal Le Bœuf faisait avancer la division de cavalerie Clérembault, pour s'en servir comme réserve. Le général Ladmirault fit également usage de cette cavalerie, lorsqu'il le jugea nécessaire, et s'engagea au combat avec ses deux divisions d'infanterie, qui s'étaient rapprochées, en se conformant exactement au désir du maréchal Bazaine, c'est-à-dire en prolongeant l'aile droite du dispositif français.

Il semble donc qu'il n'y a absolument aucune raison de reprocher aux braves généraux français, dont six tombèrent, dans cette journée, à la tête de leurs troupes, d'avoir manqué d'initiative. Il faut reconnaître, au contraire, qu'ils se conformèrent pleinement à l'ancienne règle, qui prescrit de se soutenir réciproquement.

Cependant, malgré la grande supériorité numérique des Français, malgré leur bravoure, attestée par les nombreuses pertes qu'ils subirent, la bataille fut perdue pour eux. Si donc les Français ne purent obtenir la victoire, malgré leur supériorité numérique et malgré leur bravoure, il est évident qu'il a dû, ici encore, leur manquer quelque chose. Ce « quelque chose » consiste dans la manière défectueuse dont les chefs français envisageaient la situation militaire générale et dans l'idée trop peu sérieuse qu'ils se faisaient de l'importance du combat; cette dernière lacune se fit également jour de nouveau, d'une manière spéciale, dans cette bataille.

La situation militaire, telle qu'elle paraissait se présenter pendant cette journée, et telle qu'elle fut confirmée par la bataille, était la suivante :

Le but des Français, — Verdun, ou, d'une manière générale, la Meuse, — se trouvait à l'ouest; la place de Metz, leur point

d'appui momentané, à l'est; à environ deux jours de marche vers
le nord, se trouvait la frontière du territoire neutre, c'est-à-dire
la zone où les Français allaient trouver leur perte; au sud, on
rencontrait l'ennemi. Étant données les circonstances, les Français
étaient dans l'impossibilité de continuer leur marche vers l'ouest.
D'autre part, ils avaient le désir, tout à fait fondé, de ne pas
rester à Metz (bien que ce désir ne fût motivé que par l'insuffisance des approvisionnements de cette place). Il ne leur restait
donc plus qu'un seul parti à prendre : atteindre la fraction de
l'ennemi qui se trouvait à proximité immédiate d'eux, et lui porter
un coup décisif, pour pouvoir, ensuite, suivant les circonstances,
soit tirer ultérieurement profit de leurs succès, dans le cas où ils
auraient été particulièrement importants, soit, du moins, continuer
leur retraite avec une plus grande sécurité; car, s'ils avaient été
vainqueurs, les subdivions de l'ennemi les plus rapprochées ne
se seraient plus trouvées alors sur leur flanc, mais simplement sur
leurs derrières. Dans le cas d'un échec, le maréchal Bazaine avait
encore, comme dernière et très mauvaise ressource, la possibilité
de se replier sur Metz.

Si les chefs français s'étaient bien rendu compte de leur situation, d'une part, ils auraient dû arriver à reconnaître qu'il était
de toute nécessité pour eux, le 16 août, de remporter une victoire
décisive sur les forces allemandes qui leur étaient opposées;
mais, d'autre part, ils auraient dû, également, savoir qu'il était
parfaitement possible d'obtenir une victoire, car les Allemands
ne pouvaient pas encore se trouver en forces suffisantes sur la
rive gauche de la Moselle. Ces derniers, qui avaient la rivière sur
leurs derrières, et ne disposaient pas, à proximité, d'un point
d'appui comme Metz, avaient plus de raisons que les Français de
redouter les conséquences immédiates d'une défaite. Toutes ces
considérations auraient dû amener les chefs français *à se porter
en avant, de la manière la plus résolue,* s'ils avaient été à hauteur
de leur mission.

Pour montrer quelles qualités manquaient, à proprement parler,
aux chefs français, rappelons-nous, de préférence, quelques-uns
des cas qui font ressortir la conduite des chefs allemands.

Le 14 août, les généraux prussiens de Manteuffel et von der Goltz,
appréciant exactement la situation militaire, c'est-à-dire le mou-

vement tournant qu'une partie des fractions de l'armée allemande exécutait en présence de l'armée française qui se trouvait en position à Metz, sentirent qu'il était de toute nécessité d'arrêter sur ce point cette dernière armée, pendant un temps encore assez long. Sans se soucier de leur propre faiblesse numérique, ils s'accrochèrent, — on peut dire avec témérité, — à l'armée de Bazaine et remplirent brillamment leur mission.

Dans cette même journée du 14 août, nous voyons le commandant en chef de la première armée allemande, général de Steinmetz, bien que, personnellement, il n'attendît aucun avantage du combat engagé par ses chefs en sous-ordre, faire tous ses efforts pour soutenir, avec les forces dont il disposait, les généraux de Manteuffel et von der Goltz, en vue de prévenir simplement une retraite.

Dans le même ordre d'idées, en se plaçant au point de vue purement moral, le grand quartier général, « pour affirmer la « victoire », donna aux troupes l'ordre de camper sur le terrain conquis, sous les canons des forts de Metz, bien que l'on dût, ou, plutôt, précisément parce que l'on devait évacuer, dans tous les cas, le champ de bataille, le lendemain matin.

Le 16 août, le prince Frédéric-Charles rassembla, également, encore une fois, alors qu'il faisait déjà presque nuit, les dernières forces dont il disposait, pour les lancer à l'attaque, de manière que « le dernier coup, dans ce combat, fût porté par les Allemands ». C'est animés du même esprit, qui les poussait à aller toujours de l'avant, et n'admettait pas même l'idée de la retraite, que les Allemands menèrent à bonne fin toute la bataille du 16, en dépit de la situation des plus critiques où ils se trouvaient. Déjà, à Spicheren, ils avaient fait preuve du même esprit.

A Wœrth, contrairement à l'ordre du prince royal, interprété à la lettre, le général de Kirchbach résolut, sous sa propre responsabilité, de continuer le combat et de le mener à bonne fin. Le général de Kirchbach ne pouvait pas se faire à l'idée que la journée pût finir par un insuccès partiel (l'échec des attaques de quelques fractions de la troisième armée).

Les chefs français, au contraire, envisageaient avec une légèreté extraordinaire l'importance prépondérante que présentait chaque combat décisif, ainsi qu'ils l'avaient déjà fait voir, lors de la bataille de Spicheren.

C'est ainsi, également, qu'à Mars-la-Tour, ils paraissaient s'être résolus à engager le combat « d'une manière tout à fait inci-« dente », pour continuer ensuite leurs opérations ultérieures, comme si rien ne s'était passé. Le maréchal Bazaine, pas plus que ses généraux, ne se rendait probablement pas compte de la nécessité urgente qui s'impose de poursuivre jusqu'à la décision tout combat engagé, à plus forte raison, celui du 16 août, ce qui revient à battre purement et simplement l'adversaire (1).

A Mars-la-Tour, les chefs français, sans se rendre compte de la situation générale, ne manifestèrent leur activité que par des attaques de front isolées, exécutées avec bravoure, mais tout à fait inutiles.

Le maréchal Bazaine, lui-même, estimait, le 16, qu'il était possible, au milieu de la bataille, de rompre, pour ainsi dire, la partie, pour l'engager ensuite sur une nouvelle position, située plus en arrière. Il oubliait que « chaque rencontre un peu impor-« tante crée une situation tout à fait nouvelle », et qu'en abandonnant la victoire aux Allemands, le 16, il se trouverait, le 17, dans une situation incomparablement beaucoup plus défavorable, et même presque désespérée, ainsi que cela eut lieu, en réalité, dans la suite. Au lieu de se proposer comme but à atteindre la défaite complète de l'adversaire, les Français portèrent des coups plutôt défensifs que décisifs, et, à l'inverse des Allemands, ne cherchèrent pas du tout, dans leurs attaques, les parties faibles de l'adversaire.

Ainsi qu'on le sait, la faible demi-division Schwartzkoppen (5 bataillons 1/2) dirigea sa marche, non pas sur Tronville, comme l'avait ordonné le général commandant, mais, sans se préoccuper anxieusement de se relier avec les siens, sur Mars-la-Tour, pour chercher à atteindre, en ce point, le flanc de l'ennemi. N'ayant pas réussi à gagner le flanc des Français, qui continuaient à battre en retraite, les Allemands passèrent alors, hardiment, à l'attaque, en dépit de la supériorité numérique de l'adversaire.

---

(1) Ici, comme en d'autres passages de cette étude, où il est question de la nécessité de « pousser le combat jusqu'à la fin », il faut entendre la décision de la bataille qui répond à la situation stratégique. A Mars-la-Tour, les Français *avaient l'obligation* de battre l'adversaire ; les Allemands, au contraire, avaient atteint leur but, s'ils parvenaient simplement à arrêter les Français.

Il est très intéressant de comparer la manière d'opérer énergique de la brigade prussienne Wedell avec celle du corps français
qui lui était opposé.

Le commandant du 4e corps français fournit lui-même des indications assez détaillées à ce sujet.

Déjà, bien avant l'entrée en ligne de la brigade Wedell, le
général Ladmirault avait à sa disposition toute la division Grenier, tandis que la division Cissey était en marche pour se rapprocher. Par suite de leur marche de Doncourt sur Bruville, ces
troupes avaient pris, pour ainsi dire tout à fait d'elles-mêmes, une
direction qui les amenait sur le flanc extérieur des Allemands,
dont l'extrème gauche occupait les bois de Tronville. Mais le
général Ladmirault, qui n'avait, à proprement parler, que l'intention de se défendre, ne songeait pas à prolonger son aile droite,
en vue d'envelopper l'ennemi. Il porta, au contraire, toute une
brigade plus à gauche, pour l'employer à se relier directement
avec le corps Canrobert. Il résulte de ses propres paroles qu'il
différa l'attaque.

« Je ne voulais rien risquer avant l'arrivée de la division Cissey »,
dit-il ; mais, lorsque cette division arriva, vers 5 heures, le général Ladmirault, au lieu d'ordonner lui-même l'attaque, s'adressa
à la cavalerie, pour réclamer son secours : « J'ai là des masses
« énormes qui me menacent, débarrassez-moi d'elles, et mon
« aile droite sera sauvée ! ». Le général Ladmirault raconte plus
loin les mesures de défense qu'il prit et qui lui permirent de se
maintenir en arrière du ravin escarpé (situé près de la ferme de
Grizières) contre l'attaque des cinq bataillons et demi de la brigade
Wedell (1).

Mais, même après l'échec de l'attaque, qui eut lieu vers 5 h. 30
de l'après-midi, et après la défaite complète de cette vaillante
troupe allemande, le général Ladmirault ne songe pas à se porter
en avant, alléguant que ses troupes sont debout depuis 4 heures
du matin et n'ont pas encore mangé.

En réponse à cette assertion du général français, on peut,
cependant, faire remarquer que si, d'une part, les chefs ont le
devoir constant de veiller avec sollicitude au repos et à l'alimen-

---

(1) Bazaine, *Épisodes de la guerre*, pages 85-86.

tation de leurs troupes, ils doivent, d'autre part, aux heures décisives, savoir enflammer ces troupes, au point de leur faire déployer
leurs forces jusqu'à la dernière extrémité. Les subdivisions allemandes (du X⁰ corps) qui se trouvaient opposées au 4⁰ corps
français étaient également en route depuis les premières heures
du matin. Elles avaient même parcouru, dans cette journée, 38 à
45 kilomètres, sans manger la soupe, tandis que les divisions
Cissey et Grenier, même en tenant compte du détour qu'elles
avaient fait par Sainte-Marie-aux-Chênes, n'avaient pas encore
parcouru 30 kilomètres, et, en outre, avaient déposé leurs sacs à
Doncourt.

Il ne faut pas perdre de vue, également, qu'à supposer même
que les Français n'eussent pas réussi à envelopper l'aile gauche
ennemie, ils n'auraient pas couru, à beaucoup près, un danger
aussi grand que celui qui menaçait les Allemands. Ces derniers
pouvaient être coupés de leurs communications en arrière, tandis
que les troupes du général Ladmirault, en enveloppant l'aile
gauche allemande, arrivaient directement, au contraire, à se
trouver sur leur ligne naturelle de communication allant sur
Verdun.

Des considérations semblables à celles que nous venons de
discuter s'appliquent à l'autre aile de l'adversaire engagée au
combat. Sur ce point, à Gravelotte, se trouvait une grande partie
de la garde française ; elle observait, depuis le commencement
de la bataille, une inaction complète (sans avoir, tout d'abord,
aucun ennemi devant elle), et cela sous prétexte de couvrir le
flanc gauche de l'armée, tandis qu'en réalité le meilleur moyen
d'en assurer la protection eût été de prendre l'offensive de ce côté.
C'est ainsi, d'ailleurs, et non pas autrement, que le commandant
du 11⁰ régiment d'infanterie, colonel de Schœning, avait compris
son devoir, en intervenant à l'aile droite allemande ; on sait que
ce colonel avait reçu l'ordre de couvrir, avec son régiment, le passage de la Moselle à Corny, et que, dans ce but, il se dirigea sur le
champ de bataille, avec la conviction qu'en agissant ainsi, c'est-
à-dire en « coopérant à la victoire », il prenait le meilleur moyen
de couvrir le passage qui se trouvait derrière lui (1).

---

(1) Voir le renvoi (2) page 326.

On ne doit pas se considérer comme ayant rempli suffisamment son devoir, en « marchant simplement au canon », ou « en portant « secours aux siens », mais on doit également savoir : où, comment, et quand il faut le faire. Avant tout, on doit envisager la situation militaire générale et l'importance stratégique du combat. La situation stratégique qui se présentait le 14 imposait aux Français l'obligation absolue de se dérober, autant que possible, à un combat, et, en tout cas, d'y engager le minimum de troupes ; — le 16, au contraire, ils auraient dû se jeter, avec toutes leurs forces, sur les Allemands et poursuivre le combat avec une fermeté inébranlable. Cependant, le général Ladmirault et le maréchal Bazaine, qui, dans la journée de Mars-la-Tour, se trouvaient aux deux ailes opposées, se crurent, simultanément, chacun de leur côté, menacés du danger d'être attaqués par les « forces supérieures en nombre de l'adversaire », et s'en tinrent absolument à une défense passive.

Si le commandement suprême des Français avait simplement pris soin de se renseigner, d'une manière un peu approfondie, au sujet de l'adversaire, de ses forces et de ses mouvements (ce qui, certes, était une tâche facile en territoire national), il n'aurait pas pu concevoir alors de pareilles craintes, que rien ne justifiait. Dans cette circonstance, les Français auraient dû savoir que les Allemands ne pouvaient pas se trouver « en forces », à ce moment et sur ce point. Il était très facile à des détachements envoyés en reconnaissance, et opérant convenablement, de donner à l'armée française la certitude absolue que les forces allemandes qui lui étaient opposées, le 16 août, comparées aux siennes, surtout au début de la bataille, étaient tout à fait « insignifiantes ». L'absence de tout service de reconnaissance bien organisé était un héritage que le maréchal Bazaine avait reçu du maréchal Le Bœuf.

L'examen critique de la conduite des chefs français, depuis le 6 août jusqu'au jour de la bataille de Mars-la-Tour, nous amène à conclure, d'une manière générale, que le commandement des Français commit, pendant cette période, les mêmes fautes que nous lui avons déjà reprochées, à l'occasion de la bataille de Spicheren. Ces fautes sont les suivantes :

1º Méconnaissance de l'importance prépondérante de la bataille, et, comme conséquence, interprétation trop légère de l'essence même du combat. Un exemple à l'appui de cette assertion nous est fourni par le maréchal Bazaine, qui avait la conviction de pouvoir abandonner impunément aux Allemands, le 16, la victoire, pour ne recommencer la lutte que le jour suivant ;

2° Centralisation du commandement de l'armée, passé à l'état d'axiome, qui déniait aux chefs en sous-ordre le droit absolu de penser et d'agir sans ordres. A côté de cela, méconnaissance complète de la nécessité d'organiser solidement tous les rouages du commandement de grandes masses d'armée. Comme preuves à l'appui de cette assertion, on peut citer, ici, le commandement désordonné, en général, de l'armée par l'empereur Napoléon, ainsi que les reproches adressés par le maréchal Bazaine au général Ladmirault, pour avoir eu la prétention, au lieu d'utiliser la route qui se trouvait encombrée par les trains, d'en chercher une autre, qui lui permît d'exécuter sa marche sans entraves ;

3° Absence complète de toute initiative chez les chefs en sous-ordre, qui avaient contracté l'habitude d'attendre toujours, pour agir, qu'on les mît en branle, et, par suite, subissaient complètement l'initiative de l'adversaire. Il suffit de citer, à ce propos, le manque d'esprit de décision du général Frossard, le 15 août, ainsi que l'attitude passive du général Ladmirault, dans la journée de Mars-la-Tour ;

4° Incertitude au sujet de l'ennemi, due à l'absence de renseignements, provenant du manque de volonté et d'esprit d'entreprise des chefs de la cavalerie. Tout le cours de la bataille de Mars-la-Tour, dans laquelle les bivouacs français se virent exposés, d'une manière tout à fait inattendue, au feu d'artillerie des Allemands, fait ressortir, éloquemment, cette incertitude. Il faut aussi surtout signaler, à ce point de vue, que, pendant toute la durée de la bataille, les chefs français furent paralysés par la crainte que leur inspiraient « des masses énormes ennemies imaginaires », qui n'existaient pas et ne pouvaient pas même exister du côté des Allemands.

La cause de l'insuccès des Français dans la journée de Mars-la-Tour, ainsi que dans les batailles et les combats précédents de cette campagne, ne doit pas tant être attribuée à des circonstances accidentelles ou à des fautes isolées, qu'aux qualités fondamentales des chefs français ; ces dernières, d'autre part, étaient une conséquence de tout le système qui dominait, à cette époque, dans les hautes sphères de l'armée française.

Il faut bien avouer que maint autre chef, se trouvant à la place du maréchal Bazaine, aurait déployé plus de jugement, de volonté et d'énergie ; mais on ne doit pas non plus oublier que c'est au commandant en chef, plus qu'à tout autre, qu'il faut appliquer la pensée suivante : « A la guerre, personne n'a le droit d'agir, en « quelque sorte, pour lui seul ».

Il faut citer, comme ayant particulièrement mal opéré, dans le cas présent, d'une part, le général Ladmirault, qui, malgré les circonstances les plus favorables, alors qu'il se trouvait en présence des restes affreusement abîmés de l'infanterie de l'adversaire, fit preuve, néanmoins, d'une inaction complète ; d'autre part, le général Frossard, qui, bien que se trouvant, depuis le 14 août, à proximité immédiate de l'ennemi, n'était pas, pourtant, parvenu à prendre, en temps opportun, ses dispositions, pour éclairer la situation réelle sur la rive gauche de la Moselle (1). En outre, le maréchal Bazaine, lui-même, qui aurait pu écraser son faible adversaire, dans la situation isolée où il se trouvait, en l'attaquant avec ses masses de réserves, se laissa lier les mains par les instructions de l'Empereur, qui lui prescrivaient « de ne rien risquer ». Cependant, « il se présente, à « la guerre, des situations, dans lesquelles, comme dit Clause- « witz, la plus grande sagesse consiste, précisément, à oser le « plus possible ».

C'est dans une situation de cette nature, que se trouvait également le maréchal Bazaine, le 16 août, et cela d'autant plus qu'il avait un profit des plus considérables à tirer d'un combat suivi d'une victoire, tandis que, dans le cas d'un insuccès, il lui restait toujours la ressource de se replier sur Metz, en prenant les mesures nécessaires à cet effet, et de se mettre, provisoirement, en sûreté. En se repliant, le 17, — pour ainsi dire volontairement, — sur une deuxième position, située plus à proximité de Metz, sans avoir cherché à obtenir un résultat décisif, le jour précédent, au moyen d'une attaque exécutée avec la dernière énergie, le maréchal Bazaine se plaça dans une situation infiniment moins favorable que celle dans laquelle il s'était trouvé le 16 au matin. Il aurait dû

---

(1) Si l'on avait mieux apprécié les circonstances, on aurait dû placer également ment sous les ordres du général Frossard les deux divisions de cavalerie de réserve, qui s'étaient portées avec lui sur la rive gauche de la Moselle.

savoir que les Allemands, en raison de leur supériorité numérique, se trouveraient, le 17 août, en forces incontestablement plus considérables que le jour précédent. Chaque heure perdue augmentait les risques d'une lutte entreprise par Bazaine. Si jamais, quelque part, on put appliquer aux Français la pensée suivante, citée plus haut, savoir « que la plus grande sagesse consiste à oser le plus « possible », ce fut bien le 16 août.

Qu'on nous permette encore la remarque suivante : après tant d'années écoulées depuis les événements que nous avons décrits, maintenant que l'on peut comparer entre elles les différentes données relatives à des cas qui paraissaient obscurs aux personnalités en cause à cette époque, la critique a beau jeu pour faire ressortir les fautes commises par le général en chef français. Pour éviter ces fautes, il aurait fallu que ce dernier fût doué du coup d'œil stratégique et de l'esprit de résolution qui caractérisent le « vrai » général en chef. Il n'y a pas lieu de s'étonner que le vaillant maréchal n'ait pas possédé ces qualités, car ce fut moins à ses capacités qu'à son dévouement personnel à l'empereur Napoléon qu'il dut d'être élevé à son haut commandement. En sa qualité de chef d'un parti qui régnait momentanément sur la France, l'Empereur était limité dans le choix de ses collaborateurs.

L'Empereur avait, en particulier, donné au maréchal l'ordre « de ne rien risquer », parce que c'était pour sauver son trône qu'il s'était lancé dans cette guerre, sans l'avoir, d'ailleurs, préparée, ni au point de vue administratif, ni au point de vue politique.

C'est ainsi que les qualités personnelles du maréchal et l'ordre qui lui fut donné « de ne rien risquer » ont la même origine, savoir : la situation politique intérieure de la France, qui se trouvait privée, alors, de sa dynastie de vieille souche et incontestablement appelée à régner.

Pour conclure, si l'on voulait insister sur ce fait, qu'un éclair accidentel de volonté et d'énergie, se manifestant dans le maréchal, le 16 août, aurait encore pu, néanmoins, aider les Français à remporter la victoire, il n'y aurait qu'une réponse à faire à ce sujet, c'est que les accidents heureux, à la guerre, se répartissent, en fin de compte, d'une manière égale entre les deux partis. L'inaction, c'est-à-dire les fautes du maréchal Bazaine, procu-

rèrent, en cette circonstance, l'avantage aux Allemands ; les
Français, de leur côté, eurent en partage beaucoup d'avantages
immérités, résultant de toute une série de négligences et de
fautes commises par le commandement suprême de l'armée allemande, fautes qui avaient amené les Allemands à se trouver, à
Mars-la-Tour, dans la situation la plus défavorable.

Nous arrivons ainsi à la conclusion que nous avons formulée,
en examinant les batailles de Wœrth et de Spicheren, savoir : que
là, comme à Mars-la-Tour, ce ne furent pas seulement deux
armées ennemies, mais deux systèmes complètement différents,
qui furent mis en présence, et que la victoire échut, dans ces deux
circonstances, à celui des deux qui était le plus parfait. L'un de
ces systèmes se manifesta par une activité absolument pleine de
vie et d'intelligence, spontanée et fructueuse ; l'autre par une
routine opiniâtre et une inaction funeste.

TABLE DES MATIÈRES

Paris. — Imprimerie R. CHAPELOT et Cᵒ, 2, rue Christine.

A LA MÊME LIBRAIRIE

La guerre franco-allemande de 1870-1871, rédigée par la section historique du grand état-major prussien. Traduction par le chef d'escadron E. COSTA DE SERDA. de l'état-major français. Paris, 1872-1882. 20 livraisons in-8 .... 180 fr. 90

Guerre franco-allemande (1870-1871). Résumé et commentaires de l'ouvrage du grand état-major prussien; par Félix **Bonnet**, chef d'escadron d'artillerie. Paris, 1883-1886, 3 vol. in-8 avec 14 planches .... 22 fr. 50

Campagne de France 1870-1871. — **Étude d'ensemble de la guerre franco-allemande de 1870-1871**; par le commandant **Patry**. 1 vol. grand in-folio comprenant 190 cartes avec légendes, le tout réuni en un portefeuille .... 200 fr.

Général II. **Bonnal**. — **Frœschwiller**, récit commenté des événements militaires qui ont eu pour théâtre le Palatinat bavarois, la basse Alsace et les Vosges moyennes, du 15 juillet au 12 août 1870. Paris, 1899, 1 fort vol. grand in-8 avec *atlas* de 38 cartes. 12 fr.

L'armée de Châlons, son mouvement vers Metz (1870); par A. **G.**, ancien élève de l'École polytechnique (Extr. *J. Sciences*). Paris, 1885, 1 vol. in-8 avec 3 cartes et 1 tableau .... 5 fr.

Étude critique sur les opérations du XIV° corps allemand dans les Vosges et dans la haute vallée de la Saône (1870); par le capitaine **de Cissey**, du 25° bataillon de chasseurs à pied. Paris, 1897, 1 vol. in-8 avec tableaux, 17 croquis et 1 carte d'ensemble .... 4 fr. 50

Le blocus de Paris et la première armée de la Loire; par A. **G.**, ancien élève de l'École polytechnique.

    I° partie : *Depuis la capitulation de Sedan jusqu'à la capitulation de Metz*. Paris, 1889, 1 vol. in-8 .... 3 fr.

    II° partie : *Coulmiers et ses suites*. Paris, 1890, 1 vol. in-8 .... 3 fr.

    III° et dernière partie : *Champigny, Loigny, Orléans. Résumé et conclusions*. Paris, 1893, 1 vol. in-8 .... 4 fr.

La guerre de masses. 1° *étude* **: Préparation stratégique des actions décisives.**

    I° partie : *Guerre napoléonienne*. Paris, 1890, 1 vol. in-8 .... 3 fr. 50

    II° partie : *Guerre de 1870. Discussion du plan d'opérations français*. Paris, 1893, 1 vol. in-8 .... 2 fr. 50

Les méthodes de guerre actuelles et vers la fin du XIX° siècle; par le général **Pierron**. Paris, 1886-1895, 4 tomes en 7 vol. in-12 .... 41 fr.

La défense des frontières de la France. Étude par le général **Pierron**. Tome I°. Paris, 1892, 1 fort vol. grand in-8 de XIV-830 pages ... . 12 fr.

La guerre moderne; par le général **Derrécagaix**.

    I° partie : *Stratégie*. Paris, 1890, 2° édition, 1 vol. in-8 avec atlas de 39 pl. 10 fr.

    II° et dernière partie : *Tactique*. Paris, 1890, 2° édition, 1 vol. in-8 avec atlas de 25 planches .... 10 fr.

De l'initiative des chefs en sous-ordre à la guerre; par le lieutenant général **de Woyde**, de l'armée russe. Traduit par le capitaine G. RICHERT, professeur à l'École supérieure de guerre. Paris, 1895, 1 vol. in-8 .... 3 fr. 50

Paris. — Imprimerie R. CHAPELOT et C°, 2, rue Christine.

www.ingramcontent.com/pod-product-compliance
Lightning Source LLC
Chambersburg PA
CBHW071954270326
41928CB00009B/1437